李扬 著

著作权法基本原理

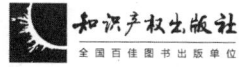
知识产权出版社
全国百佳图书出版单位

图书在版编目（CIP）数据

著作权法基本原理/李扬著. —北京：知识产权出版社，2019.8
ISBN 978-7-5130-6374-6

Ⅰ.①著… Ⅱ.①李… Ⅲ.①著作权法—法的理论—中国 Ⅳ.①D923.411

中国版本图书馆 CIP 数据核字（2019）第 147588 号

内容提要

本书在知识产权法定主义观念和整体性知识产权法思想指导下，利用立法论和解释论相区别的方法论，集中而系统地探讨了著作权法的各种问题。全书展现了作者独特的学术视角和智慧，是一本贯通了著作权法基本理论和实践的学术专著。

读者对象： 研究知识产权的高校师生及关注著作权法的各领域人士。

责任编辑：卢海鹰　可　为	责任校对：潘凤越
封面设计：刘　伟	责任印制：刘译文

著作权法基本原理

李扬　著

出版发行：知识产权出版社 有限责任公司	网　　址：http://www.ipph.cn
社　　址：北京市海淀区气象路50号院	邮　　编：100081
责编电话：010-82000860 转 8335	责编邮箱：kewei@cnipr.com
发行电话：010-82000860 转 8101/8102	发行传真：010-82000893/82005070/82000270
印　　刷：北京嘉恒彩色印刷有限责任公司	经　　销：各大网上书店、新华书店及相关专业书店
开　　本：720mm×1000mm　1/16	印　　张：29.25
版　　次：2019年8月第1版	印　　次：2019年8月第1次印刷
字　　数：510千字	定　　价：120.00元
ISBN 978-7-5130-6374-6	

出版权专有　侵权必究
如有印装质量问题，本社负责调换。

作者简介

　　李扬，中南财经政法大学法学学士，北京大学法学硕士和博士，武汉大学法学博士后出站。现任中山大学法学院教授、博士生导师，知识产权法研究所所长，中山大学百人计划引进人才。兼任中国知识产权法学研究会副会长、最高人民法院知识产权司法保护研究中心研究员、深圳国际仲裁院仲裁员、广州仲裁委员会仲裁员、广州知识产权法院专家顾问，等等。在《法学研究》《中国法学》等刊物发表论文若干，在法律出版社、中国社会科学出版社等社出版《商标法基本原理》《法政策学视点下的知识产权法》等著作（含译著）若干。诗歌业余爱好者，在《诗刊》等刊物发表过诗歌，诗歌入选《山湖集》等，出版个人散文诗歌集《献歌》。

自　序

《著作权法基本原理》的写作和已经于 2018 年 7 月由法律出版社出版（2019 年 2 月出版修订版）的《商标法基本原理》一样，始于 2013 年中国社会科学出版社出版拙著《知识产权法基本原理 I——基础理论》和《知识产权法基本原理 II——著作权法》之时，至今已经过去 6 个多年头了。本书除了继续深化、细化著作权领域中诸多常规疑难问题的探讨之外，亦对随科技、经济、国际贸易关系变化而新出现的各种著作权热点问题进行了回应。作为一种制度论，本书坚持了本人一贯提倡的从立法论和解释论两个层面展开讨论的立场。本书虽综合运用了各种研究方法，但比较研究尤见特色。本书作者衷心希望，本书的分析视角、研究技法和结论，能够对知识产权各类从业者有所裨益，尽管本书的可商榷之处亦可能不少。

在此，一如既往地赋诗一首，算是给各位读者的额外福利。

端午节

多么希望

离骚的嘴唇

想要说出的世界

我也会是里面的

一位主人

在那里

琴声舔着洞庭的秋波

一个温暖的名字

将我的身心
咬得累累伤痕

我的声音憔悴
它丈量的
不再是楚国的命运
而是我的小舟
和你的
水乡的距离

李扬

2019年6月20日

目　录

第一章　绪论 ··· 1

第一节　基本概念辨析 ··· 1
一、著作权和版权 ··· 1
二、著作权和邻接权 ··· 2
三、作品和作品载体 ··· 5

第二节　著作权法的趣旨和立法目的 ··· 7
一、著作权法的趣旨 ··· 7
二、著作权法的立法目的 ·· 8

第三节　著作权法的基本原则 ·· 10
一、法律原则 ··· 10
二、思想与表达区分原则 ·· 11

第四节　著作权法、反不正当竞争法、民法之间保护表达的关系 ······ 14
一、严格的知识产权法定原则 v. 缓和的知识产权法定原则 ········· 14
二、两种立场在著作权法领域中的争论 ···································· 17
三、日本法上的相关案例 ·· 18

第五节　保护著作权和邻接权的国际公约 ···································· 21
一、《伯尔尼公约》 ·· 21
二、《世界版权公约》 ··· 22
三、《罗马公约》 ··· 22
四、TRIPS ·· 23
五、WCT ··· 24
六、WPPT ·· 24

1

第二章　著作权的保护客体：作品受保护的要件及种类 …… 26
第一节　作品的定义和受保护的形式要件 …… 26
一、作品的定义 …… 26
二、作品受保护的形式要件 …… 28
第二节　作品受著作权保护的实质要件 …… 30
一、属于思想或者情感的独创性表达 …… 30
二、属于文学、艺术或者科学领域内的表达 …… 37
第三节　虚拟角色及其名称的作品性 …… 38
一、虚拟角色的作品性 …… 39
二、虚拟角色名称的作品性及保护 …… 41
第四节　实用艺术品的作品性 …… 43
一、实用艺术品的概念和分类 …… 43
二、实用艺术品作品性的判断 …… 44
三、实用艺术品保护方法的选择 …… 47
四、《著作权法（修订草案送审稿）》相关条款评述 …… 49
第五节　字体等其他表达的作品性 …… 50
一、"民间"文学艺术作品 …… 50
二、汉字字体的作品性及保护 …… 53
三、违法作品的著作权问题 …… 58
第六节　作品的种类 …… 63
一、作品种类的立法模式 …… 63
二、作品的类型 …… 64
三、区分作品种类的意义 …… 82
第七节　著作权法不保护的客体 …… 83
一、立法、行政、司法性质的文件 …… 83
二、时事新闻 …… 86
三、历法、通用数表、通用表格和公式 …… 88
四、思想、处理过程、数学概念 …… 89
第八节　人工智能生成物的作品性及著作权问题 …… 89

一、人和人工智能的哲学关系 ·················· 89
　　二、"人工智能创作工具说" ·················· 90

第三章　著作权主体：著作权的归属 ·················· 92
第一节　著作权的原始归属——作者 ·················· 92
　　一、自然人作者 ·················· 92
　　二、拟制作者 ·················· 93
　　三、作者的推定 ·················· 95
第二节　著作权的继受归属——继受主体 ·················· 97
　　一、继承、遗赠、遗赠抚养协议 ·················· 97
　　二、合同 ·················· 98
　　三、法律直接规定 ·················· 99
第三节　特殊作品著作权的归属 ·················· 99
　　一、演绎作品著作权的归属 ·················· 99
　　二、合作作品著作权的归属 ·················· 108
　　三、汇编作品著作权的归属 ·················· 113
　　四、视听作品著作权的归属 ·················· 114
　　五、职务作品著作权的归属 ·················· 122
　　六、委托作品著作权的归属 ·················· 129
　　七、美术等作品原件展览权的归属 ·················· 136
　　八、作者身份不明的作品著作权归属 ·················· 137
第四节　著作权法适用的主体范围 ·················· 139
　　一、中国主体 ·················· 139
　　二、外国主体 ·················· 139
　　三、外国邻接权主体在我国2010年《著作权法》上的地位 ·················· 139

第四章　著作人格权 ·················· 141
第一节　著作人格权概论 ·················· 141
　　一、著作人格权与一般人格权 ·················· 141
　　二、著作人格权与著作财产权关系的一元论和二元论 ·················· 143
　　三、著作权人格权的归属 ·················· 144

四、契约对著作人格权的限制及其边界 …………………………… 146
　　五、作者死亡后著作人格权的保护 ………………………………… 151
　　六、我国2010年《著作权法》规定的著作人格权特点 …………… 152
　第二节　发表权 ………………………………………………………… 153
　　一、发表权的含义和特征 …………………………………………… 153
　　二、发表权的限制 …………………………………………………… 157
　第三节　作者身份权 …………………………………………………… 158
　　一、作者身份权的内容 ……………………………………………… 158
　　二、作者身份权和姓名权的区别 …………………………………… 160
　　三、作者身份权的例外 ……………………………………………… 161
　第四节　修改权 ………………………………………………………… 162
　第五节　保护作品完整权 ……………………………………………… 163
　　一、保护作品完整权的内涵和立法例 ……………………………… 163
　　二、各种行为样态与保护作品完整权 ……………………………… 167
　　三、我国保护作品完整权司法适用存在的问题及其立法论上的出路 … 173
　　四、保护作品完整权的限制 ………………………………………… 176

第五章　著作财产权 ……………………………………………………… 178
　第一节　著作财产权概述 ……………………………………………… 178
　　一、著作财产权产生的规则 ………………………………………… 178
　　二、著作财产权的法定性 …………………………………………… 179
　　三、著作财产权的分类 ……………………………………………… 180
　　四、著作财产权的碎片化保护与适当集中保护 …………………… 182
　第二节　复制权（包括汇编权）……………………………………… 183
　　一、复制权概述 ……………………………………………………… 183
　　二、复制权控制的行为样态 ………………………………………… 184
　　三、临摹与复制、复制与汇编 ……………………………………… 187
　　四、新技术对复制权的挑战 ………………………………………… 189
　第三节　向公众传播权 ………………………………………………… 190
　　一、向公众提供作品的权利 ………………………………………… 190
　　二、向公众提示作品的权利 ………………………………………… 199

第四节　演绎权 ············ 217
一、演绎权概述 ············ 217
二、演绎权的内容 ············ 218
三、演绎权中的权利义务关系 ············ 219

第五节　追续权 ············ 219
一、追续权的含义和由来 ············ 219
二、追续权的法律性质和法律基础 ············ 221
三、追续权的具体内容 ············ 223
四、我国是否应当规定追续权 ············ 225

第六章　著作权的限制和保护期限 ············ 226

第一节　著作权限制概说 ············ 226
一、著作权限制的依据 ············ 226
二、著作权限制的特征 ············ 226
三、著作权限制的分类 ············ 228

第二节　为了避免过度妨碍他人行动自由作出的限制 ············ 229
一、个人使用 ············ 229
二、免费表演 ············ 234
三、对公开的美术作品、摄影作品等艺术作品和建筑作品的利用 ······ 235

第三节　出于人道主义关怀和特殊民族政策作出的限制 ············ 239
一、将中国人以汉语言文字发表的作品翻译成少数民族语言
　　文字作品在国内出版发行 ············ 239
二、将已经发表的作品改成盲文出版 ············ 240
三、为扶助贫困作出的限制 ············ 241

第四节　为了调整作品载体所有权人和著作权人利益关系作出的限制 ··· 242
一、美术等作品原件所有权人的展览 ············ 242
二、计算机程序合法复制品所有人的装载、备份、修改 ············ 243
三、发行权一次用尽 ············ 243
四、其他为了调整作品载体所有权人和著作权人之间
　　利益关系作出的限制 ············ 243

第五节　出于公益目的作出的限制 ············ 244

一、为报道时事新闻的利用………………………………………244
　　二、时事性文章的转载……………………………………………245
　　三、公开演说等的报道……………………………………………246
　　四、为课堂教学目的的复制………………………………………247
　　五、执行公务的利用………………………………………………252
　　六、图书馆等的复制和信息网络传播……………………………255
第六节　为了促进作品利用作出的限制…………………………………263
　　一、适当引用………………………………………………………263
　　二、编纂教科书法定许可…………………………………………269
　　三、报刊转载法定许可……………………………………………271
　　四、制作、发行录音制品的法定许可……………………………271
　　五、播放已发表作品或者已出版录音制品的法定许可…………274
第七节　著作权限制的其他问题…………………………………………275
　　一、《伯尔尼公约》的"三步检验法"v. 美国合理使用四要素…275
　　二、法定许可与信息化、网络化时代作品等的利用……………276
　　三、恶搞（parody）………………………………………………279
第八节　著作权的保护期限………………………………………………281
　　一、概说……………………………………………………………281
　　二、著作人格权的保护期限………………………………………281
　　三、发表权和著作财产权的保护期限……………………………282
　　四、特殊作品著作财产权的保护期限……………………………282

第七章　著作权的经济利用……………………………………………284

第一节　使用许可…………………………………………………………284
　　一、使用许可的实质………………………………………………284
　　二、专有使用许可权合同成立的形式要件………………………284
　　三、使用许可合同中未明确许可的著作权，对方能否行使……285
　　四、著作权使用许可合同备案是否具有对抗效力………………287
　　五、被使用许可人和著作权人的诉讼地位………………………288
　　六、著作权使用许可中的实务问题及其处理……………………290
第二节　转让………………………………………………………………294

- 一、转让合同的形式与合同效力 ………………………………… 294
- 二、转让合同未明确转让的权利，是否存在"默示转让"的可能性 … 295
- 三、著作权转让等的登记 …………………………………………… 296
- 第三节 质押 …………………………………………………………… 296
- 第四节 出版 …………………………………………………………… 297

第八章 著作邻接权 ……………………………………………… 298
- 第一节 著作邻接权概说 ……………………………………………… 298
- 第二节 出版单位的权利 ……………………………………………… 299
  - 一、出版单位的权利 ………………………………………………… 299
  - 二、出版单位的义务 ………………………………………………… 301
- 第三节 表演者权 ……………………………………………………… 302
  - 一、表演者权的主体和客体 ………………………………………… 302
  - 二、表演者权的内容 ………………………………………………… 304
  - 三、表演者和著作权人的关系 ……………………………………… 306
- 第四节 录音录像制作者权 …………………………………………… 307
  - 一、录音录像制作者权主体和客体 ………………………………… 307
  - 二、录音录像制作者权的内容 ……………………………………… 308
  - 三、录音录像制作者和著作权人、表演者的关系 ………………… 310
  - 四、录音录像制作者与音像出版社、音像复制者之间的
    异同及司法实务问题 …………………………………………… 311
- 第五节 广播组织权 …………………………………………………… 313
  - 一、广播组织权的主体和客体 ……………………………………… 313
  - 二、广播组织权的内容 ……………………………………………… 314
  - 三、广播组织和著作权人、表演者、录音录像制作者的关系 …… 315
  - 四、信息化、网络化时代广播组织权面临的新课题 ……………… 316
- 第六节 邻接权的限制 ………………………………………………… 316

第九章 侵害著作权的效果 ……………………………………… 317
- 第一节 概说 …………………………………………………………… 317
  - 一、总说 ……………………………………………………………… 317
  - 二、两阶段测试法和过滤法 ………………………………………… 318

第二节 侵害著作权行为的认定 318
一、依据性要件 318
二、类似性要件 320
三、利用行为要件 327

第三节 日本法上的卡拉 OK 法理及其意义 328
一、典型案例 328
二、日本学说界对相关行为的类型化 336
三、卡拉 OK 法理 337
四、卡拉 OK 法理的检讨 341
五、立法论上的讨论：如何规制非直接利用作品者的行为 344

第四节 教唆、帮助侵权行为 346
一、共同侵权行为的一般原理 346
二、美国法上的共同侵权行为：案例与原理 347
三、日本法上的共同侵权行为：案例与原理 350
四、立法论上的问题：如何解决著作权领域中的教唆、
　　帮助行为人的责任 356

第五节 网络服务提供者侵害著作权的责任 357
一、网络服务提供者 358
二、网络服务提供者侵害著作权责任的分类 359
三、网络服务提供者承担教唆、帮助侵权责任主观过错的判断 361
四、网络服务提供者的免责 369

第六节 侵害著作权纠纷案件的管辖和诉讼时效 377
一、侵害著作权纠纷案件的管辖 377
二、诉讼时效 378

第七节 原被告的确定 380
一、原告的确定 380
二、被告的确定 380

第八节 法律责任 383
一、民事责任 384
二、行政责任 398
三、刑事责任 400

第九节　著作权人举证责任的缓和 ……………………………… 405
　　一、被控侵权行为人对其行为具体样态的明示义务 ……………… 406
　　二、文书提出命令 ………………………………………………… 408
　　三、损害计算鉴定制度 …………………………………………… 413
　　四、合理损害额的推定 …………………………………………… 415
　　五、秘密保持命令 ………………………………………………… 416
第十节　著作权侵权警告 ………………………………………… 418
　　一、侵权警告的法律性质 ………………………………………… 418
　　二、正当侵权警告的要件：最高人民法院观点 ………………… 419
　　三、被警告行为人针对侵权警告的对策 ………………………… 421
　　四、权利人滥用侵权警告的法律后果 …………………………… 421

第十章　技术措施和权利管理电子信息的特别保护及其限制 …… 423
第一节　技术措施特别保护及其限制 …………………………… 423
　　一、技术措施的含义、分类和特别保护的由来 ………………… 423
　　二、技术措施特别保护的性质 …………………………………… 424
　　三、技术措施特别保护的内容 …………………………………… 425
　　四、技术措施特别保护的限制 …………………………………… 427
　　五、侵害技术措施特别保护的法律责任 ………………………… 429
第二节　权利管理电子信息特别保护及其限制 ………………… 431
　　一、权利管理电子信息的含义、性质和特别保护的由来 ……… 431
　　二、权利管理电子信息特别保护的内容 ………………………… 433
　　三、权利管理电子信息特别保护的限制 ………………………… 434
　　四、侵害权利管理电子信息特别保护的法律责任 ……………… 434

第十一章　著作权集体管理 ………………………………………… 436
第一节　概说 ……………………………………………………… 436
　　一、著作权集体管理的产生 ……………………………………… 436
　　二、著作权集体管理组织的性质和设立条件 …………………… 437
第二节　我国现有著作权集体管理组织及其职能 ……………… 438
　　一、中国音乐著作权协会 ………………………………………… 438
　　二、中国音像著作权集体管理协会 ……………………………… 439

三、中国文字著作权协会 ··· 439

第三节　著作权集体管理组织和著作权人的关系 ························· 440

一、著作权集体管理组织和著作权人的关系 ························· 440

二、授权著作权集体管理组织管理后，著作权人能否行使著作权 ······ 441

三、延伸性集体管理问题 ··· 444

第四节　著作权公司与非法的著作权集体管理 ·························· 445

一、问题点 ·· 445

二、著作权集体管理组织成员重复授权的行为性质 ··················· 445

三、著作权公司与非法的著作权集体管理 ···························· 446

第五节　著作权集体管理中的其他问题 ································· 450

一、著作权集体管理组织和使用者的关系 ···························· 450

二、著作权使用费的收取标准和转付 ································· 450

三、著作权集体管理与反垄断法的适用 ······························· 451

第一章 绪论

第一节 基本概念辨析

一、著作权和版权

虽然历史上对作者权和版权有过起源的哲学基础（人格价值观还是财产价值观）和保护重心（以保护著作人格权还是著作财产权为重心）的争论，对各国的著作权法理论和实践均产生过重大影响，❶但因1886年的《伯尔尼公约》既保护著作人格权又保护著作财产权且至今加入《伯尔尼公约》的国家和地区已达170余个，特别是随着长期不保护著作人格权的美国于1989年加入该公约甚至在1990年的《视觉艺术家权利法》中明确规定纯粹美术著作之作者享有姓名表示权和同一性保持权之后，著作权和版权在一定程度上已经演变为同义语，均包括著作财产权和著作人格权，因而已无再费笔墨探究两者之间区别和联系之实际意义。我国2010年《著作权法》第57条明确规定，本法所称著作权即版权。实务中，除非有相反约定或者其他反证，否则即应对著作权和版权做同一解释。中国台湾地方法院士林分院在1994年度自字第28号判决中即持此种见解："按版权一词并非法律专用之名词，而系社会通用之名词，契约双方虽具备专门技能，惟均非习于法律之人，其契约上使用社会惯用之版权一词，尤应参酌社会通念以探求其等真意。然在经验法则上，民间向以

---

❶ 参见雷炳德. 著作权法 [M]. 张恩民, 译. 北京：法律出版社, 2005：14-36；罗明通. 著作权法论（I）（第7版）[M]. 台北：台英国际商务法律事务所, 2009：97-111.

版权为著作权之俗称,此种观念在右开契约订定之当时仍为一般大众所公认。纵观四位证人关于合约中版权一词之证述,然将版权、著作权混为一谈,并未特别界定,核与前揭社会通念相吻合。"台湾"最高法院"1995年台上字第6953号刑事判决也认为,"由双方订约动机、价金等因素判断,合约第8条所谓'版权'概念,亦当可依前述社会通念解为'著作权'之意"。❶

本书按照我国通俗用法,统一使用"著作权"一词。

二、著作权和邻接权

从大陆法系各国著作权法规定看,著作权存在广义和狭义之别。广义著作权包括狭义著作权和邻接权。狭义著作权即作品创作者享有的权利,以具有独创性的作品为保护客体,目的在于激励作品的创作。邻接权也有广义狭义之分。狭义邻接权是指作品传播者的权利,包括表演者、录音制作者(在我国2010年《著作权法》中,还包括录像制作者)、广播组织的权利。广义邻接权则还包括文学、艺术和科学领域中难以界定独创性或者不存在独创性的思想或者情感表达形式的制作者或者传播者享有的权利,包括拍摄者对不具有独创性的照片享有的权利,录制者对以大自然或者人类社会为对象录制的不具有独创性的录音或者录像享有的权利,出版者对版式设计享有的权利,等等。德国《关于著作权与有关的保护权的法律》采广义邻接权概念,该法第72条规定不具独创性的照片享有自发表后50年的保护期。邻接权保护的目的在于激励思想或者情感非独创性表达形式的制作和传播,其哲学基础虽然和著作权相同,均以功利主义的激励论而不是劳动理论为基础,但二者存在如下区别。

(一) 权利原始主体不同

邻接权原始主体一般为表演者、录音制作者、广播组织等作品的传播者。德国著作权法则还规定照片摄制者为邻接权主体,我国2010年《著作权法》和台湾地区"著作权法"则规定出版物版式设计者(出版者)也为邻接权主体,我国2010年《著作权法》甚至将录像制作者规定为邻接权的原始主体。著作权原始主体原则上为作品创作者,即对思想或者情感表达作出独创性贡献的人。

---

❶ 罗明通. 著作权法论(I)(第7版)[M]. 台北:台英国际商务法律事务所,2009:110-111.

（二）权利客体不同

邻接权客体一般为表演者的表演、录音制作者的录音、广播组织的广播。在德国则还包括摄制者摄制的照片，在我国（含台湾地区）还包括出版者对其出版物进行的版式设计，我国2010年《著作权法》甚至规定录像制品为邻接权客体。著作权的客体则为各种作品。

（三）保护要件不同

邻接权保护目的虽在于鼓励文化传播，促进文化发展和繁荣，但并不以保护客体具有独创性为要件，著作权保护目的在于激励文学艺术科学创作，促进文化进步，以保护客体具有独创性为要件。

（四）权利内容有别

就人格权而言，世界各国著作权法大都规定表演者享有人格权，但并未规定录音制作者、广播组织等享有人格权。1996年12月通过的《世界知识产权组织表演和录音制品条约》（WIPO Performances and Phonograms Treaty，WPPT）第5条也只规定表演者享有人格权。作者则普遍享有著作人格权。就财产权而言，按照上述条约规定，表演者、录音制作者并不享有著作权人应该享有的机械表演权，其虽然享有信息网络传播权（the right of making available to the public），但并不享有完整的向公众传播权（the right of communication to the public）。至于广播组织，则仅享有转播、固定广播、复制固定广播物的权利。著作权除了包括作者身份权、发表权、保护作品完整权等著作人格权之外，还包括复制权、发行权、表演权、展览权、放映权、广播权、信息网络传播权、各种演绎权。一言以蔽之，邻接权的保护范围要窄于著作权。

从立法上看，以德国、法国、俄罗斯著作权法为代表，采狭义著作权概念，严格区分著作权和邻接权，立法上的特征表现为将著作权和邻接权并列，并分别在"著作权""邻接权"章节下规定权利主体、权利客体、权利内容、权利限制、权利行使、权利救济等内容。相应地，其法律名称并不称呼为著作权法。比如，德国保护著作权和邻接权的法律称为《关于著作权与有关的保护权的法律》，下分"第一部分：著作权""第二部分：与著作权有关的权利保护""第三部分：关于电影作品的特殊规定""第四部分：著作权与有关的保护权的共同规定""第五部分：适用范围、过渡条款与最终条款"等五部分。❶法国将保护著作权和邻接权的法律称为"文学和艺术产权"，下分"著作权""著作权之邻接权""关于著作权、邻接权及数据库制作者权的通则"三大卷。❷俄罗斯民法典第四部分将保护著作权和邻接权的法律称为"智力活动成果和个性化表现方法的权利"，下分"第七十章：著作权""第七十一章：与著作权邻接的权利"两大章。❸

与上述国家相对，以日本、韩国为代表，采广义著作权概念，与此相应，其法律名称明确称为"著作权法"，将"著作权"区别为"作者的权利"和"邻接权"，并分别在"作者的权利"和"邻接权"下规定权利主体、权利客体、权利内容、权利限制、权利行使、权利救济等内容。比如，日本将保护著作权和邻接权的法律称为"著作权法"，下分"第一章：总则""第二章：作者的权利""第三章：出版权""第四章：著作邻接权""第五章：私人录音录像补偿金""第六章：纠纷解决""第七章：权利侵害""第八章：罚则"等八章。❹韩国也将其保护著作权和邻接权的法律称为"著作权法"，下分"第一章：总则""第二章：作者的权利""第三章：邻接权""第四章：数据库制作者的权利""第五章：电影制品的特殊规定""第五章之二：关于计算机程序的特别规定""第六章：网络服务提供商法律责任的限制""第七章：著作权管理服务""第八章：著作权委员会""第九章：侵权救济""第十章：附则""第十一章：刑罚条款"。❺我国2010年《著作权法》似乎采广义著作权概念，因为从具体规定上看，既有著作权内容的规定，也有邻接权内容的规定，而且法律名称为"著作权法"。问题在于，我国并没有像日本和韩国一样，在广义著作权概念下设计著作权法的篇章结构。我国2010年《著作权法》体例如下："第一章总则""第二章著作权""第三章著作权许可使用和转让合同""第四章出版、表演、录音录像、播放""第五章法律责任和执法措施""第六章附则"。显然，在广义著作权概念下，第三章的内容应该纳入第二章，第三章无法和第四章并列，只有第二章、第四章、第五章才能并列。

考虑到用词的准确性、分类的科学性和保护的完整性，本书作者主张，我国最好采取狭义的著作权概念和广义的邻接权概念，并相应将保护著作权和邻

---

❶❷❸❹❺ 十二国著作权法 [M]. 《十二国著作权法》翻译组，译. 北京：清华大学出版社，2011.

接权的法律称之为"著作权和邻接权法"。本书当中，除了"著作权法"中的"著作权"采取广义著作权概念之外，其他场合的"著作权"仅指作品创作者即作者的权利，即采狭义著作权概念。

三、作品和作品载体

作品（work）不同于作品载体（copy）。作品是指文学、艺术和科学领域中思想或者感情的独创性表达，作品载体则是指固定作品的有形物。二者区别如下。

（一）性质不同

同一部作品具有表达上的唯一性，而其载体可以多样化。也即同一作品可以固定在不同的载体上，作品性质不会因此而发生任何变化。比如，一篇小说，可以写在纸上、墙壁上、羊皮上，可以刻在石头上、木头上，也可以保存在计算机内存上，虽然固定小说的载体多样化，但作品始终只有一个，没有任何变化。

（二）所属法的领域不同

作品属于著作权法范畴，为著作权保护客体。而作品载体属于物权法范畴，为物权保护客体。

（三）在著作权法中的地位和作用不同

主要表现在：

1. 复制权、发行权、出租权的对象为作品载体，而著作权中其他分权利的对象为作品本身。比如，表演、朗诵、演绎、信息网络传播、广播、展览等权利，对象均是作品本身，而非作品载体。基于这个区别，著作权用尽规则也只适用于存在作品载体的情形当中，即只有发行权才存在权利用尽问题，著作权中的其他分权利不存在权利用尽问题。

2. 对著作权行使的影响不同。除了在美术、摄影作品原件展览权随美术、摄影作品原件载体转移而转移至所有权人这种特例外，其他情况下，作品载体的转移并不意味着作品著作权的转移。所以说，通过当当网购买书籍，买到的仅仅是作品载体的所有权，而不是固定在书籍中的作品著作权。因为和朋友通信而取得信件所有权，但并不因此而享有信件内容的著作权。是以所有权人不得未经许可,也无法律特别规定,以著作权法规定的行为方式利用作品,否则构成侵权。

3. 对著作权保护的影响不同。由于所有权人具有占有、使用、收益和处分其所有物的权利,因此一般情况下,作品载体所有权人可以自由处分其所有物,哪怕是毁坏、拆除、烧毁其所有物,其行为也并不侵害著作权。比如在蔡迪安、伍振权、田少鹏与湖北晴川饭店有限公司、湖北晴川饭店、李宗海著作权侵权纠纷一案中,❶被告在重新装修饭店过程中,未经原告同意拆除了被告委托原告创作并陈设于酒店大厅的壁画《赤壁大战》,原告认为被告侵害了其著作权。二审法院以被告行为属合理行使自己所有权的行为、并不侵害原告著作权为由,判决原告败诉,属正确区分了作品和作品载体以及作品著作权和作品载体所有权之判决。不过,为了保护有价值的文化财产留存于世,著作权法可以作出特别规定,在作品载体唯一或者极为稀少且难以合理市场价格获得的情况下,作品载体所有权人在毁坏、烧毁、拆除作品载体之前的合理期限内,有义务通知作品著作权人复制而加以保存,否则可以将毁坏、烧毁、拆除等毁坏作品载体行为"视为侵害著作权的行为"。目前,美国版权法第106条之2第(a)款第(3)项和第113条(d)款第(2)项采取了此种做法。

区分作品和作品载体具有非常重要的司法实践意义。我国知识产权司法实践曾长期混淆作品和作品载体的区别,因而将出版社、报刊社丢失或者毁损作品载体的行为作为侵害著作权的行为进行对待。最高人民法院2002年发布的《关于审理著作权民事纠纷案件适用法律若干问题的解释》第23条规定,出版社将著作权人交付出版的作品丢失、毁损致使出版合同不能履行的,依据2001年《著作权法》第53条、《民法通则》第117条以及《合同法》第122条的规定追究出版者的民事责任。2001年《著作权法》第53条规定,当事人不履行合同义务或者履行合同义务不符合约定条件的,应当依照《民法通则》《合同法》等有关法律规定承担民事责任。《民法通则》第117条规定,侵占国家的、集体的财产或者他人财产的,应当返还财产,不能返还财产的,应当折价赔偿。损坏国家的、集体的财产或者他人财产的,应当恢复原状或者折价赔偿。受害人因此遭受其他重大损失的,侵害人应当赔偿损失。《合同法》第122条规定,因当事人一方的违约行为,侵害对方人身、财产利益的,受损害方有权选择依照本法要求其承担违约责任或者依照其他法律要求其承担侵权责

---

❶ 湖北省高级人民法院(2003)鄂民三终字第18号民事判决书。

任。结合这些规定可以得出如下结论，即出版社丢失、毁损作品致使合同不能履行的，既可以构成违约责任，也可以构成侵权责任，究竟主张何种责任，受害者享有选择权。然而，要特别注意的是，这里所谓的侵权责任并不是侵害著作权的责任，而是指侵害物权（所有权）的责任。

当然，在上述情况下，不管受害者是主张违约责任还是侵害物权的侵权责任，都无法真正保护受害者。丢失、毁损作品载体导致作者无法再行使著作财产权，很可能造成作者精神上的痛苦，对此，应当视情况决定是否允许作者从一般人格权受损的角度提出精神损害赔偿请求。

关于丢失或者留置作品书稿不侵害著作权的观点，程桂华诉北京九龙飞扬文化发展有限公司侵犯著作权纠纷一案[1]可以从一个侧面进行说明。该案中的原告程桂华诉称九龙公司留置其小说《忘忧的阳光》手写书稿，致其丧失最佳出版时机的行为侵害了其著作权。但法院认为，程桂华基于九龙公司未返还其书稿的行为并不侵害其著作权。这个案件中，由于法院正确区分了作品和作品载体，因而得出了被告留置或者未返还书稿的行为不侵害原告著作权的正确判决结论。

第二节　著作权法的趣旨和立法目的

一、著作权法的趣旨

著作权法追求文化的多样性，与专利法追求技术的先进性不同，与商标法追求商业标志的识别力也不同。正因为如此，著作权法规定的作品受著作权保护的门槛，相比专利法规定的发明创造申请专利门槛要低得多。著作权法只要求受保护的作品具备独创性，即自己对思想或者情感的表达与他人的表达不同，而专利法要求受保护的发明创造具备新颖性、创造性、实用性。基于保护门槛的不同，著作权和专利权的排他性也存在巨大差别。最明显的表现是，在著作权法领域，只要是各自独立创作的作品，哪怕存在雷同现象，同一主题上也可以同时存在多个相互独立、完全合法、分属不同主体的著作权。对此，最

---

[1] 北京市朝阳区人民法院（2008）朝民初字第27480号民事判决书。

高人民法院2002年发布的《关于审理著作权民事纠纷案件适用法律若干问题的解释》第15条已经作出规定：由不同作者就同一题材创作的作品，作品的表达系独立完成并且有创作性的，应当认定作者各自享有独立著作权。在专利法领域，上述情形不可能存在。由于追求技术的先进性，同时为了避免重复投资，专利法不得不规定，尽管是各自独立做出的发明创造，同一发明主题上只允许存在一个专利权，即使存在先使用情形，情况也是如此。

著作权法追求的文化多样性也不同于商标法追求的商业标志识别力。尽管著作权法和商标法保护客体存在交叉与重合之处，构成著作权客体的作品往往可以用来作为商标申请注册和使用，而作为商标使用的标志很多情况下也构成著作权保护的作品，但著作权法采取作品创作完成著作权就自动取得的事实主义和非要式主义，和该作品是否实际使用没有任何关系，而商标法最终总是要求作为商标的标志在商业活动中实际使用，因为只有在实际的商业活动中使用该标志才会产生出所识别力。在采取使用产生商标专用权的国家自不待言，即使在采取注册产生商标专用权的国家，最终也是如此。因为在这些商标权注册主义国家，获得核准注册的商标如果连续3年不实际使用，任何人都可以请求主管机关加以撤销。由于追求识别力，因此尽管某个标志的设计本身没有任何识别力或者创作性，但如果在实际使用中获得了识别力，仍然可以作为事实上的商标使用，或者作为商标向主管机关申请注册，除非该标志为商品或者服务的通用名称，不管如何使用也无法获得识别力，或者该标识本身缺乏独占适应性，侵害公共利益或者他人合法权益。就著作权法而言，只要思想或者情感的表达本身没有创作性，不管如何使用，也无法因此获得创作性并受具有特定财产内容的著作权保护。

准确把握著作权法的趣旨，对于正确理解作品构成要件的独创性以及促进文化产业的发达具有十分重要的意义。

二、著作权法的立法目的

著作权法的立法目的是立法者制定著作权法所欲实现的价值目标。美国宪法第1条第8款第8项（Article I, Section 8, Clause 8）规定，"国会有权制定法律，为促进科学和实用技艺的进步，对作家和发明家的著作和发明，在一定期限内给予排他权保护"（The Congress shall have power to promote the progress of science and useful arts, by securing for limited times to authors and inventors the exclusive right to their respective writings and discoveries）。日本著作权法第 1 条规定，"本法目的在于通过规定有关作品以及表演、录音物、播放和有线播放的作者权利以及与此相关的权利，在关切这些文化财产公正利用的同时，保护作者等的权利，促进文化的发展。"韩国著作权法第 1 条规定，"本法目的在于保护作者的权利以及与此相关的权利，促进作品的公正利用，促进文化以及相关产业的进步与发展。"我国 2010 年《著作权法》第 1 条规定："为保护文学、艺术和科学作品作者的著作权，以及与著作权有关的权益，鼓励有益于社会主义精神文明、物质文明建设的作品的创作和传播，促进社会主义文化和学科事业的发展与繁荣，根据宪法制定本法。"我国台湾"著作权法"第 1 条规定，"为保障著作权人著作权益，调和社会公共利益，促进'国家'文化发展，特制定本法。本法未规定者，适用其他法律之规定。"

综合上述国家和地区著作权法规定可以看出，著作权法有三个层次的立法目的。第一个层次的立法目的是保护著作权和邻接权，鼓励作品创作和传播。第二个层次的立法目的是促进作品的公正利用。第三个层次的立法目的是促进文化和科学事业的发展和繁荣。这三个立法目的的关系是，第一个层次的立法目的是基础目的。国家之所以制定和实施著作权法，基础目的就是要保护著作权和邻接权，鼓励作品的创作和传播。放弃或者扭曲这个基础目的，没有足够多的作品创作出来，创作出来的作品不能得到充分、有效传播，著作权法第二个和第三个层次的目的就成了无源之水、无本之木。这本质上是效率性的视点。第二个层次的立法目的是高级目的。著作权法不但要保证足够多的作品被创作出来、得以传播，而且要保证被创作出来和得以传播的作品得到公众公正合理的利用。由于作品的非物质性，作品创作者事实上不可能享有因作品创作带来的所有利益，更由于著作权和邻接权的保护限制了他人的消极自由，著作权法理应在著作权和邻接权密集的丛林中画出一块公共领地，让公众能够自由利用，分享作品创作和传播带来的成果，这就是著作权法要保护的公共利益。这其实是正义性的视点。第三个层次的目的则是最高级和最终目的。著作权法保护著作权和邻接权，可以保证足够多的作品被创作和传播，从而达到文化多样性和进步之结果。著作权法促进作品公正利用，可以使公众利用现有文化成果进行进一步创作，从而使得社会公众有进一步推动社会文化发展之可能性。第一个和第二个层次的立法目可谓殊途同归，最终都可以达致文化和科学事业发展之目的。但是，当第一和第二个层次的立法目的与第三个层次的立法目的发生冲突时，则第一和第二个层次的立法目的必须服从于第三个层次的目的。

由此可以得出如下几点结论。一是著作权和邻接权的保护，即第一个层次立法目的是实现第二和第三个层次立法目的的手段或者工具的观点，是值得商榷的。此种观点容易导致忽视著作权和邻接权保护，甚至动辄以社会公共利益保护为由压制甚至剥夺著作权和邻接权保护的倾向。二是在制定或者解释著作权时，如果面临权利人利益和社会公共利益保护之间的冲突，应特别注意兼顾二者之间的平衡，以免阻碍文化之发展。

著作权法的立法目的在具体案件的处理过程中，具有重要的解释意义。当法律规范的解释相互之间出现矛盾和冲突时，须以目的解释进行最后决断，而以目的解释进行最后判断时，又须以第三个层次的立法目的，即促进文化发展和科学事业进步为最终的评判标准。

第三节　著作权法的基本原则

一、法律原则

法律原则是整个法律体系或者某一个部门法所适用的、反映法律基本价值观念的原则。法律原则贯穿于所有法律条文规定的具体规则当中，能够发挥漏洞补充、协调规范冲突、明细模糊规范的作用，并且不因具体规范失效而丧失效力。由此，不能将法律原则等同于某个具体的法律规则。有学者认为，著作权法的基本原则包括原创性原则、思想与表达合并原则、著作权与著作物所有权分离原则、权利耗尽原则。[1] 此种观点值得商榷。

原创性虽然是作品获得著作权保护的要件，但并不是某个思想或者感情表达形式获得邻接权的要件，并不适用于作为著作权法重要部分的邻接权法，因此原创性虽可以说是著作权法中的一个规则，但并不是整个著作权法的基本原则。思想与表达合并只是思想与表达相分离原则的一个特例，仅适用于极端特定的少数场合，而无法贯穿于著作权法始终，因此不是一个基本法律原则。著

---

[1] 罗明通. 著作权法论（I）（第7版）[M]. 台北：台英国际商务法律事务所，2009：23–30.

作权和著作物所有权分离虽属著作权领域一个重要观念，但难以发挥基本法律原则应该有的漏洞补充、明晰模糊法律规范、协调冲突规范等重要作用，也难以成为著作权法的基本原则。权利用尽作为限制著作权的一个重要规则，只适用于作品载体原件或者复制件所有权转移后，发行权用尽的情形，其他著作权并不因此而用尽，可见权利用尽不能适用于全部著作权，它虽是一个重要规则，但也不是著作权法的基本原则。

另有更多学者将著作权和邻接权自动产生作为著作权法的基本原则。确实，当今世界绝大多数国家的著作权法都规定，无论是著作权还是邻接权的取得，都采取实事主义，即只要作品创作完成，或者其他法律事实已经发生（比如表演、广播），无须履行申请、核准、登记等法律手续，即可取得著作权或者邻接权。话虽如此，自动产生"原则"发挥作用的空间十分有限，除了用来解释著作权或者邻接权的产生之外，在著作权的权利内容、权利限制、权利行使、权利保护等方面都发挥不了解释作用，因此也不属于著作权法的基本原则。

二、思想与表达区分原则

按照本书见解，真正称得上著作权法基本原则的，只有思想与表达区分原则（The doctrine of idea–expression dichotomy）。这个原则贯穿于著作权法的始终，在著作权的权利内容、限制、行使、保护等方面都发挥着重要的解释作用。从著作权的内容上看，著作权不保护思想或者情感，而只保护文学、艺术、音乐和科学领域内思想或者情感的独创性表达。从权利限制看，某些特定情况下，他人可以合理使用思想或者情感的独创性表达，理所当然可以自由使用独创性表达中所包含的思想。比如，某人通过独创性表达方式阐述了爱因斯坦的相对论，不得因此而对爱因斯坦相对论本身拥有排他性的著作权，因为爱因斯坦相对论属于思想，他人同样可以通过自己的独创性表达自由利用这一思想。从权利行使看，著作权人不得就独创性表达中的思想或者情感行使许可、转让等权利，因为著作权人对思想并不存在排他性权利。对思想行使许可、转让权利的，合同无效。从权利保护看，在认定是否构成著作权侵害时，首先得排除作品中不受著作权保护的思想或者情感，然后再比对原被告作品中思想或者情感表达的实质性相似程度，最后再得出是否侵权的结论。总之，著作权领域中，唯有思想与表达相互区分才能够发挥基本原则的作用，才属于著作权法的基本原则。

思想与表达区分原则最基本的含义是，著作权法只保护思想或者情感具有独创性的表达，而不保护思想本身。思想是一个含义较为广泛的词，包括概念、术语、原则、客观事实、发现、操作方法、原理、体系、主题、背景，等等。该原则起源于美国法律史上一个著名的案例，即 Baker v. Selden 案。[1] 该案中原告的被继承人 Charles Selden 于 1859 年按照美国著作权法规定采取了必要步骤，取得其名为"Selden 的精简分栏账目或者简易簿记"一书的著作权，该书提出了一种新的簿记方法，并附录了一些使用该簿记方法的空白账簿。被告的书籍中使用了与原告簿记方法相同的方法，仅仅对表格的栏目和标题做了些许改变。原告诉被告侵害其著作权。美国联邦最高法院最终认定，原告虽然享有解说某一簿记系统书籍的著作权，但依此簿记系统编排而成的空白账簿并不是版权保护的客体，对此原告并不享有著作权。

思想与表达区分原则被制定法第一次正式采纳和规定始于 1976 年。1976 年美国版权法第 102 条第（b）款规定，任何情况下，对作者独创作品的版权保护，不得扩大到思想、程序、方法、系统、运算方式、概念、原理或者发现，无论作品以何种形式对其加以描述、解释、说明或者体现。美国的这一做法很快扩及于国际层面上。1994 年的《与贸易有关的知识产权协议》（Agreement on Trade – Related Asppcts of Intellectual Property Rights，TRIPS）第 9 条第 2 款规定，版权的保护仅延及表达方式，而不延伸至思想、程序、操作方法或者数学概念本身。1996 年的《世界知识产权组织版权条约》（WIPO Copyright Treat WCT）第 2 条几乎完全重复了 TRIPS 第 9 条第 2 款，规定版权保护延及表达，而不延及思想、过程、操作方法或者数学概念本身。我国台湾地区 2010 年《著作权法》第 10 条之一的内容与美国以及上述国际条约大致相同，规定依本法取得之著作权，其保护仅及于该著作之表达，而不及于其所表达之思想、程序、系统、操作方法、概念、原理、发现。欧共体则仅在有关计算机程序的保护法律中对思想与表达区分原则进行了规定，欧共体关于计算机程序法律保护的理事会指令第 1 条第 2 款规定，按照本指令进行的保护仅适用于计算机程序的任何表达，构成计算机程序任何组成部分基础的创意或者原理，包括构成程序接口的创意或者原理，都不受本指令的著作权保护。日本著作权法

---

[1] Baker v. Selden, 101 U. S. 99 (1879).

的做法和欧共体的做法类似，仅规定了计算机程序保护的思想与表达区分原则，其著作权法第 10 条第 3 款规定，计算机程序的著作权保护不及于创作计算机程序所用的计算机程序语言、规则和算法。我国著作权法现行的做法与欧共体和日本的做法类似，仅将思想与表达区分原则作为计算机程序著作权保护的基本原则，未作为整个著作权法的基本原则。我国 2001 年的《计算机软件保护条例》第 6 条规定，"本条例对软件著作权的保护不延及开发软件所用的思想、处理过程、操作方法或者数学概念等"。但 2014 年 6 月 6 日国务院法制办发布的《中华人民共和国著作权法（修订草案送审稿）》[以下简称《著作权法（修订草案送审稿）》] 第 9 条采取了美国和 TRIPS、WCT 的做法，规定"著作权保护延及表达，不延及思想、过程、原理、数学概念、操作方法等"，从而使思想与表达区别原则成为适用于整个著作权法的基本原则。

为什么著作权法必须贯彻思想与表达区分原则？如上述第二节所述，著作权法的立法目的既在于通过保护著作权激励作品创作，也在于促进作品的传播和利用，从而最终促进文化和学科事业进步。为了实现这几个层次的目的，著作权法固然要保护具备独创性的表达，但更应当鼓励他人自由利用独创性表达中蕴含的思想进行新的创作。如果他人不能自由利用现有独创性表达中蕴含的思想，则其进一步创作的思维、灵感、素材等将受到极大限制，文化多样性和文化进步亦将因此而深受影响。大而言之，正如罗明通先生所言，宪法所保障的言论、讲学、著作以及出版自由更无由达成。❶

思想与表达区分原则还存在一种极为特殊的例外情况，即思想与表达重合。当思想的独创性表达方式唯一或者极为有限时，即使不同主体之间的独创性表达实质性相似，相互之间也不构成著作权侵害。原因在于，利用表达等同于利用思想，而思想不属于著作权法保护的对象，如不允许其他人利用此种独创性表达方式，相当于不允许他人利用思想本身，从而使著作权法对此种表达的保护专利权化，他人的言论自由和行动自由都将因此受到严重妨碍。

在深圳市菁优智慧教育股份有限公司诉豆丁网运营的豆丁世纪背景网络技术有限公司一案中，二审法院认为，"著作权法只保护表达，不保护思想，是著作权法的基本原理。如果一种思想实际上只有一种或者非常有限的几种表达，那么保护表达同样会产生思想垄断的后果。在这种情况下，思想与表达已

---

❶ 罗明通. 著作权法论（I）（第 7 版）[M]. 台北：台英国际商务法律事务所，2009：25.

经不可分，这种有限的表达也被视为思想从而不能受到保护。数学是研究数量、结构、变化、空间以及信息等概念的一门学科，是由各类概念、规则、公式、定理等构建起来的科学。由于数学这一学科严谨性特质的要求，数学题的解答一般均应遵守一定规则。《2017年全国统一高考数学试卷（文科）（新课标Ⅰ）》1~6页为2017年全国统一高考数学试卷，也即当年高考数学试题，菁优公司不能对其主张权利。《2017年全国统一高考数学试卷（文科）（新课标Ⅰ）》的参考答案与试题解析部分包括试题、考点、专题、分析、解答、点评等内容。但显而易见，该部分内容极为简单，主要是对公式、计算过程以及考点的分析、说明，且任何具有数学知识的学生或者教师等都将作出基本相同的演算，得出基本相同的结论。如果对该部分内容进行保护，必将导致对高考试题解答以及相关分析研究的垄断，妨碍正常的教学、研究工作，也违背了著作权法不保护思路、观念、理论、构思、创意、概念、操作的基本原则。"❶ 然而，本案并不属于思想与表达完全重合的情况。尽管数学试题的解答方法属于智力活动的规则和方法，极为有限甚至唯一，与思想具有重合性，但对试卷理解、考点归纳、分析及点评，显然仁者见仁智者见智，存在较大选择空间，难以排除表达上的独创性。本案二审判决将这些表达都理解为不受著作权法保护的思想，值得商榷。

要指出的是，思想与表达真正重合的情况，在实践中并不多见，毕竟任何一种思想，几乎都能找到无数种表达方式，因而不得动辄以思想和表达重合为理由，侵害他人著作权。司法实践中，碰到被告以思想和表达重合为由进行不侵权抗辩时，应当严格把握判断标准。

第四节 著作权法、反不正当竞争法、民法之间保护表达的关系

一、严格的知识产权法定原则 v. 缓和的知识产权法定原则

严格的知识产权法定原则主张者认为，"知识产权的种类、权利以及诸如

---

❶ 深圳市中级人民法院（2018）粤03民终11888号民事判决书。

权利的要件及保护期限等关键内容必须由成文法确定,除立法者在法律中特别授权外,任何机构不得在法律之外创设知识产权"。❶ 在知识产权的保护范围不断扩大、保护力度不断强化、公共利益正不断遭受威胁的当今社会,严格的知识产权法定原则的提出对于维护社会公共利益、警示立法者慎重创设知识产权、防止司法者滥用自由裁量权随意创设知识产权具有重大意义。知识产权作为一种制约他人行动自由的权利,不仅与知识产品创造者的利益息息相关,而且与社会公众的利益息息相关,其正当化根据不仅仅应当考虑知识产品创造者的利益,更应当充分考虑公众的利益。就某种具体的知识产权而言,要证明其创设能够给社会带来多少正效应往往是不容易的,相反,要证明该种权利会给社会带来多少负效应则相当容易。因此,在某种新知识产权的创设会严重侵害他人平等的创造自由却没有相应的恢复机制、市场本身存在足够激励同时存在相应的替代性法律保护机制的情况下,立法者不宜轻易为某种知识产品创设某种新的知识产权。对于司法者而言,知识产权法定原则可以起到限制其过度行使自由裁量权的作用。知识产品的创造由于和科学技术的发展紧密联系在一起,不但具有巨大的开放性,而且具有很强的技术性,这就决定了知识产权的创设带有很大程度上的滞后性和不确定性,因而就知识产权法的适用相比其他法律的适用而言,法官不得不在更大空间范围内发挥自由裁量权,以解决相关法律的适用和案件的处理问题。然而,由于某种知识产权的创设会深深地制约他人的自由,而其带给社会的好处却往往难以证明,在立法者都必须慎重创设知识产权的情况下,司法者更应当深刻领会立法者的立法意图,谨慎而有节制地行使司法自由裁量权。❷

基于上述视点,我国2010年《著作权法》第10条第1款第17项"应当由著作权人享有的其他权利"的规定,将未知的利用作品的所有方式,都置于著作权人排他权的控制之下,这将使社会公众遭受不可预测的打击,不利于作品的利用和传播,违背知识产权法定原则,因而并不可取。

严格知识产权法定原则的提出虽然具有重大意义,但其缺陷也是明显的。突出表现在以下三个方面。

---

❶ 郑胜利. 论知识产权法定主义 [M] //郑胜利. 北大知识产权评论(第2卷). 北京:法律出版社,2004:57;也可参见李扬,等. 知识产权基础理论和前沿问题 [M]. 北京:法律出版社,2004:124.

❷ 李扬. 法政策视点下的知识产权法 [M]. 北京:知识产权出版社,2017:25.

一是在知识产权的类型化及其限制等方面，过分依赖立法者的理性认识能力和民主立法程序的正当性，由此导致的结果必然是知识产权法体系的僵化和封闭，使得法律难以柔软地适应复杂的社会现实及其发展。

二是忽视司法过程的能动性和创造性，将法官变成了输出判决的机器。知识产品巨大的开放性和复杂的技术性，决定了知识产权立法本身带有很强的技术性和不确定性，因而法官在适用知识产权法处理有关案件的时候，不得不发挥自身的能动性和创造性。严格知识产权法定原则禁止法官行使自由裁量权，将法官变成机械地适用法律的机器，不但在实践中行不通，而且非常不利于推动知识产权立法本身的进步。

三是导致以下三种利益难以受到现有知识产权法的保护。一是难以被类型化的知识产权包容的利益（比如没有独创性的数据库），二是民主立法过程中被有意或者无意疏漏的利益（比如社会公众的利益），三是随着科技、经济的发展而新出现的利益（比如域名）。就上述三种利益涉及的产品而言，由于社会存在需要，又是相关利益主体花费劳动和投资生产或者创造出来的，因而有必要通过一定的途径保持其供应的适当的激励。在域名、数据库等已经形成了巨大的商业价值的情况下，如果市场本身难以发挥足够激励作用而需要权威介入，❶作为权威的立法已经将其疏漏，作为权威的司法再不管不顾的话，域名的设计者和经营者、数据库的制作者投资的激励必将受到减杀甚至灭失，最终导致这些信息产品供应严重不足，反过来又危害公众的利益。由此可见，在严格知识产权法定原则所追求的普遍正义下，通过司法自由裁量权在个案中实现个别正义仍然具有必要性。❷

为了克服严格的知识产权法定原则存在的上述缺点，观念上应当坚持缓和的知识产权法定原则。所谓缓和的知识产权法定原则，是指作为类型化的知识产权的种类、内容、保护要件、限制等重大内容虽应当由立法明确规定，但也应当允许司法者在个案中以激励理论为依据，在严格利益考量的基础上，为类型化的知识产权无法保护的某些利益提供最低限度的保护。从侵权构成而言，也就是应当抛弃德国民法典所严格坚守的限定性侵权构成，而采不严格限定侵

---

❶ 李扬. 知识产权法定主义及其适用——兼与梁慧星、易继明教授商榷[J]. 法学研究，2006(2)：38-42.

❷ 李扬. 法政策视点下的知识产权法[M]. 北京：知识产权出版社，2017.

权法保护利益范围的非限定性侵权构成的道路。❶ 事实上，从我国《民法总则》第 123 条关于知识产权保护客体范围的适度开放性规定看，至少在知识产权保护客体方面，我国《民法总则》已经采取了缓和的知识产权法定原则。

知识产权的保护，究竟应该采取严格的知识产权法定原则，还是缓和的知识产权法定原则，知识产权法理论和实务界一直存在争论。从法律适用角度看，这种争论体现为，著作权法、专利法、商标法等不保护的客体，反不正当竞争法是否应当提供保护；著作权法、专利法、商标法不保护，反不正当竞争法也不保护的客体，民法是否应当提供保护。严格的知识产权法定原则主张者认为，著作权法、专利法、商标法等不保护的，除非反不正当竞争法和民法也明确提供保护，否则均不应当再提供保护。缓和的知识产权法定原则坚持者认为，由于保护法益不同，著作权法、专利法、商标法等不保护的客体，即使反不正当竞争法和民法没有明确保护规定，也应当考虑个案情况，在激励理论的基础上，通过利益考量，为某些知识性客体提供一定程度的保护。

二、两种立场在著作权法领域中的争论

在著作权保护方面，严格的知识产权法定原则主张者和缓和的知识产权法定原则主张者之间，存在激烈争论。

严格的知识产权法定原则主张者认为，著作权法在文学、艺术和科学领域范围内，在思想或者情感的表达具备独创性的条件下，肯定著作权人对其作品的利用享有排他性权利；同时为了协调该独占性权利与他人行动自由之间的关系，对著作权的发生原因、客体、主体、内容、限制、保护、消灭等作出规定，明确规定此种排他性利用权所及的范围及界限。反不正当竞争法基于确保市场经营者之间公平竞争的目的，对竞争行为的基本原则（诚实信用和公认商业道德）、不正当竞争行为的类型、不正当竞争行为的例外、不正当竞争行为的规制手段等作出规定，以划定正当竞争行为与不正当竞争行为之间的界限，维护市场经营者营业上的合法利益，特别是其具有一定知名度的商业标志不被相关公众混淆、经营者的商业形象不被毁损等方面的利益，同时保护参与到具体竞争关系中的消费者、其他市场参与者的利益。

是故，著作权法不保护的思想或者情感表达，如果还存在反不正当竞争法

---

❶ 李扬. 法政策视点下的知识产权法［M］. 北京：知识产权出版社，2017.

上受保护的不同利益，比如与著作权法保护的对表达进行排他利用不同的标识法方面的利益，或者需要借助激励机制而确保社会所需之信息产品之适度供应方面的利益，则仍有通过反不正当竞争法规制未经同意的利用行为之必要。反之，则无反不正当竞争法适用的空间和必要，以维护自由竞争基础上的市场经济之活力。同理，如果某一行为既不侵害著作权，也不构成不正当竞争行为，则应当解释为排他利用该表达的利益或者排他利用已经转化为商业标志的利益，原则上不再是民法保护的利益，他人的利用行为亦不构成民法上的侵权行为，除非还存在其他受法律保护的利益的特殊情况。❶

缓和的知识产权法定原则坚持者则认为，知识产权客体具有非物质性，一个知识上面可以同时附着几个并不冲突的权益，文学、艺术、音乐、科学领域内思想或者情感的表达虽因独创性等原因，无法规范评价为受著作权法保护的作品，受著作权法保护，但并不妨碍对其进行是否符合反不正当竞争法、民法保护法益上的评价。某些客体虽不构成作品，比如某些商标图案，但《反不正当竞争法》第 6 条明确规定作为商业标记提供保护的，说明该商标图案在反不正当竞争法上仍然存在受保护的法益，应当适用反不正当竞争法进行保护。对于某些不构成作品的客体，即使反不正当竞争法没有明确规定将其作为某类法益进行保护，但在当事人之间具有直接的、具体的竞争关系的前提下，亦不妨碍以激励理论为指导，通过严格利益考量，适用《反不正当竞争法》第 2 条规定的一般条款进行保护，在当事人之间不具有直接的、具体的竞争关系的情况下，适用侵权责任法和民法总则保护民事权益的一般条款进行保护。❷

三、日本法上的相关案例

（一）釣りゲーム事件❸

在这个案件中，日本东京知识产权高等法院坚持的是严格的知识产权法定原则。该案中的 X 制作了以钓鱼为主题并兼有社群互动功能的手机游戏"钓鱼之星"，自 2007 年 5 月开始在其经营的网站"GREE"上，向其会员以公开传输方式提供该款游戏。Y1 和 Y2 共同制作同样以钓鱼为主题的手机游戏

---

❶ 知財高裁平成 24 年 8 月 8 日判時 2165 号 42 頁（平 24（ネ）10027 号）【釣りゲーム事件】。
❷ 李扬. 法政策视点下的知识产权法 [M]. 北京：知识产权出版社，2017.
❸ 知財高裁平成 24 年 8 月 8 日判時 2165 号 42 頁（平 24（ネ）10027 号）【釣りゲーム事件】。

"钓鱼游戏小镇 2",自 2009 年 2 月开始在其经营的网站"mobile game town"上,向其会员以公开传输方式提供该款游戏。X 认为 Y1 和 Y2 的游戏影像和其游戏影像相似,侵害其演绎权、公开传播权、保护作品完整权。同时,X 认为其钓鱼影像是其具有周知性的商品标志,Y1 和 Y2 的利用行为构成日本反不正当竞争法第 2 条第 1 款第 1 项的擅自利用他人周知商品标志的不正当竞争行为。此外,X 还根据日本民法典第 709 条、第 719 条规定,❶ 认为 Y1 和 Y2 的行为构成民法上的侵权行为,请求损害赔偿。

就著作权侵害部分中的被告钓鱼画面,日本知识产权高等裁判所认为,由于从被告作品钓鱼画面的表达中,无法直接感知到原告作品钓鱼画面中表达出的本质性特征,因此并不侵害原告的演绎权、公开传播权、保护作品完整权。就著作权侵害部分中的被告钓鱼画面切换变化以及素材选择排列部分的表达,日本知识产权高等裁判所同样认为,无法从中直接感知到原告作品画面的切换变化以及素材的选择排列部分在表达上的本质特征,因此也不侵害原告的演绎权、公开传播权、保护作品完整权。

就不正当竞争部分,日本知识产权高等裁判所认为,如果某一游戏影像具备前所未有的独创性特征,而且通过使具备该特征的影像在特定游戏中全程反复出现,长时间显示于画面上等方式,使得该影像已经广为游戏玩家所认识,该影像即符合日本反不正当竞争法第 2 条第 1 款第 1 项所规定的"周知商品标志"。然而,本案中原告主张保护的游戏影像通常在游戏玩家游玩该游戏时才能第一次看到,并非是在原告游戏作品的开头即显示的画面,而是在游戏进行过程中才出现的一个画面或者类似的画面,在游戏全过程中也并未反复出现,长时间显示于画面之上。此外,原告主张保护的影像画面,在其官方导览书中,也并未将其登载于封面,且该书系在塑胶封膜状态下进行销售。从原告宣传画面看,原告影像仅为众多画面之一,在整个 15 秒的广告中仅占 3 秒左右的放映时间,原告在火车车厢内、报纸杂志进行宣传的影像中,主张保护的影像也仅是所宣传的众多游戏画面中的一副,而且该副影像并不清晰。据此等事实,日本知识产权高等裁判所认为,原告主张的影像,并未成为具有周知性的

---

❶ 日本民法典第 709 条规定:"因故意或过失侵害他人权利或者受法律保护利益者,负因此而产生损害的赔偿责任。"日本民法典第 719 条规定:"数人共同实施侵权行为损害他人时,各加害人负连带赔偿责任。共同行为人中的任何一个不知该损害,亦同。教唆行为人以及帮助行为人,视为共同行为人,适用前款规定。"

商品标志。同时，被告涉案的两个影像均未成为被告周知商品标志，而且与原告主张保护的影像并不类似，被告使用影像的行为并不会导致混淆可能性，原告主张被告行为构成仿冒周知标志的不正当竞争行为，并无理由。

关于被告行为是否是侵害原告受法律保护的利益的侵权行为，由于被告的行为既未侵害原告对其作品享有的著作财产权和著作人格权，又不构成应当受反不正当竞争法第2条第1款第1项禁止的仿冒他人商品周知标志的混淆行为，纵使被告在制作开发其《钓鱼游戏小镇2》时，参考了原告游戏作品，也不能说被告行为超出了自由竞争范围的限制，并因此构成侵害原告受法律保护利益的侵权行为。

（二）"ラインピックス"一案[1]

该案中的原告做成25个字以内的新闻标题在自己的网页上滚动式刊载，并以登载广告的方式赚取收入。被告没有经过原告的同意，抄袭、模仿原告的新闻标题，做成和原告酷似的新闻标题，刊载在自己的网页上，也以登载广告的方式赚取收入。原告起诉被告侵害著作权和构成日本民法典第709条的不法行为。东京地方裁判所否定了原告简短新闻标题的独创性，否定了原告对被告侵害著作权的指控，并进一步否定了原告对被告不法行为的指控。理由是，既然原告的新闻标题在作为特别法的著作权法上没有受保护的利益，在作为一般法的民法上当然也就没有受保护的利益。日本知识产权高等裁判所则认为，原告25个字以内的新闻标题虽然没有独创性，不受著作权保护，但有价值的信息如果不付出劳力，在互联网上显然不会存在。互联网上之所以存在大量有价值的信息，正是因为有人收集、处理并在互联网上开示这些信息。以此为前提，日本知识产权高等裁判所进一步认为，有关新闻报道的消息，原告等报道机关付出了巨大的劳动和费用，进行了选材、写成初稿、编辑、做成标题等一系列活动，并最终使之变成互联网上有价值的、有偿交易对象的信息。被告没有经过原告的同意，以营利为目的，复制、模仿原告新闻标题，做成和原告新闻标题酷似的标题，并在自己的主页上显示，违法侵害了原告应受法律保护的利益，构成了不法行为，应当支付适当费用以弥补原告的损失。

---

[1] 参见日本 H17.10.6 知财高裁平成17（ネ）10049 著作権民事诉讼案件。

第五节　保护著作权和邻接权的国际公约

近代工业革命极大推动了世界科技、经济、文化发展，世界各国之间的经济、文化交流随之飞跃发展，国际间侵犯著作权和邻接权的现象也因此而频繁发生。为了制止这种现象，各国最初依靠互惠原则或者签订双边协定。但互惠原则或者双边协定无法约束第三方国家或者地区，于是保护著作权和邻接权的国际公约应运而生。

至目前为止，国际间签订的保护著作权和邻接权的国际公约主要有：《伯尔尼公约》《世界版权公约》《罗马公约》、TRIPS、WCT、WPPT。

一、《伯尔尼公约》

《伯尔尼公约》于1886年在伯尔尼签订，此后历经1896年在巴黎、1908年在柏林、1914年在伯尔尼、1928年在罗马、1948年在布鲁塞尔、1967年在斯德哥尔摩、1971年在巴黎等7次修改，截至2014年12月2日科威特的加入为止，《伯尔尼公约》的成员国达168个。我国于1992年10月15日加入该公约，正式成为该公约的成员国。

《伯尔尼公约》确立了以下主要规则：

1. 国民待遇规则（the principle of national treatment）。公约第5条第1款规定，著作权人的作品，在任何一个成员国之内，享有该成员国现在或者将来给予其本国国民作品的权利。

2. 著作权自动保护规则（the principal of automatic protection）。公约第5条第2款规定，著作权的享有和行使不需要履行任何手续，对著作权的享有和行使采取完全的创作保护主义。

3. 著作权独立保护规则（the principal of independent protection）。公约第5条第2款规定，著作权的享有和行使独立于其源流国。也就是说，作品在其他成员国内的保护，不以该作品在其源流国保护为前提条件，其保护程度和救济措施以该作品请求保护国家的国内法律为准。比如，中国公民宣扬封建迷信的作品不管在中国能否得到保护，如果在美国未经允许被人复制发行，该公民在美国请求保护，该作品是否应当得到保护、如何保护都应当以美国版权法规定为准。

4. 最低保护期规则。公约第 7 条第 1 款规定，著作权保护期限为作者有生之年加上死后 50 年。

二、《世界版权公约》

由于《伯尔尼公约》对著作权采取自动保护规则，而美国和绝大多数拉丁美洲国家的著作权法传统上要求在作品上标明著作权标记、进行登记并缴存作品等形式才能受到保护，为了吸引美国以及拉丁美洲等国家加入著作权国际保护组织，在联合国教科文组织努力下，1952 年在瑞士日内瓦签订了《世界版权公约》，也称万国著作权公约，于 1955 年 9 月 16 日正式生效。现行使用的文本是 1971 年 7 月 24 日修订于巴黎的文本。截止到 2007 年 4 月 16 日，共有 100 个国家签署了 1952 年的文本；共有 65 个国家签署了 1971 年的文本。我国于 1992 年 10 月 30 日正式成为该公约成员国。

《世界版权公约》目的在于降低《伯尔尼公约》的保护标准，以便美国等加入。与《伯尔尼公约》相比，《世界版权公约》具有如下特点：

1. 对著作权保护采取较低形式要件保护标准。公约第 3 条第 1 款规定，作品仅需印有著作权标记、著作权人姓名以及首次发行年度，即受著作权保护，无须注册及缴存作品。

2. 降低著作权最低保护期限。公约第 4 条规定，著作权保护期间由各国自行规定，但不得少于作者终身加死亡后 25 年。

3. 允许成员国建立强制许可制度限制著作权人的翻译权。公约第 5 条第 2 款第 1 项规定，外文作品自首次发行之日起满 7 年后，如果原著作权人仍未发行会员国当地通用语文译本，该会员国国民可以从主管当局申请使用该国通用语文翻译该作品并出版译本的非专有使用许可。

此外，由于《世界版权公约》成员国和《伯尔尼公约》成员国发生重叠现象，因而产生究竟优先适用哪个公约的问题。为了厘清两个公约的关系，《世界版权公约》第 17 条特别规定，在《伯尔尼公约》成员国之间优先适用《伯尔尼公约》，不受《世界版权公约》成立的影响。

由于美国已经于 1989 年 3 月 1 日加入《伯尔尼公约》，并根据《伯尔尼公约》的标准相应修改了其版权法，《世界版权公约》的重要性已经大为降低。

三、《罗马公约》

《罗马公约》又称为《保护表演者、录音制品制作者和广播组织的国际公约》（international convention for the protection of performers, producers of phonograms and broadcasting organizations），或者《著作邻接权公约》，于1971年10月26日签订于罗马。截至2009年3月25日，会员国总计达88个。我国至今尚未加入该公约。由于邻接权系大陆法系概念，美国一直未加入该公约。

《罗马公约》规定了如下三种邻接权：

1. 表演者权。公约第7条第1款规定，表演者享有下列权利：广播（broadcasting）其表演和向公众传播其表演（communication to the public）的权利；固定（包括录音、录像）其表演的权利；复制固定物（录音物、录像物）的权利。

2. 录音制品制作者权❶。公约第10条规定，录音制品制作者有授权或者禁止他人直接或者间接复制其录音制品的权利。

3. 广播组织权。公约第13条规定，广播组织有授权或者禁止他人转播其广播或者固定其广播的权利，也有授权或者禁止他人对其广播固定物进行复制的权利。

《罗马公约》上述内容已为TRIPS第14条所采纳。

四、TRIPS

TRIPS于1994年4月在斯德哥尔摩签订。我国于2001年12月加入该协定。TRIPS确定了下列保护知识产权的基本规则：

1. 最低保护标准（minimum standard）。TRIPS第1条第1款规定，会员国必须按照协议规定的条款给予最低标准保护。

---

❶ 按照《罗马公约》第3条第3项规定，"producer of phonograms" means the person who, or the legal entity which, first fixes the sounds of a performance or other sounds，意思是指首次固定表演的声音或者其他声音的自然人或者法人，也就是实际固定声音的人。但WPPT第2条第4项则将录音制品制作者规定为"producers of a phonogram" means the person, or the legal entity, who or which takes the initiative and has the responsibility for the first fixation of the sounds of a performance or other sounds, or the representations of sounds，意思是指率先策划并且负责将表演的声音或者其他声音、声音的表现首次固定的自然人或者法人。显然，WPPT规定的录音制品制作者含义要广于《罗马公约》第3条的规定，不限于实际固定声音的人。

此外，phonogram一词多有被翻译为录音著作、唱片或者发音片者，但从《罗马公约》第3条第2项规定看，phonogram是指表演的声音或者其他声音的固定物（fixation），翻译为发音片显然不妥当。又录音物的种类不限于唱片，因此翻译为唱片也不妥。同时，录音不一定具备著作权法保护作品的独创性，因此翻译为录音著作更不妥当。参考TRIPS第14条的规定，phonogram即sound recordings，将其翻译为录音物或者录音制品最为恰当。

2. 国民待遇（national treatment）。TRIPS 第 3 条规定，会员国给予其他会员国国民的待遇不得低于给予本国国民的待遇。

3. 最惠国待遇（most-favored-nation treatment）。TRIPS 第 4 条规定，关于知识产权的保护，会员国给予任一其他会员国国民的任何利益、优惠、特权或者豁免权，应立即给予所有其他会员国国民。

五、WCT

WCT 于 1996 年 12 月由世界知识产权组织通过，2002 年 3 月 9 日正式生效，2009 年 3 月 25 日为止，已经有 70 个国家签字加入该公约。2007 年 3 月 6 日，我国向世界知识产权组织正式递交加入书。同年 6 月 9 日，WCT 在我国正式生效。

该公约的主要内容如下：

1. 公约第 3 条规定，适用《伯尔尼公约》第 2 条至第 6 条的规定，吸纳国民待遇规则、自动保护规则、独立保护规则等内容。

2. 公约第 8 条新创设公开传播权（right of communication to the public），使之涵盖交互式传播，从而解决《伯尔尼公约》第 11 条之 2 规定的播放权无法涵盖的异时异地接收的交互式传播问题。

3. 公约第 6 条扩展了发行权内容，将发行权由《伯尔尼公约》的电影作品扩展到所有种类的作品。据此，所有种类作品的著作权人都享有通过销售或者其他转移所有权的方式向公众提供作品原件或者复制件的排他性权利。但该权利受权利用尽规则的限制。

4. 公约第 7 条赋予计算机程序、电影作品和固定在录音制品中的作品独立的出租权，使其出租权不因作品原件或者复制件销售或者转移所有权而耗尽。

六、WPPT

WPPT 于 1996 年 12 月由世界知识产权组织通过，2002 年 5 月 20 日正式生效。截至 2009 年 3 月 25 日，已经有 68 个国家签字加入。我国于 2007 年 6 月加入该条约。

该条约的主要内容如下：

1. 条约第 4 条规定，采取国民待遇规则。

2. 条约第 5 条赋予表演者人格权，从而弥补了《罗马公约》的不足。

3. 条约第 6 条赋予表演者对其尚未被固定的表演专有固定权，以及将尚未被固定的表演向公众传播的权利，即录音录像权和现场直播权。

4. 条约第 7 条和第 11 条分别赋予表演者和录音制品制作者对其录音制品专有复制权。

5. 条约第 8 条和第 12 条分别赋予表演者和录音制品制作者对表演的录音制品原件或者复制件专有发行权。

6. 条约第 9 条和第 13 条分别赋予表演者和录音制品制作者对表演的录音制品原件或者复制件专有出租权。

7. 条约第 10 条和第 14 条分别赋予表演者和录音制品制作者对表演的录音制品原件或者复制件交互式传播的权利。

8. 条约第 15 条赋予表演者和录音制品制作者对表演的录音制品原件或者复制件基于商业目的进行广播或者向公众进行传播时，享有报酬请求权。

由上可见，WPPT 极大地完善了《罗马公约》对表演者和录音制品制作者保护不足的问题。

第二章
著作权的保护客体：作品受保护的要件及种类

第一节　作品的定义和受保护的形式要件

一、作品的定义

（一）现有定义的缺陷

《伯尔尼公约》并没有明确给出作品的定义，仅在第 2 条第 1 款采取概括方式规定，"文学和艺术作品一词包括文学、科学和艺术领域内的一切成果，不论其表现形式或者方式如何。"（The expression "literary and artistic works" shall include every production in the literary, scientific and artistic domain, whatever may be the mode or form of its expression）我国 2010 年《著作权法》虽然明确给出了作品定义，但方式比较奇特。即作为全国人大常委会制定的法律——我国 2010 年《著作权法》只在第 3 条采用概括列举的方式规定，"本法所称的作品，包括以下列形式创作的文学、艺术和自然科学、社会科学、工程技术等作品"。作品的定义是由国务院制定颁布的行政法规——2013 年《著作权法实施条例》第 2 条完成的。该条规定，"著作权法所称作品，是指文学、艺术和科学领域内具有独创性并能以某种有形形式复制的智力成果。"《著作权法（修订草案送审稿）》第 5 条规定，"本法所称作品，是指文学、艺术和科学领域内具有独创性并能以某种形式固定的智力表达。"此规定克服了 2010 年《著作权法》和 2013 年《著作权法实施条例》的弊端，将实施条例对作品的界定上升到法律的高度，而且科学性有所提高。主要表现在，为了解决作品的传播问题，从作品保护要件论角度看，著作权法只要求作品能够附着在某种载体上就够了，至于固定下来后如何复制，并不必考虑。

但是，无论2010年《著作权法》，还是《著作权法（修订草案送审稿）》，关于作品的定义都不够科学。主要表现在：

一是将作品归属于"智力成果"或者"智力表达"，虽然有其他定语的限制，但仍然显得太过宽泛，不够准确。智力成果可以表现为思想，文学、艺术和科学领域内具有独创性的思想显然不受著作权法保护。智力是指人认识、理解客观事物并运用知识、经验等解决问题的能力，包括记忆、观察、想象、思考、判断等，智力表达很容易使人误解为记忆能力、观察能力、想象能力、思考能力、判断能力程度高低的表现，这些抽象的能力并不属于著作权法保护的对象，只有这些智力活动的成果以某种形式表达出来后，著作权法才有了确定的保护对象。

二是明确要求作品能够"以某种有形形式复制"或者"某种形式固定"。首先，根据字面解释，"某种有形形式"只能理解为复制手段是有形的。这种理解显然无法涵盖数字化这种无形复制手段。此外，如上所述，从作品保护要件论角度看，著作权法只要求作品能够附着在某种载体上即以足备，固定下来后如何复制，并不必考虑，2010年《著作权法》规定作品能够"以某种有形形式复制"才能受保护，要求显然过高。这两个方面的因素大概是导致《著作权法（修订草案送审稿）》第5条将"某种有形形式复制"改为"某种形式固定"的原因。

修改后的结果又如何呢？本书认为，这种修改虽然有所进步，但显得多余。理由是，能够通过某种方式进行固定是作品受保护的应有之义，如果思想或者情感的独创性表达无法通过某种形式进行固定，说明受保护的作品根本不存在。所以，即使著作权法关于作品的定义中没有"能以某种形式固定"这样的措辞，也可以从要件论角度推导出来。

（二）作品的科学定义

要准确界定作品，必须把握界定作品的两个目的。第一个目的是为了区分著作权法保护客体和专利法保护客体。实现这个目的的主要方法有二。一是将著作权法保护客体限定在文学、艺术和科学领域这样的文化领域内，而将专利法保护客体限定在实用品这样的工商业领域内。二是将著作权法保护客体限定为思想或者情感的表达,而将专利法保护客体限定为体现了某种思想的技术方案。第二个目的是区别文化领域中受著作权法保护的客体和不受著作权法保护的思想或者情感本身。实现这个目的的方法则简单得多,只要将著作权法保护的客体限定为思想或者情感具有独创性的表达就能达到目的,无须其他辅助手段。

综合考虑上述因素,本书作者认为,对作品可以进行如下界定:本法所称的作品,即文学、艺术和科学领域内思想或者情感的独创性表达。日本著作权法第2条第1款第1项正是如此界定作品的。该项规定,"作品,指文学、科学、艺术、音乐领域内,思想或者情感的独创性表达形式。"为什么要加上"情感"的独创性表达?是因为文学、艺术和科学领域内的表达并不限于思想,有些仅是未达到思想高度的情感表达。

二、作品受保护的形式要件

(一)形式主义规则

作品受保护的形式要件是指,作品受著作权保护,是否需要登记、注册、标明著作权标记、缴存作品等形式要件。

《伯尔尼公约》第5条第2款规定,享有和行使著作权不需要履行任何手续,可见《伯尔尼公约》对作品的保护和著作权的享有采取了纯粹形式主义的规则。虽然事实上在我国享有著作权无须履行任何手续,但我国2010年《著作权法》并无这方面的规定。为了减少作品创作者的不可预测性,《著作权法(修订草案送审稿)》第5条第3款规定,著作权自作品创作之日起自动产生,无须履行任何手续。这个规定完全遵从了《伯尔尼公约》的规定。日本著作权法第17条第2款和《伯尔尼公约》的规定相同,即享有著作人格权和著作财产权,无须履行任何手续。

不过《世界版权公约》第3条第1款对作品受著作权保护提出了形式上的最低要求,规定作品须印有著作权标记、著作权人姓名以及首次发行年度,才受著作权保护。话虽如此,由于《世界版权公约》的成员绝大多数同时是《伯尔尼公约》的成员国,而《世界版权公约》第17条又特别规定,在《世界版权公约》和《伯尔尼公约》冲突时,优先适用《伯尔尼公约》,到2014年12月2日为止,参加《伯尔尼公约》的国家又达到168个,因而《世界版权公约》第 3 条第 1 款规定的最低限度的形式主义要件实际上已经没有多少实际意义。

(二) 创作时还是创作完成时始受保护

作品从何时开始受著作权法保护？《伯尔尼公约》第 5 条第 2 款并未明确，因而导致有些国家和地区的著作权法出现理解分歧。比如，我国台湾地区 2010 年"著作权法"第 10 条规定，"著作人于著作完成时享有著作权。"《著作权法（修订草案送审稿）》第 5 条第 3 款则规定，著作权自作品创作之日起自动产生，无须履行任何手续。一个采创作完成时主义，一个采创作开始时主义。究竟哪种做法较为可取呢？

虽然创作"开始时"和创作"完成时"都具有不确定性，但对于受著作权法保护的作品创作来说，创作"开始时"可能是一个短暂得毫无意义的时间。比如，举笔写下小说题目的第一个字，或者写下小说第一行的第一个字，应该完全可以称得上进入创作"开始时"了，此时尚未形成具有独创性的表达，或者因为字数太少难以形成具有独创性的表达，又何以产生作品及其著作权呢？比较而言，创作"完成时"能够为判断是否已经形成独创性的表达提供一个回旋的余地，因而较为可取。

何谓作品创作完成？完成难以通过数量进行精确界定，需要结合作品的类型、创作的具体情况进行具体判断。基于著作权法保护思想或者情感独创性表达、追求文化多样性这样的趣旨，总体而言，不管哪种形式的表达，当达到了客观上能够让人感知创作者不同于他人表达的程度时，就可称之为创作已经完成，相应的表达也就构成了作品。至于表达是全部完成还是部分完成，并不影响其作品性的认定。实践中，论文写作计划、提纲、目录，设计者的设计草图，画家的绘画草图，小说家的故事梗概、已经能够勾画出主要故事的人物关系图表，作曲家尚未完成的乐谱，都构成"已经完成的作品"，应受到著作权法保护。

第二节　作品受著作权保护的实质要件

一、属于思想或者情感的独创性表达

（一）属于思想或者情感的表达

作品应当是思想或者情感的表达。这说明以下两点。

1. 作品应当是外在表达。作品应当能够让他人感知，所以应当是外在表达。外在表达并不要求该表达实际固定在具体的载体上，口头演说、法庭辩论、谈话节目都可以构成作品，他人如果照样画瓢，将构成著作权侵害。

2. 作品应当是思想或者情感的表达，而非思想或者情感本身。思想是哲学的、社会科学的、自然科学的，或者是计算机程序、产品设计图等技术方面的，抑或仅仅是一种感觉或者心情，在所不问，只要是创作者的精神活动即可。思想属于专利法保护的客体，作为专利法保护客体的思想必须具备新颖性、创造性和实用性，以避免重复投资，推动技术螺旋式进步。著作权法只保护思想或者情感的表达，而不关注思想或者情感本身有无创造性。即使是一种极为古老、司空见惯、人人皆知的思想，或者一种大家熟知的情感，只要通过不一样的方式表达出来，就有可能构成作品，受著作权保护。

虽然许多国家和地区乃至国际条约明确规定，著作权保护只及于表达，而不及于思想、程序、规程、系统、操作方法、概念、原理或者发现，但实践中区分思想和思想之表达并非易事。对于文字作品而言，字数越少、语句越短，越容易成为思想而不是表达。比如，川端康成《雪国》开头"穿过县境上长长的隧道，就是雪国了。夜空下，大地一片莹白，火车在信号所前停下来"。如果将这个开头作为具有独创性的表达，则意味着川端康成将垄断这两句话，也就意味着任何人复制这两句话都将侵害川端康成的著作权，任何人以后都不得再继续如此表达，这显然有违著作权法的宗旨，因此只能将这句话作为思想看待。❶ 对于摄影作品来说，在同样位置、同样时间、同样天气条件下拍摄同

---

❶ 田村善之. 知的财产法（第5版）[M]. 东京：有斐閣，2010：423.

一景点，虽然拍出来的照片效果很可能相同，但在同样位置、同样时间、同样天气条件下拍摄同一景点属于思想，因而后来者拍摄出来的照片也不构成侵权。对于雕塑作品来说，将裸体雕塑放置公园或者市民广场属于思想或观念，任何人都可以模仿。但表现该裸体雕像的表情、动作、肌肉的纹路机理等则是思想之表达。

1984年发生于日本大阪的"万年历"案很好地说明了应该如何区分思想和思想的表达。❶ 本案中的原告编制了一本万年历，具体方法是：横轴排列1月到12月，竖轴排列1917年到2084年，中间的交叉点表示某年某月，而且每年每月都配有彩虹的七种颜色。旁边另外设配了标明星期几的一个月日历，并且配上了7种彩虹颜色。两个图形结合起来就组成了万年历了。比如，要查找1993年9月9日是星期几，只要先从第一个图形中查找9月的颜色，再从旁边月历图形中查找对应的颜色，就可以得知1993年9月9日是星期几了。被告在原告获得实用新型专利权之前，开始制作并销售该万年历。原告以被告侵害著作权为由提起诉讼。大阪地方法院认为，虽然该万年历设计思想新颖，并且富有创造性，但思想的新颖性和创造性与著作权无关，因为著作权法关注的是思想表达的独创性。

2005由北京市高级人民法院判决的朱志强诉（美国）耐克公司、耐克（苏州）体育用品有限公司以及北京元太世纪广告有限公司、北京新浪信息技术有限公司侵犯著作权纠纷案中，❷ 原告创作了"火柴棍小人"形象，被告耐克公司、苏州耐克公司在广告宣传中使用了"黑棍小人"形象，元太广告公司、新浪信息技术公司发布了该广告。法院经过比对发现，原告"火柴棍小人"和被告"黑棍小人"相同部分在于，都用"圆形表示人的头部，以直线表示其他部位"，但其他具体设计并不相同。法院认为，"用圆形表示人的头部，以直线表示其他部位"已经进入公有领域，不应该得到保护，因此被告的行为不构成著作权侵害。但本书认为，以"用圆形表示人的头部，以直线表示其他部位"已经进入公有领域为由进行论理并不特别恰当。理由是，如此解释意味着"用圆形表示人的头部，以直线表示其他部分"最初享有著作权。本书认为，北京市高级人民法院的判决结果虽然正确，但说理并不可取。

---

❶ 大阪地判昭和59.1.26无体集16卷1号13页"万年历"事件。

❷ 北京市高级人民法院（2005）高民终字第538号民事判决书。

理由在于,"用圆形表示人的头部,以直线表示其他部分"属于创作思想,从一开始就不应当受到著作权法保护。这意味着任何人都可以利用这一思想进行创作,只要创作出来的具体小人形象与公有领域已经存在的小人形象和他人享有著作权的小人形象不同,就具有独创性,无论谁的创作成果,都构成作品,享有著作权。

此外,司法实践中,英语单词的记忆方法、❶ 词典的编撰方法❷都被法院作为思想的范畴,并因此否定其获得著作权保护的可能性。

这里也顺便说一下创意的保护问题。严格说来,这是被许多人误解的一个问题。所谓创意,本质上不过是能够带来商业利益的思想、观点或者方法。这样的思想、观点或者方法要受到法律保护,必须通过能够让他人感知的某种形式表现出来。创意如果通过具有独创性的作品表现出来,受著作权法保护。创意如果表现为某个具有新颖性、创造性、实用性的技术方案,可以申请专利,受专利法保护。如果创意人不愿意公开其创意,并加以保密措施,可通过商业秘密保护。此外,创意人也可以通过与相对人签订合同的形式保护其创意。可见,抽象地谈论创意的保护是没有意义的。

(二)属于思想或者情感的独创性表达

作品不仅应当是思想或者情感的表达,而且应当是思想或者情感的独创性表达。

1. 独创性(originality)的含义。独创性有如下两个方面的含义。

(1)独立完成,而不是对他人现有作品的复制。这个要求实际上是劳动作为知识产权正当化消极依据在著作权领域的体现。即虽然并不是所有思想或者情感的表达都可以作为作品受到著作权保护,但如果没有对思想或者情感进行过独立表达,也没有法律上的特别依据,则所谓的"劳动成果"无法作为作品受著作权保护。从竞争的角度看,对思想或者情感未进行独立表达,直接复制他人作品,将节省时间、资金和劳动,处于有利竞争地位,减杀在先者创作作品的激励,有违著作权法的目的,因而也应当要求作品系独立完成,方能受著作权保护。

---

❶ 北京市第二中级人民法院(2009)二中民终字第05782号民事判决书。
❷ 北京市高级人民法院(2006)高民终字第233号民事判决书。

（2）创作性。考虑到著作权法追求文化多样性的趣旨，"著作权法并不关心作品的学术性或者艺术性，学术性或者艺术性应当委任给公众评判或者通过市场进行淘汰"，❶ "应当振兴的文化选别并非裁判所的职能，赋予裁判所这样的职能是危险的"，❷ 因而只要自己的表达和他人的表达不同，并且自己的表达不属于公有领域中司空见惯的表达，就应当认为该表达满足了创作性的要件，或者被认为具备了个性。比如，在赵梦林诉北京贵友大厦有限公司等侵犯著作权纠纷案中，虽然京剧脸谱是随着戏曲艺术的发展而逐步形成的艺术表现形式，不同人物的脸谱逐渐形成了某些特定的谱式，但不同绘画者在线条、笔锋、色彩、图案分布及比例等方面仍会存在不同的差异，而这恰恰是不同脸谱作品的独创性之所在。❸

换句话说，创作性应当限于从"有和无"的角度进行判断，而不是从"创作高度"方面进行解读。创作高度是一个含混不清、无法界定的不确定性概念。某种思想或者情感的表达，到底创作性达到多高的高度才算满足"创作高度"要求，至今为止，没有任何人画出一道清晰的界线。从宪法角度看，思想或者情感的表达属于言论自由的一部分，为受著作权保护的表达创设含混不清的"创作高度"判断标准，极为容易导致剥夺言论自由产物的结果。

创作性也不要求作品在学术上、艺术上取得某种成就。因此，即使是幼儿园小孩的书画习作，也能满足创作性要件。❹ 一方面，虽然承认没有学术、艺术价值的表达形式为作品不会导致多少侵权状况的发生，但如果不承认这些表达形式为作品，反而难以排除好事者将这些表达形式随意加以利用（比如出于好玩的心态将这些发表形式上网）因而导致纠纷发生，徒增司法成本的结果。另一方面，如要求受著作权法保护的作品具有学术上、艺术上的成就，由于对何为学术上、艺术上的成就理解不同，很可能导致本该受保护的作品得不到保护、不该受保护的反而得到了保护的现象。此外，将判断学术、艺术上成就这样的任务交给法院解决、期待法院在著作权法应当促进的文化与不应当促进的文化之间画一道界线，既不妥当，也非常危险。❺

对于判断作品创作性有和无的判断标准，美国联邦最高法院1991年在

---

❶ 半田正夫，松田政行. 著作権法コンメンタール（1）[M]. 东京：勁草書房，2009：13.
❷ 田村善之. 著作権法概説 [M]. 东京：有斐閣，2001：12.
❸ 北京市朝阳区人民法院（2008）朝民初字第31883号民事判决书。
❹❺ 田村善之. 知的財産法（第5版）[M]. 东京：有斐閣，2010：422.

Feist案中进行过精辟的阐述。美国联邦最高法院认为,"原创性在著作权法上的意义,是指该作品为作者独立创作(而非抄袭其他作品),并且至少要具有最低程度的创意。事实上,要取得著作权所必要的创意程度相当低,只要有少许的创意就已足够。绝大多数的作品因具有些许创意,很容易就符合要求,即使该创意是相当粗糙的,微不足道或者显而易见的。原创性并不表示新颖性;作品可能具有原创性,即使该作品与其他作品十分相似,只要两个作品的相似性是偶然发生的巧合,而非来自抄袭的结果。"❶

关于创作性要件,德国著作权法第2条第2款规定,"本法所称著作,仅指人格的、精神的创作。"(Werke im Sinne dieses Gesetzes sind nur persoenliche geistige Schoepfungen)德国有些学者据此认为,德国著作权法要求某种表达形式必须创作出某种具有想象力的特别的东西,方得认定为作品。虽然这并不意味着独创性劳动投入的结果必须属于某种人们可以看出"巨人的狮爪"(比喻为大师级的手笔——本书作者注)的东西,但创作必须更多地属于自己的作品类型领域比人们所期待的普通智力劳动能带来更多成果的活动。❷ 但另一些学者则主张告别著作权法上的创作高度标准,改采"小硬币理论"认定作品的创作性。该理论为Dr. Jur Alexander Elster 1921年在其《工业产权法律保护》一书中所创,意指"单纯但刚好仍然具有著作保护能力之创作"。按照该理论,某些著作无需特别创作高度,只要具备适度的创意即具备独创性,应受到著作权法保护。❸ 在德国司法实践中,目录清单、菜单、电话号码簿、普通计算机程序、数据资料等并不要求德国著作权法第2条第2款规定的创作高度亦可受保护。德国法主张的"创作高度"标准对作品创作性要求显然过高,不符合著作权法追求文化多样性的趣旨。"小硬币理论"则走向了另一个极端,对作品独创性要求过低,存在将公有领域的某些表达私有化的倾向。

此外,著作权法要求受保护表达的创作性,不同于专利法要求受保护发明创造的新颖性、创造性。著作权法并不要求作品创作完成之前,世界上不存在公开的同类作品,更不要求创作出来的作品达到非显而易见性的程度。专利法则要求申请专利的发明创造在申请日前,在全世界范围内没有同样的发明创造

---

❶ Feist Publications, Inc. v. Rural Telephone Service Co., Inc. 499 U.S. 340 (1991).
❷ 雷炳德. 著作权法 [M]. 张恩民, 译. 北京: 法律出版社, 2005: 117.
❸ 蔡明诚. 德国《著作权法》令暨判决之研究 [J]. 肆——国际著作法令暨判决之研究, 1996: 182, 184.

被公知公用过，而且相比相同技术，技术水准应该有大幅度提高。由此，在著作权法领域，表达相同或者实质上相同的作品上，可以存在不同主体拥有同等地位著作权的现象。而在专利法领域，相同技术上只允许存在一个专利权，不会发生同一个发明创造上存在不同主体都拥有同样专利权的现象。

要求作品具备创作性，在司法实践中的意义，与其说它是一个认定思想或者情感表达形式受著作权保护的积极要件，还不如说是一道让法院排除思想或者情感的某种表达形式不是作品、并因此而保护著作权公有领域不被吞噬的门槛。简言之，法院可以依据创作性排除某些表达形式的作品性，从而防止公有领域的某些表达形式被私人吞噬。美国联邦最高法院1991年在feist案中判示"作品只要具有最低限度的一点创作性（minimal degree of creativity required）即可受著作权保护"的意义亦在如此。❶

在日本东京地方裁判所1995年12月终审判决的各种杂志社停刊告别用语案件中，❷ 被告将原告停刊告别用语汇编成册发行，原告诉其侵害著作权。该案中涉及有如下告别用语：

本杂志自此刊起停刊，感谢各位读者长期以来的厚爱！

《春秋生活学》自本刊起停刊，在此对给予大力支持的春秋生活学会以及各位赐稿人以及广大读者等，表示深深的谢意！

自创刊以来，得到了各位读者的大力支持。遗憾的是，本刊自该期起即将停刊。感谢之前各位的厚爱，经过一段时间充电后，该刊将以全新的面貌呈现给读者。

东京地方裁判所认为，上述表达属于公有领域中司空见惯的表达，如果让私人独占，其他杂志停刊时将无法使用，因此不能认为上述表达具有创作性。这是法院利用创作性要件维护公有领域表达的经典案例。事实上，法院碰到有关电话号码簿、税务表格汇编、股票信息汇编、餐馆数据汇编、电视节目时间表等案件时，总是倾向于利用创作性要件排除其创作性因而否定其作品性。

2. 几类特殊作品的独创性。

(1) 汇编作品。《伯尔尼公约》第2条第5款规定，文学或者艺术作品的

---

❶ Feist Publication, Inc. v. Rural Telephone Service Co., 499 U.S. 340, 345 (1991), 111 S. Ct. 1287.

❷ 东京地盘平成7.12.18知裁集27卷4号787页"lastmessage"案。

汇编（collection），诸如百科全书和选集，凡由于对材料的选择（selection）和编排（arrangement）而构成智力创作的，应得到相应的、但不损害汇编内每一作品的著作权保护。TRIPS 第 9 条第 1 款通过适用《伯尔尼公约》第 1 条至第 21 条及其附录的方式对汇编作品做出了同样规定。我国 2010 年《著作权法》第 14 条将伯尔尼公约和 TRIPS 的上述规定国内化，规定"汇编若干作品、作品的片段或者不构成作品的数据或者其他材料，对其内容的选择或者编排体现出独创性的作品，为汇编作品，其著作权由汇编人享有，但行使著作权时，不得侵犯原作品的著作权。"《伯尔尼公约》成员国的著作权法也都作出了类似规定。

按照《伯尔尼公约》的规定，汇编作品的独创性体现在内容的选择或者编排方面。然而，著作权法保护的是思想或者情感独创性的表达，而不是内容的"选择"或者"编排"行为本身。所谓内容"选择"的独创性，要么体现在选择的过程，要么体现在选择的结果中，要么二者兼而有之。选择过程的独创性已经超出了"文学、艺术和科学领域"的范畴，不属于著作权法保护的对象。选择结果表现为选择的材料。选择的材料要么为本身具有独创性的作品，要么为本身无任何独创性的材料，要么二者兼而有之。无论哪种情况，都不属于"选择结果"独创性的表达。总之，将无法清楚界定的选择行为本身的独创性作为保护对象已经背离了著作权法的基本原理。

所谓内容编排的独创性，无非体现为"编排方式"的"独创性"。"编排方式"无论多么具有"独创性"，本身也只不过是一种规则，属于思想范畴。即使在专利法领域，规则也不会受到保护，在著作权法领域当然更不应当受到保护，除非是规则独创性的表达。从形式上看，规则独创性的表达只可能表现为文字等作品，而不可能表现为规则本身。作为编排结果的材料明显不属于规则独创性的表达。概而言之，编排的独创性和选择的独创性一样，是一个无法进行清晰界定的概念。即使承认"编排的独创性"能够进行清晰界定，对"汇编作品"而言，真正具有价值的也是其内容本身，而不是编排方式，并且注重的是其信息性和实用性（因此信息越全面越好，而信息越全面，汇编结果越无独创性），而不是其表达性和可欣赏性，因此在实践中只要避开其具有"独创性"的编排方式，不管如何复制其内容都不会构成著作权侵害。这对于"汇编作品"的保护是非常不利的。

虽然《伯尔尼公约》和 TRIPS 都保护这种在内容的选择或者编排方面具

备独创性的所谓汇编作品，但鉴于上述情况，本书认为，"汇编作品"其实根本就不是"作品"，不应当受到狭义"著作权"的保护。

当然，选择并编排材料需要付出劳动和金钱等方面的投资，如果任由他人直接复制和出版发行，在先的汇编者将处于非常不利的竞争地位，从而减杀汇编材料、为社会提供有用信息产品的激励，因此对汇编者需要提供一定的保护。方式有二：一是通过邻接权保护。具体方法是，删除汇编作品的概念，将汇编作品纳入数据库当中，像保护没有独创性的照片一样，赋予数据库制作者邻接权。二是通过反不正当竞争法保护或者民法保护。从理论上讲，通过反不正当竞争法或者民法保护材料的收集、整理、选择、编排是最适合的选择。但考虑到《伯尔尼公约》和 TRIPS 的规定，通过邻接权保护是一种比较现实的选择。

（2）计算机程序。我国 2010 年《著作权法》第 3 条第 8 项将计算机软件列为一类独立作品。众所周知，计算机程序注重的是其技术性、实用性和效率性而非其表达性和多样性，并且技术性、实用性、效率性与表达性、多样性即独创性往往相互冲突，因此作为作品受保护并非最佳选择。那么为什么目前世界上凡是制定了著作权法的国家大都将计算机程序作为作品进行保护呢？主要是因为计算机程序的表现方式和文字作品的表现方式差不多的缘故。

对于计算机程序作品是否有必要采取与文化作品不同的独创性认定标准，以确保他人的言论自由和行动自由呢？日本学者田村善之教授认为，尽管将计算机程序纳入著作权法保护不符合著作权法的趣旨，却也无必要采取不同标准认定其独创性。理由是，为了实现某个效率性目而可以选择的方法、步骤非常有限时，可以利用思想和表达合并的例外否定程序的独创性。此外，可以严格区分计算机程序中的思想和思想独创性的表达，将程序中包含的思想、处理方法、算法等属于思想范畴的部分，以及其他没有独创性的部分排除出计算机程序作品的保护范围。❶

二、属于文学、艺术或者科学领域内的表达

受著作权法保护的作品应当属于文学、艺术和科学领域内思想或者情感的独创性表达，亦即文化领域内思想或者情感的独创性表达。这意味着，能够量

---

❶ 田村善之. 知的财产法（第 5 版）[M]. 东京：有斐阁，2010：429.

产的实用品，比如电视机、汽车、轮胎，等等，不能通过著作权法加以保护。

著作权法之所以要求作品属于文化领域内思想或者情感的独创性表达，目的在于划清和专利法之间的界限，防止将工业领域中的实用品纳入著作权法保护范围，过分限制他人的行动自由。实用品主要通过专利法特别是外观设计专利法保护。通过保护期限具有比较优势的著作权法保护实用品，必将减杀将实用品申请外观设计专利的激励，甚至废弃手续烦琐、存在各种官费的外观设计专利申请制度的功能，抑制外观设计的开发。当然，不问具体情形，一律通过著作权法保护实用品也会对人们日常生活造成巨大影响，其行动自由将处处受到妨碍，产业竞争也将因此受到很大限制。

但是，对于实用艺术品而言，比如既实用又具有美感的玩具、碗碟、桌椅，等等，问题就会变得比较复杂。由于实用且具有美感，一般情况下，实用艺术品申请外观设计专利，通过外观设计专利保护应该没有问题。问题在于对其进行外观设计专利保护的同时，能否将其作为作品进行著作权法保护。该问题将在本节下面相关内容中进行专门讨论，此不赘述。

综上所述，作品是文学、艺术和科学领域内思想或者情感独创性的表达。不过，即使某种表达形式同时具备了上述要件，完全具备作品的性格，但也并不一定能够享有著作权、受到著作权法的实质保护。完全受著作权法保护的作品，还必须不是著作权法出于公共利益或者独占适应性排除保护的作品。

同时要指出的是，某种表达形式没有作品性（比如，没有独创性的新闻标题汇编），不能受到著作权或者邻接权保护，并不意味着该种表达形式就不受任何法律保护。根据本书作者一贯坚持的整体性知识产权法观点，本书作者认为，在这种情况下，此种表达形式仍然有可能作为一般性的利益受到我国反不正当竞争法或者侵权责任法、民法总则的保护（具体内容参见本书第一章第四节）。

第三节　虚拟角色及其名称的作品性

文学艺术作品中的虚拟角色，及作品中的主人公，是否构成作品，如果构成作品，如何认定他人利用行为是否构成侵害著作权行为，理论和实务界都存在巨大争论。

一、虚拟角色的作品性

（一）德国联邦最高法院的观点

虚拟角色可分为用文字描述的虚拟角色和用绘画表现的虚拟角色。用绘画表现的虚拟角色，通常构成美术作品，受著作权保护，他人利用行为中如果包含该美术作品中具有独创性的线条、色彩、整体造型等表达部分，又无著作权法规定的限制与例外特殊情形，构成著作权侵害无疑义。用文字描述的虚拟角色，本身是否构成著作权保护的独立作品，则广受关注。

在德国联邦最高法院审理的 Pippi Langstrumpf 一案中，❶ 原告拥有作者 Astrid Lindgren 创作的小说 Pippi Langstrumpf 的著作权，作者 Astrid Lindgren 对主角 Pippi Langstrumpf 的外形进行了如下描写：

"她的头发颜色就像胡萝卜，结实地扎成二根上弯的辫子。她的鼻子形状就像完整的小马铃薯，上面布满斑点。鼻子下面长着宽大的嘴巴，牙齿健康洁白。她的穿着也非常引人注目，Pippi 自己缝制衣服，颜色是非常漂亮的黄色，但因布料不够，因此显得过短，而露出里面蓝色配有白点的裤子。她细长的腿上穿着一双长袜，一只有螺旋条纹，另一只是黑色。她穿着一双黑鞋，大小正好是脚的二倍。"

经营 P 超市的被告未经许可，于 2010 年 1 月以涉案真人装扮照片广告及销售嘉年华儿童和成人服装。经过比对，发现涉案照片呈现出如下外观特征：马铃薯形状的鼻子、大而宽的嘴巴、黄色连衣裙、蓝色配有白点的裤子、不同造型的袜子、过大的鞋子。但与小说中描写的外观特征存在如下区别：一双袜子都有环状花纹，小说角色只有一只有；黄色短连身裙变为绿色；连身裙下的衬衫有着与袜子相同的环状花纹；照片中的人物并非 Pippi Langstrumpf，而由任一女生装扮。

对此，德国联邦最高法院认为，德国著作权法第 2 条第 1 款第 4 项规定的美术作品，不仅保护虚拟角色的绘画形象，而且保护使该虚拟角色具有特别显著人格特质并以该显著人格特质屡次出现于故事中的外观特征、个性、能力与特定行为模式的所有独特描写。该原则同样适用于通过文字作品创设的虚拟角

---

❶ BGH GRUR 2014, 258【Pippi – Langstrumpf – Kostum】.

色的作品性认定及其保护，因为文字描述在读者的头脑中，同样会呈现出鲜明的角色图像。但要注意的是，以文字描绘和呈现虚拟角色的特征与以绘画为媒介呈现存在本质上的差异，视觉上不可直观，因而虚拟角色单独受著作权保护的要件为，创作者透过鲜明的个性特征、特别的外观特征、能力以及特定的行为模式，赋予该角色独特、无法混淆的个性，仅仅描述系争角色的外形或者外观，一般来说，不满足该要件。

就本案而言，虽然作者 Astrid Lindgren 已经成功地塑造出了一个具有个性特质的角色（虽母亲过世、父亲缺席造成不幸的生活环境，但总是愉快，非常满足现状，拥有超出常人的能力，以想象力与文字游戏充分展现其无所畏惧和没有礼貌），该角色不会被错认地出现在所有故事中，而明显展露出其知名度，其本身应作为作品受著作权保护，但因系争照片仅仅利用了虚拟角色头发的颜色与造型、雀斑以及穿着风格，这些要素或许能够表现该角色的外形，但并不足以构成该角色受著作权保护的特征，因此并不构成对独立受著作权保护的角色的演绎，不侵害原告的著作权。

德国联邦最高法院进一步指出，对于极为有名的作品，往往只需要略微提及，特别是涉及外形特征时，就会明确与原作品产生联系，因而也应当在个案中，检讨被告所提及的部分是否属于利用原作品中具有个人色彩的独创性部分。本案中，观看者并不能从涉案照片中经由思想上的联结，直接感知其小说中文字所描绘的 Pippi Langstrumpf 的显著特质，所以也不能说被告的利用行为构成侵权。

总结德国联邦最高法院上述判决可以得出如下结论，一般情况下，以绘画形式表现以文字描绘的虚拟角色，不会侵害该文字描绘的虚拟角色的著作权，除非该文字描绘的虚拟角色被作者通过显著个性和特别的外在特征赋予了不易混淆的人格，并且利用行为人攫取了表现该不易混淆的人格的独创性元素，让读者一看头脑中就展现出原文字作品所描绘的虚拟人物的鲜明图像。相反，以文字描绘表现绘画中不易混淆的造型，如果读者透过文字描绘头脑中就展现绘画中鲜明的造型，亦可成立演绎侵权。

（二）日本最高裁判所的观点

然而，日本最高裁判所在"大力水手POPEYE"一案中，表现出和德国联邦最高法院稍有不同的立场。该案中，原告享有漫画作品大力水手的著作权，被告未经同意将大力水手形象及其文字POPEYE申请为注册商标,并使用于销售的领带上。对此,日本最高裁判所认为,"在反复描绘具有特定名称、容貌、职能等特征的登场人物的单篇完结的连载漫画中,该登场人物曾出现的各篇漫画虽然都属于单一作品,但该登场人物的所谓故事角色并不能脱离具体的漫画内容而被视为单独的著作。其理由在于,故事角色系从漫画所呈现的具体表达中升华而成的登场人物的人格,属于一种抽象的观念,而非具体的表达,因此故事角色本身并非一种思想或情感的创作性表达……为了主张侵害著作权,必须明确指出并检讨系侵害哪一篇漫画的著作权。"❶ 也就是说,日本最高裁判所在该案中,对虚拟角色本身的作品性持一般性的否定态度。

二、虚拟角色名称的作品性及保护

(一)虚拟角色名称的作品性

虚拟角色名称是指代文学作品中虚拟角色的文字。发挥指代作用的文字一般极为简短,难以展现出和他人表达的不同,一般不构成作品,不受著作权保护。即使虚拟角色名称具备独创性构成作品,但由于其功能性特征,正如日本最高裁判所在上述大力水手案中所说,本身已经升华为一种抽象的观念,而非具体的表达,属于思想范畴,也不能受到著作权保护。所以一般而言,只要不利用原作品中的故事情节和语言文字,即使利用原作品中的虚拟角色名称进行再创作,也构成新的独立创作,不侵害原作品的著作权。

在金庸诉江南《此间的少年》侵害著作权和不正当竞争案中,一审法院正确地指出,"《此间的少年》使用了郭靖、黄蓉、杨康、穆念慈、乔峰、康敏、令狐冲等数十个与原告作品中相同的人物名称,但同名人物的性格特征、人物关系及故事情节在具体表达的取舍、选择、安排、设计上并不一致。""从整体上看,虽然《此间的少年》使用了原告四部作品中的大部分人物名称、部分人物的简单性格特征、简单人物关系以及部分抽象的故事情节,但上

---

❶ 最一小判平成9年7月17日日民集51卷6号2714页(平4(オ)1443号)【ポパイネクタイ事件】。要说明的是,本案中,被告使用了和原告以绘画形式表现的大力水手POPEYE形象具有实质同一性的形象(原告的大力水手形象,为戴着水手帽、身穿水手服,嘴里叼着烟斗,手臂上描绘着船锚图形的水手,被告的大力水手形象,是一个呈现站姿的水手,戴着水手帽、身穿水手服,嘴里叼着烟斗,弓起右臂展示h形肱二头肌的水手),属于对原告水手形象的复制,但因已经过著作权保护期限,故原告著作财产权消灭,被告不侵权。

述人物的简单性格特征、简单人物关系以及部分抽象的故事情节属于小说类文字作品中的惯常表达，《此间的少年》并没有将情节建立在原告作品的基础上，基本没有提及、重述或以其他方式利用原告作品的具体情节，而是在不同的时代与空间背景下，围绕人物角色展开撰写故事的开端、发展、高潮、结局等全新的故事情节，创作出不同于原告作品的校园青春文学小说，且存在部分人物的性格特征缺失，部分人物的性格特征、人物关系及相应故事情节与原告作品截然不同，情节所展开的具体内容和表达的意义并不相同。在此情况下，《此间的少年》与原告作品的人物名称、人物关系、性格特征和故事情节在整体上仅存在抽象的形式相似性，不会导致读者产生相同或相似的欣赏体验，二者并不构成实质性相似。"❶ 由此一审法院得出结论认为，被告并不侵害原告的著作权。

（二）虚拟角色名称的保护

1. 商标法保护的可能性。虽然虚拟角色名称难以构成作品受到著作权保护，但当其因为知名或者驰名而成为商品表征，发挥了识别商品来源的作用时，亦可获得商标法上阻却他人产生混淆可能性的使用或者作为商标申请注册的效果。(2017年1月11日最高人民法院发布的《关于审理商标授权确权行政案件若干问题的解释》第22条第2款) 虚拟角色名称是否作为指代作为商品的书籍来源的商业标记使用并发挥了识别书籍来源的作用，原告负有举证责任。所谓书籍来源，是指其出版者、发表者（即出版社、杂志社、报刊社或者其他出处）或者销售者来源，而不是指书籍由谁创作。创作者解决的是作品由谁创作而不是作品载体由谁提供的问题。

一般而言，读者看到知名虚拟角色或者作品名称，头脑中联想到的是作品创作者，而非作为作品有形载体——书籍的出版者、发表者，因此虚拟的角色名称难以发挥识别商品来源的作用。当然，虚拟角色名称或者作品名称，作为抽象的观念，一般而言也是作为作品中虚拟角色的指代，或者是作品名称的指代，而非书籍来源的指代，并非发挥商业标记作用。在无特别证据表明，虚拟角色名称或者作品名称已经作为商业标记使用并且发挥识别作为商品的书籍来源的情况下，不能认为虚拟角色名称或者作品名称可以一般性地受到商标法的

---

❶ 广州市天河区人民法院（2016）粤0106民初12068号民事判决书。

保护。

2. 商品化利益保护的可能性。虚拟角色名称或者作品名称一般而言虽难以受到著作权法或者商标法保护，但知名甚至驰名的虚拟角色名称或者作品名称确实能够吸引读者，扩大作品知名度，增加作品载体的销售量，增加作品后续开发利用的价值。未经原作品著作权人同意，利用其作品中知名或者驰名的虚拟角色名称或者作品名称，虽不侵害原作品作者著作权或者商标权或者反不正当竞争法上保护的法益，但所获得的纯粹经济利益，即通常所说的商品化利益，基于社会公平正义观念，似有必要在考量知名或者驰名的虚拟角色名称或者作品名称对新作品的销售贡献的基础上，给予著作权人适当的金钱补偿。《此间的少年》案中，一审法院认定被告行为构成不正当竞争行为，需赔偿原告经济损失 168 万元，如果理解为一审判决实质上是认为，被告利用原告知名虚拟角色名称所获商品化利益而应当给予原告的金钱补偿，则其追求实体解决问题的判决结论还是应当被充分支持的。

第四节　实用艺术品的作品性

一、实用艺术品的概念和分类

（一）概念

实用艺术品，又称应用美术品，是兼具实用性和艺术性的产品。世界知识产权组织出版的伯尔尼公约指南规定，公约使用这个综合词以适用于小装饰品和玩具、珠宝饰物、金银器具、家具、墙纸、装饰物、服装等制作者的艺术贡献。实用性是指该物品具有使用价值，而且工业上能够量产。艺术性是指通过形象反映生活，准确、鲜明、生动表现思想或者情感。虽有实用性但无法量产的工艺品，属于艺术作品，而非实用艺术品。

（二）分类

按照实用艺术品中实用部分和艺术部分是否可以分离的标准，实用艺术品可以分为以下三大类。

1. 实用性和艺术性可以完全分离的实用艺术品。是指将事先创作的艺术作品复制到实用品上面而形成的实用艺术品。比如将绘画作品复制到T恤衫上面而形成的T恤衫。

2. 实用性和艺术性相对可以分离的实用艺术品。是指从物理上看，虽然实用部分和艺术部分不可分离，但观念上可以进行分离的实用艺术品。比如雕刻有红楼十二钗的鼻烟壶。鼻烟壶是一种盛放粉末用来吸鼻烟的容器，但一般人只会把它当作艺术品来欣赏，而不会用来吸烟。这种实用艺术品的实质是以实用品为媒介，直接在其上面创作艺术作品。

3. 实用性和艺术性绝对不可分离的实用艺术品。是指实用部分和艺术部分完全不可分离的实用艺术品。比如汽车形状的玩具、动物形状的玩具。该种实用艺术品考察的是实用部分的形状设计或者该形状设计和图案、颜色结合是否属于艺术作品的问题。

由上述分类可以看出，第1类和第2类实用艺术品中的艺术部分只要具备独创性，完全可以通过美术作品进行保护，也不是实用艺术品保护中需要探讨的问题，只有第3类实用艺术品的作品性才是真正需要探讨的问题。

二、实用艺术品作品性的判断

就这个问题，在2015年4月14日判决的幼儿用座椅"TRIPP TRAPP"著作权和不正当竞争纠纷案中，❶ 日本东京知识产权高等裁判所表达了如下几点意见。

第一，美术工艺品应当是主要以鉴赏为目的的工艺品。本案中权利人的产品是一种幼儿用座椅，以实用为主要目的，并非美术工艺品。

第二，不能仅仅以某种表达客体具有实用性或者目的在于供产业上利用为理由，否定其作品性。日本著作权法第2条第2款只是美术作品的例示规定，即使不属于该款例示的美术作品中的应用美术，如果满足第2条第1款第1项规定的作品构成要件，也应当解释为美术作品，为其提供著作权保护。❷

第三，实用艺术品作品性的判断，不应当设定较高度的独创性标准。因为涉及专利法与著作权法如何协调保护实用品的外观形态的关系，实用品的外观

---

❶ 知财高裁平成27年4月14日（平26（ネ）10063号）【TRIPP TRAPP事件】。
❷ 日本著作权法第2条第2款规定："本法所称的'美术作品'，包括美术工艺品。"第2条第1款第1项规定，"（一）作品。指文艺、学术、美术或者音乐领域内，思想或者情感的独创性表现形式。"

可否受著作权法保护，日本理论和实务界一直存在争议。此案之前，日本实务上多数判决要求实用品具备高度独创性，方受著作权法保护，本案原审亦采此种见解而否定权利人座椅的作品性。理论上，中山信弘持高度独创性说，❶ 上野达弘持应与一般作品类型适用相同独创性标准说。❷

在此背景下，日本知识产权高等裁判所在本案中采取了相同独创性标准说，认为不应当对实用艺术品采用特殊的独创性标准。主要理由之一是，实用艺术品包含各种类型，其表达态样也有多种类型，在法无明文规定的情况下，不宜从"美感"的观点出发，设定一个高度独创性的判断标准要件，将其统一适用于所有实用艺术品。之二是，在实用品本身即为实用艺术品情况下，难以将表达客体区分为实用性部分和艺术性部分，如果直接否定其作品性，相当于直接否定大多数本身即构成实用艺术品的实用物品受著作权法保护的可能性。之三是，"美感"是一个主观评价概念，因人而异，多数情况下难以通过客观观察形成一定的共识，不适合作为一个判断标准。之四是，对实用艺术品的作品性采取高度独创性标准，可能导致在其作为其他表达客体时，本已因发挥作者个性而应肯定其作品性，却无法受到著作权法保护的结果。

第四，著作权法与外观设计专利法的立法趣旨、目的并不相同，著作权与专利权的排他效力范围也有差异，因此，即使承认限于一定范围内的物品同时受到著作权法和外观设计专利法的双重保护，也难以想象会导致外观设计专利权丧失存在意义或者申请诱因的问题。

第五，由于实用艺术品以供实用或产业上利用为主要目的，为满足该目的而有发挥特定功能的必要，其表达方式必须在能够发挥该特定功能范围内进行选择。基于此种表达方式的限制，实用艺术品制作者个性发挥的选择余地也受到一定限制，因此一般而言，即使肯定实用艺术品具备独创性符合作品要件，相比其他不受限制的表达客体而言，独创性空间也比较狭窄，保护范围相对而言也较为狭窄。

就上述案件本身而言，权利人认为构成作品请求著作权保护的产品形态特征为：左右成对的零件 A 具有两只椅脚，而且零件 G（椅面）以及零件 F（脚踏板）系各自"嵌入设置于零件 A 内测的沟槽而固定"；零件 A 仅于零件 B

---

❶ 中山信弘. 著作権法 [M]. 2 版. 东京：有斐閣，2014：171.
❷ 上野達弘. 応用美術の著作権保護—"段階理論"を超えて [J]. パテント，[年份不详]，67（4）：96.

前端倾斜裁切的侧面与零件 B 相连结在一起，直接接触地面，而且两者之间的夹角为约 66°的锐角等几点，均可谓已发挥作者的个性，而为具有独创性的表达，构成美术作品。对此，日本知识产权高等裁判所予以确认。但是侵权行为人的产品均有四只椅脚，与权利人的两只椅脚不同，这种数量上的差异使得侵权行为人的椅子的基本构造与权利人的非常不同，故不构成著作权侵权。

关于实用艺术品独创性的判断标准不应当高于其他作品，德国联邦最高法院也作出了和日本知识产权高等裁判所大致相同的理解。德国著作权法第 2 条第 1 款第 4 项规定，造型艺术包含建筑艺术、实用艺术及建筑艺术、实用艺术的设计图，此规范从 1966 年 1 月 1 日德国著作权法生效至今未曾改变。但是，从 1966 年 1 月 1 日至 2004 年 3 月 12 日德国按照 1998 年欧盟外观设计保护指令修改其外观设计专利法为止，德国联邦最高法院基于对外观设计专利创设独立的产业保护并排除外观设计专利与著作权的密切关系角度出发，长期坚持实用艺术在创作高度上的要求应当高于纯艺术作品的立场。德国 2004 年 3 月 12 日修改并于 2004 年 6 月 1 日生效的外观设计专利法第 2 条第 1 款、第 3 款按照 1998 欧盟外观设计保护指令的要求，不再要求外观设计专利具备独特性要件而进一步要求创作高度，仅要求受专利保护的外观设计的整体印象与申请日前已经公开的其他外观设计有所不同，即差异性即可。据此，德国联邦最高法院 2014 年在"生日火车、生日动物图设计图"一案中，放弃了长期以来坚持的实用艺术需要具备高度独创性方受著作权保护的立场，改认为实用艺术受著作权保护的独创性，原则上应当与纯文学或者艺术、音乐作品受著作权保护的独创性进行相同水平的判断，即达到其美学内涵对于易受艺术感动且对于艺术有些许熟悉的人而言，可称为"艺术"的程度即可，不再以明显高于一般作品独创性为要件。❶

---

❶ BGH GRUR 2014，175【Geburtstagszug】。该案中的原告 1998 年为被告绘制钓鱼游戏和木制火车设计图（生日火车），2001 年又为被告设计生日动物团，被告据此生产销售玩具。被告为原告的钓鱼设计和生日火车设计支付 400 马克，为生日动物团设计支付 1102 马克，2002 年再为生日火车和生日动物团增绘可插上物品数字的车厢 7、8、9 支付 54 欧元。原告主张其设计图构成著作权保护的作品，并认为阅读的报酬与被告玩具的销量相比显得非常稀少，因此根据德国著作权法规定的报酬请求权请求被告再支付其商品销售之净利润 5%的报酬。德国联邦最高法院以 2004 年 6 月 1 日后涉案的生日火车和生日动物团构成作品为由，支持了其针对被告 2004 年 6 月 1 日后的利用行为所主张的报酬请求权部分，并将案件发回上诉法院重审。

三、实用艺术品保护方法的选择

1. 理论上的三种选择。一是在对实用艺术品进行外观设计专利保护的同时，也进行著作权法保护。即使外观设计专利权保护期经过，实用艺术品作为专利虽然自动进入公有领域，但作为作品并不自动进入公有领域，其拥有者仍然享有著作权。二是在对实用艺术品进行外观设计专利保护的同时，不再进行著作权法保护，外观设计专利权保护期一经过，该实用艺术品就彻底进入公有领域，任何人都可以进行自由利用。三是将实用艺术品作为作品通过著作权法保护，而不适用专利法进行保护。

2. 各国实践。

（1）美国。美国1976年版权法第101条（三维的美术作品、雕刻作品和实用艺术品）采取了"分离特性与独立存在"原则来解决实用艺术品的保护问题。按照该原则，实用品的设计，应当视为绘画、图形或者雕塑作品，但只有且仅以该设计中所含之绘画、图形或者雕塑的特征可以使其区别于而且能够独立于物品的实用功能而存在者为限。至于该实用艺术品是否大量生产或者有商业上的利用，在所不问。根据尼姆（Nimmer）教授的观点，美国版权法不仅保护美术工艺品，而且保护工业上量产的实用品，只要实用品的美学或者艺术特征能够分离识别而独立存在。❶ 至少从美国版权法第101条的规定和尼姆教授的观点看，美国似乎只保护上述实用艺术品分类中的第一和第二种。

（2）英国。1968年外观设计版权法法规定，在一般情况下，外观设计都可以作为艺术品而自动享有版权；凡是享有版权的外观设计，一旦经版权人同意应用到工业上，则原有版权丧失，转而享有"特别工业版权"；按照外观设计注册法获得"类专利"的外观设计，可以同时享有15年的版权保护。所谓应用到工业上，是指有关外观设计批量生产的产品超过50件，并且已经投放市场。新加坡1987年版权法完全以英国做法为模式。

（3）法国。法国1902年版权法规定：一切工业品外观设计都可以享有版权。

（4）德国。德国1986年工业品外观设计版权法要求受该法保护的外观设计具有突出的艺术性。但2004年3月12日修改并于2004年6月1日生效的外

---

❶ Nimmer on Copyright, vol.1, August 2003, §2.08（B）(3).

观设计专利法第 2 条第 1 款、第 3 款按照 1998 欧盟外观设计保护指令的要求，不再要求外观设计专利具备独特性要件而进一步要求创作高度，仅要求受专利保护的外观设计的整体印象与申请日前已经公开的其他外观设计有所不同，即差异性即可。

（5）日本。日本 2010 年著作权法第 2 条第 2 项规定，该法所称美术著作包括美术工艺品。裁判所的倾向性态度则是，即使量产的实用品也可以是作品，关键是看该实用品是否属于纯粹的美术品。按照这个标准，日本的一些裁判所认定博多人形玩具、佛龛雕刻、T 恤衫图案构成美术作品，但否定了木纹装饰纸的木纹图案、万年历、锦袋带子图案、椅子的形状的美术作品性。❶

我国 1992 年的《实施国际著作权条约的规定》第 6 条规定，对外国实用艺术品提供版权保护，保护期自该作品完成起 25 年。但美术作品用于工业制品的，不作为实用艺术作品进行保护。我国法院的做法则是，直接引用《实施国际著作权条约的规定》和《伯尔尼公约》第 2 条第 1 款的规定，保护实用艺术品，而且采取的是上述理论上所说的第一种做法，即对实用艺术品提供专利法和著作权法双重保护。在乐高公司诉可高公司侵害积木玩具实用艺术作品一案中，北京市第一中院和北京市高院都认为，虽然乐高公司就其实用艺术作品申请了中国外观设计专利，但并不妨碍其同时或者继续得到著作权法保护。❷

3. 保护方法的选择。实用性和艺术性绝对不可分离的实用艺术品，究竟应当采取外观设计专利权和著作权并举保护模式，还是单纯的外观设计专利权保护模式（即英国采取的做法，将实用艺术品申请外观设计专利的，视为放弃著作权保护），抑或是单纯的著作权保护模式（即实用艺术品不得申请外观设计专利）？

由于知识产权客体的非物质性，一个知识产品上可以同时附着多个权利，选择对实用艺术品进行外观设计专利权和著作权双重保护，并不存在理论上的障碍。然而，双重保护将使实用艺术品受到"超级著作权"保护。

专利权保护实用艺术品的外观设计思想，排他性强，在进行侵权判断时，不管行为人是否接触过实用艺术品外观设计专利权人的实用艺术品，是否独立

---

❶ 田村善之. 知的财产法（第 5 版）[M]. 东京：有斐閣，2010：432−433.

❷ 北京市第一中级人民法院（1999）一中知初字第 132 号民事判决书、北京市高级人民法院（2002）高民终字第 279 号民事判决书。

设计出了实用艺术品的外观，只要其在相同或者类似产品上使用了和实用艺术品外观设计相同或者近似的外观设计，也不管是否存在导致相关公众混淆的可能性，其行为就构成侵害实用艺术品外观设计专利权。如若认为申请了外观设计专利且获得了外观设计专利权保护的实用艺术品同时可以受到著作权保护，由于专利权和著作权保护的客体均为实用品具有美感的外观，事实上重合，实用艺术品外观设计专利有效期间，则完全排除了著作权法领域作品偶然雷同甚至相同因而创作者各自享有著作权且彼此之间并不侵害对方著作权的合理情形，实用艺术品外观设计专利权保护期过后，虽然各自独立创作但彼此表达雷同的情况不侵害已经受到过专利权保护的实用艺术品的著作权，但已经享受强排他保护且原本应当进入公有领域任何人均可自由利用的外观设计，其上又附着一个相比外观设计专利保护期更长的著作权，显然将造成实用艺术品受到"超级著作权"保护的不合理现象。事实上，外观设计随消费潮流变化而变化，贵在赶时髦，较长时间的经典款式虽有，但并非生活常态，在外观设计专利之外，再给予实用艺术品长时间的著作权保护，并无实际意义。如此，创作者一旦将实用艺术品申请外观设计专利，则视为其放弃著作权保护的英国式做法，实为更符合市场变化状况的可取做法，作为法政策选择，更值得被提倡。

至于选择不将实用艺术品申请外观设计专利而仅作为作品受排他性较弱的著作权保护的做法，则应当作为个体的自由选择被尊重。

即使选择双重保护，也应当对外观设计专利保护期过后原专利权人行使实用艺术作品著作权的行为进行必要的限制。对于原实用艺术品外观设计专利权人的被许可人而言，原实用艺术品外观设计专利权保护期过后，继续生产、销售该实用艺术品乃属行为预期范围内的事情，如果允许原实用艺术品外观设计专利权人以著作权为由禁止其从事复制、发行等利用行为，必将超出被许可人的行为预期，给被许可人造成不可预测的损害。在此情况下，应当准许原实用艺术品外观设计专利被许可人在原许可范围内继续复制、发行等使用实用艺术品的一般法定免费实施权。但为了防止给实用艺术品著作权人造成不可预测的侵害，也应当规定，除非发生继承、合并等一般承继事由，该种免费的法定实施权不得进行其他形式的转移。

四、《著作权法（修订草案送审稿）》相关条款评述

《著作权法（修订草案送审稿）》第 5 条第 2 款第 9 项将实用艺术作品单

列为一种作品进行保护,并规定"实用艺术作品,是指玩具、家具、饰品等具有实用功能并有审美意义的平面或者立体的造型艺术作品"。送审稿如此规定的主要理由大概是,我国2010年《著作权法》没有实用艺术作品的规定,但在实施国际著作权条约的规定中却有保护外国人实用艺术作品25年的规定,学术界和理论界又长期质疑该种超国民待遇规定。

其实这是一种误解。按照《伯尔尼公约》第2条第7款规定,成员国在遵守第7条第4款规定的前提下,即为作为艺术作品的实用艺术作品提供的不低于自该作品完成后起算25年的保护期后,有权决定其法律在何种程度上适用于实用艺术作品以及工业品平面和立体设计,以及此种作品和平面与立体设计受保护的条件。在起源国仅仅作为平面与立体设计受到保护的作品,在本同盟其他成员国只享受各该国给予平面和立体设计的那种专门保护。但如在该国并不给予这种专门保护,则这些作品将作为艺术作品得到保护。

也就是说,对于实用艺术品而言,只有在成员国没有通过其他法律为其提供专门保护的情况下,才能将其作为艺术品进行保护。如果其他法律提供了专门保护,则不一定要再将实用艺术品作为艺术作品进行保护。由此可见,如果成员国为实用艺术品提供了外观设计专利,就已经履行了公约规定的义务,可以不再选择为实用艺术品提供著作权保护。实用艺术作品只要符合专利法规定的实质要件,完全可以按照我国专利法申请外观设计专利。认为我国没有为实用艺术品提供任何专门法律保护,并因此而将实用艺术品作为一类独立作品规定在著作权法中进行保护的做法,是值得商榷的。退一步说,即使有必要通过著作权法专门保护实用艺术品,将其独立于美术作品之外,作为一种新型作品进行保护也并不可取。按照《伯尔尼公约》第7条第4款规定,即使通过著作权法保护实用艺术作品,该实用艺术作品也必须构成"艺术作品",而一旦构成了"艺术作品",则其完全可以作为美术作品进行保护。

第五节　字体等其他表达的作品性

一、"民间"文学艺术作品

"民间"文学艺术作品的保护问题由于和传统问题、民族问题、南北问题、东西问题纠缠在一起，因此较为复杂。目前，研究这一问题的中外学者基本形成两派意见。一派意见认为，"民间"文学艺术作品早就属于公有领域中的知识财富，各国人们都可得而自由用之。另一派意见认为，应当赋予"民间"文学艺术作品拥有者特殊权利，并且应当将某些民族或者团体认定为权利主体。

但本书作者认为，所谓"民间"文学艺术作品，本身就不是一个科学的说法。"民间"是针对"官方"或者"国家"而言的。既然存在所谓的"民间"文学艺术作品，相应地就应当存在"官方"或者"国家"文学艺术作品。什么是"官方"或者"国家"文学艺术作品？这是无法界定的显得有些滑稽的问题。

按照目前绝大多数学者的意见，所谓"民间"文学艺术作品，是指在创作和享有方面具有集体性并且具有传统性的作品。何谓作品的传统性、作品创作的集体性、权利享有的集体性？至今未见到令人信服的案例和学说。显然，这些学者仅从立法论的角度根据现代知识产权法律制度臆想出了民间文学艺术作品的所谓传统性、创作的集体性、权利享有的集体性。经验法则表明，作品的创作最终只能由特定的个人完成，因此很难想象历史上不断出现过很多人围坐在一起进行七嘴八舌式的集体创作的天方夜谭式的情形。权利的集体享有则更加令人难以想象。试想，在连什么是权利观念都不存在的年代，怎么可能出现权利集体享有，而且是知识产权集体享有的现象？究其实质，包括"民间"文学艺术作品在内的传统知识保护问题的提出和探讨，只不过是发展中国家和落后国家对抗以美国为首的发达国家将自己国内的知识产权保护标准通过贸易制裁相威胁的手段国际化而形成的 TRIPS 的一种无助的悲情心理，以及民族对立甚至是种族对立的情绪的反映。

由上可见，在讨论"民间"文学艺术作品的保护时，从意识形态角度看，应放弃上述悲情心理和民族对立、种族对立情绪。从技术层面看，则应当放弃所谓的集体财产观和特殊权利观，树立现代知识产权法意识，并且处理好以下两个方面的重要关系。

1. 文化形态的保存和"民间"文学艺术财产保护之间的关系。某种文化形态的保存并不必然以配置具有特定内容的知识产权为手段和前提，特别是在考虑了以下第二个重要关系时，情况更是如此。文化形态的保存可以通过建立纪念馆、博物馆等特殊馆所就很容易实现，将本来处于公有领域的"民间"

文学艺术作品私有化，不但会严重侵蚀文学艺术公有领域，造成民族、种族个体之间新的不平等，而且极不利于"民间"文学艺术作品的传播。

2. "民间"文学艺术财产的保护和民族的自决权，特别是民族个体的自由选择权以及民族的发展权之间的关系。在各种文化形态的冲突中，代表社会生产力发展方向的文化形态总是会淘汰过时的、落后的、没有生命力的文化形态，民族个体也总是会选择先进的文化形态，作为一个民族，也只有这样才能得以发展。在此前提下，绝不能以所谓的文化形态多样性为理由，限制乃至剥夺各个民族的自决权、发展权以及民族个体的自由选择权。目前，"民间"文学艺术作品特殊权利保护论者存在的致命问题，就是试图以文化形态多样的保存代替"民间"文学艺术财产的保护，从而让某些民族停留在原始和落后的生产力和生产方式状态，并且充当某些学者们潜意识中取乐的素材。比如，有些学者在某些少数民族进行田野调查时发现，很多少数民族的人不再穿本民族世代相传的服装，原因在于市面上流行的裙子、西装、牛仔等服装比本民族世代相传的服饰好看、漂亮。于是这些学者们忧心忡忡，并且堂而皇之地提出一定要赋予少数民族服装以特殊权利保护，以便让其世代流传下去，否则这些服饰就有消失的危险。这样的观点无异于强制某些民族的人们永远只能穿自己民族的服装，而不能改穿流行服装。试问，究竟是谁赋予了某些学者这样的权力？

概而言之，放弃了某些悲情心理、对抗心理，并且处理好上述两个重要的关系时，就不难发现，所谓"民间"文学艺术作品的保护问题完全是一个伪问题。因为"民间"文学艺术作品从来就是处于公有领域中的知识财富，人人可得而自由用之，除非有相反证据证明其确实属于某个主体创作并且尚在著作权保护期限内。当然，这并不意味着"民间"文学艺术作品中的著作人格权不受保护，即使这些作品的"主体"无法特定。整理者、改编者、注释者、翻译者等利用"民间"文学艺术作品时，不能侵害"民间"文学艺术作品中的著作人格权，因此不能署名为作者，而应当根据各自的创作情况进行相应的署名，比如整理者、改编者、翻译者、注释者，能够指明"民间"文学艺术作品创作者和/或出处的，应当指明其创作者和/或出处，比如"乌苏里船歌"系"根据赫哲族民歌改编"。

在2003年12月17日北京市高级人民法院终审判决的黑龙江省饶河县四排赫哲族乡人民政府诉郭颂侵犯《乌苏里船歌》著作权一案中，一审和二审法院都认定《想情郎》和《狩猎的哥哥回来了》属于赫哲族"民间"文学艺术作品，《乌苏里船歌》系郭颂从《想情郎》和《狩猎的哥哥回来了》两首民歌改编而来的改编作品，并且判决"郭颂、中央电视台以任何方式再使用音乐作品《乌苏里船歌》时，应当注明'根据赫哲族民间曲调改编'。"❶ 这说明，一审和二审法院应该持有这样的见解，即"民间"文学艺术作品本来就属于公有领域，任何人都可以自由加以利用，其底线是，不侵害"民间"文学艺术作品创作者（本案中，法院认为《想情郎》《狩猎的哥哥回来了》系赫哲族成员集体创作）的著作人格权。这种思路正好与本书作者提倡的上述思路暗合。

总之，对于"民间"文学艺术作品保护而言，最低保护水平就是采取让其进博物馆、展览馆的方式保存其文化形态，最高保护水平就是现代知识产权保护。

二、汉字字体的作品性及保护

（一）不同判决及其理由

汉字字体是否构成作品受著作权保护？在北大方正公司诉广州宝洁公司在洗发水等产品上使用其方正倩体飘柔二字的行为侵害其著作权一案中，一审北京市海淀区法院判决认为，方正倩体字库中的单字不具备独创性，不享有著作权，判决理由主要有两个。一是汉字由结构和笔画构成，是具有实用价值的工具，其主要功能为传情达意，视觉审美意义是其次要功能。二是字体需要整体风格的协调统一，其中单字的独特风格受到较大限制，与书法家单独书写的极具个人风格的单字书法作品无法相提并论，也不同于经过单独设计的风格极为特殊的单字。❷ 二审北京市一中院维持了一审被告不侵权原告著作权的判决结论，但所持理由与一审不同。二审所持主要理由是，两被上诉人实施的复制、发行行为获得了上诉人的默示许可，因而无论本案是否符合侵害著作权的其他三个要件（"飘柔"二字构成作品；上诉人系该二字著作权人；两被上诉

---

❶ 北京市高级人民法院（2003）高民终字第246号民事判决书。
❷ 北京市海淀区人民法院（2008）海民初字第27047号民事判决书。

人的行为属于对"飘柔"二字的复制、发行行为),两被上诉人的行为均不可能构成侵犯著作权的行为。❶

在北京汉仪公司诉青蛙王子公司、福建双飞公司、苏果超市注册商标侵害其秀英体"笑巴喜"和"城市宝贝" 笑巴喜 城市宝贝 著作权纠纷一案中,南京中院经过审理认为,"汉仪秀英体",以其独特的字体笔画特点表现的形态与公知领域的美术字的基本笔画相比具有鲜明特色。设计者邹秀英在此基础上就其确定的艺术风格,对字库收录的每个单字根据字的笔画多少,在既定的间架结构框架下,对每个单字的重心、空间划分、黑白对比进行了合理的编排,然后根据字库中单字整体艺术风格须统一、协调的要求,对每个单字逐一进行适当的修正,使之从整体上体现设计者的艺术风格,实现设计者的创意和追求的完美艺术效果。由此可见,字库中的每个单字都是用经过设计者设计的线条和结构,体现设计者创意思想的具体表达方式,这个过程凝聚着设计者的智慧和创造性劳动。设计完成的秀英体中的大多数单字所表现出的起舞飞扬动感形象,寓意了女性的柔和、优美曲线。与现有美术字书体相比,具有独特的艺术效果和审美意义,体现了设计者的独创性。据此,南京市中院判决,在两被告使用汉仪公司"秀英体"字体的注册商标"城市宝贝"和"笑巴喜"等7个单字中,有6个单字均具有独创性,并享有美术作品著作权,而两被告未经授权对该字体进行商业使用的行为已构成侵权,需承担立即停止侵权,不得继续使用涉案的商标和销售涉案商品,并赔偿汉仪公司经济损失及合理支出7.6万元。❷

(二) 汉字字体的作品性及保护

1. 对不同判决的评析。

在上述"飘柔"著作权纠纷案件中,北京市海淀区法院否定汉字字体具备独创性构成作品,不应当受著作权保护的理由似可商榷。汉字具有传情达意功能没错,但汉字的传情达意功能和视觉审美功能可以兼容,并不是非此即彼、首要与次要的关系。一个构成美术作品的汉字,恐怕难以否定其既可以传

---

❶ 北京市第一中级人民法院(2011)一中民终字第5969号民事判决书。
❷ 南京市中级人民法院(2011)宁知民初字第59号民事判决书。

情达意，又可以用来进行视觉审美。以汉字主要功能在于传情达意，次要功能才是视觉审美作为否定汉字字体可以构成美术作品的理由难以成立。也不可否认，在汉字基本结构和笔画基础上、按照一定体格设计的汉字独创性空间受到比较大的限制，但也不能就此绝对否定具备一定体格的汉字存在独创性可能性。这和实用品虽受到其实用目的限制，但仍然可以将其艺术化，从而使实用品变成实用艺术品一样。汉字字体是否具备独创性、是否构成受著作权法保护的美术作品，应当根据每个具备一定"体格"的汉字进行具体判断，而不能因为其传情达意的实用功能就一概否定存在创作空间，因而不可能构成受著作权保护的作品。

北京市一中院尽管以被上诉人行为获得上诉人默示许可认定其不侵害权利人著作权，并成功回避了针对方正倩体"飘柔"二字是否具备独创性构成作品表达意见，但其实质上间接认定涉案"飘柔"二字具备独创性，构成受著作权保护的作品。因为适用默示许可的前提是，上诉人对涉案"飘柔"二字享有著作权，而上诉人对涉案"飘柔"二字享有著作权的前提是，"飘柔"二字具备独创性，构成受著作权保护的作品。如"飘柔"二字不构成受著作权保护的作品，上诉人对其并不享有任何著作权，被上诉人可以复制、发行等方式自由利用该二字，无须上诉人的默示许可。

在此必须指出的是，在著作权法语境下，北京市一中院认定被上诉人复制、发行行为属于上诉人默示许可范围内容的行为，也和我国 2010 年《著作权法》第 26 条规定存在出入。我国《著作权法》第 26 条规定，许可使用合同和转让合同中著作权人未明确许可、转让的权利，未经著作权人同意，另一方当事人不得行使。显然，该款规定明确排除了著作权默示许可适用的可能性。即使不考虑 2010 年《著作权法》第 26 条的特别规定，要通过默示许可使被上诉人免于承担侵权责任，也只能援引我国《合同法》第 125 条（当事人对合同条款的理解有争议的，应当按照合同所使用的词句、合同的有关条款、合同的目的、交易习惯以及诚实信用原则，确定该条款的真实意思）作为解释依据。

在北京汉仪公司一案中，南京市中院并没有概括性地否定汉字字体的独创性，而是认为，汉字由于受自身固有笔画、结构等特征的限制，如笔画单一或较少的汉字（如一、二、三、五、十等字），在进行美术字的创作设计时，笔画特征的创作空间非常有限，其笔画特征与现有公知的其他美术字书体相比，很难具有区别性特征的独创性。所以在判断字库中的单字是否能独立构成美术作品时，还需要具体问题具体分析，不能一概而论。因此，对于字库中的单字是否具有独创性判断应当把握以下几点，首先应遵循美术字艺术创作的规律，根据汉字的笔画特征、笔画数量、结构等特点进行考量。其次是将单字体现的艺术风格、特点与公知领域的其他美术字书体如宋体、仿宋体、黑体等进行对比，看原告主张权利的单字是否具有明显的特点或一定的创作高度。最后是一种书体字库中的单字与原告发行的字库中其他相近书体中的相同单字进行对比，看原告主张权利的单字是否具有明显的特点或一定的创作高度。根据这几个要素，南京市中院认定涉案的汉字中，除了"巴"字独创性不明显之外，"城、市、宝、贝、笑、喜"等6个汉字的点、撇、折笔等笔画体现秀英体特色，与现有公知领域包括原告汉仪公司《汉仪浏览字宝》中其他美术字书体相比，不相同也不相似，具有明显的个性特征，构成美术作品。南京市中院坚持个案判断的手法值得肯定，但坚持汉字字体相比一般作品需要具备高度创作性才具备作品性的立场，缺乏足够说服力。

2. 汉字字体的作品性及其保护。

概括性地否定具备一定体格的汉字不能构成受著作权法保护的美术作品的观点，一个重要原因是担心汉字具备传情达意功能，如果将其私权化，将造成汉字的垄断，严重危害公共利益。这种担心虽有一定道理，却是多余的。因为即使认定具备一定体格的汉字为美术作品，权利人能够独占的也只是区别于公有领域汉字的独创性"艺术"表达部分，而不是整个汉字。目前处于公有领域中的汉字字体选择非常多，赋予某种汉字字体设计者以著作权，由于该种汉字字体并未成为具有强制执行力的国家标准，和汉字字体著作权人没有合同关系者选择使用公有领域汉字字体的自由并未受到妨碍，公共利益不会因此受到实质性损害。概括性地、一般性地否定汉字字体的作品性及其著作权保护，并不妥当。

坚持从有无而不是高低角度判断汉字字体的独创性及其作品性的手法，也应当被提倡。考虑到汉字字体后续开发者、汉字使用者以及包含某种字体的作品利用者的自由，以及汉字字体受到现有汉字基本结构、笔画和"体格"三个因素限制的事实，似可得出判断汉字字体独创性应坚持高度独创性标准的结论。详言之，按照此种观点，汉字字体构成受著作法保护的美术作品，应当具备显著个性和鲜明特色即高度独创性。不坚持高度独创性标准，将使处于公有领域的汉字结构、笔画和"体格"被不适当地私权化，并给他人书写以及商业等方面的行动自由甚至给信息流通造成重大妨碍。从竞争角度看，汉字字体后续开发者从事后续开发时，对笔画、结构和字体的选择将受到很大限制。从利用某种字体打印输出的作品使用者角度看，在通过复制、发行等方式使用包含某种字体的作品时，不但必须获得文字作品著作权人许可，而且必须获得字体著作权人许可，这不利于作品的市场化利用。特别是在复制使用利用某种字体打印输出或者显示的不适用著作权法保护的官方文件等客体时，虽然不会侵害官方文件等客体著作权，却会侵害字体著作权人的著作权，这将严重妨碍著作权法限制著作权所要实现的促进信息自由等目的。❶

话虽如此，由于创作高度难以把握，容易被主观化，存在将作品的艺术性、思想性、科学性与独创性纠缠在一起，以及钳制言论自由的危险，因此并不值得提倡。实际上，因受制于现有汉字基本结构，点、横、竖、撇、捺、提等基本笔画以及一定体格，创作出新的汉字字体，本身门槛就很高。在此情况下，只要字体开发者开出的字体和现有汉字在结构、笔画、体格等表达方面不同，即可认定其满足独创性的要求（或者也可以被理解为满足了"创作高度"要求），构成受著作权保护的作品。

即使按照独创性有无标准判断也不能被纳入美术作品加以著作权保护的新开发汉字字体，因开发设计要付出智力、体力、资金、时间等方面的投资，具有一定美感的字体可以刺激字体购买者的购买欲，作为商业标记使用则可以刺激相关消费者的购买欲，提升商业标记使用者的竞争力，作为打印文字也可以给人赏心悦目之感觉，任由他人搭便车将会灭杀开发者的开发激励，无法确保受市场欢迎的汉字字体的供应，因此仍然可以评判为应受法律保护的利益，在严格利益考量的基础上，援引反不正当竞争法（原被告具有狭义的、具体的竞争关系的情况下）或者侵权责任法、民法总则（原被告不具备狭义的、具体的竞争的情况下）进行保护，至少赋予字体开发者使用费请求权。

当然，在反不正当竞争法和民法机制介入之前，如果市场本身解决了问题，则没有再介入的必要。换句话说，如果当事人通过合同就字体的使用许可达成了协议，只要不违背其他法律的强制性规定，则直接承认合同的效力，让字体开发者获得合同对价即可。更为重要的是，在合同法语境下，除非权利人在合同中明确排除，否则存在默示许可适用的余地。就北大方正倩体字案而

---

❶ 田村善之. 知的財産法（第五版）[M]. 東京：有斐閣，2010：436.

言,二审判决如果将默示许可放置于合同法语境下适用,则完全没有问题。因为在这种情况下,北大方正许可使用的不是作为美术作品的"飘柔"二字的著作权,而是受法律保护的一般性利益。

三、违法作品的著作权问题

违法作品包括违反法律、行政法规而依法禁止出版传播的作品,著作权的行使违反宪法、法律或者损害公共利益的作品,以及侵害他人著作权的作品。下面逐项分析。

(一)"依法禁止出版、传播的作品,不受本法保护"如何理解

2001年的《著作权法》第4条第1款规定:"依法禁止出版、传播的作品,不受本法保护。"一种观点认为,该类作品根本不享有著作权。另一种观点认为,该类作品即使享有著作权,也因为违法被著作权法等法律剥夺了。那么,究竟如何解读该条款呢?

首先,这里的法律是指宪法、刑法,特别是出版管理条例、印刷业管理条例、音像制品管理条例等行政法规。依法禁止出版、传播的作品则包含下列内容。

按照2001年国务院发布的《出版管理条例》第26条的规定,任何出版物不得含有下列内容:反对宪法确定的基本原则的;危害国家统一、主权和领土完整的;泄露国家秘密、危害国家安全或者损害国家荣誉和利益的;煽动民族仇恨、民族歧视,破解民族团结,或者侵害民族风俗、习惯的;宣扬邪教、迷信的;扰乱社会秩序,破解社会稳定的;宣扬淫秽、赌博、暴力或者教唆犯罪的;侮辱或者诽谤他人,侵害他人合法权益的;危害社会公德或者民族优秀文化传统的;有法律、行政法规和国家规定禁止的其他内容的。按照《出版管理条例》第27条的规定,以未成年人为对象的出版物不得含有诱发未成年人模仿违反社会公德的行为和违法犯罪的行为的内容,不得含有恐怖、残酷等妨害未成年人身心健康的内容。按照《出版管理条例》第56条的规定,有下列行为之一,触犯刑律的,依照刑法有关规定,依法追究刑事责任;尚不够刑事处罚的,由出版行政部门责令限期停业整顿,没收出版物、违法所得,违法经营额1万元以上的,并处违法经营额5倍以上10倍以下的罚款;违法经营额不足1万元的,并处1万元以上5万元以下的罚款;情节严重的,由原发证机关吊销许可证:(1)出版、进口含有本条例第26条、第27条禁止内容的出版物的;

(2) 明知或者应知出版物含有本条例第 26 条、第 27 条禁止内容而印刷或者复制、发行的；(3) 明知或者应知他人出版含有本条例第 26 条、第 27 条禁止内容的出版物而向其出售或者以其他形式转让本出版单位的名称、书号、刊号、版号、版面，或者出租本单位的名称、刊号的。

2001 年国务院发布的《印刷业管理条例》第 3 条规定，印刷业经营者必须遵守有关法律、法规和规章，讲求社会效益。禁止印刷含有反动、淫秽、迷信内容和国家明令禁止印刷的其他内容的出版物、包装装潢印刷品和其他印刷品。第 36 条规定，印刷业经营者印刷明知或者应知含有本条例第 3 条规定禁止印刷内容的出版物、包装装潢印刷品或者其他印刷品的，或者印刷国家明令禁止出版的出版物或者非出版单位出版的出版物的，由县级以上地方人民政府出版行政部门、公安部门依据法定职权责令停业整顿，没收印刷品和违法所得，违法经营额 1 万元以上的，并处违法经营额 5 倍以上 10 倍以下的罚款；违法经营额不足 1 万元的，并处 1 万元以上 5 万元以下的罚款；情节严重的，由原发证机关吊销许可证；构成犯罪的，依法追究刑事责任。

2001 年国务院发布的《音像制品管理条例》第 3 条规定，出版、制作、复制、进口、批发、零售、出租音像制品，应当遵守宪法和有关法律、法规，坚持为人民服务和为社会主义服务的方向，传播有益于经济发展和社会进步的思想、道德、科学技术和文化知识。音像制品禁止载有下列内容：反对宪法确定的基本原则的；危害国家统一、主权和领土完整的；泄露国家秘密、危害国家安全或者损害国家荣誉和利益的；煽动民族仇恨、民族歧视，破解民族团结，或者侵害民族风俗、习惯的；宣扬邪教、迷信的；扰乱社会秩序，破解社会稳定的；宣扬淫秽、赌博、暴力或者教唆犯罪的；侮辱或者诽谤他人，侵害他人合法权益的；危害社会公德或者民族优秀文化传统的；有法律、行政法规和国家规定禁止的其他内容的。《音像制品管理条例》第 40 条规定，出版含有本条例第 3 条第 2 款禁止内容的音像制品，或者制作、复制、批发、零售、出租、放映明知或者应知含有本条例第 3 条第 2 款禁止内容的音像制品的，依照刑法有关规定，依法追究刑事责任；尚不够刑事处罚的，由出版行政部门、文化行政部门、公安部门依据各自职权责令停业整顿，没收违法经营的音像制品和违法所得；违法经营额 1 万元以上的，并处违法经营额 5 倍以上 10 倍以下的罚款；违法经营额不足 1 万元的，可以并处 5 万元以下的罚款；情节严重的，并由原发证机关吊销许可证。

其次,"不受本法保护"并不表明我国著作权法剥夺了依法禁止出版、传播的上述作品在我国著作权法效力范围内的著作权。关键是必须区分私法上的法律关系和公法上的法律关系。著作权法作为保护著作权这种私权的基本法律,采取创作事实产生著作权的基本规则,因此不管属于什么意义上的作品,只要创作完成创作者就享有著作权,可以按照著作权法的规定,通过许可、转让等方式行使其著作权,并排除他人未经许可利用其著作权。他人侵害其著作权的,权利人仍然可以利用私法手段保护自己的权利。但在行政法和刑法这两个公法意义上,著作权人积极行使其著作权的行为则属于行政违法行为或者犯罪行为,因而必须按照上述行政管理法规承担行政责任,构成犯罪的,则应当按照刑法追究其刑事责任。混淆这两种法律关系,就会得出我国2001年《著作权法》第4条第1款剥夺了依法禁止出版、传播的作品应当享有著作权的结论。基于上述理解,我国2001年《著作权法》第4条第1款应该做如下理解:依法禁止出版、传播的作品由于内容违法而被禁止出版、传播,因此著作权人不能通过自己的行为积极行使著作权,否则就会产生违反行政法甚至刑法的法律后果,但作者依旧享有排除他人使用其作品的消极权利。这样理解符合"知识产权本质上是一种排他权而不是自用权"的判断。

最后,"不受本法保护"暗含着我国2001年《著作权法》并不反对在我国著作权法的效力范围之外,在我国禁止出版、传播的作品可以享有完整的著作权。由于对禁止出版、传播的作品的价值判断不同,不同国家、不同地区对禁止出版、传播的作品的界定并不一样,在我国被禁止出版、传播的作品在其他国家或者地区则完全可能属于合法的作品。有鉴于此,我国2001年《著作权法》第4条第1款才特别强调在我国被依法禁止出版、传播的作品不受"本法"保护。这就意味着在我国被禁止出版、传播的作品如果在我国以外的国家或者地区受到了侵害,这些作品的著作权人,完全可以按照侵害行为发生地国家或者地区的著作权法提起诉讼,以保护自己的著作权。

(二)"著作权人行使著作权,不得违反宪法和法律,不得损害公共利益"如何理解

由于以美国为首的西方国家,以我国2001年《著作权法》第4条第1款规定违反TRIPS、不保护某些作品为由,攻击我国《著作权法》,随后我国于2010年对《著作权法》进行了第二次修改,将2001年《著作权法》第4条第

1款修改为"著作权人行使著作权,不得违反宪法和法律,不得损害公共利益。国家对作品的出版、传播依法进行监督管理。"究竟如何解读该条款呢?

首先,该条款的规定厘清了2001年《著作权法》第4条第1款模糊不清之处,与TRIPS协议第9条第1款的规定保持了一致,在著作权的取得问题上完全贯彻了创作主义。据此,任何作品,只要创作完成,在我国都可以享有著作权,受到著作权法的保护。

其次,该条款对著作权人行使著作权提出了两个方面的要求:一是著作权的行使不得违反宪法和法律,二是著作权的行使不得损害公共利益。也就是要求著作权人不得滥用著作权。著作权滥用行为表现多种多样。比如在著作权使用许可合同中限定著作权产品的转售价格、强行进行搭售。利用在计算机软件方面的优势地位搭售计算机硬件的行为。有时候拒绝使用许可也会构成著作权滥用。比如发生在欧共体的Magill案,就是一个较为典型的滥用著作权案件。案件中的原告是在爱尔兰和北爱尔兰从事电视广播业务的RTE、ITP和BBC三家电视台,被告Magill公司是爱尔兰一家出版商。Magill以"Magill电视指南"为名出版了一个周刊,综合性预告可在爱尔兰收视的一周电视节目。但在此之前,上述三家电视台也通过报纸预告当日节目,或在周末和节假日预告双日节目。根据爱尔兰法和英国法,周期性节目预告属著作权法保护的内容。因此,三家电视台以侵犯著作权为由向爱尔兰法院起诉,法院以保护著作权为由禁止Magill出版综合性的一周电视指南。Magill于1986年4月向欧共体委员会申诉。委员会在1988年12月裁定,三家电视台滥用市场支配地位,违反了欧共体条约第82条。委员会要求电视台以不歧视的方式向第三方提供每周电视节目预告,并允许第三方复制其电视节目单。RTE和ITP不服裁决,遂向欧共体初审法院提起诉讼。初审法院驳回其诉讼后,它们又向欧共体法院提出上诉。欧共体法院于1996年4月对该案做出终审判决,维护初审法院的判决,驳回了原告的上诉。❶

著作权滥用的一个非常明显的趋势是,在互联网中,著作权人利用开封许可合同规避著作权法的强制性规定,比如限制著作权限制与例外范围内的使用、法定许可等公共政策在著作权使用许可合同中的适用。许多学者认为这是契约自由的体现,纯属于当事人私人之间的事情,不会危害到公共利益,应该

---

❶ Joint Cases C-242-242/91P, RTE v. Commission, [1995] ECR I-0743.

承认这样的契约条款的法律效力。然而，由于在互联网世界，著作权人可以利用网络技术达到和每个被许可人都签订规避著作权法强制性规定的合同目的，因此不可能不危害到公共利益。再说，既然属于著作权法的强制性规定，就不应当准许著作权人通过合同加以规避，否则著作权法规定对著作权进行限制以维持公共政策的目的就会落空，这些强制性规定也会形同虚设。

最后，国家可以对作品的出版、传播进行监督管理。实质就是，当作品的出版、传播违反了行政法规、刑法时，可以追究出版者、传播者行政法上乃至刑法上的责任。

总之，2010年修改的《著作权法》厘清了私法上的法律关系和公法上的法律关系之间的界限，删除了2001年《著作权法》第4条第1款招致西方国家攻击的规定，与TRIPS第9条第1款和《伯尔尼公约》第2条第1款的规定保持了一致，是一个巨大进步。

（三）侵权作品的著作权问题

侵权作品是否享有著作权？一种观点认为，侵权作品和依法禁止出版、传播的作品一样，不享有著作权，不受著作权法保护。这种观点和那种认为依法禁止出版、传播的作品不享有著作权的观点一样，值得商榷。著作权的享有采取创作事实主义，即创作完成的作品中包含创作者的独创性，创作者即享有著作权。侵害他人著作权的作品，比如未经小说作者许可，将小说改作成剧本，只要满足该剧本作品的独创性要件，就应当享有实体上的著作权和诉讼中的权利。第三人未经剧本改作者许可将剧本进一步改成脚本加以发表，则第三人的行为不但构成对小说作者著作权的侵害，而且构成对剧本改作者就其改作的剧本著作权的侵害。至于剧本改作者的改作行为是否侵害小说作者的著作权，则要看其是否发表该剧本。如果不发表，则纯属个人目的范围，不会给小说作者造成任何危害，因此也不会构成著作权侵害。但一旦发表和使用，则会构成对小说作者著作权的侵害。一句话，如果侵权作品中体现出了独创性，则侵权作品作者对该作品享有著作权，可以排除他人侵害其独创性部分，可以自己名义独立提起著作权侵权之诉。

例外的情况是，侵权作品中没有任何独创性，仅仅是对他人作品的简单复制，因侵权行为人对该复制品并不享有著作权，其以自己名义起诉他人侵害其著作权的，法院应当以其起诉不符合法定要件为由，驳回其起诉。

虽然侵权作品作者可以排除他人使用其著作权，但由于该作品系侵权作品，其积极行使受到他人著作权的限制（而非像依法禁止出版、传播的作品著作权行使受到的是来自公法的限制），因此侵权作品作者要想行使其著作权，必须征得原著作权人的授权，以消除行使著作权时存在的法律障碍。

如此理解侵权作品著作权的收益在于，除了可以给予原作者和侵权作品作者一个市场谈判的机会之外，还有一个收益就是，一旦原作品著作权保护到期，则原侵权作品法律上的障碍消除，从而变成完全合法的作品，占得市场先机。

关于侵权作品著作权的上述理解，已经得到了相关司法判决的支持。在北京汇智时代科技发展有限公司诉北京国际广播音像出版社等侵犯著作权纠纷案中，原告编译整理并制作了《听歌学韩语》《听歌学日语》《听歌学法语》《听歌学韩语 2》《听歌学法语 2》等学习软件出版发行，但原告在翻译这些外文歌曲时没有经过歌曲原作者同意。被告抗辩认为，这些歌都是由歌曲原创者自己所写，不是原告自己创作，原告进行翻译时应该为原创者署名，取得许可和支付费用，但原告没有获得许可、署名并支付费用，因此其翻译本身就构成侵权行为，无权要求法律保护。法院认为，原告汇智公司对歌词进行翻译虽然未经相关著作权人的许可，建立在侵犯他人著作权的基础上，存在权利上的瑕疵，但仍是创作活动的产物，本身有一定的原创性。尽管相关歌曲的原作者有权起诉汇智公司侵权，汇智公司亦可能因此对歌曲的原作者负民事赔偿责任，但有关的演绎作品仍属于受著作权保护的作品，只是有一个保护度的问题。即汇智公司对翻译作品的著作权虽不能主动行使，但当里仁公司制作、国际出版社出版的产品侵犯其对翻译作品享有的著作权时，汇智公司可以被动行使著作权，禁止他人侵犯其对翻译译文享有的权利。❶

第六节　作品的种类

一、作品种类的立法模式

《伯尔尼公约》第 2 条第 1 款采取概括加列举的方式规定了受著作权保护

---

❶ 北京市海淀区人民法院（2007）海民初字第 22050 号民事判决书。

的作品种类。按照该条款规定,"文学和艺术作品"一词,包括文学、科学和艺术领域内的一切成果,不论其表现形式或者方式如何,诸如书籍、小册子和其他文字作品;讲课、演讲、讲道和其他同类性质的作品;喜剧或者音乐喜剧作品;舞蹈艺术作品和哑剧;配词或者未配词的乐曲;电影作品和以类似摄制电影的方法表现的作品;图画、油画、建筑、雕塑、雕刻和版画作品;摄影作品和以类似摄制的方法表现的作品;实用艺术作品;与地理、地形、建筑或者科学有关的插图、地图、设计图、草图和立体作品。《伯尔尼公约》关于作品种类的开放式立法模式,可以回应创作手段日新月异而产生的某些新类型作品的保护。

我国著作权法关于作品种类的规定并未完全符合《伯尔尼公约》的上述规定,而是采取了封闭式立法模式。按照我国 2010 年《著作权法》第 3 条的规定,本法所称的作品,包括以下列形式创作的文学、艺术和自然科学、社会科学、工程技术等作品:

文字作品;口述作品;音乐、戏剧、曲艺、舞蹈、杂技艺术作品;美术、建筑作品;摄影作品;电影作品和以类似摄制电影的方法创作的作品;工程设计图、产品设计图、地图、示意图等图形作品和模型作品;计算机软件;法律、行政法规规定的其他作品。

由于实践中尚未见到"法律、行政法规规定的其他作品",这个规定被摆设化。这种对作品类型完全封闭化的立法模式,未能为法官认定著作权法未规定而实践中确有可能出现的某些新作品,比如网络游戏,提供自由裁量权,无法为著作权法没有列举但是符合作品构成要件的思想或者情感的独创性表达提供保护。这需要著作权立法上加以修正。在立法未能修正的情况下,作为伯尔尼公约成员国,可以直接援引《伯尔尼公约》第 2 条第 1 款规定作为过渡措施,为网络游戏等难以归类为现有作品类型的新型作品提供保护。

二、作品的类型

《著作权法》第 3 条列举的各种作品的具体含义和应当注意的问题如下。

(一) 文字作品

是指小说、诗词、散文、论文、脚本、剧本、随笔、童话、书信、日记、日志、讲义等以文字形式表现的作品。盲人使用的点字、暗号、速记符号、电信码等虽非文字，但因传达的信息可以转换为一般文字，因此也属于文字作品。

文字不仅仅指汉字，包括古今中外各种文字。文字作品是作品的最基本形式。绝大部分作品形式，最终几乎都会表现为文字作品形式。

标语、口号、标题、成语、单句、短句等，虽然形式上表现为文字，但一般情况下会因为太短而和思想同一，或者缺乏作品应有的独创性，而不足以认定为作品。电视广告词或者名人经典语录也是如此。但如果电视广告词或者名人经典语录的长度已经表现出独创性，并且足以和思想或者情感本身分离，则可以按照文字作品进行保护。至于长度到底应当有多长，不能一概而论。基本规则是，句子越短，越容易和思想合并，越难以作为文字作品受到著作权法保护。

漫画中角色的对白是否构成独立的文字作品？这需要具体分析。基本规则是：如果对白属于思想或者情感的独创性表达，而且与图形分离后具有独立存在的价值，则属于文字作品。否则，只能作为美术作品（漫画作品）不可分割的一部分进行处理。他人未经许可使用漫画图形和对白时，如果属于前一种情况，则权利人可以同时起诉行为人侵害其美术作品（漫画图形）和文字作品（角色对白）的著作权。如果属于后一种情况，则只能起诉行为人侵害其美术作品著作权。如果他人未经许可使用的仅仅是对白，前一种情况下，权利人可以侵害其文字作品著作权提起诉讼。后一种情况下，由于对白不构成作品，行为人的行为不构成侵权。

（二）口述作品

是指即兴的演说、授课、法庭辩论、棋谱讲解等以口头语言形式表现的作品。口述作品虽然受法律保护，但由于以口头语言形式表现，因此著作权人在诉讼中往往存在举证困难、难以证明自己作者身份的问题。为了减少万一出现诉讼时举证的困难度，口述作品作者最好通过录音或者速记等方式将作品加以固定。

口述作品本身应当是思想或者情感独创性的表达，如果仅通过演讲或者口述方式表现他人作品，则属于对他人作品的"表演"，表演者享有的不是著作权，而是属于邻接权范畴的表演者权。

(三) 音乐作品

是指交响乐、进行曲、合唱曲、舞曲、弦乐曲、爵士乐、音乐剧等能够演唱或者演奏的带词或者不带词的作品。音乐作品包括乐曲、乐谱和歌词。

1. 乐曲。乐曲一般由节奏、旋律组成，有的还配有和声。节奏，即音乐的时间形式，由节拍和速度构成，或快或慢，或松或紧，或轻或重，是赋予音乐生命力的一个重要手段。音乐犹如千军万马，是节奏将它们有机组合在一起。旋律是若干乐音经过艺术构思而形成的有组织、有节奏的序列，由音高线和节奏构成。节奏虽然可以脱离旋律而存在，旋律却无法脱离节奏而存在。和声则是两个以上不同的音按一定法则同时发声而构成的音响组合，它包含和弦和各和弦的先后连接。和声可以使音乐更加富有表现力，使人闻之身心愉悦。

一部音乐作品中，旋律与和声可以千变万化，因此很容易表现出独创性。但节奏稍有不同。因快慢、松紧、轻重的搭配组合变化有限，并且受制于音乐美感的要求，节奏不容易通过独创性的方式加以表现，在实际的音乐创作中，节奏偶然相同或者实质性相似的情况非常多见。美国纽约南区联邦法院就因此而认为：节奏仅仅是乐曲创作时所设定的速度，系旋律的背景，音乐领域中只有少数节奏可以利用并且早已穷竭，因此虽不能说节奏的独创性没有可能，但也极为罕见。❶ 所以说，在音乐作品侵权诉讼中，不能仅仅因为节奏相同或者实质近似就认定被告侵权，而应当结合音乐作品中的其他要素进行具体判断。

2. 乐谱。乐谱是用符号、数字或者其他记号记录音乐的方法。记录音乐的方法主要分为记录音高和记录指法两大类。五线谱和简谱属于记录音高的乐谱。吉他的六线谱和古琴的减字谱都属于记录指法的乐谱。乐谱只是乐曲的静态表现。

3. 歌词。歌词是诗歌的一种。入乐的为歌，不入乐的为诗。歌和诗在情感表达、塑造形象上没有区别，但歌受乐曲的制约，遣词造句上更讲究押韵和凝练。

歌词属于文字作品，因此完全可以和乐曲分离开来作为文字作品进行保护。简单地说，歌词入乐而为音乐作品，不入乐则为文字作品。当然，即使入乐而成为音乐作品的一部分，由于歌词和乐曲都可以单独使用，单独使用时，

---

❶ Northern Music Corp. v. King Record Distrib. Co. 105 F. Supp. 393, 400, (S. D. N. Y. 1952).

乐曲虽仍为音乐作品，但歌词则摇身变为文字作品。对于组成部分可以单独使用的合作作品，我国2010年《著作权法》第13条第2款规定，"合作作品可以分割使用的，作者对各自创作的部分可以单独享有著作权，但行使著作权时不得侵犯合作作品整体的著作权。"

要注意的是，歌词一旦成为音乐作品的一部分，在有些国家和地区，则成为强制授权使用的标的。比如，日本著作权法第69条规定，在录音制品首次投放市场销售之日起3年后，其他录音制作者如果无法与音乐作品著作权人达成协议，可以向文化厅申请强制授权，在缴纳一定的使用费后，将其音乐作品录制为录音制品投放市场销售。中国台湾"著作权法"第69条第1款规定，录有音乐著作之销售用录音著作公开发行满6个月，欲利用该音乐著作录制其他销售用录音著作者，经省主管机关许可强制授权，并给付使用报酬后，得利用该音乐著作，另行录制。

此外，实践中常出现的在他人歌词上谱曲或者为他人的曲子填写歌词的案例中，如果事后经过了对方的追认，则构成事后合意创作的合作作品。如果事后对方不追认，尽管词作者或者曲作者对各自创作的部分单独享有完整的著作权，但对整个作品则不享有积极的使用权，而仅享有排除第三者使用的权利。

目前流行的MTV（Music Video）属于音乐作品还是电影作品？MTV既具有电影作品的因素，也具有传统音乐作品要素，但又不像电影作品那样注重完整的故事情节，也不像单纯的音乐作品那样只有词曲的配合，具有动态性和直观性，创作者也具有群体性，因此既无法归入音乐作品，也难以归入电影作品中。不过，从其创作过程看，将其归入电影作品更加有利于处理复杂的著作权关系。最高人民法院《关于审理涉及音乐电视著作权民事纠纷案件适用法律若干问题的解释》（征求意见稿）第1条就曾采用此种处理方法，规定："以音乐为题材，通过类似摄制电影的方法制作的，具有独创性的音乐电视，属于'电影作品和以类似摄制电影的方法创作的作品。'"司法实践中，法院一般也将该类作品作为著作权法第15条规定的"以类似摄制电影的方法创作的作品"对待。❶ 在著作权归属方面，也可以参照电影作品的规定进行处理，即MTV整体的著作权由制作者享有，但导演、摄影、作词、作曲、编创者等作者享有作者身份权，并有权按照与制作者签订的合同获得报酬（债权而非著作财产权）。其中词曲等可以单独使用的作品作者有权单独行使其著作权。

（四）戏剧作品

是指话剧、歌剧、地方戏等供舞台演出的作品。戏剧作品由对白、旁白、音乐等多元素构成。但戏剧作品并不同于观众看到的"戏"。戏剧作品应当是指由对白、旁白、音乐等多元素构成的剧本。❷ 比如，曹禺的话剧《日出》，观众看到的"戏"，已经是戏剧演员在舞台上对戏剧的演出。这些演员并不享有戏剧作品的著作权，只对其表演享有表演者权。

戏剧作品的再现方式虽然和一般文字作品有所不同，但从表现形式看，和文字作品没有实质区别，保护方式也完全相同。

（五）曲艺作品

是指相声、快书、大鼓、评书等以说唱为主要形式表演的作品。曲艺作品也是指由文字等元素构成的脚本或者底本，而不是指相声的表演。比如马季先生的相声代表作《五官争功》，创作者是马季，表演者则是马季、赵炎、王金宝、刘伟、冯巩。只有马季先生才享有《五官争功》的著作权，赵炎等四人仅仅享有表演者权。当然，在即兴表演相声的情况下，表演者既是创作者，也是表演者，既享有著作权，同时享有表演者权。

和戏剧作品一样，曲艺作品大多数情况下，也表现为文字作品，保护方式和文字作品也完全相同。

（六）舞蹈作品

按照2013年《著作权法实施条例》第4条第6款规定，舞蹈作品，是指

---

❶ 参见东方鑫地（北京）文化娱乐发展有限公司与中国音像著作权集体管理协会侵犯著作权纠纷案，北京市第二中级人民法院（2009）二中民终字第5783号民事判决书。北京新伍俱餐饮娱乐有限责任公司与中国音像著作权集体管理协会侵犯著作权纠纷案，北京市第二中级人民法院（2009）二中民终字第6335号民事判决书。北京娱京红歌厅与中国音像著作权集体管理协会侵犯著作权纠纷案，北京市第二中级人民法院（2009）二中民终字第6336号民事判决书，等等。

❷ 李明德，许超. 著作权法［M］. 北京：法律出版社，2003：37.

通过连续的动作、姿势、表情等表现思想或者情感的作品，常与音乐、歌唱、舞台设计、烟火、灯光等相结合。一个舞蹈作品通常包括舞蹈节奏、舞蹈构图、舞蹈表情等三个基本要素。舞蹈节奏表现为动作、姿势、造型的速度快慢、时间长短、幅度大小。舞蹈构图是由动作形态、运动线条、队形变化、动静关系等构成的画面。舞蹈表情是指由人体各部分协调一致、有节奏的动作、姿态和画面表现出的情感，而不仅仅是指面部表情。不管是动作、姿势还是表情，均需具备独创性，表现思想或者情感。常见的社交舞步、造型、动作、表情，缺乏独创性，非舞蹈作品。溜冰、武术、广播体操等，主要表现的是体育竞技，而非以身体动作、姿势、表情等表现美感为特征，因而非舞蹈作品，但如溜冰、武术、广播体操等体育竞技活动兼顾了美感表现，具备了鉴赏价值，则亦可作为舞蹈作品进行保护。

在上述三个基本构成要素中，最核心的要素是动作。姿势可以理解为静止的动作。表情则必须为动作服务，单纯的表情并不受著作权法保护。在舞蹈作品侵权判断中，最关键的也是看动作和姿势是否实质性相似，配合动作和姿势的表情只是一个辅助判断要素。也就是说，即使表情完全一模一样，只要舞蹈动作和姿势不同，也不会侵害舞蹈作品著作权。

和戏剧作品、曲艺作品一样，舞蹈作品也不是指舞蹈演员在舞台上的表演，而是指创作者对舞蹈节奏、舞蹈构图、舞蹈表情的设计和编排。《伯尔尼公约》第2条第1款和美国版权法第102条第（a）款第（4）项，对舞蹈作品均采用 choreographic works 这一用语，choreographic 一词主要是"编舞"的意思，但也含有舞艺、舞技的意思。可见，舞蹈演员仅对其表演享有表演者权，只有创作者（即编舞者）才享有舞蹈作品的著作权。当然，有时舞蹈作品创作者又是表演者，比如《雀之灵》，杨丽萍既是创作者，又是表演者，因此她对《雀之灵》享有著作权的同时，对其表演也享有表演者权。

正式表演的舞蹈作品，常配有音乐，而且有精心的舞台设计、服饰设计、化妆设计、灯光设计。这些要素是否是舞蹈作品本身的创作性表现呢？对此存在两种观点。一种观点认为，这些要素如果在舞蹈作品中写明，则属于舞蹈作品的一部分。❶另一种观点认为，舞蹈是综合了音乐、诗歌、戏剧、绘画、杂

---

❶ 郑成思. 版权法［M］. 北京：中国人民大学出版社，2009：108.

技等手段而成的综合艺术门类，舞蹈作品是固定在演员身上的表演艺术。❶

本书作者从舞蹈作品侵权角度认为，即使完整复制了某个舞蹈作品中的音乐设计、舞台设计、服饰设计、化妆设计、灯光设计，只要没有复制舞蹈动作和姿势以及相应表情设计，就不会侵害该舞蹈作品著作权。相反，即使使用完全不同的音乐、舞台设计、服饰设计、化妆设计、灯光设计，或者干脆删除音乐等元素，但只要动作、姿势和相应的表情实质性相似，也会侵害舞蹈作品著作权。这说明，音乐、舞台设计、服饰设计、化妆设计、灯光设计等元素并不是舞蹈作品的独创性构成要素，而只是为了增加舞蹈表演效果所做的设计，这些元素完全独立于舞蹈作品而存在，即使这些元素是在进行舞蹈动作、姿势和表情设计时同时加上去的，情况也是如此。

关于上述元素的保护问题，总体规则是，如果其具备著作权法意义上的独创性，则构成作品，应该分别作为音乐作品、美术作品等进行保护。如果不构成著作权法意义上的作品，但又具有财产价值时，则可以通过反不正当竞争法或者民法进行保护。当然，不管哪种情况下，音乐、舞台、灯光、服饰等设计者都可以按照和舞蹈作品著作权人的合同收取劳务报酬。

此外，舞蹈作品可以通过录像或者绘画、文字等方式固定下来。此时，舞蹈作品中的绘画构成美术作品，文字构成文字作品，创作者分别享有绘画作品和文字作品著作权。

（七）杂技艺术作品

按照我国2013年《著作权法实施条例》第4条第7项的解释，杂技艺术作品是指杂技、魔术、马戏等通过形体动作和技巧表现的作品。杂技艺术作品是2001年我国修改《著作权法》新增加的保护客体。

然而，不管是杂技、魔术、马戏，还是体操、滑冰、跳水、高空走索等体育项目，追求的都是技巧，技巧无论多么高超和娴熟和新颖，终归只是技巧，不属于著作权法保护的对象。

有学者认为，著作权法保护的只是杂技艺术中的艺术成分。❷ 但究竟什么是杂技艺术中的艺术成分，持此种观点的学者并没有提供进一步的解释。本书

---

❶ 刘春田. 知识产权法（第四版）[M]. 北京：中国人民大学出版社，2009：57.
❷ 李明德，许超. 著作权法 [M]. 北京：法律出版社，2003：38.

作者认为，够得上杂技中的"艺术成分"的，如果是指动作、表情、节奏等方面的独创性设计，则可以通过舞蹈作品进行保护，如果是指音乐，则可以通过音乐作品进行保护。除此之外，还想象不出哪些要素构成杂技中的"艺术成分"。

由此看来，我国2013年《著作权法实施条例》第4条第7项将杂技艺术作品解释为"通过技巧表现的作品"并不准确。

杂技、魔术、马戏、体操、滑冰、跳水、高空走索等虽然不能构成作品，不能受到著作权保护，但可以赋予其表演者权，通过邻接权保护其没有独创性的表演。

（八）美术作品

是指绘画、书法、雕塑等以线条、色彩或者其他方式构成的有审美意义的平面或者立体的造型艺术作品。简单地说，就是以线条、色彩、明暗、形状、构图等美感特征表现思想或者情感的作品。广义的美术作品包括建筑作品、图形作品、摄影作品。但因我国2010年《著作权法》已经将建筑作品、图形作品、摄影作品列为独立作品，因此这里所讲的美术作品仅指绘画、版画、漫画、连环画、素描、书法、字型绘画、雕塑、美术工艺品等平面或者立体造型艺术作品。

著作权法虽然要求美术作品具有审美意义，但审美意义不等同于艺术价值。虽然艺术价值低，但只要是作者独立完成并且表现与他人不同，也可构成美术作品。当然，"美"的观念本身也因人因时代而异，因此不能以"美"的高低程度来判断是否构成美术作品。

根据上述判断标准，20世纪五六十年代兴起于欧洲，以法国著名艺术家伊夫·克莱因（Yves Klein，1928—1962）为鼻祖（其代表作品是1961年他张开双臂从高楼自由落体而下的《自由坠落》）的行为艺术，虽然难以传达出视觉审美内涵，但在以艺术家自己身体为基本材料的某种行为过程中，通过艺术家自身身体的体验达到人与物、人与环境、人与人的交流，也可以传达出非视觉性的审美意义，虽然在普通人看来不免显得怪诞不经，但因具有审美意义，因此亦应当作为美术作品对待。实用艺术作品虽然具有实用性，但受著作权法保护的实用艺术作品首先必须是艺术作品，著作权法只保护其具有艺术性的造型，因此仍然可以解释为美术作品。

动漫中个性化的角色造型，比如蜡笔小新、超人、聪明的一休、三毛，符合美术作品的特征，应当按照美术作品进行保护。但单纯的角色名称，不属于通过具有美感的线条、色彩、造型等表现思想或者情感，因此不属于美术作品，甚至不属于一般性的作品。当然，由于角色名称具有财产价值，因此可以作为一般性的纯粹经济利益，受到竞争法、侵权责任法的保护，作为"商品化利益"进行保护。

在司法实践中，出现了将音乐喷泉喷射效果的呈现认定为美术作品的判决，认为"音乐喷泉喷射效果的呈现是一种由优美的音乐、绚烂的灯光、美艳的水型等包含线条、色彩在内的多种要素共同构成的动态立体造型表达，这种美轮美奂的喷射效果呈现显然具有审美意义。在动静形态、持续时间长短均不是美术作品构成要件有意排除范围的情况下，认定涉案音乐喷泉喷射效果的呈现属于美术作品的保护范围，并不违反法律解释的规则。"❶

然而，从音乐喷泉创作过程和表现效果看，将音乐喷泉喷射效果呈现认定为音乐作品或者试听作品而非美术作品更为恰当。从音乐喷泉创作过程看，首先是确定艺术主题，根据艺术主题解析音乐，然后根据音乐编排舞蹈并将舞蹈分解，水舞设计师根据这些分解的舞蹈汇编水舞图谱，然后将舞蹈动作转换为程序命令，并将程序命令写入数控软件，最后进行综合调试。由此可见，音乐喷泉实质只不过是通过可视化的动态造型对音乐进行的表现，这和常见的通过动态的波浪变化直观地表现音乐没有本质区别，"音乐喷泉喷射效果的呈现"只不过是对音乐作品的表演。当然，由于音乐喷泉已经固定在计算机内存中，由滚动的可供试听的动态画面组成，可借助计算机等机械设备再现，将其解释为试听作品亦可。"音乐喷泉喷射效果的呈现"只不过是对作为试听作品的音乐喷泉的放映。美术作品是具有审美意义的平面或者立体造型艺术作品，只能限定为由静态的人物、风景、构图、线条、色彩、明暗等搭配组合而成，超越静态限制扩张解释美术作品，将混淆美术作品和舞蹈作品、试听作品、音乐作品之间的界限，并不可取。

（九）建筑作品

是指以建筑物或者构筑物形式表现的有审美意义的作品。建筑物或者构筑

---

❶ 北京知识产权法院（2017）京73民终1404号民事判决书。

物必须具备审美意义才能受到著作权法的保护。也就是说,著作权法只保护建筑作品中的艺术设计部分,而不保护与艺术性无关的功能性部分。建筑作品的艺术设计部分,不仅包括在道路上可见的表现思想或者情感的建筑物外观,还包括建筑物的内部设计或者其他附属部分的设计。

与建筑有关的作品包括建筑设计图、建筑模型和建筑实物。由于建筑设计图作为图形作品进行保护,建筑模型作为模型作品进行保护,因此通常所说的建筑作品仅指建筑实物作品。但建筑实物作品并不包括建筑方法和建筑所用的材料本身。

建筑作品究竟保护什么?可以北京泰赫雅特汽车销售服务有限公司与保时捷股份公司侵犯著作财产权纠纷案加以说明。❶ 保时捷公司著作权登记所附作品照片显示其建筑物外部具有如下特征:(1)该建筑正面呈圆弧形,分为上下两个部分,上半部由长方形建筑材料对齐而成,下半部为玻璃外墙。(2)该建筑物入口部分及其上方由玻璃构成,位于建筑物正面中央位置;入口部分上方向建筑物内部缩进,延伸直至建筑物顶部;建筑物入口及其上方将建筑物正面分成左右两部分,左侧上方有"PORSCHE"字样,右侧上方有"百得利"字样。(3)该建筑物的后面和右侧面为工作区部分,呈长方形,其外墙由深色材料构成,该材料呈横向带状。(4)建筑物展厅部分为银灰色,工作区部分为深灰色。泰赫雅特公司位于北京市金港汽车公园的泰赫雅特中心建筑外观基本具备保时捷公司主张权利的北京保时捷中心建筑作品的特征1、2、3。其与北京保时捷中心的外部特征区别在于:建筑物整体下方有约一米高的高台;建筑物左侧弧形下方并非玻璃外墙,且该区域有较大空间,便于汽车停放,建筑物左右两侧均加有栏杆;建筑物的左侧面为工作区部分,与北京保时捷中心展厅与工作区相比呈反向布局;建筑物左侧上方有"泰赫雅特"字样,右侧上方有"TECHART"字样;建筑物展厅部分为灰黑色,工作区部分为银灰色。在本案一审审理期间,泰赫雅特公司对泰赫雅特中心建筑进行了改造,建筑外部及内部均使用白色建筑材料,保时捷公司认为改造后的建筑仍属于侵犯其著作权的建筑。

二审法院查明,泰赫雅特中心建筑与保时捷中心建筑在外观上的相同之处在于:(1)二者在建筑物的正面均采用圆弧形设计,上半部由长方形建筑材

---

❶ 北京市高级人民法院(2008)高民终字第325号民事判决书。

料对齐而成，下半部为玻璃外墙；（2）二者在建筑物的入口处将建筑物分为左右两部分，入口部分及上方由玻璃构成；（3）长方形工作区与展厅部分相连，使用横向带状深色材料。二审法院认为，上述第 3 点相同之处涉及的工作区部分的设计属于汽车 4S 店工作区必然存在的设计，其外部呈现的横向带状及颜色，与所用建筑材料有关，并非保时捷中心建筑的独创性成分，应当排除在著作权法保护之外。泰赫雅特公司主张第 1 点和第 2 点相同之处系基于建筑物的橱窗展示功能和节能采光功能限定的特征，不构成该建筑的独创性成分，缺乏事实依据。泰赫雅特公司主张泰赫雅特中心建筑下方有一个高台、建筑物左右两侧均加有栏杆、其弧形结构的圆弧度不同，两个建筑根本不相同也不近似。但是，就两个建筑的整体而言，如果舍去上述第 1 点和第 2 点，整个建筑也将失去根本，因此，可以认定上述第 1 点和第 2 点构成两个建筑的主要或实质部分。在此前提下，虽然泰赫雅特中心建筑下方多出一个高台、建筑物左右两侧均加有栏杆，但是并不能否定二者实质上的近似。因此，泰赫雅特公司的泰赫雅特中心建筑侵犯了保时捷公司对保时捷中心建筑享有的著作权。

由上可见，建筑作品保护的是建筑物具有美感的外观，包括具有美感的整体设计、各部分布局、颜色搭配、装饰风格等要素，如果被告的建筑与原告建筑在具有美感的这些要素方面相同或者实质近似，又不存在独立创作等抗辩理由，则构成侵权。

（十）摄影作品

是指借助器械在感光材料或者其他介质上记录客观物体形象的艺术作品。《伯尔尼公约》第 7 条第 4 款规定，各成员国可以自行决定摄影作品的保护期，但不得低于作品完成后的 25 年。1996 年的 WCT 第 9 条规定，摄影作品保护期不得适用《伯尔尼公约》第 7 条第 4 款规定，从而使摄影作品保护期和其他作品保护期一致。

摄影作品不同于简单的照片。摄影作品应当在景物、构图、拍摄角度、曝光时间、明暗度等方面的选择以及底片的修改等方面体现出摄影者独特的个性，反映出摄影者的审美眼光和艺术视角。日常生活中随意的抓拍、纪念性留影、登记照片，绝大部分属于司空见惯的表达，并不具备摄影作品的独创性要求，不属于摄影作品。但这些照片具有一定财产价值，因此可以通过邻接权给予保护。目前，德国著作权法第 72 条采取此种保护模式。

稀少性、特殊性不是判断所拍照片是否构成摄影作品的要件。1995年中国台湾台北市地方法院判决的一个刑事自诉案件中，自诉人称被侵害的照片系台湾"国安局"副局长殷宗文于某一聚会端坐时由自诉人所拍摄。台湾地方法院认为，虽然该照片"稀少""特殊"，但从所拍摄的照片内容看，属于随机选择地方拍摄而成，难谓有独创性，非摄影作品，不受著作权保护。❶

由于摄影技术和摄影器材的进步和普及，摄影基本上已经家庭化，对生活的客观记录程度越来越高，表现手法上越来越雷同，个性化程度越来越低，但这仍然难以妨碍摄影照片的作品性。比如，利用手机、数码相机拍摄的作品，虽然在光影选择方面很大程度上依赖数码相机本身，摄影者个性化参与程度受到较大限制，但只要掺入了最低限度的一点个性，就可以受到著作权法的保护。不过即使如此，如果只是机械的翻拍，比如翻拍文件、证件、书籍、美术作品，则只是单纯的复制行为，所形成的表现形式并非摄影作品。

摄影作品应当包括电影作品和以类似摄制电影的方法创作的作品中的某个片段或者某几个片段。也就是说，电影作品和以类似摄制电影的方法创作的作品中的单个静止画面，本身可以单独作为摄影作品进行保护。

此外，受他人摄影作品启发，在同样天气条件下、选择同一角度和相同构图，拍摄出效果大致相同的照片，只能理解为创作思想的复制，而不能认定为侵害前一摄影作者就其摄影作品享有的著作权。

（十一）视听作品

视听作品即电影作品和以类似摄制电影的方法创作的作品，是指制作在一定介质上，由一系列有伴音或者无伴音的画面组成，并且借助适当装置放映或者以其他方式传播的作品。简言之，即以连续动态影像表达思想或者情感的作品，包括电影作品、电视作品和其他视听作品。单张幻灯片为摄影作品而非视听作品。仅有录音而无影像内容的，为机械表演（表演权内容）或者单纯声音之固定（录音制作者权控制），亦非视听作品。我国2013年《著作权法实施条例》第4条第11项要求视听作品通过"摄制"手段完成，已经不适应视听作品创作手段的进步，现在很多视听作品可以全部在计算机上完成，完全不需要"摄制"过程。

---

❶ 台北地方法院1995年自字第250号刑事判决。

视听作品不同于戏剧作品。一般而言，视听作品是已经制作完成且已经固定于有形载体上的作品，而非剧本、脚本，戏剧作品是指剧本，而非舞台演出。

借助数码相机或者专门化的摄影器材拍摄的日常生活场景，或者对某个活动场景的单纯录像，和借助数码相机、手机随意抓拍的照片一样，大多属于司空见惯的表达，欠缺作品起码的创作性，非视听作品。但和照片一样，可以通过邻接权为其提供一定程度的保护。

事先固定在载体上的活动着的影像，属于视听作品无争议。边直播边固定而且采用电影手法表现的活动着的影像，比如体育赛事现场直播画面，是否成立视听作品，理论和实务界存在争议。在北京新浪互联信息服务有限公司诉北京天盈九州网络技术有限公司侵犯著作权以及不正当竞争纠纷一案中，二审北京知识产权法院认为，《伯尔尼公约》1971年巴黎文本第2条第2项规定，"本联盟成员国的立法可以规定，所有作品或者任何特定种类的作品除非以某种物质形式固定下来，否则不受保护"，亦即该项把作品是否有固定要求的决定权留给了联盟成员国国内法。而我国2013年《著作权法实施条例》明确要求"视听作品"应当"摄制在一定介质上"，有固定要求，著作权法第10条第1款第13项对摄制权的规定"摄制权，即以摄制电影或者以类似摄制电影的方法将作品固定在载体上的权利"也说明我国对视听作品的保护选择了固定要求。就体育节目赛事直播画面而言，"由于采用的是随摄随播的方式，此时整体比赛画面并未被稳定地固定在有形载体上，因而此时的赛事直播公用信号所承载的画面并不能满足电影作品中的固定的要求。赛事直播结束后，公用信号所承载画面整体已被稳定地固定在有形载体上，此时的公用信号所承载画面符合固定的要求"❶。

话虽如此，连续的体育赛事直播画面，不同于体育赛事本身，采用了电影手法加以表现，属于思想或者情感的独创性表达，除了智力投入外，作者亦付出了巨大投资，不视个案情况而一概否定其作品性，似乎值得商榷。最重要者，我国著作权法及其实施条例虽要求视听作品"摄制在一定介质上"但并未明确要求其必须事先"已经摄制在一定介质上"，故而解释论上，仍然存在将"边摄制边播放"之连续动态影像解释为视听作品的空间。

---

❶ 北京知识产权法院（2015）京知民终字第1818号民事判决书。

在日本最高裁判所 2003 年裁判的 A 公司诉四谷税务警长案中，❶ 一审东京地方裁判所认为，收录了体育竞技的录像带、对体育竞技进行电视直播的影像，是否属于电影作品，需要符合日本著作权法第 2 条第 3 款规定的电影作品（含类电作品）的三要件。一是具有所有作品共有的独创性，二是以产生视觉或者听觉效果的类似电影效果的手法表现。三是固定在物质载体上。收录了体育竞技的录像带、对体育竞技进行电视直播的影像，当然是通过影像手法表现，无须讨论。关键是看其是否符合第 1 和第 3 个要件。无论是收录了体育竞技的录像带，还是对体育竞技进行电视直播形成的影像，与对客观事实的漫无目的地忠实记录不同，为了更好地表现影像，运用了摄影技巧、蒙太奇手法、剪辑手法，并且对胶片进行了编辑，这些都属于知识活动，具备创作性，满足独创性要件。录像带满足固定性要件自不待言。直播的影像在被直播的同时也被录像，因此也满足固定的要求。综上所述，收录了体育竞技的录像带、对体育竞技进行电视直播的影像，属于著作权法第 2 条第 3 款规定的电影作品。但上告审日本最高裁判所认为，上告人公司（日本采取三审终审制，上告人即不服二审向日本最高法院提起上告之人）从各个体育赛事举办团体接受送信获得的影像，为了更好地表现体育竞技的影像，运用了摄影技巧、蒙太奇手法、剪辑手法，并且对胶片进行了编辑，该影像能够构成著作权法第 2 条第 1 款第 1 项所称的作品（作品，指文艺、学术、美术或者音乐领域内，思想或者情感的独创性表现形式），上告人公司关于该影像不属于所得税法第 161 条规定的著作权客体的作品的主张，不管是否有必要判断该影像是否属于电影作品，都不予采纳。日本最高裁判所之所以未直接认定体育赛事直播画面属于电影作品，主要是认为体育赛事直播画面并不符合固定性要求，因为如果采用一审一边直播一边固定的观点，无法判断该电影作品究竟于何时完成。

但在 2013 年的自由搏击影像著作权纠纷案中，❷ 东京地方裁判所认为，涉案第 11、26、68 号作品，都属于对在以综合格斗技术为主题的 UFC 大会上进行的比赛的摄像基础上制作而成的动画影像，该影像对与各比赛场面相对应的选手、裁判、比赛情况进行了选择，对拍摄对象的角度、构图进行了选择，并在此基础上进行了拍摄、编辑，在所形成的影像中，还加上了关于选手等的信

---

❶ 最高裁第一小法廷平 10（行ツ）32 号，平成 15 年 2 月 27 日。
❷ 东京地裁平成 25 年（ワ）第 1918 号。

息、照片，传达了比赛的现场感，让观看比赛者更容易理解，应当认为是思想或者情感的创作性表现，属于电影作品，其制作者拥有著作权。该案败诉方未提起上诉，判决已经生效并且执行。

连续的网络游戏画面是否属于视听作品？如果说在1983年的パックマン案中，❶东京地方裁判所由于当时日本著作权法仅将上映权赋予电影作品而又不想放纵在店头设置游戏机让顾客使用的行为，而不得不将电子游戏认定为电影作品的话，日本最高裁判所2002年4月25日在"中古ゲームソフト"一案中，❷则明确支持一审大阪地方裁判所❸和二审大阪高等裁判所❹、东京高等裁判所❺的判决意见，认为"本案各游戏软件既然属于电影作品，其著作权人即专有同法第26条第1款所规定的颁布权。原审就此所作判断，亦属正当"。日本最高裁判所充分肯定了大阪地方裁判所判决中所持的如下理由：

"纵然不是剧场用的电影，但如满足如下三个要件，即以产生类似电影的视觉或者听觉效果的方法进行表现（表现方法要件）、固定在物质载体上面（存在形式要件）、属于作品（内容要件），也符合著作权法上关于'电影作品'的规定。就本案中的游戏作品'生化危机2'而言，采用了和一般剧场使用或者电视放映用的电影类似的产生视觉或者听觉效果的方法进行表现，并不缺少固定性要件，游戏软件本身也应当是作者统一的思想或者感情的创作性表达，因游戏玩家操作而表现于画面上的具体影像内容和顺序等不同，并不妨碍将游戏软件作为电影作品加以认定。"

就游戏玩家对遥控器进行具体操作因而表现于画面上的具体影像内容和顺序等不同这一点，日本最高裁判所也作出了如下判示："都是计算机程序预先设定范围内的影像内容和顺序。"

尽管日本最高裁判所将连续的网络游戏画面认定为电影作品，但游戏作品与电影作品、类电作品存在一定差别。电影作品、类电作品的再现无须观众参与，游戏作品，除了挂机游戏外，再现必须有游戏玩家的深度参与，甚至新的创作。游戏作品是否有必要独立于电影作品和类电作品，作为一类新的作品，

---

❶ 東京地判昭和59.9.28 無体例集16卷3号676頁。
❷ 最一小判平成14.4.25民集56卷4号808頁（平13（受）952号）【中古ゲームソフト事件】。
❸ 大阪地方法院平成11.10.7（平成10年（ワ）第6979号）判决。
❹ 大阪高等法院平成13.3.29（平成1年（ネ）第3484号）判决。
❺ 东京高判平13.3.27 判夕1060号281頁。

值得研究。

视听作品的"独创性"与其表现时间长短并无必然关系。在北京微播视界科技有限公司诉百度在线网络技术（北京）有限公司、百度网讯科技有限公司侵害"5.12，我想对你说"短视频信息网络传播权纠纷案中，一审北京互联网法院认为，"视频的长短与创作性的判定没有必然联系。客观而言，视频时间过短，有可能很难形成独创性表达，但有些视频虽然不长，却能较为完整地表达制作者的思想感情，则具备成为作品的可能性。在此情形下，视频越短，其创作难度越高，具备创作性的可能性越大。""我想对你说"短视频"画面为一个蒙面黑脸帽衫男子站在灾后废墟中以手势舞方式进行祈福，手势舞将近结束时呈现生机勃勃景象，光线从阴沉灰暗变为阳光明媚，地面从沟壑不平到平整，电线杆从倾斜到立起，黑脸帽衫男子的衣袖也变为红色，最后做出比心的手势。该短视频构成了一个有机统一的视听整体，其中包含了制作者多方面的智力劳动，具有创作性"，构成视听作品中的类电作品。❶

（十二）图形作品

是指为施工、生产绘制的工程设计图、产品设计图，以及反映地理现象、说明事物原理或者结构的地图、示意图等作品。这类作品由于必须符合客观事实和科学原理，因此表现个性化的空间受到较大限制，在判断是否侵权时要特别谨慎。如果其表达形式具有唯一性，则属于和思想的合并，不能为其提供著作权保护。即使表达具有个性化空间，在判断是否侵权时，也必须首先排除其指示性作用、处于公有领域中的成分。比如，表示河流的波浪形符号，表示湖泊的蓝色，表示山峰的小黑三角等，都是公有领域中的要素，不能因为这些标记相同就认定构成著作权侵权。

"游戏地图"，并非通常所说的客观反映自然地理现象的地图，包括两个部分。一是"表皮"。表皮绝大部分属于虚拟设计，有构图，有造型，有颜色搭配，有明暗对比，虽有一定实用目的，但并不妨碍其被认定为美术作品。即使有些部分表现为对物理世界地形或者实物的模拟，亦属于通过美术形式的表现，并不妨碍将其认定为美术作品。二是"骨架"。"骨架"即被"游戏地图""表皮"覆盖的图形设计部分，游戏用户表面上无法直接感知。"骨架"是游

---

❶ 北京互联网法院（2018）京0491民初1号民事判决书。

戏开发者根据游戏用户偏好反复设计、测试、修改的结果，其设计虽有更好地满足游戏用户口味、增加游戏用户黏性之目的，但也讲究和谐之美，完全可认定为图形作品。"游戏地图"中的"骨架"，是游戏作品纠纷案件中，常见被侵害的部分。

工程设计图、产品设计图、建筑设计图等图形作品的著作权，不仅可以控制从平面到平面的复制行为，而且可以控制从平面到立体的复制行为。未经工程设计图、产品设计图等图形作品作者许可，擅自按照工程设计图建设出反映了该作品中具有独创性部分的工程，或者生产出了反应该产品设计图中具有独创性部分的产品，则其行为构成侵权。但要注意的是，按照工程设计图、产品设计图、建筑设计图完成的工程、产品或者建筑物中如果没有保留图形作品任何的独创性，无法认定该工程或者产品属于"作品"，则行为人的行为不属于著作权法意义上的复制，而是单纯的施工或者生产产品的行为，不侵害图形作品著作权人的著作权。

比如，在北京金色宝藏文化传播有限公司诉吉祥屋装饰（北京）有限公司侵犯著作权纠纷案中，❶ 原告通过受让获得了用于连锁店店面装修的设计应用部分要素的著作权，包括装饰主题元素、货价装饰、神台装饰、柜台的标准结构、玄关的标准结构、货架的标准结构6部分的设计图和说明文字，且原告依据该设计图已经实现了对其店面的装修。被告未经许可，按照原告的设计对其店面进行了装修，经过对比，发现以下两个方面的要素相同：（1）玄关均呈弧形、黄色灯光照射、分为4层12个方格，其中上面第二层为3尊佛像。(2) 每个货架之间的连接部分均为相同的上圆下长的抽象图形（设计图中"装饰主题元素"的抽象图形），且该连接部分前面均设置一神台（设计图中"神台装饰"部分），上面摆放一个雕塑。由于被告的店面设计中含有与原告店面设计中相同的玄关，货柜连接部分使用了相同的上圆下长的设计图形及相同的神台设计，该相同部分恰恰是原告拥有著作权的设计图独创性之所在，而且对比两店面上述部分的照片，二者难以区分，因此法院认定被告的店面装修设计使用了原告享有著作权的设计图中的独创部分，构成侵权行为。

按照产品设计图、工程设计图生产出的产品、完成的工程如果毫无美感，不构成作品，虽不侵害著作权，但可能构成反不正当竞争法或者民法上侵害一

---

❶ 北京市朝阳区人民法院（2007）朝民初字第19596号民事判决书。

般民事利益的行为。

(十三) 模型作品

是指为展示、试验或者观测等用途,根据物体的形状和结构,按照一定比例制成的立体作品。包括建筑物模型、动植物模型、产品模型、地貌模型,等等。模型作品只保护其中的艺术成分。按照模型作品建造的建筑物、生产出的产品、堆砌的地形,如果无法使人感受模型作品中的美感,则不是著作权法意义上的复制,属于工业领域中的实施行为,不侵害模型作品著作权。

(十四) 计算机软件

按照《计算机软件保护条例》第 2 条的规定,计算机软件包括计算机程序及其有关文档。按照《计算软件保护条例》第 3 条的规定,计算机程序,是指为了得到某种结果而可以由计算机等具有信息处理能力的装置执行的代码化指令序列,或者可以被自动转换成代码化指令序列的符号化指令序列或者符号化语句序列。同一计算机程序的源程序和目标程序为同一作品。文档,是指用来描述程序的内容、组成、设计、功能规格、开发情况、测试结果及使用方法的文字资料和图表等,如程序设计说明书、流程图、用户手册等。文档属于独立的文字作品,完全可以适用文字作品相关规定进行保护,所以计算机软件不应当包括文档,仅指计算机程序。

计算机程序用户界面是否属于作品? 2005 年由上海市高院二审终结的北京友其软件股份有限公司诉上海天臣计算机软件有限公司一案中,❶ 法院倾向于认为,用户界面总体结构和排序都属于设计软件的构思,菜单命令名称、按钮名称则是操作方法的一部分,不属于著作权法的保护范畴;财务报表中的信息栏目名称以及组成用户界面的各个要素都是根据财政部或者上海市国资委的具体要求设计的,并非原告独创;组成图形用户界面的菜单栏目、对话框、窗口、滚动条等要素,是设计者在设计用户界面时都需要使用的要素,因此不应当获得著作权法的保护;原告对按钮功能的文字说明只是对按钮功能的简单解释,其表达方式有限,不具有独创性;组成原告用户界面的各要素在界面上的布局,仅仅是一种简单的排列组合,也不具有独创性。

---

❶ 上海市高级人民法院(2005)沪高民三(知)终字第 38 号民事判决书。

用户界面是实现用户和计算机程序交流的平台，讲求实用性、效率性，与作品追求的个性化之间存在矛盾。相同用途的计算机程序，最适合于用户需求的界面中各要素的表达方式及其排列组合非常有限。因此，通常情况下用户界面不宜认定为作品，受著作权法保护。但如果用户界面中的某些要素确实具有独创性，亦不应排除其著作权保护。比如，利用具有独创性的画面、图像解释按钮功能、菜单栏目等，则这些画面、图像应受到著作权法保护。上海高院的上述判决虽然根据本案案情认定本案中的计算机用户界面要么不属于著作权法保护的表达，要么没有独创性，不受著作权法保护，但并没有因此而绝对否定计算机用户界面的可作品性。因此，计算机用户界面是否构成著作权法意义上的作品，尚需在个案中进行具体分析。

三、区分作品种类的意义

不同类型作品独创性虽然事实上有高低之别，但这并非不同类型作品进入著作权保护的门槛。不同类型作品的区别也不在于独创性的高低，而在于表达形式的不同。区分作品种类在一般情况下并没有实质意义。在著作权侵权案件中，原告的着眼点一般不在于作品的种类，而在于被告是否侵害其权利本身。司法机关一般也很少将案件焦点定位于受侵害的作品种类。但在下面三种情况下，作品种类的区分还是具有重要意义的。

（一）权利内容不同

按照我国2010年《著作权法》第10条第1款第7项的规定，享有出租权的，只限于视听作品和计算机软件。按照我国2010年《著作权法》第10条第1款第8项的规定，享有展览权的，只限于美术作品和摄影作品原件或者复制件。按照我国2010年《著作权法》第10条第1款第10项的规定，享有放映权的，主要只限于美术作品、摄影作品、视听作品。

（二）保护期限不同

按照我国2010年《著作权法》第21条第3款的规定，视听作品、摄影作品的发表权和其他财产权利保护期只有50年，截止于作品首次发表后第50年的12月31日，但作品自创作完成后50年内未发表的，著作权法不再提供保护。

(三) 权利的限制不同

按照我国 2010 年《著作权法》第 22 条第 1 款第 10 项的规定，对设置或者陈列在室外公共场所的艺术作品进行临摹、绘画、摄影、录像的行为属于不侵权抗辩使用行为。而且按照最高人民法院 2002 年《关于审理著作权民事纠纷案件适用法律若干问题的解释》第 18 条第 2 款的规定，对设置或者陈列在室外公共场所的雕塑、绘画、书法等艺术作品进行临摹、绘画、摄影、录像的行为人，可以对其成果以合理的方式和范围再行使用，不构成侵权。其他作品无类似规定。

一种观点认为，立法者区分作品种类，是为了给不同类型作品规定不同独创性标准。作品种类多种多样，不同种类的作品采取不同独创性标准，几乎不具备可操作性，徒增著作权法适用的困境。认为立法者区分不同作品，是为了给不同作品种类创设不同独创性标准的观点，并不可取。

第七节　著作权法不保护的客体

我国 2010 年《著作权法》采取列举方式，规定了不适用著作权法进行保护的一些思想或者情感的表达形式。下面分述之。

一、立法、行政、司法性质的文件

(一) 概况

《伯尔尼公约》第 2 条第 4 款规定，成员国可通过国内法自由决定立法、行政或者司法性质的官方文件以及这些文件的正式译本的保护。我国 2010 年《著作权法》第 5 条第 1 项规定，法律、法规，国家机关的决议、决定、命令和其他具有立法、行政、司法性质的文件，及其官方正式译本，不受本法保护。这些表达形式不管有无独创性，由于属于行为规范，必须尽可能使其不受任何障碍地快速传播，以便社会成员知晓。如这些规范性文件的制定者享有著作权，他人在使用这些文件时尚需征求许可和支付使用费，不但没有可操作性，而且会使社会陷入巨大混乱中。

当然，从世界范围来看，立法、行政、司法性质的文件也有被授予著作权的。比如，英国版权法第163条到第166条就规定了"皇室版权"和"议会版权"。不过这种情况在世界上是绝无仅有的，而且其效力范围只及于英国国内，对其他国家的国民并没有约束力，因此其他国家的国民仍然可以自由使用英国的官方文件。

（二）专利申请文件是否官方文件

专利申请文件是否属于官方文件？实践中存在不同观点。本书认为，专利申请文件由专利申请人撰写，虽不属于官方性质的文件，但因力求客观、准确、简洁描述发明创造的技术特征，不允许表现个性，不属于具有独创性的作品。即使专利申请文件表现出部分独创性，考虑到专利申请文件需由国家知识产权局公开、授予专利已经给予专利申请者足够的激励，同时为了促进专利发明信息的自由利用，从法政策选择而言，亦将其作为官方文件处理为妥。

（三）货币图案是否官方文件

货币图案是否属于官方文件？对此，我国台湾"经济部智慧财产局"认为，如果新台币图案系公务员职务上制作之文书或者处理公务之文书，则属于台湾"著作权法"第9条第1款第1项规定的公文，不受著作权法保护。❶ 但英镑钞票上最下一行，明确有英格兰银行的著作权标志。

本书认为，货币图案并非立法、行政、司法性质的文件。在《刑法》上，第170条至173条规定的伪造货币罪，出售、购买伪造的货币罪，持有、使用伪造的货币罪，变造货币罪，均非第280条规定的伪造、变造、买卖或者盗窃、抢夺、毁灭国家机关的公文、证件、印章罪，已经清楚表明这一点。

作为国家法定货币的货币图案，由各个国家的货币监管机构即中央银行代表国家意志进行设计、印制、发行，且每个国家的货币设计完全不同，体现出了每个国家的风格，显然具有高度的独创性，难谓不是作品。从著作权主体看，因各个国家的中央银行设计货币图案时，完全代表国家意志，故货币图案属于职务作品，其著作权属于国家。从保护方式上看，货币图案著作权的保护

---

❶ 台湾"经济部智慧财产局"1990年3月15日（90）智著字第09000011490号函。

具有特殊性，即基本通过各个国家的中央银行法和刑法保护。

以人民币图案为例，鉴于其特殊地位，因此主要通过行政法和刑法进行特别保护。以《中国人民银行法》为例，第18条规定，人民币由中国人民银行统一印制、发行。中国人民银行发行新版人民币，应当将发行时间、面额、图案、式样、规格予以公告。第19条规定，禁止伪造、变造人民币。禁止出售、购买伪造、变造的人民币。禁止运输、持有、使用伪造、变造的人民币。禁止故意毁损人民币。禁止在宣传品、出版物或者其他商品上非法使用人民币图样。第42条规定，伪造、变造人民币，出售伪造、变造的人民币，或者明知是伪造、变造的人民币而运输，构成犯罪的，依法追究刑事责任；尚不构成犯罪的，由公安机关处十五日以下拘留、一万元以下罚款。第43条规定，购买伪造、变造的人民币或者明知是伪造、变造的人民币而持有、使用，构成犯罪的，依法追究刑事责任；尚不构成犯罪的，由公安机关处十五日以下拘留、一万元以下罚款。第44条规定，在宣传品、出版物或者其他商品上非法使用人民币图样的，中国人民银行应当责令改正，并销毁非法使用的人民币图样，没收违法所得，并处五万元以下罚款。

《刑法》第170至173条，则分别规定了伪造货币罪，出售、购买伪造的货币罪，持有、使用伪造的货币罪，变造货币罪，以保护货币图案。

（四）理解上的注意点

在理解立法、行政、司法性质的文件不受著作权法保护时，要注意以下两点。

1. 立法、行政、司法文件及其官方的正式译本不受著作权法保护，并不说明私人译本不受著作权法保护。不过即使这些文件的私人译本受保护，著作权法保护的也不是官方文件本身，而是其独创性的翻译，因而翻译者不得阻止他人进行同样的翻译。

2. 不得任意进行法律、法规的汇编编辑。按照《法规汇编编辑出版管理规定》第4条的规定，编辑法规汇编，遵守下列分工：法律汇编由全国人民代表大会常务委员会法制工作委员会编辑；行政法规汇编由国务院法制局编辑；军事法规汇编由中央军事委员会法制局编辑；部门规章汇编由国务院各部门依照该部门职责范围编辑；地方性法规和地方政府规章汇编，由具有地方性法规和地方政府规章制定权的地方各级人民代表大会常务委员会和地方各级人民政府指定的机构编辑。全国人民代表大会常务委员会法制工作委员会和国务院法制局可以编辑法律、行政法规、部门规章、地方性法规和地方政府规章的综合性法规汇编；中央军事委员会法制局可以编辑有关军事方面的法律、法规、条令汇编；国务院各部门可以依照本部门职责范围编辑专业性的法律、行政法规和部门规章汇编；具有地方性法规和地方政府规章制定权的地方各级人民代表大会常务委员会和地方各级人民政府可以编辑本地区制定的地方性法规和地方政府规章汇编。第5条进一步规定，根据工作、学习、教学、研究需要，有关机关、团体、企业事业组织可以自行或者委托精通法律的专业人员编印供内部使用的法规汇集；需要正式出版的，应当经出版行政管理部门核准。除前款规定外，个人不得编辑法规汇编。

对于违反上述规定擅自汇编编辑法律法规出版发行的，按照上述规定第13条，可由出版或者工商管理部门追究行政责任。

二、时事新闻

《伯尔尼公约》第2条第8款明确排除日常新闻或者纯属报刊消息性质的社会新闻受著作权保护的可能性。我国2010年《著作权法》第5条2项做出了相同的规定。

按照我国2013年《著作权法实施条例》第5条规定，时事新闻是指通过报纸、期刊、广播电台、电视台等媒体报道的单纯事实消息，包括客观事实发生的时间、地点、原因、过程、结果等客观要素，强调时效性和纪实性。

包含时事新闻的表达，可以分为客观报道、解释性报道、调查性报道、精确新闻报道、特写等。客观报道注重事实，强调以事实为主体，将事实和观点区分开，避免报道者的主观倾向。解释性报道则是对新闻事实进行深入调查研究和细致背景分析，系统阐述新闻事件发生的过程以及解释发生原因。调查性报道则主要用来揭露社会黑暗面等报道。精确新闻报道则是运用精确的数学方法来报道某些新闻，包括确立论题、定量调查、整理分析、写作等过程。特写则不注重面面俱到地交代各个新闻事实，而是侧重于生活中的某个典型的片段报道。客观报道属于忠实记载客观发生的新闻事实，比如"某年某月某日，某某国家领导人和某某国家领导人在某某地方进行了会晤，就什么问题进行了商谈"，没有个性化的空间，没有独创性，因此不适用著作权法进行保护。解释性报道、调查性报道、精确新闻报道、特写等虽然包含了新闻要素，但其表达方式明显包含了报道者大量的独创性劳动，如果不赋予报道者著作权，明显不利于此类形式的作品创作，因而这些表达形式应当属于著作权法所保护的作品范围。这些作品具体表现为新闻采访、报告文学、新闻摄影、新闻电影、新闻电视、新闻图片等形式。在司法实务中，判断新闻采访、报告文学、新闻摄影、新闻电影、新闻电视、新闻图片等是否侵权，可以采取排除法进行判断，即首先排除属于时事新闻的部分，再对比其中个性化的部分是否相同或者相似，如果相同或者相似，又不属于不侵权抗辩使用情形，则属于侵权。

在上海弓禾文化传播有限公司与武汉首映视觉机构著作权纠纷案，即"范冰冰黄少祺婚纱摄影案"中，❶ 被告从某综合性新闻网站上转载了配有文字的 6 幅婚纱摄影图片。2010 年 12 月武汉中院一审认为，范冰冰婚纱摄影图片属于时事新闻，不属于著作权法保护的作品，湖北省高院裁定维持了该判决。

该案中，法院对时事新闻的认定是值得商榷的。时事新闻虽属于单纯的事实消息，但单纯的事实消息可以有多种表达方式。如果这些表达方式具有独创性，仍然应当按照其具体形成的作品种类受到著作权法保护。此种观点得到最高人民法院《关于审理著作权民事纠纷案件适用法律若干问题的解释》（下称《若干解释》）认可。最高人民法院知识产权庭前庭长蒋志培博士就这个解释的理解和适用撰写的专门文章中指出，在《若干解释》第 16 条（"通过大众传播媒介传播的单纯事实消息属于著作权法第五条第（二）项规定时事新闻。传播报道他人采编的时事新闻，应当注明出处。"）送审稿起草过程中，曾有过"通过大众传播媒介传播的单纯事实消息不属于著作权法规定的作品，但新闻照片和其他有创作性独特编写的文字消息，人民法院应当予以保护"的表述。但在最高人民法院审判委员会讨论通过此稿中，认为"涉及新闻的各类作品，依据著作权法的规定就能够得到保护，不必另行解释，因此仅对传播报道他人采编的时事新闻应当注明出处作了规定。不注明出处者，应当承担消除影响、赔礼道歉等民事责任。"❷ 可见，最高人民法院明确认为即使"涉及新闻"，也可以形成"各类作品"，而且这些作品应当"依据著作权法的规定"进行保护。

---

❶ 武汉市中级人民法院（2010）武知初字第 349 号民事判决书。
❷ 孔祥俊. 最高人民法院知识产权司法解释理解与适用［M］. 北京：中国法制出版社，2012：186.

范冰冰与黄少祺为上海某婚纱影楼做代言，属于单纯的事实消息。这则单纯的事实消息可以通过单纯的语言文字表现，也可以通过图片表现，还可以通过图片配上文字一起表现。但不管如何表现，只要这些表现形式具备独创性，就应当作为文字作品或者摄影作品受到著作权法保护。本案中的图片部分具有很高的独创性，显然构成摄影作品。对此，武汉市中级人民法院也在判决书中进行了认定。当然，认定包含时事新闻的图片为摄影作品，并不意味着他人绝对不能引用。基于及时、客观、真实报道时事新闻的需要，我国 2010 年《著作权法》第 22 条第 1 款第 3 项规定，"为了报道时事新闻，在报纸、期刊、广播电台、电视台等媒体中不可避免地再现或者引用已经发表的作品"，属于不侵权抗辩使用行为，报道者可以不经著作权人许可，不向其支付报酬。据此，报纸等媒体和其他大众化媒体要想客观、真实报道和传播范冰冰与黄少祺代言上海某婚纱影楼这则消息，当然可以引用上海弓禾文化传播公司拥有著作权的范冰冰和黄少祺婚纱摄影图片。

然而，即使如此，按照我国 2010 年《著作权法》第 22 条的规定，报纸等媒体和其他大众媒体因为报道时事新闻需要而不得不引用他人已经发表的作品时，也"必须指明作者姓名、作品名称，并且不得侵犯著作权人依照本法享有的其他权利"。本案中，为了达到报道范冰冰和黄少祺代言上海某婚纱影楼的目的，引用原告拍摄的范冰冰和黄少祺一幅婚纱摄影图片就足够了。然而，本案被告引用的数量达到六幅之多，明显超出了著作权法第 22 条第 1 款第 3 项"不可避免地"限度，已经构成侵害原告信息网络传播权等著作权的行为。

现今各大网络服务提供者未经传统新闻媒介许可，擅自大规模复制并在信息网络上传播其新闻作品，包括新闻汇编作品，显然侵害了传统新闻媒介对这些作品享有的信息网络传播权。

三、历法、通用数表、通用表格和公式

这些表达形式属于人们计算时间或者数字、表示规律或者传递信息的工具和方法，本身是对客观事实的描述，缺乏个性化特征，因此不能赋予其著作权。但是，如果这些表达形式中包含了个性化的表现形式，比如在历法中加上插图、生活小百科等，只要插图、生活小百科等本身具备独创性，则这些要素应当受到著作权法保护。在司法实务中，判断是否侵权的方法和判断包含时事新闻的报告文学等的方法相同，应当先排除属于历法、通用数表、通用表格和

公式的部分,然后再考察具备独创性的部分是否相同或者相似。如果相同或者相似,则可能属于侵权。

上述表达形式虽然不适用著作权法保护,但如果汇编、整理者付出了实质性投资,可以作为一般性利益,受到反不正当竞争法或者民法保护。

四、思想、处理过程、数学概念

《计算机软件保护条例》第6条特别规定:对软件著作权的保护不延及开发软件所用的思想、处理过程、操作方法或者数学概念等。这些要么属于思想本身的范畴,要么属于使用工具的范畴,无论哪种情况,都不能给予著作权保护。

第八节 人工智能生成物的作品性及著作权问题

一、人和人工智能的哲学关系

人工智能(Artificial Intelligence),大意是指一套试图使机器能够像人一样从事某些特定活动的计算机和机器系统。《国务院关于印发新一代人工智能发展规划》《"互联网"+人工智能三年行动实施方案》与《智能制造2025》已经将发展人工智能提高到国家战略层面。可以预计,随着人工智能技术的进一步发展和应用,人类社会的生产和生活方式将发生重大变革。

历史证明,每逢科技发生突破,著作权法均会遭遇巨大挑战。诗歌、绘画、新闻稿等人工智能生成物的出现,迫使人们不得不回答以下问题:人工智能生成物构成具有独创性的作品吗?如果构成,其著作权应当归属于人工智能还是人?如果应当归属于人,应当归属于人工智能的设计者、所有者、操作者抑或是别的主体?对这些问题的探讨,已经有了一些研究成果。但这些研究成果均限于从形而下的角度展开研究,欠缺哲学高度,因而对于真正认识并解决上述问题的射程有限。

人工智能生成物的著作权问题,只有在主客体统一认识论和"人是目的"的哲学命题下,才能较好地得到解决。德国古典哲学奠基人康德在1785年出版的《道德形而上学原理》一书中,从人的行动出发提出并系统阐述了"人是目的"的哲学命题。康德认为,在人与物的关系上,物只是手段,人才是目的。在人与人的关系上,人应当把每一个理性的存在者,包括自己或他人,视为目的。康德之后,费希特、黑格尔、马克思等人进一步发扬了"人是目的"的思想。费希特认为,人作为能动的主体,是有目的、有意识的自然存在物。在个人与他人的关系中,不仅个人是目的,他人也是终极目的,而不是手段。黑格尔在《逻辑学》中认为,手段从属于目的,力求使手段体现并实现目的的价值;目的通过手段扬弃客观而达到主观、客观的统一。经典作家马克思更是明确指出,人是目的的实现是一个漫长且曲折的历史进程,"创造这一切、拥有这一切并为这一切而斗争的,不是'历史',而正是人,现实的、活生生的人,但历史并不是把人当作达到自己目的的工具来利用的某种特殊的人格。历史不过是追求着自己目的的人的活动而已。"

"人的主体性"和"人是目的"的哲学命题,提升了人的地位、价值、境界和操守,将人从单纯因果必然性的束缚下解放出来。人正是因为有理性、自由和自我意识而区别于自然存在的物,变得神圣,成为万事万物最后的归宿或者目的,成为自在的道德主体,本身即为目的,具有绝对价值。自然界存在的物,只有对人才有价值,离开了人,所有的东西都无所谓价值。人类社会的一切道德法则不是基于其他任何目的,只是为了人本身,以人为最高的绝对目的。

人和人的创造物的关系,无法也不应当脱离上述哲学命题的限定。脱离了人自身的创造物,不管是物质的还是精神的,虽然获得了一定独立性,但对于人而言,不可能也不应当变成道德主体,变成目的和绝对价值。将人的创造物升格为主体和目的,将人降格为客体和手段,不但创造物毫无疑义,人也将变得毫无意义。以此为出发点处理人和人工智能的关系,可以得出如下结论,即无论人工智能发展到什么阶段,在伦理和法律层面,都只能作为人的客体和工具对待,不应也不能通过拟制赋予其法律主体资格。

二、"人工智能创作工具说"

以上述哲学视点为基点,在探讨人工智能生成物的著作权问题时,应当采取如下立场,即人工智能生成物,不过是人的生成物,人工智能生成物是否构成应受保护的作品,应当按照著作权法关于人的创作物是否属于应受保护的作品标准进行判断。此种视点可以简称为"人工智能创作工具说"。贯彻"人工智能创作工具说"，就不难得出人工智能生成物著作权归属的如下结论：谁利用人工智能创作出了作品（生成物），谁就是该作品的作者，谁就享有该作品的著作权，除非存在《著作权法》第16条、第17条关于职务作品、委托作品著作权归属的特别规定。此即我国著作权法明确规定的"著作权归属创作者说"。由于人工智能生成物的著作权归属完全可以按照个人创作、职务创作或者委托创作解决著作权归属问题，因而也无创设新类型邻接权的必要。

总之，目前那种受制于人工智能技术，认为人工智能拥有独立的自主意识，具备独立的辨认与控制能力，甚至具备完全的行动自由，已对"以人为中心"与"人作为主体"的世界观提出挑战，已对著作权制度造成颠覆性冲击，应当将其拟制为享有权利和承担义务的法律主体的观点，已经脱离了至少在现存宇宙和世界，人才是中心、只有人才应当处于主体地位、只有人才是客观万物及其创造物绝对目的的哲学命题，存在将人降格为人工智能客体并使人丧失主体性和自由、尊严的极度危险。以"人是目的"的哲学命题为前提，无论人工智能发展到什么阶段，为了维护人作为人的自由、尊严和价值，立法者和司法者在进行相关著作权制度设计或者适用时，都只能将人工智能作为人类创作的辅助工具对待，并在此基础上根据现行著作权法对人工智能生成物的作品属性及其著作权归属作出合理安排和解释。

第三章
著作权主体：著作权的归属

第一节 著作权的原始归属——作者

一、自然人作者

我国2010年《著作权法》第11条第1款规定，"著作权属于作者，本法另有规定的除外。"第2款规定，创作作品的公民是作者。据此，只有自然人才能成为作者，除非本法另有规定。由此可见，我国著作权法与德国著作权法不同，并未彻底贯彻创作者原则。

自然人作者的特征是，不管是民法上所说的无民事行为能力人还是限制行为能力人，只要具备事实上的创作能力，就可以成为作者，并享有著作权。

所谓创作，按照我国2013年《著作权法实施条例》第3条规定，是指直接产生文学、艺术和科学作品的智力活动。仅为他人创作进行组织工作，提供咨询意见、物质条件，或者进行其他辅助工作，均不视为创作。不过，在有些情况下，虽然提供物质条件等不视为创作，物质的提供者却可以依法享有著作权。比如，我国2010年《著作权法》第16条第2款规定，主要利用单位的物质技术条件创作，并由单位承担责任的工程设计图、产品设计图、地图、计算机软件等职务作品，作者只享有作者身份权，著作权的其他权利全部由单位享有。再比如，在委托创作的情况下，委托人虽然不参与创作，但也可以根据委托合同的约定享有完整的著作权。可见，著作权的归属和创作活动之间并没有必然的关系。

但在合作作品著作权的归属中，是否参加创作则具有极为重要的意义。我国 2010 年《著作权法》制定颁布实施前的 20 世纪 80 年代末发生在四川省的刘国础诉叶毓山一案中，原告虽然在《群雕》制作过程中提出过一些建议，并且按照被告的创作稿做过一些具体的放大工作，但这些建议尚属于思想范畴，原告并未实际参与创作，至于放大行为，则属于复制行为，因而原告的行为尚不足以认定为创作行为，不能认定为共同创作人。❶

提供咨询意见不属于创作行为的情形，在导师和学生之间最常见。学生撰写毕业论文时，通常会征求导师的意见。导师提供的意见虽然对研究生撰写论文会发挥很大的作用，但意见是否采纳、如何采纳都由学生自己决定，导师提供意见的行为并不属于研究生论文的创作行为本身，一般情况下导师对研究生最终完成的论文不享有著作权，除非导师和学生之间有特别约定。

二、拟制作者

按照只有自然人才可能从事心智创作的创作人原则，❷ 只有自然人才能成为作者，也只有作者才能成为原始著作权人，法人或者其他组织只有按照法律规定的合同或者承继受让获得著作权。

但是自德国学者祁克（Gierke，1841—1921）1881 年出版《德意志团体法论》第三卷正式创立法人有机体说（法人实在说）后，法人也有意思能力和行为能力渐渐受到社会的普遍认同，因此承认法人为作者并不违背创作人原则。此种情况下，法人的职员或者受雇人可视为法人创作之"手足"。此外，《伯尔尼公约》虽然未规定法人可以成为作者，但《伯尔尼公约》规定的著作权保护水准属于对成员国的最低要求，因此即使其成员国国内著作权法规定将法人或者其他组织视为作者，原始享有著作权，并不违背《伯尔尼公约》的

---

❶ 四川省高级人民法院（1990）川法民上字第 7 号民事判决书。该案中的原告系重庆市歌乐山烈士陵园管理处美工，被告系四川美术学院教授。1981 年 10 月，重庆市市委等单位发起修建《歌乐山烈士群雕》（以下简称《群雕》）活动，并聘请被告为创作设计人。1981 年 11 月 25 日，在"歌乐山烈士群雕奠基典礼"仪式上，被告展示了其创作的 30 厘米高的《群雕》初稿，并就创作构思的主题思想、创作过程等进行了说明。1982 年 3 月至 4 月间，被告在初稿的基础上，又制作了一座 48 厘米高的二稿。随后，被告与原告根据初稿、二稿基本形态的要求，指导木工制作了《群雕》放大稿骨架。在《群雕》泥塑放大制作过程中，原告提出了一些建议，被告认为符合自己创作意图和表现手法的，也加以采纳。1986 年 11 月 27 日，《群雕》正式落成。在此之前的 1984 年，重庆市选送了被告创作的《群雕》缩小稿参加了全国首届城市雕塑设计方案大赛，并获得纪念铜牌。于是原告以其与被告共同创作的《群雕》放大稿，被告以个人名义参展，侵害了其著作权为由起诉至重庆市中级人民法院。

❷ 雷炳德. 著作权法 [M]. 张恩民，译. 北京：法律出版社，2005：181.

规定。

目前，规定法人或者其他组织等可以成为作者的国家著作权法有两种具体操作方式。一是美国版权法和我国2010年《著作权法》的做法，即将法人或者其他单位视为作者，且原始享有一切著作权。美国版权法第201条第（b）款规定，作品为雇佣作品的，雇主或者作品为其创作的他人，视为作者，享有版权中一切权利，除非有明确的书面相反约定。我国2010年《著作权法》第11条第3款规定，由法人或者其他组织主持，代表法人或者其他组织意志创作，并由法人或者其他组织承担责任的作品，法人或者其他组织视为作者。

二是日本著作权法和中国台湾"著作权法"的做法，即将法人等直接规定为作者，日本著作权法第15条规定，按照法人或者其他使用者的创意，从事法人等所属业务的人在职务上创作（计算机程序除外）、以该法人等名义发表的作品，只要该作品创作时的合同、工作规章等没有特别约定，则该法人等为该作品的作者。中国台湾"著作权法"第11条规定，受雇人于职务上完成之著作，以该受雇人为著作人。但契约约定以雇用人为著作人者，从其约定。

有学者认为，上述两种规定方式的差别在于，"被视为作者"并不意味着雇主是创作作品的真正作者，而只是法律意义上的拟制作者，也即创作作品的人只能是生物学上的人。❶ 话虽如此，但从著作权的归属、行使和保护角度看，"被视为"的作者和其他作者一样，能够原始取得著作财产权和著作人格权，两者似乎并无实质差别。在单位、雇主被视为作者的情况下，实际从事创作的自然人，可被视为单位、雇主等创作的手足或者工具。

另需指出的是，我国2010年《著作权法》第11条第3款规定的法人或者其他组织视为作者的作品，与我国2010年《著作权法》第16条规定的职务作品不同。一般职务作品中，创作者享有包括作者身份权在内的所有著作权，创作者所在的法人或者其他组织仅享有业务范围内的使用权。特殊职务作品中，创作者则仅享有作者身份权，其他著作权由法人或者其他组织享有。而法人或者其他组织视为作者的作品，法人或者其他组织原始取得著作权，完整地享有著作权。

---

❶ 李明德，许超. 著作权法［M］. 北京：法律出版社，2003：140.

三、作者的推定

《伯尔尼公约》第 15 条规定了作者的推定方式。该条第 1 款规定,只要作品创作者的名字以通常方式出现在作品上,在没有相反证据的情况下,即视为该作品的作者。即使作者采用假名,只要根据作者的假名可以毫无疑问地确定作者的身份,也视为该作品作者。

我国 2010 年《著作权法》第 11 条第 4 款与《伯尔尼公约》的上述规定一致。按照该款规定,如无相反证明,在作品上署名的公民、法人或者其他组织为作者。2002 年最高人民法院《关于审理著作权民事纠纷案件适用法律若干问题的解释》第 7 条第 2 款对此作了进一步的解释。按照该解释,在作品或者制品上署名的自然人、法人或者其他组织视为著作权、与著作权有关权益的权利人,但有相反证明的除外。所谓相反的证明,是指足以推翻在作品上署名的人作者身份的证明。按照 2002 年最高人民法院《关于审理著作权民事纠纷案件适用法律若干问题的解释》第 7 条第 1 款的规定,可以作为证明使用的,包括当事人提供的涉及著作权的底稿、原件、合法出版物、著作权登记证书、认证机构出具的证明、取得权利的合同等。署名的方式多种多样,包括署真名、笔名,或者是不署名。在署笔名、特别是不署名的情况下,作者身份的推定存在一定困难,在此情况下,当事人提供的上述证据就会发挥决定性作用。

在自由人自由联合的互联网世界,许多作者发表作品往往不署名或者署笔名,一旦发生纠纷,案件的审判将会遇到一定的困难。此时,原告是否能够提供作品底稿,是否拥有能够进入以及修改发表文章网站(比如天涯虚拟社区)的账号和密码,是否能够提供网站中某个具体的板块(比如"舞文弄墨""天下散文"),是否能够在板块中的具体位置发表、修改、删除文章等方面的证据,非常关键。如果原告能够做到这些行为,则在没有相反证据的情况下,法院应当推定其作者身份。

在王方琪诉电脑资讯报社一案中,❶ 原告以笔名"天涯"撰写了《戏噱"粉丝"》一文并上载到其个人主页"春光灿烂"上,并注明"版权所有,请勿转载",被告将该文刊载于《电脑资讯报》第 97 期家庭版上,原告是否是该文的作者成为诉讼中的焦点。由于原告可修改个人主页"春光灿烂"的密

---

❶ 黄松有. 知识产权司法解释实例释解 [M]. 北京:人民法院出版社,2006:366-369.

码，并可上载文件、删除文件，《戏噱"粉丝"》一文可被固定在计算机硬盘上并可通过 www 服务器上载到"天涯"的个人主页上，在此文的页面上标有"版权所有，请勿转载"字样，据此法院认为，虽然当前个人主页的设立与使用并无明确的法律规定，但正常情况下个人主页密码的修改、内容的增删只能由个人主页的注册人完成。原告作为专业人员，能够修改个人主页密码、上载文件、删改文件，并且被告认可原告即为"天涯"，也没有提出相反的证据证明特殊情况存在，因此认定原告就是"天涯"，并且是《戏噱"粉丝"》一文作者。

通过署名虽然可以推定作者身份，但并非任何在作品上署名的人都可推定为作者，能够产生推定效力的署名，应当是公认的能够表明作者身份的署名，这种署名一般表现为封面上或者版权页上的署名。在作者较多的情况下，版权页或者封面通常只署主编或者第一作者或者一两个主要作者的姓名，其他作者的名字则在序言或者后记中进行说明，如果说明表明了其作者身份，比如，"张某，撰写第一章"，则这种署名方式也应当被认定为能够表明作者身份的署名。除此之外，"丛书顾问""策划者""主审人""责任编辑""校对者""资助者"等署名都不是能够表明作者身份的署名，因此不能当然产生推定为作者的法律效力，除非有其他证据能够证明其作者身份。

数字水印是嵌入多媒体、文档、软件等数字载体中的标识信息，是保护信息安全、实现防伪溯源、版权保护的有效办法。数字水印一般为权利管理电子信息，并非作者署名，因此不能根据 2010 年《著作权法》第 11 条规定，将数字水印推定为作者署名，并进而根据数字水印推定相关作品的著作权归属。在哈尔滨正林软件开发有限责任公司与华盖创意（北京）图像技术有限公司其他著作权权属侵权纠纷再审案中，最高人民法院认为，"网站上的'署名'，包括本案中的权利声明和水印"，并在此基础上认为本案中的权利声明和水印，"构成证明著作权权属的初步证据，在没有相反证据的情况下，可以作为享有著作权的证明"，似有商榷余地。❶

---

❶ 最高人民法院（2014）民提字第 57 号民事判决书。

第二节 著作权的继受归属——继受主体

虽然不是作品的创作者,但可以通过下面三种方式继受而成为著作权主体:

一、继承、遗赠、遗赠抚养协议

按照我国2010年《著作权法》第19条规定,著作权属于公民的,公民死亡后,著作权法第10条第1款第5项至第17项规定的权利在本法规定的保护期内,依照继承法的规定转移。著作权属于法人或者其他组织的,法人或者其他组织变更、终止后,其著作权法第10条第1款第5项至第17项规定的权利在本法规定的保护期内,由承受其权利义务的法人或者其他组织享有;没有承受其权利义务的法人或者其他组织的,由国家享有。

按照我国《继承法》第3条第6项的规定,公民享有的著作财产权可作为遗产,在公民死亡后由其继承人继承。公民死亡后没有继承人又没有受遗赠人的,按照《继承法》第32条的规定,归国家所有。死者生前是集体所有制组织成员的,归所在集体所有制组织所有。但是合作作品除外。按照我国2013年《著作权法实施条例》第14条的规定,合作作者之一死亡后,其享有的著作财产权无人继承又无人受遗赠的,由其他合作作者享有。

在按照继承法著作财产权归国家的情况下,日本著作权法第62条第1款、中国台湾"著作权法"第42条的规定,著作权消灭,任何人都可以自由利用。我国事实上虽然也是如此操作,但著作权法上缺少明确依据,这有赖于著作权法修改予以补正。

关于可以继承的著作权范围,主要限于著作财产权。著作人格权不得继承。按照我国2013年《著作权法实施条例》第15条规定,著作权中的作者身份权、修改权和保护作品完整权不能继承,但继承人应当履行保护义务。著作财产权无人继承又无人受遗赠的,则其作者身份权、修改权和保护作品完整权由著作权行政部门保护。

但著作人格权中的发表权可以有条件地继承。按照我国2013年《著作权法实施条例》第17条的规定,作者生前未发表的作品,如果作者未明确表示不发表，作者死亡后 50 年内，其发表权可由继承人或者受遗赠人行使；没有继承人又无人受遗赠的，由作品原件的所有人行使。

作者生前明确表示不发表的作品，在作者死亡 50 年后，继承人或者受遗赠人能否以发表权过了保护期（公民个人作品发表权的保护期限为作者有生之年加死后 50 年）为由，发表其作品？一种观点认为，作者之所以生前明确表示不发表其作品，主要是因为其作品中包含作者个人或者他人隐私，其作品一旦被公开，作者个人或者他人隐私将受到侵害。话虽如此，如作品中含有的是作者个人隐私，在作者死亡后对其隐私的保护，实质上是对其继承人或者受遗赠人精神利益的保护，在作者继承人或者受遗赠人自己愿意发表的情况下，说明该作品的发表不会再伤害到继承人或者受遗赠人的精神利益，因此应当认为继承人或者受遗赠人可以发表该作品。但如作品包含的是他人隐私，则不管该他人是否在世，作品的继承人或者受遗赠人都不得发表该作品，以保护该他人或者该他人继承人或者受遗赠人的精神利益，除了继承外，通过遗赠、遗赠抚养协议方式也会发生著作财产权主体的变更。

二、合同

通过著作权的转让或者使用许可，作者以外的人也会成为著作权的继受主体。

要注意的是，存在多重著作权关系时（委托创作、合作创作、转让、许可等）著作权人的判断。在钱宏达诉北京中世科文图书有限公司稿酬纠纷案中，[1] 原告与被告于 2004 年 10 月 23 日签订稿件编纂合作协议，被告委托原告组编《高考专题大突破》语文、生物、物理、英语 4 种科目书稿，出版《高考 E＋E 丛书》大突破系列中的 4 种。后双方又口头约定增加编纂《高考总复习》语文、物理、生物、英语、地理 5 种科目稿件，也作为《高考 E＋E 丛书》的组成部分。原告如约组稿履行了合同，被告共计应支付稿酬和约稿费 196064.5 元。被告已支付 2.5 万元，尚欠 171064.5 元未付。经催要，被告于 2005 年 6 月 24 日承诺于同年 12 月底前结清全部欠款，但到期时并未给付，原告认为被告构成违约，遂诉至法院。被告则辩称，合同的落款和抬头注明合同主体是"启东中学钱宏达"，从原告诉状中所写的另行支付约稿费的情况来

---

[1] 北京市海淀区人民法院（2007）海民初字第 20394 号民事判决书。

看，原告应当是组稿人而不是作者，涉案图书由原告和其他老师共同完成，属职务行为，原告是启东中学的负责人，故合同的主体是启东中学，原告不是适格主体，无权主张权利。

然而，本案证据显示，合同以及还款计划书中一直以"钱宏达"为主体，无论是职务还是所在学校都只是附加在该姓名之上的说明性文字，不能认定学校是权利人。原告作为组稿人，与被告签订合同直接约定交付稿件和稿酬支付的问题，并未以实际撰稿人为稿酬支付的对象，被告出具还款计划书时亦直接针对原告，未提及任何撰稿人，因而原告是涉案合同的主体，也是本案的适格主体，其与撰稿人之间的法律关系依其双方约定，与被告无直接关联，因此本案中的原告是涉案作品的著作权人。

显然，本案存在双重著作权关系，即原告与涉案图书的直接作者之间的著作权关系以及原告与被告之间的著作权关系。因原告一直以涉案作品著作权主体的资格与被告签订委托作品创作合同，不管原告与涉案图书各个实际作者之间属于著作权转让或者是使用许可或者是委托代理关系，都不影响其与被告法律关系中的著作权主体资格。

三、法律直接规定

国家除了可以通过购买、接受赠与等方式成为著作权的主体之外，还可以通过法律的直接规定成为著作权的主体。比如，按照我国 2010 年《著作权法》第 19 条的规定，公民死亡后无人继承又无人受遗赠的，法人或者其他组织变更后，没有承受其权利义务的法人或者其他组织的，只要著作权还在保护期限内，就归国家所有。当然，如上所述，著作权归国家所有的情况下，著作权应当消灭，人人可以自由利用，以促进文化知识的利用和普及。

第三节　特殊作品著作权的归属

一、演绎作品著作权的归属

（一）何谓演绎作品：独创性表达说和特征直接感知说

1. 演绎作品的概念。按照我国 2010 年《著作权法》第 12 条的规定，改编、翻译、注释、整理已有作品而产生的作品，为演绎作品。亦即在现有作品上创作出的新作品。译文、编曲、改编的戏剧、改编的小说、改编的电影、文章摘要、文章的缩写本，都是典型的演绎作品。

改编，亦称改作，是指在不根本改变原作品独创性表达的前提下，将作品由一种表达形式改变为另一种表达形式。比如将陈忠实的小说《白鹿原》改编成剧本，将鲁迅的《狂人日记》改成漫画。

翻译，是指将原作品使用的文字、语言、符号改变为另一种文字、语言或者符号进行表现。比如将世界名著 Gone with the wind 翻译成中文《飘》或者《乱世佳人》。

注释，是指通过解释的方式，阐明原作品表达的意思。比如，现代文学出版社出版的注释本《红楼梦》。

整理，是指对手稿、笔记等原作品进行增删、梳理，使其具备可读性。

相比《伯尔尼公约》第 2 条第 3 款规定，我国 2010 年《著作权法》第 12 条的规定与其稍有出入。

首先，《伯尔尼公约》1971 年巴黎文本第 2 条第 3 项规定的演绎方式包括"翻译、改编、乐曲改编以及对文学或者艺术作品的其他变动"（Translations, adaptations, arrangements of music and other alterations of a literary or artistic work），没有"注释"的规定。那么，"注释"是否属于《伯尔尼公约》规定的"其他改变作品行为"呢？

"注释"包括"注""释""注和释"三种不同方式。"注"包括脚注、尾注和文中注，主要表明思想和观点的来源，有时候还附加有原文引文。"注"有一定规范，通常按照作者姓名、译者姓名、书刊名、出版地、出版者、出版年代及引用资料所在页码的顺序进行。这一点决定单纯的"注"不存在个性化空间，难以表现出独创性，因此不能认定为作品。至于"注"中的原文引文，由于非注者创作，即使存在独创性，其著作权也不归属于注者。

"释"则不同。"释"是对文章中的词汇、内容、背景、引文等进行的解释、说明、评议，存在个性化空间，可以构成作品，受著作权法保护。至于对整部作品的解释、说明，独创性空间则更不在话下。

"注和释"则是同时存在"注"和"释"的情况。由于"注"不具备独创性，因此"注和释"是否构成具有独创性的作品，关键是看"释"，具体判断方法和"释"相同。

由上可见，单纯的"注"并未对原作品做任何形式的改变，其规范性和短小性决定其不存在独创性，因此不属于演绎作品的行为。"注释"只有从"释"的角度理解才存在著作权法上的意义。"释"，属于演绎作品行为还是构成新的独立创作，关键是看释后的结果是否保留了原作品的独创性表现。比如，仅仅对海子的诗歌《春暖花开》进行解释，不附加任何评论，以让人理解该诗歌表达的意思，则属于演绎作品行为。如果解释者进行解释的同时，还进行了大量评论，则构成新的独立创作，海子诗作《春暖花开》只是被评论的对象和素材，评论者对其评论享有完整、独立的著作权。

其次，《伯尔尼公约》规定的"整理"专指"乐曲改编"，即音乐界通常所说的"编曲"。所谓编曲，是指利用与原作不同的手法或表演手段，将一首乐曲作品，或乐曲作品的一部分加以改写的创作。❶

编曲属于在原乐曲作品基础上的再度创作，没有争议。有争议的是，对古籍的点校、整理是否属于"创作"。在中华书局诉北京国学时代文化传播股份有限公司侵害点校本《二十四史》及《清史稿》著作权侵权案件中，北京市第一中级人民法院终审认为，古籍点校工作专业性极强，要求点校者具有渊博的历史、文化知识和深厚的国学功底，并非普通人可以轻易胜任，点校行为最终产生了与古籍有差异的、新的作品形式。❷ 对此，本书作者难以同意。古籍点校也就是对古籍进行断句、校正，目的在于恢复古籍的本来面貌，追求"客观真实"而不是个性，因此越准确，越没有独创性。确实，古籍点校需要深厚的国学功底，非普通人可以胜任，鲁迅在《花边文学·点句的难》一文中也曾说过："标点古文真是一种试金石，只消几圈几点，就把真颜色显出来了。"然而，艰辛的劳动并不是产生作品的必然条件，关键是看思想或者感情的表达形式是否具备独创性。点校虽然需要深厚国学功底，而且过程艰辛，但不存在独创性的空间。如果点校真产生了与古籍有差异的、新的作品形式，那就是瞎点、误点。现实中存在不同的古籍点校版本，无论哪种版本，都是唯一的版本，都不过是恢复了古籍的"真实面目"，都不存在独创性空间。

古籍点校虽不是演绎作品行为，不受著作权法保护，但正如鲁迅所说的那样，古籍点校费时费力，如果任由他人使用，将极大减杀点校者的积极性，因

---

❶ 巴里·科恩费尔德. 新格罗夫爵士乐词典 [M]. 任达敏, 译. 广州：花城出版社, 2009.
❷ 北京市第一中级人民法院（2012）一中民终字第 14252 号民事判决书。

而需要为点校者提供适当的激励。本书作者认为，根据反不正当竞争法或者侵权责任法、民法总则赋予点校者一个金钱请求权即可。

2. 演绎作品的判断标准。如何判断后续作品是现有作品的演绎作品？日本存在独创性表达说和特征直接感知说。独创性表达说认为，只有当演绎者依据原作品的创作性表现做成类似作品，原作品创作性表现在演绎者作品中得以再现时，才属于对原作品的演绎。❶ 特征直接感知说认为，除了被告作品必须利用原告作品中具备独创性的表达之外，还应当使接触被告作品的人从中直接感知原作品在表达上所具备的本质性特征。❷

尽管部分学者强调上述两种学说之间存在如下主要差异，即如被告作品虽利用了原告作品中具有创作性的部分，但原被告作品具体表达上存在差异，已经使接触被告作品者难以再从中直接感知原作品表达上所具备的本质特征时，按照创作性表达相同说，仍属于演绎权范围，而按照本质特征直接感知说，则不成立演绎权侵害。❸ 然而，这两种学说实质上并没有什么差别，都强调演绎作品应当是表达上再现了原作品独创性表达、原作品和演绎作品在创作性表达上应当相同类似。换句话说，就是无论经过几次演绎，演绎作品中都必须或多或少再现原作品中的独创性表达。演绎作品中虽利用了原作品中具备独创性的表达，如原作品和后续作品整体表达不同，致使接触后续作品的人无法从中直接感知原作品的独创性表达，后续作品的表达已经和原作品没有联系，属于独立的新创作。

强调两种学说存在差别的本质特征直接感知说，不但误解了创作性表达说的观点，而且使用"原作品在表达上具备的本质性特征"这一模糊的用语，并不可取。

据此，演绎作品应当具备如下三个要件。一是依据现有作品的独创性表达进行演绎。二是演绎作品再现了原作品的独创性表达，二者具有类似性。三是对原作品的独创性表达进行修改、增删、变更等，赋予思想或者情感一定程度

---

❶ 田村善之. 著作権法概説（第2版）[M]. 东京：有斐阁，2001：61-63，111-115.
❷❸ 高部真规子. 判例から見た翻案の判断手法 [J]. 著作権研究，2008（34）：17-18.

上的新的独创性表达。❶

（二）演绎作品著作权的享有是否以合法演绎为前提

存在肯定说和否定说。肯定说认为，演绎作品著作权的享有以合法演绎他人作品为前提，第三人欲利用演绎作品，仅须经过原作品著作权人授权即可，无须取得演绎作品著作权人授权。否定说所持观点正好相反，认为演绎作品著作权的享有不以合法演绎他人作品为前提，第三人欲利用演绎作品，应经过原作品著作权人和演绎作品著作权人的双重授权。

《伯尔尼公约》1971 年巴黎文本第 2 条第 3 项仅规定"翻译、改作、编曲及文学作品或者艺术作品的其他改变，与原作品享有相同的保护，但不得对原作品的著作权产生影响"（Translations, adaptations, arrangements of music and other alterations of a literary or artistic work shall be protected as original works without prejudice to the copyright in the original work），对于未经原作品著作权人同意完成的演绎作品，是否享有著作权，并未明确规定，在伯尔尼公约指南中，也未明确说明。有学者认为，"without prejudice"的意思是，不管演绎作品的独创性如何，除非该演绎作品经认定属于合理使用情形，否则就应当推定为未经原作品著作权人授权的演绎作品，演绎者不得享有著作权。❷

然而，世界知识产权组织主管著作权事务的参事 Mr. Hannu Wager 曾经在答复中国台湾"经济部国际贸易局"向世界知识产权组织就该问题的咨询时表示："伯尔尼公约第 2 条第 3 项及第 5 项规定，未经原著作权人授权而完成的演绎作品及编辑作品，虽然创作过程侵害他人著作权，但只要其具有独创

---

❶ 最一小判平成 13 年 6 月 28 日民集 55 卷 4 号 837 页（平 11（受）922 号）【江差追分事件】。该案中，权利人主张著作权的作品序言与侵权行为人制作的电视节目的旁白之间，有以下共同之处：江差町过去因为鲱鱼渔业而繁盛，其繁荣程度被形容为"连江户也望其项背"的丰饶之地，但近来则因鲱鱼消失而不复当年之况；江差町于每年九月举办的江差追分（日本北海道地区的一种民谣）全国歌唱大会，足以回复往日的热闹气氛，一口气为江差町注入活力。权利人认为行为人电视节目中的旁白系其作品序言的演绎，东京地方裁判所和东京高等裁判所都支持了权利人的主张。但日本最高裁判所认为，上述相同部分系江差町的介绍，属于一般的普遍认知和平凡无奇的事实，相同之处仅限于非表达的部分，而且从行为人的具体表达中难以直接感知原告作品序言在表达上所具备的本质性特征，因此行为人电视节目的旁白不属于对其序言的演绎。

❷ RICKETSON S, GINSBURG J C. International copyright and neighbouring rights [J]. The Berne Convention ans Beyond, 2006（1）: 483 – 484.

性，其独创性部分即受著作权保护。"❶

美国版权法第 103 条第（a）款规定："第 102 条所称著作权客体，包括编辑作品和演绎作品，但对使用享有著作权的已有资料而创作的作品的保护，不得延及该作品中非法使用此类资料的任何部分。"（the subject matter of copyright as specified by section 102 includes complications and derivative works, but protection for a work employing preexisting material in which copyright subsists does not extend to any part of the work in which such material has been used unlawfully）版权法专家 Nimmer 教授据此认为，美国著作权法拒绝给予侵害他人著作权而完成部分的著作权保护利益，仅给予演绎作品中非来自已有作品的部分著作权保护。对于未经授权翻译他人小说，除非该小说已经进入公有领域，否则小说的翻译本，全部不受保护。❷

日本现行著作权法第 2 条第 1 款第 11 项规定，"二次作品，即翻译、编曲、变形、戏剧化、电影化或者经由其他改编创作的作品。"第 11 条规定，"本法对二次作品的保护，不影响原作品著作权人的权利。"第 28 条规定，"二次作品的原作品著作权人，关于该二次作品的利用，享有和二次作品著作权人本款规定权利相同的专属权利。"据此，日本学说上的通说认为，演绎作品著作权的享有不以合法演绎他人作品为要件，即采否定说。此种理解与日本 1965 年 5 月文部省所组成的著作权制度审议会第一小委员会的如下建议相同：不以合法演绎作为演绎作品享有著作权保护的前提要件。❸

德国基本和日本一样，采取否定说。德国现行著作权法第 3 条规定，"作为演绎者个人智力创作的对作品的翻译及其他演绎，不管被演绎作品的著作权而如同独立的作品受到保护。对不受保护的音乐作品的仅非显著的演绎，不作为独立的作品保护。"第 23 条规定，"对作品的演绎或者其他改变，仅在经被演绎或者被改变作品的作者允许的情况下，才可以予以发表或者利用。涉及将作品改拍成电影，美术作品的平面图与草图的实施，建筑艺术作品的仿造，或者数据库作品的演绎或者改变，演绎或者改变的制作就需经作者的允许。"❹

---

❶ 转引自罗明通. 著作权法论第 7 版（Ⅰ）[M]. 台北：台英国际商务法律事务所，2009：242-243.

❷ 1976 Act House Reporter, Sec. 103；NIMMER M B, NIMMER D. Nimmer on copyright [M]. New York：Matthew Bender Elits Products, 2005.

❸ 转引自半田正夫. 著作物の利用形態と権利保護 [M]. 名古屋：一粒社，1989：134-135.

❹ 德国著作权法 [M]. 范长军，译. 北京：知识产权出版社，2013：4-5，29.

由此可见,在德国,除了将作品改拍成电影、实施美术作品平面图和草图、仿造建筑艺术作品、演绎或者改变数据库作品,需要事先经过作许可,未事先经过许可演绎或者改变者不得享有演绎作品的著作权之外,对于其他作品的演绎,无须事先经过被演绎作品作者许可,演绎者对演绎作品享有著作权,只是根据德国著作权法第23条,对此类演绎作品的发表或者利用,需要经过被演绎的原作品作者同意。

中国台湾实务上,"内政部"在84年1月27日台(84)内著会发字第8401635号函、"经济部智慧财产局"在93年9月21日智著字第0930007542-0号函、"高等法院"88年度上诉字第4362号刑事判决持上述否定说,而台北地方法院检察署在84年度侦字第2557号不起诉处分书、"高等法院"在83年都上诉字第5996号刑事判决书、"最高法院"在85年台上字第2762号刑事判决书、"最高"法院在87年台上字第1413号民事判决书中持上述肯定说。学者方面,萧雄淋明确持上述否定说。其提出的主要理由有二。一是著作权自完成时产生,翻译作品自翻译完成时即发生。如采上述肯定说,翻译作品未经授权而发表时,即为无著作权,该著作权消灭的理论基础是什么?二是依照中国台湾"著作权法"第106条之3规定,未经原作品著作权人授权的演绎作品,原著作权享有报酬请求权,而无禁止请求权,该演绎作品是否仍应当享有著作权,颇费斟酌。由此可见,采取上述肯定说,在实际运作中,将产生诸多问题。❶

我国《著作权法》第12条虽规定"改编、翻译、注释、整理已有作品而产生的作品,其著作权由改编、翻译、注释、整理人享有,但行使著作权时,不得侵犯原作品的著作权",但亦未明确演绎作品著作权的享有,是否应当以合法演绎他人作品为前提条件。本书持上述否定说,即认为演绎作品著作权的享有,无须以合法演绎为前提要件。主要理由如下。

一是结合2013年《著作权法实施条例》第3条"著作权法所称创作,是指直接产生文学、艺术和科学作品的智力活动"和第六条"著作权自作品创作完成之日起产生。"规定知,作品的创作是事实行为,该事实一产生,著作权即随之产生,创作者即享有著作权,非因著作权法特别规定,不得剥夺或者限制。未经原作品著作权人许可演绎其作品,创作行为虽侵害原作品著作权人

---

❶ 萧雄淋. 著作权法实务问题研析 [M]. 台北:五南图书出版公司,2013:28-33.

著作权，但只要演绎作品具备创作性，演绎者对该具备创作性的部分亦得享有著作权。

二是如不承认未经原作品著作权人授权的演绎作品享有著作权，在第三人利用该演绎作品时，将造成原作品著作权人和第三人因演绎作品中演绎者付出独创性贡献的部分被利用而获得不当得利的结果。

三是完全按照财产添附规则处理侵权演绎作品中的权利义务关系，可能违背善良风俗，且已经不符合我国现有司法实践。最高人民法院《关于贯彻执行〈中华人民共和国民法通则〉若干问题的意见》第86条规定："非产权人在使用他人的财产上增添附属物，财产所有人同意增添，并就财产返还时附属物如何处理有约定的，按约定办理；没有约定又协商不成，能够拆除的，可以责令拆除；不能拆除的，也可以折价归财产所有人；造成财产所有人损失的，应当负赔偿责任。"按照该添附规则，如演绎者事先经过原作品著作权人同意演绎其作品并就演绎作品的著作权归属达成协议，或者达成事后追认协议，固然是一种节省纠纷解决成本的事先或者事后产权安排机制，但现实生活中能够事先或者事后达成协议者甚少，且演绎作品和原作品往往你中有我，我中有你，难以截然分开，即使可以分开，也会实质上损害原作品或者演绎作品的价值。在难以对演绎作品和原作品进行截然分割的情况下，按照上述规则，将演绎作品著作权"折价"归原作品著作权人，如演绎作品作者仍然享有作者身份权、保护作品完整权等著作权人格权，原作品作者行使著作权时，极有可能遇到瓶颈，难以顺利进行。如果演绎作品作者不再享有作者身份权等著作人格权，作者身份权等著作人格权归原作品作者享有，则构成对公众的欺骗，违背社会的善良风俗，显然不妥。

事实上，我国司法实践已经在一些有关翻译作品的判决中认定，翻译者虽未经原作品著作权人许可，但对其翻译作品仍单独享有完整著作权，得排除第三人对其翻译作品的侵权行为。至于翻译者的翻译行为是否侵害原作品的翻译权，则与本案要解决的法律关系无关。❶

（三）演绎作品著作权归属及其限制

按照我国2010年《著作权法》第12条的规定，演绎作品由演绎者享有著

---

❶ 北京市海淀区人民法院（2007）海民初字第22050号民事判决书。

作权，但行使著作权时不得侵犯原作品的著作权。所谓行使著作权时不得侵犯原作品的著作权，并不是指演绎者在演绎他人尚在著作权保护期限内的作品时，必须事先征得原作品著作权人的同意，而仅仅指在行使演绎作品著作权时，不得侵犯原作品的著作权。也就是说，即使演绎者在演绎他人作品时，没有事先征得原著作权人同意，演绎者对其演绎作品仍然享有著作权，产生的法律后果只是不能积极地行使其著作权。理由是，一旦演绎者行使其著作权（比如发表），就会侵害原作品的著作权。

演绎作品在著作权法上的真正意义在于：利用演绎作品时，必须同时征得原作品著作权人和演绎作品著作权人的双重甚至是多重同意，并且分别支付报酬。我国 2010 年《著作权法》第 34 条规定，出版改编、翻译、注释、整理、汇编已有作品而产生的作品，应当取得改编、翻译、注释、整理、汇编作品的著作权人和原作品的著作权人许可，并支付报酬。

以上讲的是演绎他人尚在保护期限内的作品的情形。如果演绎的是他人著作财产权已过保护期限的作品，虽不必要再经过著作权人的许可，但在进行演绎时，可以确定的一点是，演绎者不得侵害原作品作者的作者身份权、保护作品完整权。

一个极为重要的问题是，如何处理演绎作品和原作品著作权人修改权、保护作品完整权之间的关系？在对原作品进行某些演绎的时候，比如改编、翻译、整理时，不可避免地会对原作品进行改动，有时甚至是大规模的改动，比如将小说改编成脚本、整理手稿就是如此。在这种情况下，演绎者是否侵害原作品著作权人的修改权和保护作品完整权？鉴于演绎客观上不得不对原作品进行很大程度上的改动，因此比较稳妥的处理方式是，在原作品著作权人授权演绎者进行演绎的情况下，应当视为默示同意演绎者对其作品进行必要的变动。但这种必要的变动应当坚持两个底线：一是应当保留原作品独创性和个性化的表现部分；二是不得歪曲、篡改原作品，即不得篡改原作品所要表达的思想或者感情，损害作品声誉和作者声誉。我国 2013 年《著作权法实施条例》第 10 条规定，著作权人许可他人将其作品摄制成电影作品和以类似摄制电影的方法创作的作品，视为已同意对其作品进行必要的改动，但是这种改动不得歪曲、篡改原作品。这种规定虽然只是针对视听作品的演绎，但本书作者认为，对其他类型作品的演绎同样应当适用。

二、合作作品著作权的归属

（一）合作作品的含义和构成要件

按照我国 2010 年《著作权法》第 13 条的规定，合作作品是两人以上合作创作的作品。构成合作作品必须具备两个基本要素，即客观上存在合作创作的行为，主观上存在合作创作的意思表示。但是主观上是否存在合作创作的意思表示，应当通过客观上是否存在合作创作的行为进行判断。据此，在合作创作之前存在合作创作的意思表示当然满足主观要件，但即使开始合作创作之前不存在合作创作的意思表示，而是在创作活动开始后形成的事后合意也满足主观要件。事后的合意甚至可以通过明示的追认而形成。比如，未经同意，在他人歌词上谱曲或者在他人曲谱上填写歌词，只要词作者或者曲作者事后通过言语或者行为明确表示追认，该歌曲仍然构成合作作品。值得研究的问题是，默认是否能够形成创作的合意？著作权属于排他权，除非著作权法有明确规定，未经著作权人同意利用其作品的行为就构成著作权侵害，因此在没有明确的言语或者行为表示追认的情况下，难以判断著作权人的主观心理状态，因此也难以承认事后的默认能够形成创作作品的合意。

至于创作，已经如前所述，是直接产生文学、艺术和科学作品的智力活动，仅仅提供咨询意见、物质条件等没有实际参加创作的人，不能成为合作作者。话虽如此，在有些情况下，合作作品的认定却存在一定困难。比如，访谈录是否是合作作品就应当具体分析。如果访谈者拟订了访谈的问题和提纲，被访谈的对象只是按照拟订的问题和提纲进行回答，则不存在合作创作的合意，形成的访谈录应该作为访谈者个人的作品处理，被访谈者的谈话内容则可以看作是访谈者创作用的素材。如果访谈者没有拟订访谈的问题和提纲，而从头到尾由被访谈的对象自由发挥，访谈者只是发挥记录和整理作用，也不存在合作创作的合意，形成的访谈录则应当作为被访谈者个人的作品处理为宜。如果访谈者没有事先拟订访谈的问题和提纲，在访谈过程中完全采取自由对话的形式，则形成的访谈录应当作为合作作品处理为宜。这种情况下，虽然访谈者和被访谈者事先没有形成创作的合意，也没有证据表明事后存在合意，但可以认为在对话的过程中访谈者和被访谈者之间形成了创作的合意。

合作作品是否需要以各个合作作者创作的部分构成一个不可分割使用的整

体为要件？不同国家对此做法不一。日本著作权法第2条第1款第12项规定，合作作品必须是两人以上合作创作，并且每个人创作的部分无法分开单独使用的作品。中国台湾"著作权法"第8条规定，二人以上共同完成之著作，其各人之创作，不能分离利用者，为共同著作。德国著作权法第8条第1款规定，多人共同创作作品且个人的份额不能分开利用的，该多人为作品的共同作者。由此可见，在日本、德国和中国台湾，合作作品必须以各个合作作者创作部分形成一个完整不可分割使用的整体为要件。但美国版权法第101条给合作作品的定义是："由两个或者更多作者创作，目的在于使各自创作部分形成一个统一整体中不可分割或者相互依存的作品。"可见，美国版权法并不要求合作作品以各个合作作者创作的部分形成一个不可分割使用的整体为要件，各个合作作者创作的部分具有相互依赖关系亦可形成合作作品。从我国2010年《著作权法》第13条第2款规定看，采取的是美国版权法的做法。

以各个合作作者创作部分形成不可分割整体为合作作品要件的国家，存在结合作品或者合成作品的规定。比如，德国著作权法第9条规定，数名著作人为共同使用其著作而互相联合的，其中任何一名著作人均可要求其他著作权人根据诚实信用原则许可其发表、使用和改动该合成著作。结合作品或者合成作品实质上相当于我国2010年《著作权法》第13条第2款规定的各个合作作者创作部分可以分割使用的合作作品，比如，词和曲结合而成的作品，一人撰写总论、一人撰写专利法、一人撰写商标法、一人撰写著作权法、一人撰写反不正当竞争法结合而成的知识产权法，即是典型的结合作品或者合成作品。

结合作品或者合成作品中，由于各个部分可以独立存在、独立使用，因此各个作者可以单独行使其创作部分的著作权。在发生侵权事件时，如有人未经许可复制总论部分，只有该总论部分的作者享有停止侵害请求权和报酬请求权，其他创作部分的作者由于未参加该部分创作，因此并不享有停止侵害请求权和报酬请求权。因此，对于结合作品或者合成作品而言，只有发生了整体侵害时，才拥有一致的停止侵害请求权和报酬请求权。

（二）不按合作作品处理的特殊情形

按照2002年最高人民法院《关于审理著作权民事纠纷案件适用法律若干问题的解释》第14条规定，当事人合意以特定人物经历为题材完成的自传体作品，当事人对著作权权属有约定的，依其约定；没有约定的，著作权归该特定人物享有，执笔人或者整理人对作品完成付出劳动的，著作权人可以向其支付适当的报酬。此处的报酬为劳务报酬，而不是著作权转让或者许可使用报酬。这种情形经常发生在某些政治人物和文艺界人士身上。

最高人民法院之所以采取上述方式处理自传体作品著作权归属，最主要考虑的因素是，在最后作品形成过程中，难以把特定人物的口述内容或者书面资料与作品截然分开，且该特定人物的自传，均以第一人称撰写，涉及特定人物的经历与生活，与他们的人身权密切相关，社会公众也只是对特定人物的经历感兴趣，要由特定人物承担社会责任，因而对著作权有约定的，从约定；无约定的，该特定人物是作者，著作权也由该特定人物享有。❶

由本人拟定发言提纲、他人执笔撰写、然后再由本人修改定稿的发言稿是否属于合作作品？最高人民法院1988年6月9日就"金文明与罗竹风著作权纠纷案"在给上海市高级人民法院的批复中认为，❷《汉语大词典》主编罗竹风，在中国语言学会成立大会上关于介绍《汉语大词典》编纂工作进展情况的发言稿，虽然是由《汉语大词典》编纂处工作人员金文明等四人分头执笔起草，但他们在起草时应明确是为罗竹风个人发言作准备的；罗竹风也是以主编身份组织、主持拟定发言提纲，并自行修改定稿，嗣后以其个人名义在大会上作发言。因此，罗竹风的发言稿不属于共同创作，其著作权（版权）应归罗竹风个人所有。罗竹风同意在其他刊物署名刊载发言稿全文，不构成侵害他人著作权。对金文明等人在执笔起草发言稿中付出的劳动，罗竹风在获得稿酬后，可给予适当的劳务报酬。最高人民法院《关于审理著作权民事纠纷案件适用法律若干问题的解释》第13条对此批复的精神进行了肯定，明确规定除了构成著作权法第11条第3款规定的视为法人或者其他组织作品的情形外，由他人执笔、本人审阅定稿并以本人名义发表的报告、讲话等作品，著作权归报告人或者讲话人享有，著作权人可以向执笔人支付适当报酬。该报酬也属于劳务报酬，而非著作权转让或者许可使用报酬。

虽然最高人民法院法院司法解释对上述两种情形下作品作者以及著作权归属作出了明确规定，但也要注意两种情形中，可能存在委托创作和合作创作情况。比如，在特定人物传记创作过程中，如果特定人物仅仅提供日记、其他秘

---

❶ 孔祥俊. 最高人民法院知识产权司法解释理解与适用[M]. 北京：中国法制出版社，2012：185.

❷ 参见最高人民法院（1988）民他字第21号。

密文件资料等创作素材，具体创作过程都由执笔者完成，在未约定著作权归属的情况下，执笔者完成的特定人物传记（而非"自传"），则解释为属于执笔者个人独立创作，执笔者为作者并享有全部著作权较为妥当。当然，如果特定人物撰写的日记本身就具备独创性，执笔者只是按照时间先后顺序进行了整理，并对错别字和个别不通顺的地方进行了修改，则最后形成的传记作为"自传"处理，特定人物为作者并享有全部著作权，较为妥当。如果除了独创性的日记之外，执笔者还根据自己搜集整理的资料进行了独创性的补充和完善，则最后形成的传记作品作为合作作品处理较为妥当。

（三）合作作品著作权的归属和行使

按照我国2010年《著作权法》第13条规定，合作作品著作权由合作作者共同享有。合作作品可以分割使用的，作者对各自创作的部分可以单独享有著作权，但行使著作权时不得侵犯合作作品整体的著作权。按照我国2013年《著作权法实施条例》第9条规定，合作作品不可分割使用的，其著作权由各合作作者共同享有，通过协商一致行使；不能协商一致，又无正当理由的，任何一方不得阻止他方行使除转让权以外的其他权利，但是所得收益应当合理分配给所有合作作者。

可见，我国2010年《著作权法》对不可分割使用的合作作品著作权的行使限制是比较少的，目的在于促进合作作品的市场化利用。按照解释论，如果合作作者之间不能协商一致，在没有正当理由的情况下，比如，许可使用的对价过于低廉，一旦使用会给合作作品著作权带来某些不可预测的侵害或者难以控制的危险，等等，任何合作作者都可以行使除转让权以外的著作权。既是如此，也就应当包括诉讼法上的停止侵害请求权和损害赔偿请求权。也就是说，在发生著作权侵害的情况下，任何合作作者都可以自己单独的名义提起诉讼，人民法院可以追加其他合作作者作为共同原告，也可以不追加，而没有必要按照《民事诉讼法》第53条的规定，将该类案件作为必要的共同诉讼进行处理。这样处理的理由在于：由于是侵权案件，提起诉讼的合作作者必然尽力维护合作作品的著作权，否则就没有必要花费不菲的成本进行诉讼；即使败诉了，也只会产生被告的行为不侵害著作权的后果，对于其他合作作者的著作权也不会产生实质上的影响；对于不方便或者因嫌麻烦不愿参加诉讼的合作作者来说也是一种保护。

德国著作权法第 8 条第 2 款规定，作品的发表权与利用权归作者共同共有，仅经共同作者允许才可以修改作品。但共同作者之一不得违反诚实信用原则而拒绝允许发表、利用或者修改。每个共同作者有权主张因侵害共同的著作权而产生的请求权；但其仅能请求提供给全体共同作者的给付。可见，按照德国著作权法规定，任何合作作品作者都可以单独行使停止侵害请求权，以及只能一次行使的损害赔偿请求权等请求权。

没有经过其他合作作者同意，合作作者之一是否可以将不可分割的合作作品著作权作为设定质权的标的？在著作权上设定质权后，质权人享有优先受偿权、收取孳息权、质权保全权、留置证书权，甚至转质权，涉及合作作者根本利益，因此非经合作作者全体一致同意，单个合作作者不得就合作作品设定质权。日本著作权法第 65 条第 1 款采此种立法模式，我国 2010 年《著作权法》对此未作明确规定，日本著作权法立法经验似可借鉴。

不可分割合作作品作者是否可以推举代表人行使著作权？对此，我国 2010 年《著作权法》没有规定。日本著作权法第 64 条第 3 款、第 4 款以及第 65 条第 4 款规定，不可分割合作作品作者可以选定代表人行使著作财产权和著作人格权。但合作作者内部对代表权的限制不得对抗善意第三人。允许合作作者推举代表人行使著作权，可以方便著作权的利用，特别在合作作者人数众多的情况下，更是如此。日本著作权法立法经验值得我国借鉴。

合作作品著作财产权的享有和行使，除了著作权法上的特别规定外，也应当遵循民法通则关于共有的一般规定。我国《民法通则》第 78 条第 3 款规定，按份共有财产人在出售财产时，其他共有人在同等条件下，有优先购买的权利。按照 1988 年最高人民法院《关于贯彻执行〈中华人民共和国民法通则〉若干问题的意见（试行）》第 89 条的解释，共同共有人对共有财产享有共同的权利，承担共同的义务。在共同共有关系存续期间，部分共有人擅自处分共有财产的，一般认定无效。但第三人善意、有偿取得该项财产的，应当维护第三人的合法权益；对于其他共有人的损失，由擅自处分共有财产的人赔偿。据此，合作作品的著作权人在协商一致行使转让权时，其他合作作者在同等条件下应当享有优先购买权。如果合作作品的作者没有经过其他合作作者的同意，行使了转让权，如果第三人是善意、有偿取得合作作品的著作权，则转让合同有效，第三人可取得合作作品的著作权。对于擅自行使转让权的合作作者，则应当承担侵害著作权的侵权责任。

三、汇编作品著作权的归属

按照我国 2010 年《著作权法》第 14 条的规定，汇编若干作品、作品的片段或者不构成作品的数据或者其他材料，对其内容的选择或者编排体现独创性的作品，为汇编作品。比如百科全书、词典、选集、全集、期刊、报刊、数据库等等。汇编作品的著作权由汇编人享有，但行使著作权时，不得侵犯原作品的著作权。

然而，对于汇编作品而言，真正具有价值的是其内容的信息性而非欣赏性，因此汇编作品应当被纳入外延更大的概念——数据库当中，作为一般利益通过反不正当竞争法、侵权责任法、民法总则为其提供保护。通过反不正当竞争法、侵权责任法或者民法总则保护包含汇编作品在内的数据库，相比著作权法保护，有如下优点。

一是可以避免去考察难以界定的内容选择或者编排的独创性。数据库的保护不是独创性和个性化的保护，而是投资的保护，只要付出了金钱、劳动力等方面的实质性投资，就应当给予其保护，以确保数据库供应的激励。

二是可以避免著作权保护期限限制带来的一系列问题。在数据库内容不断更新的情况下，按照著作权进行保护，数据库保护期限难以起算。反不正当竞争法、侵权责任法、民法总则保护则可避免这个缺陷，因为反不正当竞争法、侵权责任法、民法总则对一般利益的保护，不存在保护期限制。

三是可以真正起到保护数据库制作者的作用。著作权法保护的是数据库的独创性选择或者编排，行为人只要避开了这种独创性的选择或者编排，即使直接大量复制其中的内容，也不会构成对著作权的侵害。数据库真正值得保护的，是其中的数据。按照反不正当竞争法、侵权责任法、民法总则的思路，只要被告无法证明其相同或者相近的数据库是自己独立投资制作的，就可以推定其直接复制了原告数据库中的内容，认定其行为构成不正当竞争行为，或者侵权数据库制作者利益的行为，应当承担相应法律责任，从而真正发挥保护数据库的作用。

四是可以确保信息自由和社会公众的利益。反不正当竞争法由于不禁止其他人收集相同信息制作相同或者相近的数据库，因此可以最大限度地发挥竞争机制的作用，确保信息自由流通和社会公共利益。数据库的著作权保护由于要保护具有独创性的内容的选择或者编排，就必须和内容一起进行保护。而和内容一起进行保护,势必将公有领域中的大量信息私权化,从而损害信息自由和社会公共利益。

四、视听作品著作权的归属

(一) 视听作品的概念

《伯尔尼公约》第 2 条和我国 2010 年《著作权法》都没有使用视听作品这一概念,视听作品系少数国家和地区著作权法的用法。比如,法国知识产权法典第 L.112-2 条以及中国台湾"著作权法"第 5 条均采此用法。

法国知识产权法典第 L.112-2 条第 6 项规定,有声或者无声的电影作品及其他由连续画面组成的作品,统称为视听作品。按照中国台湾"内政部"的解释,视听作品,包括电影、录影、碟影、电脑荧屏上之影像以及其他藉由机械或者设备表现系列影像,不论有无附着声音而能够固定于任何媒介物之上的作品。我国《著作权法(修订草案送审稿)》第 5 条则将视听作品解释为,"由一系列有伴音或者无伴音的连续画面组成,并且能够借助技术设备被感知的作品,包括电影、电视剧以及类似制作电影的方法创作的作品。"

总结法国和中国台湾"著作权法"规定,简单地说,所谓视听作品,即以连续活动影像表现思想或者感情的作品。视听作品重在产生视、听觉效果,因而以连续活动影像为要件。单张幻灯片可构成摄影作品,但非视听作品。只有声音而无连续活动影像的记录,可构成音乐作品的复制或者是录音制品,也非视听作品。

视听作品包括电影、电视剧、具有独创性的 MTV、具有独创性的各种形式的专题片、具有独创性的结婚仪式或者其他生活场景录像,等等。

视听作品不同于录音录像制品。视听作品必须具备独创性,录音录像制品无独创性要求。日常生活场景的忠实记录、电视访谈节目、由简单画面组成的 MTV、手术过程的忠实记录,等等,虽由连续活动画面组成,且系独立制作完成,但缺少最低限度的创作性,因此不属于视听作品,而系录音录像制品(视听制品)。录音录像制品可通过邻接权进行保护。如果著作权法未赋予其邻接权,则可通过反不正当竞争法、民法进行最低限度的保护。

《伯尔尼公约》第 2 条未对电影作品和类电作品作出界定,也未要求电影作品和类电作品系以"摄制"手段完成,似可理解为《伯尔尼公约》并不关注电影作品和类似作品的创作手段，只在乎其表现是否为连续动态的影像画面。我国2010年《著作权法》实施条例第4条第11项将电影作品和类电作品的创作手段限定为"摄制"，在电影制作技术尚不发达的年代，拍摄是制作电影作品和类似作品必要的手段。然而，随着计算机技术的进步，很多视听作品可以直接在计算机上完成，无须传统意义上的拍摄过程。比如，皮尔斯动画工作室制作的《玩具总动员》自始至终都是在计算机上制作完成的。依我国2010年《著作权法》规定，该类作品将被排除出视听作品保护范围，这显然不利于这类作品保护。我国《著作权法（修订草案送审稿）》第5条在界定视听作品时，删除了"摄制"这一要求，考虑到了视听作品制作技术的进步，值得肯定。

（二）视听作品的作者

一部视听作品的创作完成，往往需要众多人员参与。这些参与者当中，究竟哪些属于视听作品的作者呢？下面具体分析。

1. 制片人。指发起制作电影并为视听作品制作投入资金的人。作为出资人，制片人对于编剧、导演、主要演员、摄影者、其他制作人员等具有最终决定权，在视听作品制作过程中处于主导地位。话虽如此，因制片人并不直接参与视听作品撰写、拍摄以及剪辑等具体工作，因此制片人并不是视听作品的作者。当然，在微电影流行的当下，制片人往往身兼编剧、导演、剪辑等工作，此时制片人无疑是视听作品的作者。

2. 导演。导演在视听作品创作过程中处于核心地位。导演通过审阅和修改编剧的剧本、分镜头剧本创作、指导制作完成分镜头以及分镜头的连接、剪辑等工作，最终完成视听作品的创作，因而导演一般情况下成为视听作品作者没有任何问题。但不排除挂名导演的情况，当有相反证据推翻其导演身份时，导演亦不得成为视听作品作者。

3. 视听作品原作品作者。当视听作品系根据小说、剧本、音乐等改编制作而成，小说、剧本、音乐等原作品作者，是否视听作品的作者？世界上存在两种做法。法国知识产权法典第L.117-7条规定，视听作品源自仍受保护的现有作品的，原作品作者视为视听作品作者。这样一来，在法国，视听作品就成了原作品作者和导演、配音、改编等作者的合作作品。德国和日本著作权法持相反观点。从德国著作权法第89条第3款规定"为制作电影著作而被利用的著作，如小说、剧本和电影音乐，其著作权不受影响。"及第93条第1款第1句规定"电影作品与为拍摄而所使用的作品的作者及参与电影作品的拍摄或者其给付被用于电影作品的拍摄的邻接权所有人……"，可以看出，为拍摄电影而所使用的小说、剧本及电影音乐等，不属于电影作品，这些作品的作者也不是电影作品的作者。日本著作权法第16条规定，电影作品作者是除电影作品中被改编或者复制的小说、剧本、音乐或者其他作品作者以外，负责制作、导演、演出、摄影、美术等工作，对电影作品整体制作做出了独创性贡献的人。如果导演等属于职务创作，则法人等为电影作品作者。可见，按照日本著作权法，用于电影制作的原作品作者，并非电影作品作者。

我国2010年《著作权法》第15条对此并不明确。本书作者认为，从视听作品制作过程来看，小说、剧本、音乐等原作品作者并未实际参与视听作品创作过程，虽然小说、剧本、音乐是视听作品创作源泉和基础，但小说、剧本、音乐等原作品作者并非视听作品作者。对小说、剧本而言，视听作品属于演绎作品。对于已有音乐作品而言，视听作品则与其构成许可使用关系。

4. 编剧、摄影师、配音师、剪辑师、专门为视听作品创作的音乐作品作者、音效师、化妆师、服装师、美术师、武术师、灯光师。这些人员对视听作品的整体完成都不同程度地直接作出了创作性贡献，因此属于视听作品的作者。

5. 演员。法国知识产权法典第L. 113-7条并没有将演员列举为视听作品作者。日本和德国著作权法并没有明确将演员排除在视听作品作者范围之外，德国和日本有学者据此认为，当演员对连续的图像或者图像和声音的衔接作出了独创性贡献时，仍然可以成为视听作品作者。❶ 我国2010年《著作权法》第15条并未排除演员成为视听作品作者的可能性，因此解释论上也存在演员成为视听作品作者的可能，前提是演员对视听作品创作付出了独创性劳动。

不过，世界上绝大多数国家的著作权法规定，演员只享有表演者权这种邻接权，因此一般情况下不是视听作品作者。

6. 剧务人员。剧务是视听作品创作过程中负责日常事务的人员，管理着整个剧组的衣食住行，其工作对于视听作品的顺利创作完成起着重要的保障作用。但因这些人员并不直接参与视听作品的创作，仅仅提供辅助工作，因而不

---

❶ 参见雷炳德. 著作权法[M]. 张恩民，译. 北京：法律出版社，2005：200；中山信弘. 著作権法[M]. 东京：有斐閣，2007：186.

是视听作品的作者。

(三)视听作品的著作权归属

1. 视听作品著作财产权归属。由于参与视听作品创作的人员数量众多,如果每个作者都享有著作财产权,视听作品的市场利用必将受到妨碍。为了解决视听作品著作权归属和视听作品利用问题,世界各国著作权法主要采取了三种做法。

第一种做法是美国式的,制作者原始取得所有著作权。结合美国版权法第201条第1款和第2款的规定可以看出,视听作品在美国属于雇佣作品。对于雇佣作品,除非雇主和雇员有明确的书面相反约定,雇主被视为作者,原始取得视听作品的著作财产权。

第二种做法是法国、日本式的推定转让制。❶ 其具体做法是,导演等虽然是视听作品作者,但并不享有著作财产权。视听作品作者从承诺参加视听作品创作时开始,著作财产权就视为转让给了视听作品制作者,但导演等作者依旧享有著作人格权中的作者身份权,在法国导演等作者甚至享有所有的著作人格权。

《伯尔尼公约》第14条之2第2款第2项采取的是推定转让制。该项规定,在成员国法律承认参加电影作品制作的作者应属于版权所有者的本同盟国国内,这些作者,如果应允参加此项工作,除非有相反或者特别约定,不能反对对电影作品的复制、发行、公开表演、演奏、向公众有线传播、广播、公开传播、配制字幕和配音。

第三种做法是德国式的推定授权制。德国著作权法第89条第1款规定,承诺参与拍摄电影的,有疑义时,由此推定在其获得对电影作品的著作权的情况下,授予电影制作者以全部的使用形式使用电影作品、翻译及其他电影上的演绎或者改变的排他权利。德国学者雷炳德对该条的解释是,视听作品作者和

---

❶ 法国知识产权法典第L.132-24条规定,在无相关约定及不影响第L.111-3条、L.121-4条、L.121-5条、L.122-1条至122-7条、L.123-7条、L.131-2条至L.131-7条、L.132-4条及L.132-7条赋予作者权利的情况下,制作者同配偶或者未配词的作曲者之外的试听作品作者签订合同,即导致试听作品独占使用权转让给制作者。参见十二国著作权法[M].《十二国著作权法》翻译组,译. 北京:清华大学出版社,2011:84. 日本著作权法第29条第1款规定,电影作品的著作权,如果其作者向电影作品制作者承诺参加该电影作品的制作,则属于电影作品制作者。参见日本著作权法[M]. 李扬,译. 北京:知识产权出版社,2011:22.

制作者可以通过合同约定著作财产权的归属。合同约定不明时，推定作者将自己对电影作品的使用权、翻译权以及其他以电影方式利用的改编权等排他性权利授予了电影制作人，电影制作人可以法律明文规定的所有使用方式对上述权利进行利用，作者仅仅保留以非电影方式利用自己作品的权利。同时，如果电影作者事先把自己的权利授予给了著作权集体管理组织并且此后又把权利许可给电影制作人，则前一个授权是无效的，著作权集体管理组织也就不能从电影院或者广播电视台那里收取费用。❶

2. 视听作品著作财产权人（制片者）和原作品作者以及视听作品作者的关系。世界各国著作权法也存在不同做法。

第一种做法是法国式的。按照法国知识产权法典第 L. 132－25 条规定，试听作品作者报酬按每一使用方式付给，由制作者付给作者。

第二种做法是德国、日本式的。由于其著作权法规定小说、剧本、音乐等视听作品原作品作者不是视听作品作者，此时视听作品针对原作品而言，构成演绎作品。根据德国著作权法第 89 条第 3 款、日本著作权法第 11 条规定，原作品作者著作权不受视听作品著作权人权利影响，因此视听作品制作人在使用小说等原作品制作视听作品时，必须经过原作品作者许可，并支付报酬。而且第三人在利用作为演绎作品的视听作品时，除了征得视听作品制作者许可并向其支付报酬外，还必须征得原作品作者许可，并支付报酬。德国、日本著作权法的上述做法与《伯尔尼公约》第 14 条第 1 款和第 2 款的规定保持了一致。该第 1 款规定，文学艺术作品作者享有授权将这类作品改编和复制成电影以及发行经过如此改编或者复制的作品的专有权利，享有授权公开表演、演奏以及向公众有线传播经过如此改编或者复制的作品的专有权利。第 2 款规定，根据文学或者艺术作品制作的电影作品以任何其他艺术形式改编，在不妨碍电影作品作者授权的情况下，仍须经原作者授权。

视听作品作者是否能就视听作品的后续利用收取报酬呢？按照德国著作权法第 88 条第 1 款规定，电影作品作者将未知的使用电影作品的方式的权利授予制作者时，虽然需要书面形式，但作者不享有撤回权，而且对于制作者以和作者签约时未知的方式使用电影作品的，作者根据第 32C 条规定享有支付适当报酬的请求权。为了减少电影制作人投资存在的高额风险，德国著作权法第

---

❶ 雷炳德. 著作权法 [M]. 张恩民, 译. 北京：法律出版社, 2005: 203.

90条对视听作品作者著作权进行了一系列限制。作为著作权所有者的电影制作者无须征得原作品作者以及电影作品作者许可,有权转让利用电影作品的权利,以及对利用权进行分许可的权利。而且这些作者不得因为电影制片者不行使或者不充分行使利用权,或者因为信念改变,而对其行使收回使用权的权利。❶

日本著作权法没有赋予导演等作者对电影制作者后续利用电影作品以任何控制的权利。学说上认为,导演等作者可以在参加电影制作时,通过合同就电影作品的二次利用约定制片者应该支付的报酬。❷

3. 我国的做法。我国2010年《著作权法》第15条的做法既不同于美国的原始取得制,也不同于法国、日本的推定转让制以及德国的推定授权制。该条一方面规定视听作品著作权由制片者享有,似乎接近美国版权法的做法,但又没有像美国版权法那样,将制片者视为视听作品的作者。另一方面又将编剧、导演、摄影、作词、作曲等规定为视听作品作者,但又没有像法国那样,进一步规定这些作者对视听作品的每一次利用都享有获得报酬的权利,而仅仅规定这些作者享有作者身份权,并只能按照与制片者签订的合同获得报酬。

本书作者认为,为了效率最大化视听作品的利用,视听作品的著作财产权只能原始归属于视听作品制片人,著作人格权只能归属于导演等对视听作品做出了独创性贡献的人。导演等只能根据与制片人签订的合同一次性收取劳务性报酬和推定转让视听作品著作财产权的报酬,对于视听作品的后续利用没有许可和收取报酬的权利。至于报酬的多少,则交由市场(合同)解决,法律无须干涉。电影制片人和小说等原作品作者的关系问题,考虑到《伯尔尼公约》的规定,以及视听作品属于小说等原作品演绎作品的性质,视听作品制片人在利用小说等制作视听作品时,必须征得小说等原作者同意,并向其支付报酬。对于第三人利用视听作品的,则必须同时征得视听作品制片人和小说等原作品作者或者著作权人的双重许可和同意。

当然,不管是制片人和导演等视听作品作者之间的关系,还是制片人和原作者或者权利人之间的关系,如果合同有特别约定的,按照合同(市场)处理即可,法律无须干涉。

---

❶ 雷炳德. 著作权法 [M]. 张恩民,译. 北京:法律出版社,2005:204.
❷ 中山信弘. 著作権法 [M]. 东京:有斐閣,2007:198.

事实上，我国2010年《著作权法》第12条已经通过演绎作品的规定处理了视听作品著作权人（制片者）和小说等原作品作者之间的关系。当前存在的严厉批评我国2010年《著作权法》第15条违背《伯尔尼公约》规定，未保护视听作品中小说等原作品作者权利的观点是站不住脚的。《著作权法（修订草案送审稿）》第19条第1款大概是受了此种观点影响，因此规定，"制片者使用小说、音乐和戏剧等已有作品制作视听作品，应当取得著作权人的许可；如无相反约定，前述已有作品的著作权人根据第十六条第二款对视听作品的使用享有专有权。"本书作者认为，此款规定中的前一句是完全多余的。后一句则是错误的。虽然视听作品著作权人（制片者）使用试听作品时，应当征得小说等原作品作者许可，并向其支付报酬，但小说等原作品作者并不是视听作品作者，因此对视听作品的使用并不享有专有权。

此外，《著作权法（修订草案送审稿）》第19条第3款规定，制片者和导演等视听作品作者可以通过合同对视听作品财产权和利益分享进行约定，没有约定或者约定不明的，著作权中的财产权由制片者享有，但作者享有作者身份权和分享收益的权利。此种修订规定亦值得商榷。导演等作者在参与视听作品创作者，一般都和制片人签订有支付报酬的合同。此种报酬包括单纯的劳务报酬和法定转让（从送审稿的规定看，采取的应该是法定转让制）视听作品著作财产权的费用。如果合同中约定的报酬仅是较低的劳务报酬，则制片者应当支付给导演等转让著作财产权的费用，费用可以按照制片者后续利用视听作品收益的一定比例计算。如果合同约定的报酬中既包括劳务报酬，又包括著作财产权转让费，则导演等作者不能再就视听作品的后续利用享有分享收益的权利。否则，就会发生双重收取转让费的不合理现象，对制片者过于不利，不利于视听作品创作的投资。至于合同约定的报酬是否包括法定转让著作财产权的费用，合同有明确约定的，按合同处理。合同约定不明的，则需根据合同约定报酬额的大小和导演等作者的知名度等进行具体判断。《著作权法（修订草案送审稿）》第19条第3款未区分上述状况，统一规定导演等作者享有分享收益的权利，不符合视听作品市场实际状况，是不可取的。

（四）视听作品著作权人的推定

由于参与视听作品创作的人员数量众多，法律素质又参差不齐等原因，导致视听作品署名情况复杂，视听作品发行许可证、片头和片尾、DVD和VCD

封面上的署名往往不一致，视听作品作者和视听作品著作财产权人又不同一，由此给视听作品作者和视听作品著作权人的认定造成了很大困难。

在北京慈文影视制作有限公司诉北京新浪互联信息服务有限公司侵犯著作权纠纷案一审中，❶《神雕侠侣》电视连续剧上部 DVD 和下部 VCD 播放时片尾的署名情况是：协助拍摄单位为广东电视台、云南电视台，承制单位为苏州慈文，联合拍摄单位为福缘四海、九洲音像出版公司、华夏视听在线文化发展有限公司、上海和展广告有限公司、江苏省广播电视台，出品单位为北京慈文等。然而，这种署名并未明确《神雕侠侣》的协助拍摄单位、承制单位、联合拍摄单位和出品单位是否都是著作权法意义上的制片者，也不能体现该剧的协助拍摄单位、承制单位、联合拍摄单位和出品单位是否均在该剧创作过程中付出著作权法意义上的独创性劳动，是否都是作者，因而仅仅凭借作品上的署名无法确认作者身份和著作权人身份。这样，视听作品作者和著作财产权人的认定不得不依靠发行许可证上的制作单位、著作权声明、著作权转让和许可声明等其他证据进行综合判断。

在上述案件中，一审法院查明了如下重要事实：2005 年 4 月 1 日，国家广播电影电视总局颁发《神雕侠侣》电视剧制作许可证，编号为甲第 149 号，其中注明单位名称为慈文公司。2006 年 2 月 7 日，广电总局颁发《神雕侠侣》电视剧发行许可证，编号为（广剧）剧审字（2006）第 011 号，其中注明制作单位为慈文公司，合作单位为苏州慈文、福缘四海。2006 年 2 月 8 日，慈文公司、苏州慈文、福缘四海共同出具版权声明书，内容主要包括：《神雕侠侣》系由慈文公司、苏州慈文、福缘四海联合投资制作，慈文公司、苏州慈文、福缘四海经友好协商共同确认自《神雕侠侣》拍摄完毕且著作权产生之日起，《神雕侠侣》的国内外版权以及与版权有关的各项权利（包括信息网络传播权）全部转让给慈文公司拥有，且在《神雕侠侣》剧遭受不法侵害时慈文公司有权以原始著作权人的身份独自行使独占的、排他的诉讼与非诉讼的权利等。

上述两个证据足以推翻《神雕侠侣》播放时的片尾署名，因此构成署名的相反证明。在此情况下不能仅依据《神雕侠侣》上部 DVD 和下部 VCD 播放之时的协助拍摄单位、承制单位、联合拍摄单位、出品单位等署名确定

---

❶ 北京市海淀区人民法院（2007）海民初字第 21823 号民事判决书。

《神雕侠侣》的制片者。《神雕侠侣》制作许可证、发行许可证以及慈文公司、苏州慈文、福缘四海共同出具的版权声明书等证据可以相互印证，且均证明《神雕侠侣》制片者系慈文公司、苏州慈文、福缘四海之事实，因此可以确认慈文公司、苏州慈文、福缘四海系《神雕侠侣》最初的著作财产权人，并且苏州慈文、福缘四海已经将著作财产权全部转让给了慈文公司。

五、职务作品著作权的归属

（一）职务作品的含义、种类和判断标准

我国2010年《著作权法》在第11条第3款的单位作品（由法人或者其他组织主持，代表法人或者其他组织意志创作，并由法人或者其他组织承担责任的作品，法人或者其他组织为作者）之外，还规定了职务作品。所谓职务作品，按照我国2010年《著作权法》第11条第1款规定，是指公民为完成法人或者其他组织（以下简称"单位"）工作任务所创作的作品。在英美法系国家，职务作品被称为雇佣作品，即雇员在雇佣关系存续期间为雇主创作的作品。某个作品是否构成职务作品，应当结合以下两方面要素进行判断：

1. 创作者与单位存在劳动合同关系。劳动合同关系即英美法系国家所说的雇佣关系。劳动合同关系包括书面劳动合同关系和事实劳动合同关系。是否构成事实劳动关系，按照劳动合同法进行判断。如果创作者与单位之间不存在劳动合同关系，则即使此种创作与单位业务关系密切，其创作的作品也不属于职务作品，而可能属于委托创作的作品，或者个人作品，或者单位视为作者的作品。究竟属于哪种作品，需要根据具体情况进行判断。

2. 作品创作是为了完成单位工作任务。所谓工作任务，按照我国2013年《著作权法实施条例》第11条的规定，是指公民在该法人或者该组织中应当履行的职责。应当履行的职责包括固定岗位的职责和单位临时分配的工作任务，这种职责和工作任务与具体的工作时间无关。也就是说，即使单位的工作人员利用下班时间和节假日进行创作，但只要是履行职责或者临时分配的工作任务，因此完成的作品也应当属于职务作品。相反，即使在正常的工作时间内进行了创作，但只要不是完成固定的工作职责或者临时分配的工作任务，因此创作完成的作品也不是职务作品。

职务作品的创作完成不一定依赖单位的物质技术条件。为完成单位工作任

务创作的、不依赖单位的物质技术条件而主要依赖创作者智力投入完成的职务作品为一般性职务作品。按照我国 2010 年《著作权法》第 16 条第 2 款的规定，为完成法人或者其他组织工作任务创作，虽然依赖创作者的智力投入但主要是依赖单位的物质技术条件创作完成，并由单位承担责任的工程设计图、产品设计图、地图、计算机软件等作品为特殊职务作品。按照我国 2013 年《著作权法实施条例》第 11 条第 2 款的规定，物质技术条件是指法人或者组织为公民完成创作专门提供的资金、设备或者资料。创作者利用所处特定历史年代特定工作岗位创作的作品，可以认定为主要是利用单位的物质技术条件创作完成的特殊职务作品。在吕方诉中国唱片集团有限公司案中，涉案 DVD《独领风骚诗人毛泽东》32 次使用了吕厚民以党和国家领导人毛泽东为拍摄对象的 24 幅摄影作品（包括重复使用）但未署名，吕厚民继承人吕方认为涉案摄影作品并非法人作品，其原始著作权归拍摄者吕厚民所有，被告侵害其对涉案摄影作品享有的发行权、获得报酬权。再审北京市高级人民法院认定，"根据当时的时代背景、该类作品特殊的拍摄过程、当事人的具体行为以及意思表示，可以认定吕厚民拍摄涉案摄影作品系为履行单位委派的特殊任务，其拍摄器材由单位提供，拍摄过程以及后期的编辑、对外发布由单位决定并由单位承担责任，因此，该类摄影作品应属于特殊的职务作品，由单位享有除作者身份权之外的著作权。"❶

除了主要利用单位的物质技术条件完成创作的作品属于特殊职务作品外，著作权法第 16 条第 2 款第 2 项还规定了一种特殊职务作品，即法律、行政法规规定或者合同约定著作权由法人或者其他组织享有的职务作品。

（二）美国法上职务作品（雇佣作品）的认定

按照美国 1976 年版权法第 101 条规定，下列两种情形下的作品为职务作品（雇佣作品）。

1. 雇员在其职务范围内创作完成的作品。

2. 特别订制或者委托创作完成的作品，如果是作为集合作品的组成部分，作为电影或者其他试听作品的组成部分，作为翻译作品、辅助作品、编辑作品，作为教材、试题、试题的答案，或者作为地图集来使用，并且当事人签署

---

❶ 北京市高级人民法院（2017）京再民 31 号民事判决书。

的书面协议明确约定该作品为职务作品的，属于职务作品。所谓辅助作品，是指作为另一作者作品的附属物发表创作的作品，目的在于介绍、判断、说明、解释、修订、评论或者协助另一作品的使用，如序言、后记、插图、地图、图表、表格、编辑注释、音乐整理、试题答案、附录及索引。所谓教材，指为发表和在系统教学活动中使用而创作的文字、绘图或者图形作品。

究竟如何理解上述规定，美国联邦最高法院在 Community for Creative Non-Violence v. Reid 案中，❶ 进行了详尽解释。该案中 Community for Creative Non-Violence（CCNV）是一家致力于帮助无家可归者获得安顿的非营利性和非法人组织，Mitch Snyder 是其理事。1985 年秋天，CCNV 决定参加在华盛顿哥伦比亚特区举行的年度圣诞节和平游行，并赞助一件可以戏剧化表现无家可归者困境的雕塑。Snyder 和 CCNV 构思的雕塑主题是"第三世界的美国"，具体形象是：两个黑人成年男女抱着一个婴儿蜷缩在街道边的蒸汽炉旁取暖，蒸汽炉将按发放在一个平台或者基座上，并以特效仪器释放蒸汽环绕人物四周。其后邀请家住马里兰州巴尔的摩市的雕刻家 James Earl Reid 对三个人物进行雕塑，CCNV 自己负责蒸汽炉和基座的制作，双方同意制作费用不超过 1.5 万美金，但不包括 Reid 的薪水，Reid 自愿捐献其工资，但未签订雕塑作品著作权的归属协议。收到 3000 美金预付款后，Reid 雇佣了 10 多名助手，专心制作雕塑。在其制作期间，CCNV 的成员多次拜访他，以坚持雕塑的进度，并调整雕塑基座的建造。1985 年 12 月 24 日，Reid 将创作完成的三个人物雕塑送往华盛顿哥伦比亚特区与 CCNV 制作的蒸汽炉和基座结合，并陈列在游行预订地点，CCNV 付给 Reid 余款。在展出 1 个月后，CCNV 将雕塑送回 Reid 在巴尔的摩市的工作室进行维修。1986 年 3 月，Snyder 要求 Reid 归还雕塑，但遭到拒绝。Reid 以自己名义申请名为"第三世界的美国"的雕塑著作权登记，并宣布将进行巡回展出，Snyder 和 CCNV 因此对 Reid 及其摄影师提起诉讼，要求其归还雕塑并确认雕塑著作权归其所有。联邦地方法院认定，Snyder 和 CCNV 其他成员"构思出了取代传统耶稣基督家庭的一座现代家庭育婴雕塑"，并且提供 Reid 足够的指示以确保其完成 CCNV 所要求的雕塑，因此该雕塑著作权属于美国 1976 年版权法第 101 条规定的雇佣作品，Snyder 为著作权人。哥伦比亚特别联邦上诉法院认为该雕塑不是雇佣作品，但可能属于 CCNV 和 Reid 共同

---

❶ Community for Creative Non-Violence v. Reid, 490 U. S. 730 (1989).

创作的作品，遂发回联邦地方法院重审。美国联邦最高法院确认哥伦比亚特区巡回上诉法院的判决。本案争议的焦点在于，该雕塑作品是否属于受雇人在职务范围内完成的雇佣作品。

美国联邦最高法院认为，由于1976年版权法第101条并没有对"受雇人"以及"职务范围"等用语进行明确定义，因此其解释应当通过该条制定的历史背景进行历史解释。从第101条的历史沿革看，美国联邦最高法院认为，对"受雇人"和"职务范围"的解释，不能采纳"只要雇佣人对作品拥有控制权，该作品就被视为是受雇人为雇佣人完成的作品"的判断标准（第一种标准），"只要雇佣人对如何创作作品拥有实际控制权，则该作品为雇佣作品"的判断标准（第二种判断标准），"受雇人仅指正式领取定期薪水的人"（第三种标准），而应当采取"受雇人是普通法中一般代理法则中的受雇人"（第四种标准）。美国联邦最高法院认为，第一种标准和第二种标准会不适当扩大雇佣作品范围，而第三种标准会不适当缩小雇佣作品范围。只有第四种标准才符合1976年版权法第101条的立法历史沿革。该条是从美国1909年版权法第62条演变而来，1909年版权法第62条未对"雇佣人"和"雇佣作品"进行解释，法院在长期适用过程中认为，第62条规定的雇佣作品，应当以受雇人在其职务范围内创作完成的作品为限，受托创作完成的作品，视为受托人默示同意其著作权连同作品本身一起转移给雇佣人。

1955年美国国会决定大幅修改版权法。1961年美国版权局提出的第一版修正案仍然严格区分"受雇人在其职务范围内创作完成的作品"和"独立承揽人受托创作完成的作品"。经过利害关系人多次代表会议讨论，1963年美国版权局提出的修改草案初稿中，将雇佣作品定义为"受雇人在其职务范围内创作完成的作品，但不包括特别订制或者委托创作完成的作品"。由于书籍出版业者的强烈反对，美国版权局在1964年提出的修改草案中，首次将雇佣作品的范围扩大至"委托创作完成的作品"，但以双方签订书面协议为前提。因该条款可能导致出版业者利用优势地位强迫作者签订雇佣作品合同，从而放弃所有著作权以作为书籍出版的条件，该草案遭到创作者代表的强力反对。1965年，利益相互冲突的团体达成妥协，共同提交了一份备忘录给美国国会和美国版权局，美国版权局于该年将备忘录中的意见纳入其提出的修正草案，并最终得以几乎相同的文字在11年后的1976年通过，形成1976年版权法的第101条。第101条第1款在保留雇佣作品是"受雇人在其职务范围内创作完成的作品"的同时,在第2款中将四种委托创作的作品也纳入雇佣作品范围,如果双方签订书面协议进行明确的话。这四类作品包括:作为某集合作品的构成部分,作为某电影作品或者其他视听作品的部分,作为翻译作品,作为辅助作品。理由是这些作品通常是应出版业者或者制造业者的要求创作,并由出版业者或者制造业者提供指示和承担风险。1966年美国众议院司法委员会在赞成上述妥协产物的同时,又另外增加了四类委托作品构成雇佣作品的情形:编辑作品、教材、试题、地图。1976年正式颁布版权法时,又将受托创作的试题答案纳入雇佣作品。

基于上述立法历史,美国联邦最高法院认为,要判断某一作品是否属于1976年版权法第101条规定的雇佣作品,法院首先应当适用普通法的代理法则以确定该作品的创作者究竟属于受雇人还是独立承揽人,然后再选择适用版权法第101条第1款或者第2款进行进一步判断。

具体到本案,美国联邦最高法院认为,要认定某雇员是否是在代理法则下所认定的雇员时,需要综合考量以下因素确定:创作作品所需要的技能;创作所用仪器和工具的来源;创作作品的处所;受雇期间的长短;雇佣人是否有权分派其他工作给受雇人;受雇人是否有权决定何时工作以及工作时间的长短;付款方式;受雇人是否有权雇佣助手以及决定助手的薪水;系争作品是否与雇佣人的例行业务有关系;雇佣人是否提供受雇人任何福利;受雇人的税目情况。结合本案案情可以发现,Reid的创作行为不满足上述任何一个因素的限制,因而他是一个独立承揽人,而不是CCNV的受雇人。

(三) 职务作品著作权的归属

由于理念不同,在职务作品作者以及著作权归属上不同法系国家采取了不同做法。美国版权法由于重视财产权利,不重视人格权利,因此其第201条第2款规定,除非有书面合同明确约定,否则雇主被视为雇佣作品作者,并且原始享有一切著作财产权。德国著作权法采取财产权和人格权一元化理论、强调人格权的不可转让性,因此著作权只能原始归属于作者,单位想要取得著作财产权,只能通过合同约定的途径来获得。❶ 日本虽是大陆法系国家,但在职务

---

❶ 参见德国著作权法第29条第2款、第31条。相关论述参见雷炳德. 著作权法 [M]. 张恩民,译. 北京:法律出版社,2005:183-184,408-411.

作品作者和著作权归属上采取的却是英美法系的做法，其著作权法第15条规定，在职务作品以法人等使用者名义发表的，除非合同或者工作章程有特别约定或者规定，法人等使用者是作者，著作财产权和著作人格权都原始归属使用者。如果职务作品是计算机程序，则不管是否发表，除非合同或者工作章程有特别约定或者规定，著作财产权和著作人格权都原始归属使用者。根据日本学者的解读，日本著作权法第15条之所以如此处理，是有意淡化职务作品中的人格因素，要求职务作品必须以法人名义发表则是为了便于利用者查找权利人，以减少利用者的搜寻成本。❶ 日本和美国著作权法可资借鉴的一点是，职务作品著作权归属，可由雇主（使用者）和雇员通过合同约定，而不是当然归属于雇主（使用者）。

在我国2010年《著作权法》上，职务作品著作权的归属因一般职务作品和特殊职务作品的区别而有所不同。按照我国2010年《著作权法》第16条第1款规定，一般职务作品的著作权由作者享有，但法人或者其他组织有权在其业务范围内优先使用。作品完成2年内，未经单位同意，作者不得许可第三人以与单位使用的相同方式使用该作品。我国2013年《著作权法实施条例》第12条进一步规定，经单位同意，作者可以许可第三人以与单位使用的相同方式使用作品，但是所获得的报酬应当由作者和单位按照约定比例分享。作品完成的时间，自作者向单位交付作品之日起计算。简单地说，一般职务作品的所有著作财产权和著作权人格权原则上都由作者个人享有，单位只是具有2年的免费优先使用权。这种处理方式明显反映出在一般职务作品的问题上，立法者主要倾向于创作者个人利益的保护，但又试图兼顾单位的财产利益。

按照我国2010年《著作权法》第16条第2款规定，特殊职务作品作者只享有作者身份权，其他著作人格权和全部著作财产权都属于单位，但是单位应当给予作者奖励。这种处理方式反映出立法者在特殊职务作品的问题上，利益的天平主要倾向于单位，但又试图兼顾创作者个人的部分著作人格利益。

（四）立法上的问题

从立法论上看，我国2010年《著作权法》将与单位业务有关创作完成的作品区分为单位视为作者的作品（以下简称"单位作品"）和职务作品，职务

---

❶ 田村善之. 知的财产法（第5版）[M]. 东京：有斐阁，2010：495-498.

作品又进一步区分为一般职务作品和特殊职务作品，规定不同的著作权归属规则，显得条理不足，徒增纠纷的发生，并且无益于司法机关解决案件。

首先，从我国2010年《著作权法》第11条对单位作品的规定看，构成单位作品需要具备三个条件，即单位主持、代表单位意志创作、由单位承担责任。《著作权法》第16条在界定职务作品时，虽然没有明确规定职务作品的创作完成需要单位主持、代表单位意志创作，但实践中，公民完成职务作品时，由于受制于单位的具体业务，因此在创作作品过程中，不可能不受单位意志的限制。也就是说，职务作品的创作完成事实上会体现单位的意志，而不是公民个人完全个性化的结果。就单位是否承担责任来看，我国2010年《著作权法》第16条第2款明确规定特殊职务作品必须由单位承担法律责任，与单位作品的责任承担者完全相同。就一般职务作品来看，虽然我国2010年《著作权法》第16条第1款没有明确规定由公民个人还是单位承担法律责任，但结合该条第2款规定，从解释论的角度看，单位除了在业务范围内享有2年的免费优先使用权之外，不用对职务作品本身承担法律责任，法律责任完全由公民个人承担。这种规定显然并不公平，同时也无益于权利受到侵害者的保护，因为如果是单位承担责任，受害者更加容易得到赔偿。由此可见，所谓单位作品和职务作品本质上都是从事单位业务的人在职务范围创作的责任应当由单位承担的作品，著作权法没有对其加以区分的必要，单位作品完全可以并入职务作品当中。

其次，按照我国2010年《著作权法》第16条的规定，不管是一般职务作品还是特殊职务作品，作者身份权都由创作作品的公民个人享有。这种做法虽然保护了创作者的著作人格权，但对于社会公众来说，则会造成混乱，不容易判断究竟谁是作品的真正著作权人，不利于作品的市场化。因为公众一般只会从作品上的署名来判断谁是作者、谁是著作权人，这也符合《著作权法》第11条第4款关于作者的推定规定（如无相反证明，在作品上署名的公民、法人或者其他组织为作者）。如果公众从署名上推定公民个人是作者，就会就作品的使用许可联系作者个人，联系后如果发现著作财产权或者其他著作人格权归属于单位，难免产生此种作品著作权关系复杂、日后产生纠纷的担心和恐惧心理，从而放弃与著作权人签约的机会。

鉴于以上原因，建议立法者在修改著作权法时，将单位作品并入职务作品。为了正确处理职务作品的著作权归属问题，建议对著作权法第16条也进行修改。具体的修改可以借鉴日本著作权法第15条关于职务作品著作权归属的处理方法。日本著作权法第15条第1项规定，基于法人等使用者的意思表示，从事法人等使用者业务的人在职务上创作的著作物，如果以法人等使用者的名义发表，只要在作品创作完成时契约或者勤务规则没有特别约定，著作者为法人等使用者。该条第2项进一步规定，如果从事法人等使用者业务的人创作的是计算机软件，则不管是否以法人名义发表，只要在创作完成时契约、勤务规则没有特别约定，著作者都为法人等使用者。按照日本著作权法第17条规定，作者享有本法规定的著作人格权和著作财产权。日本著作权法处理职务作品著作权归属时，至少以下几点是可以借鉴的。

第一，原则上允许当事人通过合同或者勤务规则特别约定著作权归属单位的雇员。这符合私法上的意思自治原则，充分考虑了职务作品创作完成既依赖个人智力又依赖单位物质技术条件的事实。

第二，根据职务作品的实际创作特征，首先保护单位的利益。职务作品创作由于与单位的业务紧密联系在一起，又属于单位的雇员在履行职务的过程中创作的作品，并且往往利用了单位的物质技术条件，其著作权理应首先归属单位。

第三，明确规定除了计算机软件以外的职务作品，必须以单位的名义发表时，著作权才能归属单位。这样就避免了给公众造成不必要的混乱，有利于作品的市场化应用。

第四，避免了我国2010年《著作权法》规定的"主要利用单位的物质技术条件"的界定难题。按照日本著作权法的上述规定，只要是单位职员在从事业务的过程中履行工作任务创作的作品，不管是否利用了单位的物质技术条件，就是职务作品。这样就避免了究竟什么是"主要利用"难以界定的问题。

第五，将计算机软件职务作品和一般的职务作品进行区分，规定计算机软件职务作品，不论是以单位还是以个人名义发表，只要契约或者勤务规则没有特别约定，著作权就属于单位。原因在于计算机软件讲究的是实用性和效率性，更多依赖的是单位的物质技术条件，而不是创作者的个性。

六、委托作品著作权的归属

（一）委托作品的含义和认定

按照我国2010年《著作权法》第17条规定，委托他人创作的作品为委托作品。委托绘画、委托书法、委托摄影、委托雕塑而形成的绘画作品、书法作品、摄影作品、雕塑等是常见的委托作品。

委托作品不同于以雇佣关系为基础、与范围业务紧密联系、属于创作者工作职责范围的职务作品，属于以平等主体之间的委托合同关系为基础创作的作品。

美国版权法第101条在界定雇佣作品时，特别规定以下9种委托他人创作的作品，如果各方以书面文件明示同意该作品为雇佣作品，则属于雇佣作品：作为集合作品的组成部分；作为电影或者其他影像作品的组成部分；作为翻译作品；作为辅助作品；作为编辑作品；作为教学材料；作为试题；作为试题解答资料；作为地图册。除了这9类作品，以及雇员在工作范围内创作的作品之外，即使双方约定有关作品为雇佣作品，也不能作为雇佣作品对待。

1. 委托合同关系的认定。实践中，认定是否存在委托创作合同关系是一个值得注意的问题。在赵伟轩诉上海马克华菲企业发展有限公司等侵犯著作权纠纷案中，[1]从事服装、服饰设计、销售的被告上海马克华菲企业发展有限公司于2006年10月在FALLIN FOLLOW2007年3月号刊物上刊登"缤纷无限、创意狂欢"活动广告。广告中"参与方式"写明：第一，运用你的疯狂创意，超IN的配色图案概念，你可以直接在我们提供的杂志模板上绘画并邮寄过来，材料工具无限制。第二，你也可以在我们官方网站上下载大尺寸模板，通过PHOTOSHOP、ILL等软件进行创作，作品分辨率为300dpi。第三，请将设计完成的作品邮寄至以下地址：上海龙漕路200弄28号7楼马克华菲企划部收。截止日期2006年11月5日。广告中最后一句话是："另，每位获奖者都将成为马克华菲VIP会员，更有机会让你的作品成为下一季的服装图案设计并且投入生产。"2006年11月，原告赵伟轩以电子邮件方式将自己的三幅作品，名称为"No. 12 ＜I just wanna to sing a song for u，tonight! Because I love u 02＞、No. 14 ＜Mr. Frog 青蛙＆王子＞、No. 15 ＜Honey，u are so hot!!!＞"邮寄给被告上海马克华菲企业发展有限公司。2007年3月，被告上海马克华菲企业发展有限公司在自己官方网站及FALLIN FOLLOW2007年3月号上刊登了原告赵伟轩创作的上述三幅作品，并注明原告的作品获得一等奖。后被告上海马克华菲企业发展有限公司将原告赵伟轩获奖的三幅作品印制在服装上并投入生

---

[1] 北京市西城区人民法院（2008）西民初字第11881号民事判决书。

产，零售价分别为 395 元、395 元、355 元。

基于上述事实，原告认为被告未经许可将其作品用于服装上，侵害了其著作权。被告则辩称其上述广告属于委托创作合同的要约。其理由是，原告在征集作品约定的时间内提交了作品且答辩人收到了作品，即原告对委托创作的要约进行了承诺，委托创作合同生效。在已经生效的委托创作合同中，已经表明答辩人有选择是否将委托创作作品用于商业生产销售的权利，答辩人在服装上使用具有合同上的权利依据。在此基础上，被告进一步认为，其将委托设计作品投入生产、销售等商业用途是委托创作的特定目的，其对征集作品在特定范围内的使用不构成侵权。

本案的焦点就在于原被告双方是否存在委托创作合同关系。按照我国《合同法》第 14 条规定，"要约是希望和他人订立合同的意思表示，该意思表示应当符合下列规定：（一）内容具体确定；（二）表明经受要约人承诺，要约人即受该意思表示约束。"从被告刊登的活动广告内容可以看出，虽然该活动广告在征集作品的形式、截止时间、奖励标准等内容上作出明确规定，但在征集作品的用途上表述不清。广告语中"更有机会让你的作品成为我们下一季的服装图案设计并且投入生产"一句话中的"更有机会"，表述不明确、不具体，无法表明受要约人一经承诺，要约人即受该意思表示的约束。因此，广告语中"更有机会让你的作品成为我们下一季的服装图案设计并且投入生产"一句话，不能引申为被告为征集服装设计而提出的要约。所谓委托创作作品是指受托人按照委托人的特定要求创作的作品，按照委托人的特定要求进行创作是委托创作作品的一个重要特征。从该项活动的广告语主旨"缤纷无限、创意狂欢"来看，该项活动不过是被告承诺"我们为你提供自由的平台，来尽情发挥你的想象的方式"，由参与者张扬个性、恣意涂鸦互动活动，而非征集服装设计作品的特定要求，不具有委托创作作品的特征。因此，本案原被告之间不存在委托创作关系。

2. 委托创作合同和技术服务合同的区别。委托创作合同和技术服务合同有时也非常容易混淆，因此应该注意区分。在曲平双诉张道明等侵犯计算机软件著作权纠纷案中，❶ 原告曲平双（合同甲方）与企网公司（合同乙方）签订了一份《企业网站架设合同》。在合同中双方约定：第一，甲方委托乙方在国

---

❶ 北京市第二中级人民法院（2007）二中民初字第 15441 号民事判决书。

际互联网上建设甲方的互联网网站。乙方将根据甲方要求提供域名注册、网站建设、ICP备案、维护的服务。甲方依据协议对自己的网站进行验收、认可。第二，乙方将网站制作完成后，网站版权归甲方所有。甲方依据协议利用乙方提供的FTP账号，通过管理后台对网站进行内容更新、撤换、删除以及其他的日常维护。甲方提供网站建设的文本资料和部分图片。第三，网站版权归甲方所有，如乙方在未经甲方允许的情况下，擅自将甲方网站源代码转让他人，甲方有权向乙方提起版权诉讼，并由乙方承担给甲方带来的相应损失。

合同签订后，双方依约履行了合同义务。在曲平双经营网站期间，企网公司于2007年4月28日与张道明签订了一份《软件销售合同》，双方约定张道明向企网公司购买晓风·彩票合买代购软件普及版v3.02软件。此外，企网公司还向其他网站销售了晓风·彩票合买代购软件v3.05及v4.0软件。曲平双指控企网公司销售的上述软件为本案被控侵权的软件。

被告企网公司实施的行为性质上属于技术服务还是委托开发？纵观本案案情，认定被告实施的行为属于技术服务行为较为妥当。理由是，软件开发是指对新的软件系统的研究开发。软件的技术服务是指利用已经开发完成的软件系统为他人提供技术上的支持。就本案来说，首先，从合同的名称上看，原被告签订的是网站架设合同，而不是软件开发合同。其次，所谓网站架设，通常是指架设者利用已开发完成的成熟软件，针对用户的实际需求适当调整后进行一系列的编排组合，属于技术服务范畴。虽然在网站架设中也存在重新开发软件的情形，但是，从本案《企业网站架设合同》约定的条文内容上看，彩票合买代购系统v3.0软件是组成后台程序功能性模块的一部分，合同中并没有额外约定该系统软件需要单独开发。

原告曲平双是否根据合同约定取得了彩票合买代购系统软件的著作权？关键是如何理解合同中约定的"网站版权"和"网站源代码"。对此，我国《合同法》第125条规定，当事人对合同条款的理解有争议的，应当按照合同所使用的词句、合同的有关条款、合同的目的、交易习惯以及诚实信用原则，确定该条款的真实意思。人民法院在进行合同解释时，应该采取主观和客观相结合的原则，以表示行为作为合同解释的基础，从合理第三人的立场探究当事人的内心意思，衡量各方当事人利益，作出能为社会所普遍接受的解释。本案中，考虑到该合同性质系网站架构合同的事实，参考行业上的通行习惯和认识，综合考虑本案的具体情况，本合同中的"网站版权"应是指网站页面的版权，

"网站的源代码"也应指网站页面的源代码。据此，从上述约定中不能得出支持该网站运行的后台系统软件的著作权归属原告曲平双的结论，原告曲平双主张其根据合同约定取得了彩票合买代购系统软件的著作权，缺乏事实和法律依据。

3. 如何判断受托方是否完成了委托创作作品。受托方是否按照合同完成了委托方要求创作的作品，是实践中经常发生纠纷的地方。一般说来，如果委托方明确约定了作品交付后验收的期限，则在验收期限经过后，应视为受托方已经按照要求完成了委托创作作品，委托方应当按照合同约定支付报酬。在林海鸥诉北京晟龙天华委托创作合同纠纷一案中，❶ 原告林海鸥按照合同约定履行了提交涉案电视剧《生死依托》的分集大纲和剧本初稿的义务。被告晟龙天华公司在收到涉案电视剧32集剧本初稿后，未在合同约定的15日内提出修改意见，根据合同约定，应视为林海鸥已经完成该剧本的创作和修改责任，因此被告应当按照合同约定支付报酬。

在委托合同没有明确约定委托方验收作品的时间、标准的情况下，究竟应该如何判断受托方是否完成了委托创作的作品，应当根据具体案情进行具体判断。在朱恒平诉三辰影库音像出版社有限公司委托创作纠纷案中，❷ 虽然被告组织专家评审原告提交的《蓝猫小学生兴趣作文》稿件低年级及中年级部分并得出"原告稿件不符合要求"，但此后其负责人蔡恒奇签收上述稿件，并在收条上注明"蔡主任验收取"的行为，应当认定为被告最终认可原告提交的稿件质量，原告依约完成了委托创作任务。

(二) 委托作品著作权的归属

两大法系基于不同著作权理念，对委托作品著作权的归属作出了不同规定。法国知识产权法典第 L. 111-3 条规定，著作权只能原始归属于作者，除非有特别规定，任何劳务合同或者雇佣合同不影响作者的此种权利。美国著作权法第201条第2款虽然规定雇佣作品著作权归雇主，但因为特约订购的作品或者委托创作的作品中只有第101条规定的9种作品属于雇佣作品，其他委托作品的著作权归属，委托人和受托人可以通过合同约定。

---

❶ 北京市第二中级人民法院（2008）二中民初字第16166号民事判决书。
❷ 北京市第二中级人民法院（2007）二中民初字第07393号民事判决书。

我国2010年《著作权法》关于委托作品著作权归属采取了较为特殊的做法。该法第17条规定，委托作品著作权，由委托人和受托人通过合同约定。合同未作明确约定或者没有订立合同的，著作权属于受托人，即实际创作作品的公民。显然，在此情况下，我国2010年《著作权法》保护的是创作者利益。

作者身份权是否可以由委托人和受托人通过合同约定？从解释论上看，2010年《著作权法》第17条似乎并不禁止这种情况的发生。但从消费者权益和竞争法的角度看，在委托人和受托人通过合同约定作者身份权属于委托人的情况下，对消费者和社会公众不免产生欺诈嫌疑，在委托作品市场化应用过程中，也将产生损害竞争秩序的后果。一句话，允许委托人和受托人通过合同约定作者身份权归属，将违背社会的善良风俗，所以著作权人格权中的作者身份权归属以不能约定为宜。

（三）不按委托作品处理的特殊情况

按照2002年最高人民法院《关于审理著作权民事纠纷案件适用法律若干问题的解释》第13条的规定，以下情况下创作的作品不是委托作品，而是个人作品：由他人执笔，本人审阅定稿并以本人名义发表的报告、讲话等作品，著作权归报告人或者讲话人享有。著作权人可以支付执笔者适当的报酬。在这种情况下，执笔者仅仅起到记录作用，其行为并不构成创作，因此不能享有著作权，著作权人支付给执笔者的报酬也非著作财产权，而是劳务报酬，属于一般债的范围，并且支付报酬并不是著作权人的法定强制性义务。

（四）委托作品属于受托人时委托人的权利

2002年最高人民法院《关于审理著作权民事纠纷案件适用法律若干问题的解释》第12条规定，按照《著作权法》第17条规定委托作品著作权属于受托人的，委托人在约定的使用范围内享有使用作品的权利；双方没有约定使用作品范围的，委托人可以在委托创作的特定目的范围内免费使用该作品。这种情况下委托人的免费使用权应当理解为一种抗辩权，因此除了继承、合并等一般承继事由，不得通过合同等其他事由进行转移。可见，为了平衡委托人和受托人的利益关系，最高人民法院的司法解释对著作权属于受托人的情况下对著作权人享有的著作财产权进行了一定限制。

德润时代公司诉汽车杂志社案中,[1] 受托人德润时代公司为汽车杂志社设计了刊标,合同终止后,汽车杂志继续在其举办的《汽车杂志》上使用该刊标,德润时代公司认为汽车杂志社侵害其著作权。然而,汽车杂志社委托德润时代公司设计涉案刊标的特定目的就是将该刊标用于该社主办的《汽车杂志》上,而且汽车杂志社对涉案刊标的使用并未超出双方合同约定的范围,因此虽然刊标的著作权属于德润时代公司,但汽车杂志社作为委托人,在其与德润时代公司签订的合同终止后,仍可以在其主办的《汽车杂志》上继续使用涉案刊标。

(五) 委托作品著作权归属立法论上的问题

按照我国2010年《著作权法》第17条规定,对于委托作品,如果委托人和受托人没有订立合同约定著作权的归属,或者虽订立有合同,但合同对著作权归属没有作出明确约定时,著作权属于受托人,即实际从事创作活动的人。著作权属于受托人虽然保护了实际从事创作者的利益,但会引发很多问题。比如,在委托创作的摄影或者绘画作品中,如果因为约定不明或者没有约定著作权属于摄影者或绘画者,摄影者、绘画者在行使其著作权时,不得不受制于被摄影者、被绘画者的肖像权或者隐私权等一般人格权。反过来,由于被摄影者、被绘画者不享有照片、画像的著作权,尽管手中握有照片或者画像等物权客体,却也难以进行毫无障碍的市场化使用。比如,拥有画像所有权的人,由于画像的著作权属于绘画者,是否能够将画像出售给他人作为商标使用就不无疑问。最高人民法院的上述司法解释显然是为了解决这种著作权和人格权、著作权和物权的相互制约问题而作出的,虽然在一定程度上可以解决实践中出现的难题,但依旧没有从根本上解决问题。原因在于,究竟什么才是该司法解释中所说的"委托创作的特定目的范围",不太容易界定。比如,婚纱摄影照片,在没有约定使用范围的情况下,究竟什么才是男女主人公委托创作婚纱摄影照片的特定目的呢?仅仅只能在婚礼仪式上、在家庭里、在影集中使用该照片?还是包含男女主人公撰写回忆录时在公开出版的回忆录中使用该照片?甚至包括将照片出售给他人作为广告和商标等使用?最高人民法院的司法解释本身没有明确,实践中不可避免会引起当事人反差巨大的不同理解。

---

[1] 北京市第二中级人民法院(2005)二中民终字第2699号民事判决书。

从委托作品的市场化应用为出发点，从立法论上看，必须统一规定，委托合同未明确约定著作权归属或者就著作权归属未订立合同的情况下，除了作者身份权以外的全部著作权属于委托人，使著作权主体和一般人格权主体同一从而消除发生纠纷的根源。

七、美术等作品原件展览权的归属

为了正确处理著作权和物权的关系，我国2010年《著作权法》第18条规定，美术等作品原件所有权的转移，不视为著作权的转移，但美术作品原件的展览权由原件所有人享有。也就是说，作为美术作品、摄影作品原件的所有人，除了享有所有权人应该享有的占有、使用、收益、处分等所有权权能外，还享有著作权法上的展览权，但不享有其他著作权。这是著作权法平衡美术作品、摄影作品等所有权人与著作权人利益的结果。由于展览权掌握在美术作品、摄影作品所有权人手中，著作权人要展览美术作品、摄影作品，必须征得其所有权人同意，并支付报酬。

所谓美术作品原件，是指美术作品首次固定之有形载体。摄影作品原件的认定较美术作品原件要复杂。就传统胶卷摄影作品而言，由于存在底片，而底片没有展览价值，因此只能认为根据底片清洗出来的照片为摄影作品原件，至于是第一次清洗出来的还是第N次清洗出来的，质量有无差别，并不影响原件的认定。但就数码摄影作品而言，虽然存在模板，但根据模板复制和打印出来的照片和根据模板本身打印出来的照片效果上并无差别，因此可以认为凡是根据模板打印出来的照片都是原件。

我国2010年《著作权法》第18条只规定了美术等作品原件展览权由原件所有人享有，美术等作品复制件的所有人展览该复制件是否侵害美术等作品著作权人的展览权呢？比如，从市场上买回印有某画家画作的挂历挂在宾馆大堂和每个客房，该宾馆是否侵害该画家对该画作复印件的展览权呢？我国2010年《著作权法》第10条第1款第8项规定，展览权，即公开陈列美术作品、摄影作品的原件或者复制件的权利，第18条也仅规定美术等作品原件展览权归原件所有人享有。结合这两条规定可以看出，著作权人对美术等作品复制件享有展览权，美术等作品原件所有人不得制作复制件进行展览。

德国著作权法第44条第2款也规定，仅美术或者摄影作品原件所有人有权公开展览作品，即使该作品尚未发表，但作者转让原件时明确地排除了展览的除外。

在陈湘波诉北京娃哈哈大酒家有限公司其他著作财产权纠纷案中，❶ 被告没有经过原告同意，擅自在其酒店内21处悬挂了原告7副作品复制件，被告虽然以该7副作品复制件系其开业时由第三人台湾迦通国际有限公司赠送，但因对该第三人证言未提供公证证明，所以法院未予采信，并由此判决被告行为侵害原告展览权。法院在这里实际上是认为，被告对侵权复制品的悬挂构成展览权的侵害。本案中的法院虽然以被告的复制件侵权为由判决被告的悬挂行为构成展览权侵害，但即使被告的复制件具有合法来源，按照上文对我国2010年《著作权法》第10条第1款第8项和第18条的解读，由于复制件的展览权属于著作权人，被告的行为也将构成展览权侵害。

根据举重以明轻的法律原则，如果美术作品、摄影作品原件所有权人都能够展览美术作品、摄影作品，复制件的所有权人更应该能够展览这两类作品复制件。中国台湾"著作权法"第57条规定，美术著作或者摄影著作之原件或者合法重制物所有人或者经其同意之人，得公开展示该著作原件或者复制件。中国台湾的立法经验值得借鉴。

八、作者身份不明的作品著作权归属

作者身份不明的作品，是指难以确证作者身份的作品，并不是指没有署名的作品。不署名是作者作者身份权的内容，不署名的作品作者身份一般是可以确证的。只有当不署名的作品无法确证作者身份时，才转化为我国2013年《著作权法实施条例》第13条所说的作者身份不明的作品。按照该条规定，作者身份不明的作品，由作品原件的所有人行使除作者身份权以外的著作权。作者身份确定后，由作者或者其继承人行使著作权。

《伯尔尼公约》第15条第2款规定，以通常方式在电影作品上署名的自然人或者法人，除非有相反证据，即推定为该作品的制片人。第3款规定，对于不具名作品和第1款规定以外的假名作品，如果出版者的名字出现在作品上，在没有相反证据的情况下，该出版者即视为作者的代表，并有权维护和行使作者的权利。当作者公开其身份并证实其为作者时，出版者则不得再维护和行使作者权利。第4款规定，作者身份不明但有充分理由推定该作者是成员国国民

---

❶ 北京市东城区人民法院（2007）东民初字第03991号民事判决书。

未出版的作品，成员国主管当局可以代表作者并有权维护和行使作者的权利。

作者身份不明的作品原件所有人在行使除作者身份权以外的著作权时所获得的报酬，在作者身份确定后，是否应当作为不当得利或者无因管理之债处理？我国《民法总则》第122条规定，因他人没有法律根据，取得不当利益，受损失的人有权请求其返还不当利益。第121条规定，没有法定的或者约定的义务，为避免他人利益受损失而进行管理的人，有权请求受益人偿还由此支出的必要费用。由于身份不明的作品所有人行使除作者身份权以外的著作权是著作权法授予的法定权利，所获得的报酬也应当属于法定利益，因此不符合不当得益的"没有合法根据"要件，不能作为不当得益之债处理。正是由于身份不明的作品所有人行使除作者身份权以外的著作权是著作权法授予的法定权利，因此其在行使除作者身份权以外的著作权时，并不是为了避免他人利益受损失而进行的管理或者服务，不符合无因管理的第二个要件，因此也不应当适用无因管理之债处理。

作者身份不明的作品作者身份确定后，原件所有人已经将作者身份权以外的著作权转让或者许可第三人，应该如何处理？对此，我国著作权法没有明确规定。本书作者认为，该著作权转让或者许可合同只能理解为继续有效。理由是，我国2010《著作权法》第13条已经明确规定原件所有人可以行使作者身份权以外的著作权，原件所有人也应当有权转让作者身份权以外的著作权或者许可第三人使用，并且获得的报酬不能作为不当得利返还给作者。但这样理解将造成另一个困境：作者身份确定后，在著作权已经转让或者许可给第三人的情况下，作者如何行使著作权？本书作者认为，在原件所有人许可第三人利用作品的情况下，作者身份确定后，可以认定自作者身份确定之日起，由作者行使许可权和获得报酬权，之前的报酬由原件所有人获得。在原件所有人转让著作权的情况下，由于真正作者无法对原件所有人或者第三人主张无因管理、准无因管理或者不当得利，因此事实上将丧失著作权，此种局面过分不利于作者。从立法论角度看，著作权法应当规定，作者身份不明的作品，原件所有人只能行使作者身份权和转让权以外的著作权，从而解决原件所有人转让作者著作权造成的困境。

第四节　著作权法适用的主体范围

著作权法适用的主体范围是指哪些人的作品、表演、录音制品、广播在什么样的条件下应受著作权法保护？按照我国 2010 年《著作权法》第 2 条规定，我国著作权法适用的主体范围如下：

一、中国主体

中国公民、法人或者其他组织的作品，不论是否发表，依照我国 2010 年《著作权法》享有著作权。

二、外国主体

外国人、无国籍人的作品根据其作者所属国或者经常居住地国同中国签订的协议或者共同参加的国际条约享有的著作权，受我国 2010 年《著作权法》保护。

外国人、无国籍人的作品首先在中国境内出版的，依照本法享有著作权。《著作权法实施条例》第 7 条规定，首先在中国境内出版的外国人、无国籍人的作品，其著作权自首次出版之日起受保护。条例第 8 条进一步规定，外国人、无国籍人的作品在中国境外首先出版后，30 日内在中国境内出版的，视为该作品同时在中国境内出版。这里所说的出版，含义和通常所说的图书、报刊的出版意义不同，包含发表和通常所说的图书、报刊出版意义上的出版。这里所说的中国，是指中国内地，不包括我国香港、澳门和台湾地区。我国香港、澳门和台湾地区都各自适用其著作权法。

未与中国签订协议或者共同参加国际条约的国家的作者以及无国籍人的作品首次在中国参加的国际条约的成员国出版的，或者在成员国和非成员国同时出版的，也受我国 2010 年《著作权法》保护。

三、外国邻接权主体在我国 2010 年《著作权法》上的地位

《著作权法实施条例》第 33 条至第 35 条分别规定了有关外国邻接权主体在我国 2010 年《著作权法》上的地位。第 33 条规定，外国人、无国籍人在中

国境内的表演，受著作权法保护。外国人、无国籍人根据中国参加的国际条约对其表演享有的权利，受著作权法保护。第34条规定，外国人、无国籍人在中国境内制作、发行的录音制品，受著作权法保护。外国人、无国籍人根据中国参加的国际条约对其制作、发行的录音制品享有的权利，受著作权法保护。第35条规定，外国的广播电台、电视台根据中国参加的国际条约对其播放的广播、电视节目享有的权利，受著作权法保护。

第四章
著作人格权

第一节 著作人格权概论

一、著作人格权与一般人格权

著作人格权,顾名思义,指因为著作而发生的人格权,亦即作者对其作品中表现的作者人格和精神利益享有的排他性权利,保护的是作者与其作品之间的关联性。[1] 我国2010年《著作权法》第10条用"人身权"指代作者人格权并不妥当。人身权属于民法上固有的概念,狭义人身权仅指自然人基于某种伦理身份而享有的权利,比如监护权、配偶权。广义人身权则还包括生命、健康、名誉、隐私、姓名等人格权。可见,不管是采狭义还是广义,人身权都不能准确指代著作人格权。在国内外著作权界,通常用作者人格权或者作者精神权利指代著作人格权。然而,作者人格权容易被误解为"作者的人格权",作者精神权利容易被误解为"作者的精神权利",从而与民法上一般的人格权和精神权利等同起来,并不可取。著作人格权较为准确地反映了作者人格和其作品之间的内在联系,因而本书从日本著作权立法和知识产权学界一致的用法,采著作人格权这一概念。

---

[1] 谢铭洋. 智慧财产法(第5版)[M]. 台北:元照出版有限公司,2014:191.

关于著作人格权和一般人格权，存在同质说❶和异质说❷两种学说。同质说认为，著作人格权与一般人格权具有同样的性质，只不过是一般人格权的一种特殊形态。异质说则认为著作人格权是一种不同于一般人格权的独立人格权，一般人格权与特定的作品无关，只有著作人格权涉及作者和作品之间的人格和精神关系，并且一般人格涉及生命、健康、自由、名誉、信用、贞操、姓名、肖像、隐私等方面，范围比著作人格权宽泛得多。

著作人格权虽然是因为作品创作而发生的作者人格和精神利益，与特定作品相关，不像生命、健康、自由、名誉等一般人格权那样，始于自然人的出生，终于自然人的死亡，也不像监护权、配偶权等身份权那样，基于某种特定伦理和身份关系而发生，但就著作人格权中的保护作品完整权来说，尽管作品是作者思想或者感情的创作性表达，然而按照《伯尔尼公约》第6条之2第1款规定，依旧以对作品的改变行为客观上是否足以损害作者声誉作为侵权判断标准，与一般人格权中名誉权的侵权判断标准一致，二者实质内容并不存在差别。这说明，即使著作权法不规定保护作品完整权，也可以通过一般人格权中的名誉权来控制客观上足以损害作者声誉的改变作品行为。事实上，我国在制定实施著作权法之前，就是通过民法通则规定的名誉权来保护作者对其作品享有的完整性权利的。由此可见，保护作品完整权与一般人格权中的名誉权具有实质上的同质性。

发表权亦是如此。虽然作者享有决定作品何时何地以何种方式公开的自由，但其中涉及著作人格的因素，无非是作品内容包含的自己或者他人的隐私信息，以及影响作品声誉或者作品声誉的作品内容本身。未经作者同意将其作品公之于众，产生的不利后果主要包括以下情况：因为作品不成熟或者不适当的内容被公众知悉，公众因此对其作品和/或作者声誉作出负面评价；有关个人或者他人的隐私被泄露，导致作者本人或者他人外在或者内在的安宁丧失，精神遭受损害。如果损害结果是前者，可以按照侵害一般人格权中名誉权处理。如果损害结果是后者，可以按照侵害隐私权处理。可见，发表权实质上也和一般人格权中的名誉权或者隐私权具有同质性。

---

❶ 参见齐藤博. 人格权法研究 [M]. 名古屋：一粒社，1979：232；王泽鉴. 侵权行为法 [M]. 北京：中国政法大学出版社，2009：168.

❷ 半田正夫. 著作権法概説（第13版）[M]. 东京：法学书院，2007：113. 德国学者雷炳德亦持异质说。参见雷炳德. 著作权法 [M]. 张恩民，译. 北京：法律出版社，2005：267.

作者身份权和一般人格权中的姓名权同样具有同质性。作者身份权是作者通过在其作品上署真实姓名、假名、笔名等方式表明其是作品创作者的权利。姓名权是作者排除他人干涉其使用姓名、盗用其姓名、假冒其姓名的权利。作者创作出作品后，一般使用其真实姓名在其作品上进行署名，属于对其姓名的使用。即使作者在其作品上署假名或者笔名等，仍然属于对其真实姓名的变通使用，并未脱离其姓名权涵盖的范围。未经作者许可改变其在作品上的署名的，完全可以按照侵害作者一般人格权中的姓名权处理。由此可见，作者身份权仍然可被一般人格权中的姓名权包含，作者身份权依旧可以归结为一般人格权的组成部分。

综上，著作人格权和一般人格权具有同质性，只不过是一般人格权特殊的一种形态，上述同质说更为妥当。❶

二、著作人格权与著作财产权关系的一元论和二元论

著作权包括著作人格权和著作财产权。关于著作人格权和著作财产权的关系，存在一元论和二元论的分歧。

德国乌尔姆等一元论者主张，著作人身权和著作财产权统一构成著作权，二者只不过是著作权这个复合体的两个权能，二者一起产生、消灭和继承。一元论反对著作人格权的转让，并且认为作者虽然可以支配著作财产权，但这种支配不是转移式的处分，本质上仅仅是作者在自己权利上设定的义务（许可），作者依旧保留着这些权能的母权利，而且这种母权利依旧构成著作权人格权权能和著作财产权权能的渊源。❷

德国是采取一元论的代表。其著作权法第29条规定，著作权不可转让，除非是在履行死因处分中被转让或在遗产分割中被转让给共同继承人，但准许授予使用权。

田村善之等二元论者则主张，著作人格权和著作财产权是著作权两个不同方面的权利，二者相互独立，著作财产权可以独立放弃、转让，著作人格权由于和作者人格紧密联系，因此不得转让，但作者可以和使用人签订不行使著作

---

❶ 日本著名知识产权法学者中山信弘先生坚持折中论，认为某些著作人格权和一般人格权具有异质性，难以为一般人格权所包容，完全的同质说和完全的异质说都存在一定问题。参见中山信弘. 著作権法［M］. 东京：有斐閣，2007：361－362.

❷ 雷炳德. 著作权法［M］. 张恩民，译. 北京：法律出版社，2005：27.

人格权的契约。❶

　　法国、日本、中国台湾是采取二元论的代表。日本著作权法第59条规定，著作人格权属于作者，不得进行转让。第61条规定，著作财产权可以全部或者部分转让。中国台湾"著作权法"第21条规定，著作人格权专属于著作人本身，不得让与或者继承。第36条规定，著作财产权得让与他人。

　　我国2010年《著作权法》虽未一般性地明确规定著作人格权专属于作者，不得进行转让，但从第19条未明确规定著人格权是否可以继承，第10条第2款、第3款明确规定著作财产权转让和许可看，我国采取的也是二元论立场。

　　一元论和二元论虽在著作人格权和著作财产权是否不可分离、著作财产权仅得授权使用还是可以转让两个方面存在分歧，但有一个共同点，即无论著作财产权仅得授权使用还是可以转让，为了使利用人或者受让人达到其利用目的，在必要范围内，都得限制著作人格权的行使。

三、著作权人格权的归属

　　《伯尔尼公约》第6条之2规定，作者享有表明其作者身份的权利、保护作品完整性的权利。但因大陆法系和英美法系著作权保护精神差异较大，《伯尔尼公约》将法人或者非法人单位是否享有著作人格权的权力留给各个成员自行决定。

　　以美国、英国为代表的英美法系国家的著作权法主要以促进文化进步为目的，赋予一定期限著作权只是手段，因而发展出了"雇佣作品原则"，作者受雇完成的作品，除非当事人有不同约定，否则由雇主取得著作财产权。1989年至1990年间美国与英国为符合《伯尔尼公约》要求开始保护著作人格权时，并未采取由雇主享有著作人格权的立法方式，但考虑雇主承担的经济风险，以及雇主根据实际需要变更作品内容加以利用的需要，遂在其版权法第106a条第（c）款第(3)项、第101条中将雇佣作品排除于著作人格权保护之外，以保护雇主的著作财产利益。英国则在其著作权、设计与专利法条9条第1款、第2款中对作者和著作权人做了区分，作者包括创作作品的作者、录音物的作者、电影制作人和主要导演、广播公司、排版的出版社，著作权人原则

---

❶ 田村善之. 知的財産権法（第5版）[M]. 东京：有斐閣，2010：502-503.

上是作者，但作品如是雇佣作品，则雇主是著作权人，享有著作财产权。著作人格权，原则上由文学、戏剧、音乐与艺术作品的作者及电影导演享有，但按著作权、设计与专利法第 77 条第 1 款、第 80 条第 1 款规定，录音物、广播与排版不受著作人格权保护。按照第 79 条第 3 款规定，雇佣作品，作者不享有姓名表示权，且按照第 82 条第 2 款规定，只有在作者在雇佣作品上表示了其姓名，而且和雇主之间不存在放弃约定，才享有保护作品完整权。❶

以德国、法国、日本为代表的大陆法系国家的著作权法秉持天赋人权观念，贯彻创作人原则，规定作者于创作完成时即享有著作人格权和著作权财产权，并且原则上只有自然人享有著作权。

德国著作权法彻底贯彻创作人原则，于第 7 条规定，作者是指作品的创作者。创作者即赋予作品独创性的人，只能是自然人，不能是法人。即使作品属于雇佣创作或者委托创作，作者也只能是受雇人或者受托人，而非雇主或者委托人。对于代笔人现象，即使根据合同由他人署名为作者，并享有全部著作权，但代笔人仍然是作者，只是视为代笔人将著作权中的全部利用权授予他人。

法国知识产权法典第 L. 111 - 1 条规定，智力作品的作者，仅仅基于其创作的事实，就该作品享有独占的及对抗一切他人的无形财产权，该权利包括本法典第一卷及第三卷规定精神和智力方面的权利和财产方面的权利。除本法典另有规定的外，订有或者订立劳务合同或雇佣合同，不影响智力作品的作者享有第一款规定的任何权利。除同样的情形外，智力作品的作者为国家、地方行政部门、具有行政属性的公共部门、具有法人资格的独立行政管理部门或者法兰西银行的公务人员的，他们所享有的前述权利亦不受影响。可见在法国，原则上只有创作作品的人才是作者，才享有著作人格权和著作财产权。但法国贯彻创作人原则不像德国那样彻底，存在集合作品例外。所谓集合作品，按照法国知识产权法典第 L. 113 - 2 条第 3 款规定，是指由自然人或者法人发起，并由其主导并以其名义编辑、出版与公开发表的作品，且参与创作的多个作者的个别贡献已经融入该作品整体当中，不可能就完成的整体作品赋予他们中任何一人以单独的权利。按照第 L. 113 - 5 条规定，如无相反证明，集合作品推定为以其名义公开发表的自然人或者法人的财产，赋予其著作权，并由该自然人

---

❶ 十二国著作权法 [M].《十二国著作权法》翻译组，译. 北京：清华大学出版社，2011.

或者法人行使著作财产权与著作人格权。❶

日本和我国虽同属大陆法系国家，但似乎走了一条介于"雇佣作品原则"和"创作人原则"之间的实用主义道路。日本著作权法，一方面贯彻创作人原则，在第 2 条第 1 款第 2 项规定，只有创作作品的人才是作者，并在第 14 条规定，在作品的原件上，或者在向公众提供或提示作品时，将其姓名或名称或者代替其真实姓名的众所周知的雅号、笔名、略称等采用通常的方法作为作者名表示的人，推定为该作品的作者。但另一方面又采用雇佣人原则，在第 15 条规定，按照法人或者其他使用者的提议，从事该法人等所属业务的人在职务上创作的（计算机软件除外）、以该法人等自己的名义发表的作品，只要该作品创作时的合同、工作规章没有特别规定，则该法人等为该作品的作者，享有第 18 条至第 28 条规定的著作人格权和著作财产权。❷

我国著作权法，一方面像日本著作权法一样贯彻创作人原则，在第 11 条第 1 和第 2 款规定，创作作品的公民是作者，著作权属于作者，并在第 16 条规定，一般职务作品著作人格权和著作财产权都由创作者享有，单位仅在业务范围内享有 2 年优先使用权，即使是特殊职务作品，作者也享有作者身份权，同时在第 17 条规定，委托作品著作权归属约定不明或者没有约定的，属于受托人即创作作品的自然人。另一方面也像日本著作权法那样，贯彻雇佣作品原则，在第 11 条第 3 款规定，由法人或者其他组织主持，代表法人或者其他组织意志创作，并由法人或者其他组织承担责任的作品，法人或者其他组织视为作者。

由上可见，因著作人格权保护影响著作财产权的利用，在立法上，各国根据各自的立法传统、立法精神、现实需要等因素，对著作人格权的享有以及行使做出了各自的安排。

四、契约对著作人格权的限制及其边界

按照著作人格权和著作权财产权一元论，作者虽不得将著作权让与他人，但可授权他人利用。按照著作人格权和著作财产权二元论，作者则不仅可授权他人利用其著作，而且可将著作权让与他人。在一元论之下，为了确保著作利

---

❶ 十二国著作权法 [M].《十二国著作权法》翻译组，译. 北京：清华大学出版社，2011.
❷ 日本著作权法 [M]. 李扬，译. 北京：知识产权出版社，2011.

用权之顺利行使，当事人通常会在契约中约定对著作人格权的行使进行限制，比如约定利用作品时不表示作者姓名，约定利用人可以改变作品内容。在二元论下，当事人除了在契约中约定对著作人格权的行使进行限制外，甚至会约定作者地位的转让。如此就产生了契约限制著作人格权的边界问题。

（一）契约限制著作人格权边界判断标准的理论

1. 核心理论。按照该理论，是指当事人仅得以契约限制著作人格权核心范围以外的部分，限制著作人格权核心部分的约定无效，只有这样才能保护著作人格权。❶ 所谓核心部分，德国联邦最高法院在 Cosima Wagner 案中指出，契约对著作人格权限制部分严重危害作者与其作品之间的精神与人身关联关系的，即属于著作人格权的核心部分，该部分不得以契约限制或者抛弃。❷ 但在该案中，德国联邦最高法院并未进一步阐明著作人格权核心部分的内容，而是直接以违反德国民法典第 138 条规定的公序良俗或者严重危害作者的人格利益为由认定当事人约定无效，因此判例的意义并不大。

2. 预见可能性理论。Schricker 教授针对保护作品完整权的契约限制提出，应当以限制著作人格权的约定是否属于个别性约定作为限制边界的判断标准，此即预见可能性理论。按照该理论，由于作者在签订契约时无法明确知悉其人格权所受限制或者抛弃的权利范围，因而如果当事人对限制著作人格权的约定属于概括性限制或者抛弃著作人格权的约定，则该约定无效。反之，如果约定为个别性限制或者抛弃约定，则约定有效。理由是，作者在签订契约时即可知悉所受限制或者抛弃的权利范围，限制约定产生的效果并未超越作者可预见的范围。在此情况下，即使该项限制约定可能产生利用人变更作品内容并产生损害作者著作人格利益的结果，亦不影响该限制约定的有效性。❸

3. 预见可能性理论修正说。Metzger 教授一方面强调契约自由，认为只要当事人对著作人格权的限制或者抛弃约定为个别性约定即发生限制或者抛弃的效力，从而延续了 Schricker 教授的预见可能性理论；另一方面认为当事人对

---

❶ Thomas Dreier, in: Dreier/Schulze, UrhG Kommentar, 2. Aufl., 2006, § 43, Rn. 34; Sabine Rojahn, in: Schricker/Loewenheim (Hrsg.), Urheberrecht Kommentar, 4. Aufl., 2010, § 43, Rn. 73.
❷ BGH GRUR 1955, 201.
❸ 王怡苹. 著作权法与商标法论文集 [M]. 台北：台湾元照出版有限公司, 2018: 16 - 17.

于著作人格权所约定的限制或者抛弃范围不明确时，应当通过目的性让与理论❶解释契约，仅在达到契约目的的必要范围内限制或者抛弃著作人格权。完全不行使姓名表示权或者保护作品完整权等限制约定，因无法通过目的性让与理论限制该约定的有效范围，应以违反德国民法典第138条规定的公序良俗认定其无效。❷

中国台湾学者王怡蘋通过梳理德国法院运用核心理论的重要判决后指出，德国法院存在未详细说明理由或者相互矛盾之处。就发表权而言，法院仅在Cosima Wagner案中认定作者的女儿为可代为行使发表权的第三人，未进一步说明除此之外第三人的范围是否应予限制。就姓名表示权而言，法院对匿名代笔的约定存在不同认定标准，部分法院判决仅简单认定匿名代笔约定的有效性，似可理解为无条件地承认此类限制约定的效力。部分判决认为需依个案而定，在Pumuckl案中，法院将匿名代笔解释为作者放弃表示其姓名，且该放弃并非永久性，应类推适用德国著作权法第41条第4款第2段规定，使作者可于契约签订5年后撤回放弃姓名的表示，似可理解为有条件地承认此类限制约定的效力。就保护作品完整权而言，早期德国法院将禁止保护作品完整权的核心范围界定为严重变更作品内容，例外情况下认为即使严重变更作品内容也不侵害保护作品完整权，未严重变更作品内容的约定，即使属于概括性允许利用人进行各种变更，该约定仍然有效。但究竟何为严重变更作品内容，仍属不确定性概念，不同个案中可能产生不同理解。预见可能性理论则完全以作者能否预见契约限制著作人格权范围为判断标准，难以避免契约相对人滥用契约自由的情形发生。预见可能性理论修正说虽借助目的性让与理论限制了当事人约定著作人格权限制或者抛弃的范围，并以公序良俗条款使完全不行使姓名表示权或保护完整权的约定无效，确实修正了预见可能性理论的缺陷，但适用于中国台湾存在障碍。理由是，在中国台湾目的让与理论仅适用于当事人真意不明且无默示合意的情形，而德国目的让与理论仅适用于当事人无明示约定的情况，二者适用条件存在实质差异。❸

---

❶ 目的性让与理论认为，在授予作品使用权契约中，约定范围不明时，推定作者只是授予为达到授予使用权契约目的所必要的使用方式。该理论已经体现在德国著作权法第31条第1款第5项的规定当中。参见德国著作权法［M］. 范长军，译. 北京：知识产权出版社，2013：42.

❷ Metzger. a. a. O. (Fn. 25), S. 21 – 22; zustimmend Dietz/Peukert, a. a. O. (Fn. 2), vor §§12 ff., Rn. 27a, 28b.

❸ 王怡蘋. 著作权法与商标法论文集［M］. 台北：台湾元照出版有限公司，2018：28 – 32.

(二) 契约限制著作人格权的边界

德国实务提出的核心理论，着重维护作者与其作品间的精神和人身关联性，避免因契约自由而严重破坏对此关联性的保护，确保各项著作人格权的核心范围不受契约自由滥用的影响，功能上值得肯定，故而只要进一步阐明各项著作人格权的核心内容，即可弥补其缺陷，并作为判断契约限制著作人格权边界的标准。

1. 契约限制发表权的边界。发表权，即作者决定是否将其作品公之于众、何时何地以何种方式公之于众的排他性权利。发表权的第一部分内容，即作者决定是否将作品内容公之于众的权利，目的在于确保作者公开发表其作品内容的自由意志，以避免使大众知悉作者认为尚不成熟、包含隐私和政治等方面不适宜的作品内容，从而避免其作品遭受声誉损害，或者遭受隐私损害，或者侵害他人隐私，因此属于发表权保护的核心内容，不得以契约约定进行限制，否则无效。❶ 此外，在作品未完成前，因作者难以掌握作品何时达到足以发表的程度，也难以判断是否适于公开作品内容，作者因为生活所迫或者其他原因将著作财产权转让给他人或者授权他人使用的，即使作者未就发表权进行保留约定，也不宜解释为作者同意发表其作品。发表权的第二部分内容，即作者决定何时何地以何种方式发表作品的权利，目的在于使大众知悉作品内容的时间、地点、方式等，该部分内容系以作者同意发表作品为前提，因此纵使公开的具体时间、地点和方式不符合作者意愿，亦不致严重毁损发表权保护的目的，因此对作者何时何地以何种方式发表其已经完成的作品的契约限制，属于有效约定。

2. 契约限制作者身份权的边界。《伯尔尼公约》第 6 条之 2 第 1 款规定，作者享有表明其是某作品创作者这一身份的权利。据此，作者身份权的保护范围，包括三个部分。一是确认其为某作品创作者这一身份。二是决定是否在其作品上署名以表明其作品创作者身份。三是决定在其作品上署真实姓名、假名、笔名还是别名，以表明其作品创作者身份。其中，第一部分涉及确认作品创作者身份地位，应当属于作者身份权的核心保护范围，由其他非创作者取而代之，将动摇作者身份权保护之根本，对社会大众也构成不实表示，有违公序

---

❶ 王怡蘋. 著作权法与商标法论文集 [M]. 台北：元照出版有限公司，2018：33.

良俗。由此，非创作者获得创作者地位的契约约定应属无效。至于第二、第三部分，涉及的是作者表明其是作品创作者这一身份的具体方式，具体方式并不改变创作者身份这一根本，因而当事人可以契约约定进行限制，比如约定不在作品上表示姓名，约定在作品上属假名、别名或者不署名，标示主编或者副主编、编辑，等等，均应当解释为有效。

针对实践中常见的匿名代笔约定，即作品非创作者在代笔人创作作品上署名为作品创作者的约定，德国慕尼黑高等法院在 Pumuckl 案中将此约定解释为，作者放弃的仅是在作品上表示其姓名的权利，而非放弃其创作人身份，因此并未超越著作人格权不得放弃的规定，且该约定应当类推适用德国著作权法第41条第4项第二段的规定，[1] 从而使作者可在契约订立五年后撤回放弃姓名的表示，否则将永久性地使非创作人演变为创作人，涉及姓名表示权的核心保护内容。[2] 但也有观点认为，如作品系公务员完成的职务创作，因公务员从公务体系获得报酬以及养老金等，对国家公务体系负有更高的忠诚义务，多不得要求姓名表示权，而须以机关名义或者机关首长之姓名发表，因此不得适用德国著作法第41条第4项第二段规定的五年撤回规定。[3] 对此，德国学说界多持支持态度，认为承认此类约定的有效性，能够符合当事人的实际需要，比如作者以机关团体的名义回信、表达意见，或者作者以董事长或者机关团体的名义撰写年度报告，都是实务上常见现象，若否定约定的有效性，反而不符合当事人的实际需要。[4]

德国实务和理论界的上述观点是否适用于我国，需要具体分析。如匿名代笔者系机关团体、企事业单位的雇员，且作品系基于职务创作完成，则按照我国著作权法第11条第3款规定，单位原始取得所有著作权，包括著作人格权和著作财产权。此种情况下，匿名代笔者可视为机关团体、企事业单位的创作工具或手足，对其创作完成的作品本无作者身份权，自无和机关团体、企事业单位约定限制的必要。但是，如匿名代笔者和他人系平等主体关系，且代笔系契约约定，而非完成职务创作，则非作品创作者在作品上署名为创作者的契约

---

[1] 德国著作权法第41条第4项规定："召回权不得事先放弃。不得事先在超过5年的期限排除召回权的行使。"参见德国著作权法［M］.范长军，译.北京：知识产权出版社，2013：60.

[2] OLG Munchen ZUM 2003, S. 964, 967.

[3] Hans‐Heinrich Schmieder, Die Rechtsstellung der Urheber und Kunstlerischen Welkmittler im privaten und offentlichen Dienst, GRUR 1963, S. 297, 300; Rojahn, a. a. O. (Fn. 27), § 43, Rn. 80.

[4] Bullinger, a. a. O. (Fn. 2) § 13, Rn. 19. Dietz/Peukert, a. a. O. (Fn. 2) § 13, Rn. 28.

约定，涉及作者身份权保护的核心范围，应属无效。

总之，确认作品创作者地位是作者身份权保护的核心范围，在不损及确认作品创作者地位的情况下，通过契约改变创作者具体的署名方式，应当承认此约定的有效性。❶

3. 契约限制保护作品完整权的边界。按照《伯尔尼公约》第6条之2第1款规定，作者有权反对损害其声誉或者名望的对其作品所作出的任何形式的歪曲、篡改、修改或者其他贬损性的行为。据此，利用人变更作品内容加以利用，只要客观上未损害作者的声誉或者名望，即不侵害作者的保护作品完整权，从而可以大幅减少作者滥用保护作品完整权妨碍作品利用的问题。据此，保护作品完整权保护的核心范围是，作者有权反对对其作品进行损害其名誉或者声望的变更或者利用，当事人通过契约约定限制保护作品完整权行使的，如果允许该约定发生效力，客观上即使发生利用人变更作品内容损害作者声誉或者声望的后果，作者也不得行使保护作品完整权，如此一来，保护作品完整权的立法目的势必落空。可以说，保护作品完整权被立法者加上损害作者名誉或者声望的要件后，其保护范围已经限缩至最小范围，即保护作品完整权的核心范围，因而不再允许当事人通过契约约定进行限制。❷ 也就是说，限制保护作品完整权的契约约定，应属无效。至于实践中常见的允许对作品进行修改、变更的契约，由于本身不在保护作品完整权保护的范围内，属于一般契约问题，无违反其他法律强制性规定时，应属有效。

五、作者死亡后著作人格权的保护

《伯尔尼公约》第6条之2第2款明确要求成员国在作者死亡后为其作者身份权和保护作品完整提供不低于著作财产权保护期限的保护。我国2010年《著作权法》第20条明确规定作者的作者身份权、修改权、保护作品完整权不受保护期限的限制。第21条则规定公民作品的发表权保护期为作者终生及其死亡后50年，截止于作者死亡后第50年的12月31日，如果是合作作品，则截止于最后死亡的作者死亡后第50年的12月31日。我国著作权法实施条例第15条规定，作者死亡后，其著作权中的作者身份权、修改权和保护作品

---

❶ 王怡苹. 著作权法与商标法论文集 [M]. 台北：元照出版有限公司，2018：44.
❷ 王怡苹. 著作权法与商标法论文集 [M]. 台北：元照出版有限公司，2018：36.

完整权由作者的继承人或者受遗赠人保护。著作权无人继承又无人受遗赠的，其作者身份权、修改权和保护作品完整权由著作权行政管理部门保护。《著作权法实施条例》第17条规定，作者生前未发表的作品，如果作者未明确表示不发表，作者死亡后50年内，其发表权可由继承人或者受遗赠人行使；没有继承人又无人受遗赠的，由作品原件的所有人行使。

为什么要保护作者死亡后的人格利益？一说认为是为了保护作者生前的期待利益，即期待即使死后其著作人格利益也会像其生前一样受到保护，因而可以怀抱这一希望而安心死去。❶ 一说认为是为了保护文化财产不受损害这一公共利益。一说认为与其说是为了保护死去作者的著作人格利益，还不如说是为了保护其继承人或者其他相关人的一般人格利益。

本书作者认为，对作者死亡后人格利益进行保护的宗旨，不能一概而论。就作者身份权而言，禁止他人在作者死亡后改变作者的署名，既是文明社会对死亡作者的尊重，也是为了防止社会公众因为署名变化遭受欺骗，因此兼具上述第一和第二方面的目的。就发表权而言，作者生前之所以不发表某些作品，无非是出于保护自己或者他人隐私、名誉的需要，作者死后如果任由他人发表，很可能使在世之人（继承人或者作品中涉及隐私、名誉之人）的名誉、隐私受到侵害，或者精神上遭受痛苦。可见，保护作者死后的发表权主要目的是为了保护继承人或者其他相关人的一般人格利益。就保护作品完整权而言，作者死后如果任由他人改变，特别是对原件进行改变，将使文化财产特别是那些珍贵的文化财产遭受破解，使社会公众丧失欣赏作品原件或者原作品的机会。另外，随着社会发展，如果可以推定对作品的某些改变不会违背作者意志，则可以为社会公众提供更多作品。从这两个角度看，对作者死亡后保护作品完整权的保护目的在于保护社会公共利益。当然，如果作者死后任由他人对其作品进行歪曲、篡改，以至于严重损害作品声誉和作者声誉，必将使继承人遭受精神损害。可见，在作者死后对其保护作品完整权进行，兼具上述第二和第三两个方面的目的。

六、我国2010年《著作权法》规定的著作人格权特点

我国2010年《著作权法》第10条第1款第1至4项规定了四种著作人格

---

❶ 田村善之. 知的财产权法（第5版）[M]. 东京：有斐阁，2010：507.

权,即发表权、作者身份权、修改权、保护作品完整权。相比《伯尔尼公约》第6条之2第2款规定的作者身份权、保护作品完整权两种著作人格权,我国2010年《著作权法》多规定了两种人格权,即发表权和修改权。日本、德国、中国台湾"著作权法"都规定了发表权,因此发表权并非我国独有,只是相对于《伯尔尼公约》来说显得"特殊"。

关于著作人格权的规定,真正属于我国2010年《著作权法》特色的是,在保护作品完整权之外,还规定了修改权。由于侵害这两种权利的判断标准完全不同,我国的这种规定导致司法实践中出现了许多判断标准不一致的案件,损害了司法的权威性和公正性。对此,下文将详细论述。

第二节 发表权

一、发表权的含义和特征

按照我国2010年《著作权法》第10条第1款第1项的规定,发表权是指决定作品是否公之于众的权利。我国《著作权法实施条例》第20条规定,著作权法所称已经发表的作品,是指著作权人自行或者许可他人公之于众的作品。

具体而言,正如德国著作权法第12条规定的那样,发表权包括"首次发表权"和"作品内容公布或者描述权"。"首次发表权"的对象是包括作品表达形式在内的作品整体,"作品内容公布或者描述权"的对象,则是作品具有独创性的内容,而不包括作品包含的公知事实及科学结果等。电影发行公司在电影公开首映之前以电影内容进行广告,或者出版社在图书出版发行前以图书内容进行广告,属于作品内容公布或者描述权控制的行为。

《伯尔尼公约》并未规定发表权。原因大概是,未经作者同意发表其作品的行为,从人格权角度看,可以通过隐私权、名誉权进行控制。从财产权角度看,由于发表离不开复制、出版发行、朗诵、展览、广播、表演、放映、广播、信息网络传播等具体方式,可以通过这些财产权利控制未经许可发表作品的行为。

发表权属于一次性行使的权利。即作者或其授权之人将作品公之于众后,就像商业秘密保有者将自己的商业秘密披露给公众，一次性用尽了。发表权的这种性质意味着，对作者自己而言，第一次将作品公开后（比如演讲），即使以后再变换利用作品的方式（比如信息网络传播），也不属于再次发表作品。对作者以外的他人而言，未经作者同意改变已经发表作品的利用方式，比如在已经发表的作品中间或者周边穿插广告，侵害的并不是作者的发表权，而是保护作品完整权等其他权利。

发表权虽然属于著作人格权，却是实现著作财产权的前提，准确理解发表权的含义和特征非常重要。

（一）发表和出版的联系和区别

按照伯尔尼公约第3条第3款规定，无论以什么方式制作复制件，只要从作品的性质看，复制件的发行能满足公众的合理需要，就构成出版。但不包括戏剧、音乐喜剧或者电影作品的表演，音乐作品的演奏，文学作品的公开朗诵，文学或者艺术作品的有线传播或者广播，美术作品的展出和建筑作品的建造。可见，出版包括复制和发行。我国2010年《著作权法》第58条采纳了伯尔尼公约对出版的界定，规定"本法第二条所称的出版，指作品的复制、发行。"这里的"、"号是指"和"的意思，而不是指"或者"的意思。

出版虽然是发表作品的一种常见方式，但发表不限于出版这种方式，还包括表演、展览、放映、朗诵、广播、信息网络传播等各种方式。上述伯尔尼公约规定不构成作品出版的方式，都属于作品发表的方式。

（二）发表权的内容

发表权包括作者是否将作品公之于众、何时公之于众、何地公之于众、以何种方式公之于众的权利。

是否公之于众，意味着决定将作品公之于众是作者的权利，决定不将作品公之于众同样是作者的权利，除非著作权法有特殊规定，否则，任何未经作者同意将其作品公之于众的行为，就构成对发表权的侵害。

何时公之于众，意味着作者可以选择其作品公之于众的时间。时间对于作者而言非常重要。作品尚未最终完成、最终完成后尚未加工润色，或者由于政治、道德、宗教等原因，或者由于个人或者他人隐私方面的原因，暂时不宜公之于众的情况下，他人未经许可将其公之于众，很可能给作品声誉、作者声誉造成非常不利的负面评价，或者造成作者个人隐私或者他人隐私被泄露的结果，给作者带来意想不到的损害，因此公之于众的时间应当由作者控制。

何地公之于众，意味着作者可以选择作品公之于众的地点。这里的地点不是指某个具体的地点，而是指法律效力所及的地域。地域对作者同样重要。由于政治、道德、宗教、价格差别等原因，作者的作品可能不适宜在某个地域范围公之于众，未经许可在这些地域内将其公之于众时，对作者会造成同样的伤害，因此公之于众的地方也应当由作者控制。

何种方式公之于众，意味着作者可以选择作品公之于众的方式。公开作品的方式包括出版发行、朗诵、表演、上映、展览、广播、信息网络传播等，以及通过这些方式公开作品时是否允许附加广告等条件。作品公开方式不同，对作者经济利益的影响也不同。

(三) 公之于众的理解

最高人民法院《关于审理著作权民事纠纷案件适用法律若干问题的解释》第 9 条规定，"公之于众"，是指著作权人自行或者经著作权人许可将作品向不特定的人公开，但不以公众知晓为构成条件。据此，以任何公众都能够感知作品内容的方式，比如，在公众集会上的讲话、在任何人都可以参加的学术会议上的演讲、在任何人都可以参加的朗诵比赛上的朗诵、在任何人都可以参加的展览会上的展览、任何人都可以游览的公园里的设置，等等，不管实际参加的公众人数有多少，都属于公之于众。

在人数特定但众多的情况下发表作品，比如，在公司内部刊物、学校内部刊物、院系内部刊物上刊登作品，在知识产权法学研究会、高校知识产权法学研究会等全国性学术团体举办的会议上所做学术演讲，在不对外开放的学校课堂、礼堂上的授课、讲话，是否属于"公之于众"？学术界普遍的观点认为特定多数人负有默示保密义务，因而不应该视为"公之于众"。本书作者不赞成这种观点。面向特定多数人公开作品不视为公之于众，特定的多数人将承担不可预知的默示保密义务，引用他人作品等后续的行动自由将受到过大妨碍，不利于作品传播。反过来，在上述情况下，如果做这样的理解，即在特定多数人场合公开作品，如著作权人当场没有明确的反对意思表示，即推定为公之于众，不但不会给特定多数人施加不可预测的默示保密义务，而且不会给特定多数人后续引用作品等行动自由造成妨碍，有利于作品的传播。据此，在人数特定但众多的情况下公开作品的行为,如果著作权人没有要求接触作品的人承担保密义务,则应当推定为公之于众。这种推定的意义在于,他人可以进行不侵权抗辩使用和法定许可使用,因而有利于作品的传播。这种推定与专利法中判断什么是公开出版物的方式是一致的。如此解释的理由在于,既然著作权人让特定多数人感知、接触其作品,接触作品的人很难判断出著作权人是否存在不愿意让其他更多的人感知、接触其作品的理由,因而要其承担所谓的默示保密义务没有足够的根据。

是故,日本著作权法第2条第5款规定,"本法所称的公众,包括特定的多数人"。

但是,在感知、接触作品人数非常有限的情况下,比如将自己创作的诗歌复制三份,分别赠送给自己的三个好朋友,即使没有和每个朋友约定不得以任何方式在报纸、期刊、网络上公开,或者以其他方式公开,三人也应当认为是负有默示保密义务、不得公开其作品的人,因而这种赠送不能认为是将作品公之于众的行为。理由是,由于感知、接触作品的人数很少,感知、接触作品的人应该预见到著作权人可能并不想让其他更多的人感知、接触其作品,因而在其让更多的人感知、接触著作权人作品之前,应该事先征求著作权人的意见,否则应当视为侵害著作权人发表权的行为。

（四）公众是否理解与发表

公众是否能够阅读和理解作品内容不是判断作品是否公之于众的要件。是否能够阅读和理解作品内容受制于阅读者的教育水平、专业背景等复杂因素。对于一个文盲来说,不管作品传播范围多么广泛,仍然无法阅读作品,更谈不上理解作品。有些作品因为表达的语言问题,比如,少数民族文字作品,流传在湘西一带的女书,也会导致非文盲者难以阅读和理解。有些作品则因为技术措施的限制,比如加上密码,使之问题化,同样会导致非文盲者阅读上的障碍。不管属于哪种情况,作品公之于众的事实并不因此受影响。

（五）公众是否获得作品与发表

公众是否能够实际上获得作品是否属于判断作品是否公之于众的要件?比如,在互联网中,通过密码技术设置接触作品的障碍,凡欲接触和获得作品者,都必须首先支付费用,凡不支付费用者,就无法获得进入的密码,也就接触不到作品。在这种情况下,作品是否能够视为已经公之于众了呢?公之于众的本质是让不特定的人或者一定条件下特定的多数人存在获得作品的可能性,而不是保证公众中的每个个体事实上都能够获得作品。互联网中的作品虽然施加了密码技术,但公众仍然存在获得被密码技术保护的作品的可能性,因此密码技术等技术措施并不影响作品的发表状态。

二、发表权的限制

发表权虽属著作人格权,但同时是实现著作财产权的前提和基础,因此在著作权法中处于非常特殊的地位,行使发表权性质上有点类似于商业秘密的披露。一般来说,没有经过作者同意而将其作品公之于众,就会侵害发表权。可以说明发表权这种性质的是《著作权法》第22条关于不侵权抗辩使用的规定。不侵权抗辩使用虽然无须著作权人同意,也无须向著作权人支付使用费,但有一个基本前提,即公开使用的应当是他人已经发表的作品。如果公开使用的是他人尚未发表的作品,则不但不属于不侵权抗辩使用行为,反而构成对发表权等著作权的侵害。

尽管发表权属于一种排他性极强的权利,但并不因此而说明发表权在任何情况下都不受到任何限制。结合日本著作权法第18条第2款、德国著作权法第44条第2款、中国台湾"著作权法"第15条第2款,至少在下列情况下,应当推定作者同意公开发表其作品:

1. 作者将尚未公开发表作品的著作财产权转让给他人,或者授权他人利用时,因著作财产权的行使或者利用而公开发表作品的。比如,同意他人将未公之于众的小说拍摄成电影、同意他人将未公之于众的绘画作品进行展览、同意他人将未公之于众的诗歌在诗歌大赛上进行朗诵、同意将未公之于众的雕塑放置在公共场所的,应当视为作者同意以放映、展览、朗诵等方式发表其作品。

2. 作者将其尚未公开发表的美术作品或者摄影作品原件或者复制件转让给他人,受让人对该原件或者复制件进行展览的。

3. 视听作品著作财产权归视听作品制作者时,视听作品制作者因为行使著作财产权而公开发表视听作品的。

4. 按照学术授予法撰写的硕士、博士论文,作者已经取得硕士、博士学位的。

5. 除非作者有特别声明，行政机关等按照政府信息公开法公开作者作品的。

6. 在职务作品著作财产权属于单位、委托作品著作权属于委托人的情况下，单位或者委托人因为利用而公开作品的。

7. 在发表权与言论自由、信息自由发生冲突时，应当优先保护言论自由、信息自由。在"Havemann 案件——政治操作之下的司法实例"一案中，被上诉人出版社受政府委托出版了由 Clemens Vollnhals 整理东德国家安全委员会的资料所撰写的书籍《Havemann 案件——政治操作之下的司法实例》，书中包括了由上诉人针对地方法院判决撰写的未公开的上诉状全文，且未经过上诉人同意，上诉人认为被上诉人该行为侵害其发表权等权益。汉堡州高等法院认为，即使将上诉人的上诉状全文认定为文字作品，上诉人既不得基于原东德国家安全委员会资料法也不得基于著作权法，禁止未经其同意而将上诉状全文收录于有关该诉讼的书籍中并加以公开发表，上诉人基于可能存在的著作权行使排除侵害请求权，和宪法所保护的言论自由和信息自由相抵触，经过利益考量后发现，上诉人作为著作权人应受保护的利益并未受到侵害，而社会公众对公开信息具有更强烈的利益。❶

我国 2010 年《著作权法》未对发表权进行任何限制，《著作权法（修订草案送审稿）》也未弥补这个方面的漏洞，不利于作品的利用。司法实践中，可以参照域外立法经验，利用法律解释方法中的利益考量进行漏洞补充。

第三节　作者身份权

一、作者身份权的内容

《伯尔尼公约》第 6 条之 2 第 1 款规定，"the author shall have the right to claim authorship of the work"，即作者享有表明作者身份的权利。《伯尔尼公约》并未进一步限定作者表明其作者身份的方式，因此不管通过署名方式还是别的

---

❶ 台湾"司法院"行政诉讼及惩戒厅. 著作权国际案例选择汇编［G］. 台北：台湾"司法院"，2017：87-95.

方式，只要能够达到表明作者是某一作品作者的结果，《伯尔尼公约》都提供保护。

由于理解不同，各国、各地区实施《伯尔尼公约》上述规定时，出现了一定程度的偏差。日本著作权法第19条仅仅规定了作者通过姓名的使用表明其属于某一作品作者的权利。其具体内容是，作者享有在其作品原件或者向公众提供或者提示作品时，将其真名或者假名作为作者姓名表示或者不作为姓名表示的权利，作者对二次作品也享有同样的权利。中国台湾"著作权法"第16条与日本著作权法规定类似。其具体内容是，著作人于著作原件或者其重制物上或于著作公开发表时，有表示其本名、别名或者不具名之权利。著作人就其著作所生之衍生著作，亦有相同之权利。我国2010年《著作权法》第10条第1款第2项规定，"署名权，即表明作者身份，在作品上署名的权利。"该款规定与日本和中国台湾"著作权法"相同，即只保护作者通过在作品上署名或者不署名的方式表明其作者身份的权利。

德国著作权法第13条的规定基本与《伯尔尼公约》的规定保持了一致。该条一方面规定作者有权请求承认其对作品的作者身份，另一方面又规定作者有权决定是否在作品上标记作者及使用何种标记的权利。德国学者雷炳德对此作出了如下解释：德国著作权法第13条为作者提供了两个方面的保护。一方面，作者可以在任何时候确认自己的作者身份并且对抗任何干扰行为。另一方面，作者有权使用作者身份权来对抗任何一位使用自己作品的人。[1]

作者身份权的存在和行使以作者创作出的作品为媒介。对作者身份权的侵害，一方面表现为，否定作者系某作品创作者的身份。另一方面表现为，影响作者在其作品上标记作者及使用何种标记的决定权。通过口头告知、新闻发布会、广告等方式，否定作者系某作品创作者的身份，删除或者变更作者在作品上的署名，在作者创作的但未署名的作品上添加作者的署名，改变合作作品作者的署名顺序，都是典型侵害作者身份权的行为。

在王煦华诉北京超星神州科创技术有限责任公司侵犯著作权纠纷案中，[2]被告没有经过汇编作者即原告同意，擅自通过信息网络向其用户提供涉案作品《顾颉刚选集》，并将论文集署名为（清）阿桂的行为，侵害了汇编作者的作

---

[1] 雷炳德. 著作权法 [M]. 张恩民，译. 北京：法律出版社，2005：273.
[2] 北京市海淀区人民法院（2007）海民初字第14239号民事判决书。

者身份权。本案原告出于对顾先生的尊重，选择不署名亦是其作者身份权中的应有之义，被告即使因为工作失误将该论文集一书进行了错误署名，其行为仍然侵害原告作为汇编作者对《顾颉刚选集》享有的作者身份权。

二、作者身份权和姓名权的区别

作者身份权不同于姓名权。我国《民法通则》第99条规定，公民享有姓名权，有权决定、使用和依照规定改变自己的姓名，禁止他人干涉、盗用、假冒。由此可见，姓名权是公民决定、使用和依照规定改变自己的姓名，禁止他人干涉、盗用、假冒的权利，属于一般人格权的范畴。作者身份权则是作者请求确认其系某作品创作者以及在作品上通过署名标记作者身份或者不标记作者身份的权利属于著作人格权的范畴。作者在作品上标记作者身份时，可以署自己的真实姓名，也可以不署自己真实的姓名，而改署其他名字，比如假名，作者身份权的享有和行使以作者创作出作品为前提。侵害作者身份权，除否定、抹杀其系某作品创作者外，表现为删除或者变更作者在作品上的署名，在作者创作的但未署名的作品上添加作者的署名，改变合作作品作者的署名顺序，等等。脱离了权利人创作的作品而使用他人姓名，不应当按照侵害作者身份权，而应当视情况按照侵害他人姓名权、名誉权、人格尊严权、财产权等行为处理。比如在治安处罚书上签他人的姓名侵害的就是名誉权，将他人姓名刻在青石板上与死人埋在一起，侵害的是人格尊严权，冒用他人名义领取工资和汇款，侵害的是他人财产权，等等。

假冒他人姓名发表作品，侵害的是他人的姓名权、名誉权还是作者身份权？有一种观点认为，侵害的是他人的作者身份权。这种理解值得商榷。假冒他人姓名发表作品，假冒他人姓名制作、出售美术作品虽然利用了他人姓名，但使用的作品是行为人自己创作的作品，并非被假冒姓名的人创作的作品，不属于作者身份权控制的行为范围，不能按照侵害作者身份权处理。在1995年上海市第二中级人民法院判决的上海朵云轩、香港永成古玩拍卖公司拍卖冒充吴冠中署名的毛泽东肖像画《炮打司令部——我的一张大字报》案中，❶ 法院根据2001《著作权法》第46条第8项、2010年《著作权法》第47条第8项判决被告侵害吴冠中作者身份权，该判决结论值得商榷。该案中的画作作者虽

---

❶ 参见《最高人民法院公报》1996年第2期。

然冒用吴冠中的姓名，但因该画作并非吴冠中创作，吴冠中对该画作不享有作者身份权，也就谈不上作者身份权受到侵害的问题，被告虽可能侵害吴冠中的姓名权，但并不侵害其作者身份权。

但是，假冒他人姓名发表作品，假冒他人姓名制作、出售美术作品不仅未经同意使用了他人姓名，而且可能导致被假冒者作品声誉或者作者名望受损，仅按侵害姓名权追究行为人责任有时并不足以保护受害者权益。此种情形可以按照侵害名誉权而非姓名权进行处理。

据以上分析，本书作者认为，我国2010年《著作权法》第47条第8项规定"制作、出售假冒他人署名的作品的"行为属于侵害作者身份权的行为并不恰当。

三、作者身份权的例外

我国《著作权法实施条例》第19条规定，使用他人作品，应当指明作者姓名、作品名称，但是，当事人另有约定或者由于作品使用方式的特性无法指明的除外。这表明，虽然作者可通过在其作品上署名的方式表明其作者身份，但如果在任何情况下都严格加以贯彻，很可能会使作品的正常利用受到妨碍，在特定情形下，作者身份权应受到适当限制。结合日本著作权法第19条第2款、第3款，中国台湾"著作权法"第16条第4款的规定，作者身份权的行使，以下情形下，应受到限制。

1. 不改变作者署名的场合。在作者没有特别声明的情况下，按照作者已有的署名方式给作者署名或者不署名。由于不署名也是作者行使作者身份权的方式，在作者不署名的情况下，利用者也可以不给作者署名加以利用。

2. 在不损害作者身份利益的场合。按照作品使用目的和方式，不存在损害作者利益的危险，也不违反社会使用惯例时，可以省略作者的署名。咖啡馆、商城、公园、车站等公共场所作为背景音乐使用的音乐作品，就是省略作者署名的典型事例。极为珍贵的雕刻作品、建筑作品，为了不损害作品载体的美观和价值，也通常不得不省略雕刻作品、建筑作品上的作者署名，而改用在印有说明性文字的小卡片上表明作者身份、专门制作石碑或者其他牌子标明建筑师身份等其他方式。在译者众多的翻译作品封面上，由于篇幅和美观的限制，通常也不得不采用"某某等译"的标明作者身份方式。高考试卷中，为了考生公平起见，也通常省略作为试题使用的作品作者署名。在胡浩波诉教育部教育考试中心案、何平诉教育部教育考试中心案中，被告分别将原告作品《全球变暖——目前的和未来的灾难》《摔了一跤》作为高考试题使用，但未给两位作者署名。法院认为，省略署名是为了避免给考生提供有用信息造成不公平以及节省考生时间而不得不进行的省略，因此并不侵害作者身份权。❶

考虑到上述因素，我国2010年《著作权法》第22条以及《著作权法（修订草案送审稿）》第43条在规定不侵权抗辩使用时，统一规定每种不侵权抗辩使用都必须指明作者姓名，欠缺科学性。

3. 按照行政机关信息公开法使用作品时省略作者署名。

第四节　修改权

修改权是我国2010年《著作权法》的特有规定，《伯尔尼公约》第6条之2并没有规定修改权，伯尔尼公约成员国著作权法也并未规定修改权。

为什么《伯尔尼公约》没有规定修改权？理由应该是，《伯尔尼公约》第6条之2第1款在规定保护作品完整权时，采取的是客观标准，即只有客观上达到损害作者名誉或者声望的改变作者行为才侵害其保护作品完整权，再规定修改权没有实际意义。

有观点认为，赋予作者修改权目的在于实现作者的回收权，以便作者完善其作品，或者让不再符合其意志的作品退出流通市场。然而，作者要实现完善其作品或者让过时作品退出流通市场的目的，完全可以通过与出版发行者谈判的方式加以实现，对此法律无须干涉。

我国2010年《著作权法》及2013年《著作权法实施条例》，不仅规定了修改权，而且规定了其具体内容及限制。第10条第1款第3项规定，修改权即著作权人修改或者授权他人修改作品的权利。第33条第2款规定，报社、期刊社可以对作品作文字性修改、删节，但对内容的修改，应当经作者许可。《著作权法实施条例》第10条规定，著作权人许可他人将其作品摄制成电影作品和以类似摄制电影的方法创作作品的，视为已同意对其作品进行必要的改

---

❶ 北京市海淀区人民法院（2007）海民初字第16761号民事判决书。北京市海淀区人民法院（2007）海民初字第26273号民事判决书。

动,但是这种改动不得歪曲、篡改原作品。

在保护作品完整权之外赋予作者修改权,相当于给作品使用者设置了两道著作人格权门槛,不适当地增加了作品利用的不确定性和谈判成本,不符合《伯尔尼公约》的规定,废除为妥。

第五节 保护作品完整权

一、保护作品完整权的内涵和立法例

保护作品完整权,又称作品同一性保持权,是著作人格权中最重要的权利之一,对其采何种保护水平和侵权判断标准,对于正确处理著作人格权保护和作品利用之间的关系,意义非常重大。

按照《伯尔尼公约》第6条之2第1款规定,保护作品完整权的含义是指,作者有权反对足以损害其声誉或者名望的歪曲、割裂或者更改其作品的行为,或者其他足以损害其声誉或者名望的贬损行为(the author shall have the right to object to any distortion, mutilation or other modification of, or other derogatory action in relation to, the said work, which would be prejudicial to his honor or reputation)。由此可见,按照《伯尔尼公约》规定,保护作品完整权只能控制同时具备以下两个要件的行为。一是存在歪曲、割裂或者其他更改作品的行为,或者其他贬损行为。至于更改的是原作品创作性部分还是非创作性不问,并不影响侵害保护作品完整权的认定。比如,将《水浒传》改成《三个女人和一百零五个男人的故事》,将《红楼梦》改为《一个男人和一群女人的风流史》,将《西游记》改为《一个和尚和一群女妖精的传奇》,属于典型的歪曲行为。二是上述行为客观上足以损害作者声誉或者名望。虽然存在改变作品的行为,但客观上不足以损害作者声誉或者名望时,也不侵害保护作品完整权。

可见,虽然目的在于保护作者与其作品之间人格或者精神的联系,但《伯尔尼公约》并未将此种人格或者精神联系绝对化,规定不得对此种人格或者精神联系做出任何改变。按照《伯尔尼公约》此款规定,尽管改变了作者与其作品之间人格或者精神的联系,但只要此种改变客观上不足以损害作者声誉或者名望,此种改变行为依旧不侵害作者的保护作品完整权。也就是说,

《伯尔尼公约》对于保护作品完整权，采取了保护水平相对较低的客观标准。尽管有中国台湾学者认为《伯尔尼公约》当年订此条文系由大陆法系国家为了吸引英美法系国家签署该公约1928年罗马修订文本而妥协之产物，❶但《伯尔尼公约》采保护水准较低的客观标准，却因应了科技进步带来的各种变更作品内容利用之需要，因而为各国家和地区遵循。

从立法例上看，英国1988年著作权、外观设计和专利法第80条第2款第2项、加拿大著作权法第28之2第1款和第2款、瑞士著作权法第11条第2款、意大利著作权法第20条第1款、澳大利亚著作权法第195AJ至195AK和195AL条无不明确要求，只有当他人改变作品行为足以损害作者名誉或者声望的情况下，才侵害保护作品完整权。

中国台湾1999年之前的"著作权法"仿效日本著作权法，采取不要求客观上损害作者声誉的改变行为即侵害保护作品完整权的严格主观标准，但1999年在总结司法判决经验的基础上，中国台湾修改了其"著作权法"第17条，将原条文修订为："著作人享有禁止他人以歪曲、割裂、篡改或者其他方法改变其著作之内容、形式或者名目致损害其名誉之权利"，开始明确要求侵害保护作品完整权须以客观上足以损害作者名誉为要件，并且删除了原17条但书限制之规定。为了消除各种不同解读，中国台湾"高等法院"更是在2003年第3167号刑事判决中对此予以澄清："《伯尔尼公约》第6条之2第1款规定，著作人所享有之同一性保持权系禁止他人以损害其名誉之方式利用其著作；又随科技之进步，著作之利用形态增加，利用之结果更变著作内容者，在所难免，依八十一年旧法，均可能构成侵害同一性保持权，爰参酌修正如上，以免同一性保持全之保护过当，阻碍著作之流通。故依现行著作权法规定，纵然著作利用人改变著作之内容、形式或名目，并不会如过去旧法一样构成侵害著作人之人格权，须其利用达到'损害著作人名誉'的程度，始达到侵害同一性保持权。"❷

美国1989年加入《伯尔尼公约》后虽然未直接规定保护作品完整权等著作人格权，但一直通过反不正当竞争法上的虚假出所表示打击侵害保护作品完整权的行为。而且从其司法实践看，非作者的行为只有在足以损害作者名誉或

---

❶ 叶茂林. 评著作权法第十七条"同一性保持权"修正草案[J]. 月旦法学，1997（7）.
❷ 罗明通. 著作权法论（I）（第76版）[M]. 台北：台英国际商务法律事务所，2009：440-441.

者声望的情况下，其行为才会构成保护作品完整权侵害。❶ 美国1990年的视觉艺术家权利法第106A条更是明确规定，只有足以损害视觉艺术家名誉或者声望对作品进行歪曲、切除或者其他改变的行为，才构成保护作品完整权侵害。

德国1965年著作权法起草时虽放弃《伯尔尼公约》保护水准较低的客观标准（以名誉损害为要件），而采保护范围较广之现行第14条规定："对作品的歪曲或者其他损害，足以危及作者在作品的智力或者人格方面的合法利益的，作者有权加以禁止。"但德国法院在保护作品完整权的问题上并未因此而采用严格主观标准，而采用较为灵活的"利益考量原则"，根据具体案情进行具体判断。❷

即使采取主观标准对保护作品完整权提供高于《伯尔尼公约》保护水准的国家，为了缓和保护作品完整权和作品利用之间的关系，也在其著作权法中对保护作品完整权规定了限制和例外，并且越来越多的学者和判例开始反思其法律规定的合理性。这方面，日本是最具代表性的国家。

日本现行著作权法第20条第1款规定，"作者享有保持其作品和作品标题完整性的权利，有权禁止违反其意思对其作品或作品标题进行的修改、删除或者其他改变。"同时，又在同条第2款规定了侵害保护作品完整权的四项除外规定，具体包括（1）出于学校教育目的在使用作品时不得不对作品中的字、词或其他方面进行的改变。（2）因建筑物的扩建、改建、修缮或者外观更换而进行的改变（第2项）；（3）为了修正错误或者升级版本而对软件作品进行的必要改变（第3项）；（4）其他依照作品性质以及其使用目的和使用情况不得不进行的改变（第4项）。其中，前三项除外规定是列举的具体行为，第四项属于除外规定的一般条款。此外，在著作权法113条第6款中还规定了"以损害作者名誉或者声望的方法使用作品的行为，视为侵害该作者著作人格权的行为。"据此可以看出，他人违反作者意思对其作品或作品标题进行修改、删除或者其他改变的行为，原则上都是侵害保护作品完整权的。也就是说，从立法构造上看，日本在侵害保护作品完整权的判断标准上采取的是严格主观标准，并没有损害名誉声望要件的限制。

上述严格主观标准在日本的实务裁判中得以体现。比如，在东京高等法院

---

❶ 松田政行. 同一性保持权研究 [M]. 台北：有斐阁，2006：44.
❷ 参见刘孔中. 著作人格权一些新旧问题的探讨 [J]. 律师世界，2001（258）；雷炳德. 著作权法 [M]. 张恩民，译. 北京：法律出版社，2005：276-282.

1995年二审的一个案件中,被告仅仅对原告享有著作权的图表的一小部分进行了改变,但法院判决认为,即使这种细微的改变并未影响其内容,被告的行为也侵害了权利人的保护作品完整权。❶ 甚至只是因为删除逗号、❷ 或是更改中黑点、❸ 或是改变原文的空行❹等行为,也被认定侵害保护作品完整权。

然而,严格主观标准的推行已经造成了作品利用手续上的过于繁杂化,不利于作品的利用。于是,日本实务和理论界开始探讨各种方法,以超越严格主观标准,便利作品的利用。日本司法裁判中采取"民事权利不得滥用法理"否定被告侵害保护作品完整权。不少学者主张由于立法当初与现在著作权所处的环境发生了巨大改变,应该对例外条款的严格适用予以重新审视,从平衡作者和利用者之间利益关系的角度重新对第20条第2款予以解释,❺ 通过第20条第2款第4项的一般条款对保护作品完整权的行使进行较为广泛的限制,以保障私人领域对作品的利用自由。❻ 一部分学者认为在例外条款严格适用的情况下,可通过对"违反作者意思"进行灵活解释予以应对。比如有学者主张,未侵害精神人格利益的时候不构成对保护作品完整权的侵害。❼ 有学者则从作品中所表现出的作者自尊心的角度来把握"违反作者意思"的含义。❽ 还有学者主张,应该根据相关领域的作者的常识来判断对作品所进行的改变是否违背原作者意思。❾ 还有学者直接主张,不损害作者声望名誉的改变行为不构成侵害保护作品完整权。❿ 不过这是基于对《伯尔尼公约》第6条之2的解读推演而来的,日本法上并没有直接依据。因此,通过立法予以解决的呼声越来越

---

❶ 上野達弘. 著作物の改変と著作人格権をめぐる一考察(一)[J]. 民商法,1999,120(4・5):750.

❷ 政府委员是指国会中辅佐大臣答辩的行政府的职员。该制度在1999年的国会审议活性化法案中被废除,取而代之的是政府特别辅佐人和政府参考人的制度。参见松村明. 大辞林(第三版)[M]. 东京:三省堂,2006. 中有关"政府委员"的词条。

❸ 東京高判平成10.5.28 平成9年(ネ)第5055号〔文芸春秋あさま山荘短歌改変〕。

❹ 中山信弘. 著作権法[M]. 东京:有斐閣,2007:403-404. 東京地判平成13.10.30 平成12年(ワ)第7120号〔魔術師三原脩と西鉄ライオンズ〕。

❺ 上野達弘. 著作物の改変と著作人格権をめぐる一考察(二)[J]. 民商法,1999,120(6):961.

❻ 金井重彦,小倉秀夫. 著作権法コンメンタール(上)[M]. 东京:布井出版,2000:306-307.

❼ 半田正夫. 著作権法概説(第14版)[M]. 东京:法学書院,2009:123-124.

❽ 野一色勲. 同一性保持権と財産権:紋谷還暦記念「知的財産権法の現代的課題」[M]. 东京:発明協会,1998:677.

❾ 作花文雄. 著作権法(基礎と応用)[M]. 东京:発明協会,2003:96.

❿ 栗田隆. 著作権に対する強制執行(2)[J]. 金融法務事情,1996(459):41.

高。比如日本知识产权研究所提出的两种应对方案中，第二种就是将现行法中规定的"违反作者意思"修改为"损害名誉声望"，以此限定保护作品完整权控制的行为界限。❶

二、各种行为样态与保护作品完整权

（一）误解原作品意思是否侵害保护作品完整权？

误解原作品意思并加以引用，是否构成保护作品完整权侵害？比如，《海外南经》关于成语"比翼双飞"来历的记载："比翼鸟在其东，其为鸟青、赤，两鸟比翼。一曰在南山东。"有人把它解释为"比翼鸟在它的东面，这种鸟的颜色青中带红——形状像野鸡，只有一只足、一只翅膀和一只眼睛，要两只鸟的翅膀合并起来，才能在天空飞翔。一本说（比翼鸟）在南山的东面"。但据有人考证，《山海经》属于秦代中国地理志，因此比翼鸟并不指鸟，而指鸟形山，上面一段文字的原意应该是："紧靠覆蔽的鸟形山在它的东面，这里有一座鸟形青山，一座鸟形红土山，两鸟形山紧靠覆蔽在一起。一说在南山的东面。"

假设后面一种解释是符合作品原意的解释，前一种解释属于对原文的误解，这种误解是否构成对原作品保护作品完整权的侵害？虽然保护作品完整权意在保护作者和其作品之间人格或者精神完整性的联系，但为了保护公众的表达自由，促进作品的利用，这种保护以不足以损害作者声誉为限。如何理解、解释原作品完全属于思想自由和表达自由的一部分。误解原文并加以引用，有时确实会降低作者及其作品的社会评价。但因为该行为对原作品并没有进行任何改变，因此即使导致作者声誉受损，也不能按照侵害保护作品完整权处理。对此种误解并加以引用并足以损害作者名誉的行为，可以按照侵害一般人格权即名誉权处理。或者参照日本著作权法第113条第6款规定，将其作为以损害作品声誉和作者声誉的方式使用作品的行为，视为侵害著作权人格权行为进行处理。

---

❶ 日本知的财産研究所. Exposure'94 —マルチメディアを巡る新たな知的財産ルールの提唱 [J]. NBL, 1994 (541): 52.

(二) 改变作品标题是否侵害保护作品完整权？

作品标题是作品内容的集中反映，作品标题的改变往往会损害作品本身的声誉和作者的声誉，比如将《高中物理》改为《高中化学》，将著名作家贾平凹的小说《废都》改为日本著名作家大江健三郎的小说《性的人》，都会让读者对原作品及其作者产生不正确评价，因此认定为侵害保护作品完整权较为恰当。由此也可以看出，受保护作品完整权保护的作品标题并无独创性要求。

作品标题本身如具备作品构成要件，理论上讲，也可以作为独立的作品进行保护。比如钱钟书先生的《围城》、贾平凹先生的《废都》、高建群先生的《最后一个匈奴》。但是，由于作品标题高度凝练，非常短小，往往是思想和表达的合并，对作品标题进行保护相当于保护了思想本身。因此，作品标题一般不能作为独立作品进行保护，除非标题已经具备足够的长度，表达已经可以和思想或者情感进行区分。

对于没有独创性但知名的作品标题，比如《五朵金花》，除了通过保护作品完整权进行保护以外，如其已经发挥指代作品来源（出版者或者杂志社等发表者）的作用或者具有商品化利益，则还可以通过反不正当竞争法或者民法进行保护。

(三) 改变、切除、毁坏作品载体是否侵害保护作品完整权？

作品不同于作品载体，改变、切除、毁坏作品载体行为，因行为人并未变更作品表达形式，客观上不会导致作者声誉或者作品声誉的负面评价，虽然侵害作品载体所有权人的所有权，但并不侵害保护作品完整权。毁坏雕塑、破解建筑物、剪除照片、撕毁书页等行为，均不侵害保护作品完整权。如此理解亦是保护作品载体所有人所有权的应有之义。

在湖北美术学院蔡迪安等与湖北晴川饭店有限公司、湖北晴川饭店、李宗海著作权侵权纠纷案中，❶ 被告晴川饭店在饭店重新装修过程中，没有经过原告同意，将自己拥有所有权和展览权而原告拥有著作权的壁画作品《赤壁大战》拆毁，原告认为，被告的行为侵害了其著作权。然而，被告作为美术作品原件的所有人，在法律规定的范围之内全面行使其支配美术作品原件的权利

---

❶ 湖北省高级人民法院（2003）鄂民三终字第18号民事判决书。

时，应享有排除他人干涉、不受限制的权利。在晴川公司与蔡迪安等之间既无合同约定，更无法律规定晴川公司拆毁《赤壁之战》壁画原件前必须履行告知或协商的义务的情况下，晴川公司拆毁的是属于自己财产的美术作品原件，是对自己合法拥有的财产行使处分权，该行为并不侵害原告的保护作品完整权。

但在改变、切除、毁坏作品载体的同时，又改变作品表达的，则极有可能侵害保护作品完整权。在日本最高裁判所1980年判决的"戏虐仿作—蒙太奇写真"（パロディーモンタージュ写真事件）案中，❶ 原告拍摄了一张蒙太奇照片，照片中的6名滑雪者从一长长的雪山斜坡滑雪而下，后面留下宛如雪地用轮胎痕迹般的滑雪板痕迹，并将之收录与摄影集中发表，制作成月历。被告将该月历中的摄影照片左侧部分予以剪裁删除后复制为黑白照片，并在该黑白照片右上方配搭上从案外人广告照片中复制的巨大汽车雪地用轮胎的照片，合成涉案照片对外发表。日本最高裁判所认为，由于一看到涉案合成照片，即可知道是利用原告照片加上雪地用轮胎照片合成的照片，即使被告将巨大的雪地用轮胎置于滑雪板痕迹起点处，借此使涉案照片利用部分与轮胎共同表达一个非现实的世界，该种思想感情虽然不同于以现实世界为表达内容的原告照片，但因从涉案照片中可以充分地直接感到到原告照片中的本质特征，因此被告的行为被法院认为为侵害原告对其照片享有的保护作品完整权的改变行为。

由于照片、原稿、铜像、建筑物等凝聚了著作权人的人格利益，属于具有人格利益的财产，因此在照片、原稿、铜像、建筑物等原件具有唯一性而且所有权属于著作权人的情况下，是否允许作者按照民法一般规定，提出精神损害赔偿，是一个值得讨论的问题。

此外，从文化财产保存的角度看，所有权人在毁坏作为其所有物的唯一或者数量稀少而且不能以合理市场价格购买到的作品原件之前，从立法论的角度看，似乎以负担通知作者的义务、以便作者采取适当方式保存其作品较为妥当。

（四）报刊社、出版社等误排、错排文字，是否侵害保护作品完整权？

误排、错排文字，只要没有改变原作品的创作性表现，一般不足以损害作

---

❶ 罪判平成昭和55年3月28日民集34卷3号244页（昭51（オ）923号）【パロディーモンタージュ写真事件】。

者声誉和作品声誉，也不会侵害保护作品完整权，但著作权人可追究报刊社、出版社债务不履行的责任。但在大量误排、错排以至改变了原作品的创作表现，达到了足以损害作者声誉和作品声誉的程度，则不管出版社是出于故意还是过失，都应当按照侵害保护作品完整权行为处理。

（五）恶搞（parody）是否侵害保护作品完整权？

比如，《一个馒头引起的血案》是否侵害电影作品《无极》的保护作品完整权？吸毒版《懂你》❶ 是否侵害原歌曲《懂你》的保护作品完整权？为了讽刺、挖苦、嘲笑即恶搞原作品表现形式或者思想感情的荒诞性、可笑性，不得不对原作品进行大规模的改变，且不太可能征得作者或者著作权人同意，这种改变从社会通识看，客观上无疑会导致原作品以及原作品作者社会评价的降低，但通常不宜作为侵害保护作品完整权处理。作为讽刺、挖苦、嘲笑手段而对原作品进行的改变，本质上属于对原作品的一种特殊评论，属于表达自由的一部分。在某些特殊情况下，在著作权人的权利和表达自由之间，著作权法应当将利益的天平倾向于表达自由。此其一。其二，由于目的在于讽刺、挖苦、嘲笑原作品，讽刺、挖苦、嘲笑者不可能征得原作者同意。其三，虽然为了讽刺、挖苦、嘲笑原作品可以选择其他方式，但选择改变原作品表达是最直接、最有效率的方式。

（六）插播广告行为与保护作品完整权

我国《广播电视广告播出管理办法》第 14 条规定，广播电视广告播出不得影响广播电视节目的完整性。除在节目自然段的间歇外，不得随意插播广告。第 15 条规定，播出机构每套节目每小时商业广告播出时长不得超过 12 分钟。其中，广播电台在 11：00 至 13：00 之间、电视台在 19：00 至 21：00 之间，商业广告播出总时长不得超过 18 分钟。在执行转播、直播任务等特殊情况下，商业广告可以顺延播出。第 16 条规定，播出机构每套节目每日公益广

---

❶ 吸毒版《懂你》，作曲：薛瑞光；作词：刘咚咚；演唱：寒光。歌词为：我静静的离去、一幕一幕涉毒的往昔、多想翻过去、诚心地回局里把宽大争取、头不停地摇晃、在那临近工体的夜里、多想告诉你、其实它一直都是我的秘密、匆匆一念疯狂扭曲了笑脸、我已记不清有谁还来过派对、要不是有人深夜报警、谁会知道我们如此庆生、把药分给了我把幻觉给了我、暂时告别这心中苦与乐、多想抛弃你、告诉你我其实一直都恨你、把药分给了我 把幻觉给了我、暂时告别这心中对与错、多想靠近你、依偎在你温暖如云的怀里、多想问问你、我的堕落该向谁说对不起。

告播出时长不得少于商业广告时长的 3%。其中，广播电台在 11：00 至 13：00 之间、电视台在 19：00 至 21：00 之间，公益广告播出数量不得少于 4 条（次）。第 17 条规定，播出电视剧时，可以在每集（以 45 分钟计）中插播 2 次商业广告，每次时长不得超过 1 分 30 秒。其中，在 19：00 至 21：00 之间播出电视剧时，每集中可以插播 1 次商业广告，时长不得超过 1 分钟。播出电影时，插播商业广告的时长和次数参照前款规定执行。第 18 条规定，在电影、电视剧中插播商业广告，应当对广告时长进行提示。第 22 条规定，转播、传输广播电视节目时，必须保证被转播、传输节目的完整性。不得替换、遮盖所转播、传输节目中的广告；不得以游动字幕、叠加字幕、挂角广告等任何形式插播自行组织的广告。据此，如果电视台、广播电台违反上述规定插播广告，按照上述管理办法第 14 条和第 22 条规定，插播广告行为将构成侵害保护作品完整权行为。

这种规定值得商榷。虽然在广播、电视节目中插播广告会引起观众的强烈不满，但此种行为并不会导致观众对作品本身声誉和作者声誉的负面评价，因此不应当作为侵害保护作品完整权处理。违反上述管理办法插播广告的行为，只是一般违反行政管理法规的行为，而不会构成私法意义上的著作权侵害行为。

（七）游戏软件和保护作品完整权

销售专门用于改变游戏软件中主角初始能力数值设定记忆卡的行为，是否侵害游戏作品著作权权的保护作品完整权？

在日本最高裁判所 2001 年 2 月 13 日判决的"ときときメモリアル"案中，[1] 权利人享有电脑游戏软件"纯爱手札（ときときメモリアル）"的著作人格权，行为人进口并销售一款专门用于改变系争游戏软件主角初始能力数值设定的记忆卡，权利人认为该行为侵害其享有的保护作品完整权，诉至大阪地方裁判所，请求慰抚金。一审大阪地方裁判所判决认为，涉案游戏软件属于类电作品，行为人所销售的记忆卡并未改写游戏软件程序本身，也未改变游戏软件中的故事，因此不构成保护作品完整权侵害。[2] 但二审大阪高等裁判所判决

---

[1] 最三小判平成 13 年 2 月 13 日民集 55 卷 1 号 87 页（平 11（受）955 号）【"ときときメモリアル"事件】。

[2] 大阪地方裁判所平成 9 年 11 月 27 日（平成 8 年（ワ）第 12221 号）判决。

认为，游戏影像具有电影作品和程序作品的复合特征，游戏主人公能力数值的改变造成表现内容的变化，使游戏中的故事情节发展超越游戏原本所预期的范围，直接的行为主体虽然是作为最终用户的游戏玩家，但游戏卡的制作者应当对游戏玩家使用本案游戏记忆卡的行为负责，被告进口、销售记忆卡的行为，构成日本著作权法第113条第1款第1项和第2项规定的视为侵害行为的行为，应当承担相应责任。❶

日本最高裁判所判决认为，"系争游戏软件的影像没有电影作品和程序作品的性格，但作为一种思想或者情感的独创性表现，且属于文学、学术、美术或者音乐范围内，属于著作权法第2款第1款第1项规定的作品。……使用系争记忆卡的行为，应当解释为改变系争游戏软件内容，侵害被上诉人享有的著作人格权。系争游戏软件系依据主角的能力数值而表现其人物形象，因该数值的变化而发展出不同的故事情节；使用系争记忆卡将改变原本透过系争游戏软件所设定的能力数值而表现的主角人物形象，结果导致系争游戏软件的故事情节发展超越原本预订的范围，因而改变了原故事情节。""行为人专以仅为改变系争游戏软件的目的而进口、销售系争记忆卡，并基于提供他人使用意图而将其置于市场上流通，已经构成引诱他人通过使用记忆卡而侵害系争游戏软件的保护作品完整权"，因此应当基于其不法行为承担损害赔偿责任。

对日本最高裁判所的这个判决，日本理论界不乏反对声音。反对者认为，记忆卡的使用并未改变游戏程序本身，且记录在记忆卡中的数值异常变化并未被排斥而在游戏软件程序容许范围内，游戏软件中预设的故事也不能被改变，因而权利人的同一性保持权并未被侵害。❷ 这种观点的主要论据是，根据操作的不同，游戏的展开可以达到千变万化的状态，因此即使改变游戏主人公的能力数值，也不会侵害权利人的保护作品完整权。

不过，程序本身的改变，和影像、人物形象、故事等的改变，是不同的问题，即使不侵害计算机程序作品的保护作品完整权，也可能侵害人物形象和故事情节等部分的保护作品完整权。日本最高裁判所的上述理解，基于对游戏软件中预设的人物形象和故事情节等是否因游戏记忆卡的使用而被改变的判断，

---

❶ 大阪高等裁判所平成11年4月27日（平成9年（ネ）第3587号）判决。
❷ 中山信弘. 著作権法 [M]. 东京：有斐閣，2007：396–397.

认定原告对其作品的保护作品完整权遭受了侵害。

三、我国保护作品完整权司法适用存在的问题及其立法论上的出路

（一）我国保护作品完整权司法适用存在的问题

我国 2010 年《著作权法》第 10 条第 1 款第 4 项规定，保护作品完整权，是指保护作品不受歪曲、篡改的权利，但并没有明确界定歪曲、篡改的含义。按照学术界一般理解，所谓歪曲，是指改变作品的本来面貌，对作品作不正确的反映。所谓篡改，是指故意改变原文或者歪曲作品原意。然而，不管是我国 2010 年《著作权法》规定还是我国理论界的解释，并没有像《伯尔尼公约》第 6 条之 2 第 1 款那样，清晰揭示出保护作品完整权的内涵，也无法看出作者控制的改变作品行为是否需要达到客观上足以损害作者声誉或者作品声誉的地步。

我国 2010 年《著作权法》将修改权和保护作品完整权分开，作为两种不同的著作人格权，虽然解释论上和司法实践中可以对二者作出如下界分，即将修改权控制的行为界定为未经同意修改作品并且客观上不损害作者声誉的行为，而将保护作品完整权控制的行为界定为客观上损害作者声誉的改变作品行为，但因为法官素质参差不齐导致对著作权法条文解读的不同，司法实践中仍然导致了较为混乱的局面。

从现有案例来看，我国法院对侵害保护作品完整权的判断存在主观和客观两个完全冲突的判断标准。主观标准认为，只要违背作者意思对作品进行了改变，不管客观上是否损害了作者声誉，即侵害保护作品完整权。客观标准认为，只有对作品的改变客观上足以损害作者声誉时才侵害保护作品完整权。

从具体案例看，对上述主观标准中"违背作者意思"的理解也有所不同。一部分法院将"违背作者的意思"理解为"违背作者不希望对作品进行改变的意思"。按照这种理解，只要行为人未经作者同意对作品本身进行了改变，不管客观上是否足以损害作者声誉，其行为就侵害了作者的保护作品完整权。这种标准可以称为绝对主观标准。在张敏耀与长江日报社、武汉一心广告营销有限责任公司、武汉鹦鹉花园开发置业有限公司案二审中，法院就认为"不论作品以什么形式发表，对作品本身的修改需经著作权人同意。本案中长江日报社授权一心公司对张敏耀作品的修改是显而易见的，且该修改未取得著作权人张敏耀的同意，应当认定长江日报社侵犯了张敏耀保护作品完整权。"❶ 在北京陈幸福玩具设计中心诉上海声像出版社、普天同庆文化传媒（北京）有限公司侵犯著作权纠纷案一审中，法院仅仅基于"被告普天同庆公司未经原告陈幸福中心许可……且有1幅涉案陈幸福兔形象被裁剪了约一半"，就认定被告侵害了原告的保护作品完整权。❷ 在上述理解的前提下，有些法院常常不对修改权与保护作品完整权进行区分，认为被告侵害了修改权也就当然地侵害了保护作品完整权。比如，在谢艾香诉林松阳等侵犯著作权案一审中，法院在否定了涉案作品属于合作作品进而否定了被告合作作者地位的基础上，判示"被告林松阳未经作者及其继承人的许可，擅自修改该剧本的内容和名称，侵犯了刘青地的作品修改权和作品完整权"。❸

另一部分法院则将"违背作者的意思"理解为"违背作者在作品中表达的原意。"按照这种理解，只要行为人未经作者同意对其作品进行了违背作者原意的改变，不管客观上是否足以损害作者声誉，其行为就侵害了作者的保护作品完整权。此种观点可称之为"相对主观标准"。在羊城晚报社与胡跃华著作权侵权纠纷案二审中，法院认为，"判明是否侵犯保护作品的完整权，则应当从作品的创作背景、作品的内容等方面进行审查，即应当查明被控侵权作品在整体和细节上究竟是否为作者的陈述，其作品是否受到歪曲或篡改。但作者的声誉是否受损并不是保护作品完整权侵权成立的条件，作者的声誉是否受损仅是判断侵权情节轻重的因素。"❹ 在此基础上，法院判示，"羊城晚报社·新闻周刊社刊登《女文》时，虽然没有对胡跃华人格或感情进行曲解和丑化，客观上表现为对作品内容的改动，但对该作品创作背景、内容及在整体和细节上违背了胡跃华真实思想表达，从而在整体上破解了其作品的表现形式，是对《女文》作品完整性的破解。"在朱桂庭与青岛市楹联学会著作权纠纷案二审中，法院认为，"只要青岛市楹联学会发现应征对联所写之字存在模糊不清、难以辨认现象时，即应认真核对且确保无误，而不应简单推测，否则若擅自改

---

❶ 湖北省高级人民法院（1999）鄂民终字第183号民事判决书。
❷ 北京市第二中级人民法院（2007）二中民初字第85号民事判决书。
❸ 汕头市中级人民法院（2004）汕中法知初字第9号民事判决书。
❹ 安徽省高级人民法院（2003）皖民三终字第3号民事判决书。

动作者作品，违背作者原意，即构成对著作权人保护作品完整权的侵犯，应负相应的法律责任。"❶

与上述主观标准判决相对，有的法院基于现行法对修改权与保护作品完整权分别规定的构造，从客观上是否造成作者声誉受损的角度对"歪曲、篡改"进行了解释，进而判断是否侵害了保护作品完整权。在沈军诉北京电视艺术中心音像出版社等侵犯著作权纠纷案中，❷ 法院基于被告北京电视艺术中心音像出版社在其出版的带有黄色和暴力性质的音像制品《青梅》影碟外包装和光盘封面上使用了原告享有著作权的《英雄难过美人关》中的高雅摄影作品一副，从而认定被告歪曲了作者的创作原意，贬损了作品的价值，侵犯了原告的保护作品完整权。在沈家和诉北京出版社出版合同纠纷及侵犯修改权、保护作品完整权纠纷案一审中，法院首先认定原告授予了被告对作品进行修改的权利，即"根据合同约定，为使作品达到出版要求，沈家和同意北京出版社对3本书进行必要的修改、删节。这表明，沈家和通过签订合同，已经将自己作品的修改权授予北京出版社，即北京出版社有权根据出版的需要，对沈家和的作品进行必要的修改和删节，但最终定稿应由沈家和签字认可。"❸ 但进而认为，即使授予修改权，若被告对作品的改变造成了原告声誉的下降，则仍侵害保护作品完整权，即"《闺梦》一书存在着严重质量问题，该书在社会上公开发行后，必然使作为该书作者的原告沈家和的社会评价有所降低，声誉受到影响。故被告北京出版社出版发行有严重质量问题的《闺梦》一书，不仅构成违约，同时侵害了沈家和所享有的保护作品完整权。"二审对一审判决予以了支持。❹

在王清秀与中国人民公安大学出版社侵犯著作权纠纷案再审中，最高法院也曾就保护作品完整权作出过判示。最高法院认为，"即使认定公安大学出版社更改书名及相应的内容未经王清秀同意，但由于公安大学出版社没有歪曲、篡改王清秀作品，故王清秀认为公安大学出版社侵犯其保护作品完整权不能成立。"❺ 虽然最高院并没有对"歪曲、篡改"的含义进行具体解释，但从其表述中明显可以看出，其倾向于将保护作品完整权控制的"歪曲、篡改"行为

---

❶ 青岛市中级人民法院（2003）青民三终字第2号民事判决书。
❷ 北京市海淀区人民法院（2007）海民初字第12695号民事判决书。
❸ 北京市第一中级人民法院（2000）一中知初字第196号民事判决书。
❹ 北京市高级人民法院（2001）高知终字第77号民事判决书。
❺ 最高人民法院（2010）民提字第166号民事判决书。

理解为客观上导致作者声誉或者作品声誉受损害的行为,而不仅仅是"未经作者同意的修改"行为。

(二) 立法论上的出路

总之,由于我国 2010 年《著作权法》在保护作品完整权之外还规定了修改权,因而导致了较为混乱的司法局面。这种局面急切要求必须从立法上对修改权和保护作品完整权进行一元化处理。然而,非常遗憾的是,《著作权法(修订草案送审稿)》第 13 条第 1 款第 1 项第 3 小项仅仅将现行著作权法第 10 条第 1 款第 3 和第 4 项做了一个简单的加法,规定"保护作品完整权,即允许他人修改作品以及禁止歪曲、篡改作品的权利。"这种处理方式不但未能统一保护作品完整权的内容,而且一个条文中同时采用了主观和客观两个完全冲突的标准(按照文义解释,从该条第一句话可以推导出,未经允许修改他人作品,即侵害保护作品完整权,此为主观标准。从第二句话可以推导出,只有客观上足以损害作者声誉的改变作品行为才侵害保护作品完整权,此为客观标准),只会让司法者更加无所适从。

考虑《伯尔尼公约》的要求,以及世界各国、各地区的立法例经验,本书作者认为,我国 2010 年《著作权法》应当删除修改权的规定,并采取客观标准规定保护作品完整权的内容。具体立法建议如下:"保护作品完整权,即禁止他人以歪曲、割裂、篡改或者其他方式改变作品,足以损害作品声誉或者作者声誉的权利。"

对保护作品完整权作出如上修改,是否会导致他人任意改动作者作品的现象?应该不会。理由是,随意改动他人作品如果客观上足以损害作者声誉,该行为侵害保护作品完整权。客观上不会损害作者声誉甚至将他人作品改成"上乘之作"的情形,实践中虽存在,但并不常见,法律规则的设计不必考虑此种过分特殊的情况。即使发生此种特别情形,行为人的行为也不侵害保护作品完整权。对该种行为,可以通过演绎权这种财产权利控制。当然,如果改变后的作品中完全没有保留原作品的独创性表现,则构成新的独立创作,创作者不但不侵害原作品作者的保护作品完整权,而且对新的作品享有完整的独立的著作权。

四、保护作品完整权的限制

保护作品完整并不是绝对化的权利,在一定情况下应当受到限制。我国

《计算机软件保护条例》第16条第3项规定，软件的合法复制品所有人为了把软件用于实际的计算机环境或者改进其功能、性能，可以对计算机软件进行必要的修改。但是，除合同另有约定以外，未经该软件著作权人许可，不得向任何第三方提供修改后的软件。

日本著作权法第20条第2款对保护作品完整权则规定了以下四个方面的限制：一是出于学校教育目的在使用作品时不得不对作品中的字、词或其他方面进行的改变。二是因建筑物的扩建、改建、修缮或者外观更换而进行的改变（第2项）。三是为了修正错误或者升级版本而对软件作品进行的必要改变（第3项）。四是其他依照作品性质以及其使用目的和使用情况不得不进行的改变（第4项）。日本著作权法对保护作品完整权的限制既有列举条款，又有概括式条款，值得借鉴。

第五章
著作财产权

第一节 著作财产权概述

一、著作财产权产生的规则

关于著作财产权的产生，《伯尔尼公约》和《世界版权公约》的要求存在差别。《伯尔尼公约》采取作品创作完成后著作权自动产生、无须履行任何手续的规则，而《世界版权公约》则采取加注著作权标记为获得著作权要件的规则。但因《伯尔尼公约》的实质性条款均被世界贸易组织的 TRIPS 所采纳，因此至今已很少国家采取加注著作权标记作为获得著作权的要件，《世界版权公约》在世界范围内的影响已经非常有限。

美国未加入《伯尔尼公约》时，一直将加注著作权标记作为获得著作权的实质性要件。但 1989 年加入《伯尔尼公约》后，已经修改该规则。虽然按照美国版权法第 401 条第（1）项、第（2）项规定，权利人可以在作品上加注加圆圈的符号"C"、作品首次发表年份、作者姓名等版权标记，但该标记已经不再是获得著作权的要件，仅仅发挥在侵权诉讼中否定被告以不知道侵权为由作出的以图减轻实际损害赔偿或者法定损害赔偿的抗辩的作用。

我国虽然于 1992 年 10 月 15 日、1992 年 10 月 30 日先后加入了《伯尔尼公约》和《世界版权公约》，但著作权法并未采取《世界版权公约》规定的加注版权标记获得著作权的规则，而是采取作品创作完成自动获得著作权的规则（《著作权法实施条例》第 6 条），与专利权法、商标权法、植物新品种保护法、集成电路布图设计法采取的需要经过申请、审查、授权、登记、公告等程序才能获得相应权利的规则不同。如此区别的理由在于，著作权法追求的是文化的多样性，无须考察作品本身的先进性，因此法律只要通过赋予权利承认作品创作本身的事实即可。

二、著作财产权的法定性

法定原则是知识产权法的基本原则，法定性是知识产权形式上的基本特性。著作权也不例外。该原则要求著作权的内容和限制都必须由著作权法明文规定，除非经过立法者授权，或者在特定情况下为了纠正经过民主立法程序制定出来的法律中利益反映的不均衡，否则任何人不得在著作权法之外创设著作权。

世界上绝大多数国家的著作权法都坚持了著作权内容的法定性。法国知识产权法典第一部分第二编第二章"财产权利"明确限定列举了著作权人享有的著作财产权内容。德国著作权法第一部分第四节第三小节、第四小节明确限定列举了著作权人享有的著作财产权内容。日本著作权法第二章第三节第三小节第21～28条明确限定列举了作者的财产权利。俄罗斯民法典第七编第七十章第1255～1271条明确限定列举了著作权人享有的著作财产权内容。韩国著作权法第16～22条明确列举了著作权人享有财产权的内容。美国版权法第106条和第106条之二、英国版权法第16条、印度著作权法第14条、意大利著作权法第三章第一节和第二节、中国台湾"著作权法"第15～29条之一也都限定列举了著作权的内容。为什么这些国家和地区著作权法都要明确限定列举著作权的内容呢？理由在于，著作权和专利权、商标权等其他知识产权一样，也是一种限制他人行为模式的权利，如果不明确限定列举，对他人行为模式会造成巨大妨碍作用。

我国2010年《著作权法》第10条第1款第17项一反世界绝大多数国家和地区的做法，为著作权人规定了一个概括性权利。这种做法不但在世界各国著作权法中找不出先例，而且在我国专利法、商标法、植物新品种保护法、集成电路布图设计法中也不存在。赋予著作权人概括性权利的做法，虽然可以回应利用作品方式随科技发展而发展的客观情况，但也导致利益天平过分倾向于著作权人，很可能给公众造成不可预测的打击，不当地抑制高科技发展，阻碍新商业模式的诞生。

著作权权利内容法定，和本书第一章所倡导的缓和的知识产权法定原则并不矛盾。按照缓和的知识产权法定原则，著作权保护的作品种类应当采取例示立法模式，给司法开一道小窗口认定例示作品之外的作品形式；没有明确例示的利用作品方式，虽然不能作为新类型的"著作权"进行保护，但在一定条件下可以作为反不正当竞争法或者民法上的一般利益进行保护。

三、著作财产权的分类

根据不同标准，可以对著作财产权进行不同分类。

（一）面向私人领域使用作品的财产权和面向公众领域使用作品的财产权

这是根据著作财产权控制的是私人领域中使用作品的行为还是公众领域中使用作品的行为进行的分类。

对私人领域使用作品的著作财产权，是控制私人领域使用作品行为的财产权利。使用作品行为虽然发生在私人领域，但仍然受到复制权、发行权、表演权、获得报酬权等著作财产权的控制。现在人们熟知的在私人圈子内的所谓合理使用行为，并不是说这些行为不在著作财产权的排他范围之内，而只是著作权法为了促进作品利用和文化传播而赋予使用者的一种不侵权抗辩权。非常说明问题的事例是，尽管目的是私人使用，但如果复制作品数量过多，依旧构成侵权。此外，考虑到复制器具的迅猛进步给著作权人造成的利益回流机会减少乃至丧失的威胁，一些国家著作权法规定，虽然目的是私人使用，但仍需缴纳复印机税、空白磁带税或者其他复制设备税，以保证著作权人的财产利益不至于过分受损。

对公众领域使用作品的财产权，是指控制公众领域使用作品行为的财产权利。发生在公众领域使用作品的行为，包括发行、展览、表演、播放、朗诵、交互式传播等，一般都受制于著作财产权的排他性，只要行为人未经著作权人许可从事了这些权利控制范围内的行为，就构成著作财产权侵害。当然，著作权法出于促进商品流通、国家执行公务、作品利用和文化传播等考虑，也规定某些特定情况下发生在公众领域使用作品的行为，可以作为不侵害著作财产权的抗辩事由。

将著作财产权分为对私人领域使用作品的财产权和对公众领域使用作品的财产权，可以使人更加清楚地认识到著作权的排他性不仅及于公众领域，而且及于私人领域，著作权的限制与例外等本质上不过是行为人不侵权的一种抗辩权，并不说明限制与例外范围内的行为本身不在著作权的排他性控制范围内，不对著作权人权益造成损害。

(二) 向公众提供作品的财产权和向公众提示作品的财产权

这是根据向公众传播作品时，公众是否能够获得有形的作品载体（原件或者复制件）对著作财产权进行的分类。

向公众提供作品的财产权，是指向公众传播作品时，公众可以获得作品有形物质载体的财产权利。按照我国2010年《著作权法》规定的著作财产权构造，向公众提供作品的财产权利主要是指发行权、出租权。无论是发行权还是出租权，都以公众实际获得作品有形物质载体（原件或者复制件）为前提。

向公众提示作品的财产权，是指向公众传播作品时，公众虽能够感知作品，但不能获得作品有形载体的财产权利。按照我国2010年《著作权法》规定的著作财产权构造，向公众提示作品的财产权利，包括展览权、表演权、放映权、广播权、信息网络传播权。

将著作财产权分类为向公众提供作品的财产权利和提示作品的财产权利，可以使人更加清楚地认识到，著作权用尽规则究竟适用于哪些具体的著作财产权利。按照世界各国著作权法通则，只有发行权才适用著作权用尽规则，因为只有在这种权利中，公众才会因为获得作品有形物质载体而拥有物权，并因此而发生物权和著作权冲突现象，才需要处理商品自由流通和著作权之间的关系。

(三) 复制权和演绎权

这是根据利用作品时，是否附加独创性劳动、形成新作品对著作财产权进行的分类。

复制权，是指利用作品时，没有附加独创性劳动，没有形成新作品，仅仅将作品简单重复再现于有形载体上的权利。

演绎权，是指利用作品时，在原作品基础上附加了独创性劳动，形成了新作品的财产权利。翻译、改编、编曲，都会在保留原作品独创性的基础上形成新的创作。

综合上述分类，可以将著作财产权分为复制权、向公众传播权、演绎权三大类。其中复制权包括汇编权。向公众传播权又可以分为向公众提供作品的权利和向公众提示作品的权利。演绎权又可分为摄制权、改编权、翻译权。下文将根据这种分类具体阐述著作财产权的内容。

四、著作财产权的碎片化保护与适当集中保护

世界各国著作权法大多根据利用作品的方式创设著作财产权，形成著作财产权利束，我国著作权法也不例外。这种做法的优点是权利项目和内容具体明确，为利用者提供了较为清晰的行为指引，缺点是造成了著作财产权保护的过度碎片化，导致权利之间的边界不够明晰，增加著作权人选择请求权依据及司法适用的困难。为此，著作财产权的保护有必要适当集中。

对著作财产权进行适当集中保护，德国著作权法做出了很好的示范。德国著作权法第15条首先将著作财产权分为两大类，即以有体形式利用作品的排他权和以无体形式公开再现作品的排他权。前者又称为有体利用权，后者又称为公开再现权。然后采取列举方式，规定有体利用权和公开再现权的具体项目。按照第15条第1款规定，有体利用权包括复制权、发行权、展览权。按照第15条第2款规定，公开再现权包括朗诵权、演出权与放映权；网络传播权；广播权；录音录像载体再现权；广播与网络传播的再现权。在有体利用权和公开再现权之外，德国著作权法第23条还规定了不同于这两大类权利的第三大类权利，即演绎和改变权。由此可见，德国著作权法对著作财产权采取了伞形结构保护方式，既有概括，又有例示，且概括相对具体，而非笼统地规定"应当由著作权人享有的其他权利"，便于操作，对于我国司法实践中遇到的定时网播、实时网播等行为，即使无法通过具体的有名权利加以规制，亦可通过公开再现权进行规制，不失为一种可资我国借鉴的规定著作财产权内容的模式。

日本著作权法虽然没有像德国著作权法那样进行一般性概括，具体规定了复制权、上演权和演奏权、上映权、向公众传播权、口述权、展览权、发行权、转让权、出租权、演绎权、改作权等，但将有线广播权、无线广播权、信息网络传播权概括为"向公众传播权"，仍然有可资借鉴之处。这种规定对于我国司法实践中遇到的定时网播、实时网播等行为，均可通过"向公众传播权"规制。

借鉴德国和日本著作权法立法经验，对我国《著作权法》第10条第1款

规定的著作财产权进行适当整理和集中，至少将广播和网络传播等作品进行的远距离传播概括为"向公众传播权"，并使该权利能够控制网络直播、网络定时播放等行为，实为一个务实而可行的选择。

第二节　复制权（包括汇编权）

一、复制权概述

复制是利用作品最常见的方式，无论是在传统复制技术还是现代数字复制技术时代，排除他人对作品进行复制，对著作权人意义都十分重大。

从再现作品内容角度看，复制可有狭义、广义、最广义三种理解。狭义复制是指以印刷、复印、拓印、录音、录像、翻录、翻拍等方式将作品再现于其他有形载体上的复制。广义复制是指演绎性复制，即保留原作品内容同一性，但改变作品独创性表达的复制，比如将小说改编成电影剧本。最广义的复制则是指提示作品内容的复制，也即以公众不获得作品复制件的无形方式再现作品的复制，包括朗诵、表演、播放、交互式传输等。

我国 2010 年《著作权法》第 10 条第 1 款第 5 项明确规定，复制权是著作权人以印刷、复印、拓印、录音、录像、翻录、翻拍等方式将作品制作一份或者多份的权利，系采狭义复制概念，广义和最广义复制行为则交给演绎权、向公众传播权控制。

狭义复制的主要特征是，不改变作品独创性表达，仅仅在有形物质载体上忠实再现原作品内容，并因此形成有形复制件，即能够作为有形物品投放流通的固定的复制品。印刷、复印、拓印、录音、录像、翻录、翻拍属于在有形物质载体上忠实再现原作品内容，端无疑义。以数字化方式复制作品，虽必须借助机器才能感知作品内容，但作品依旧附着在 RAM、ROM 等内置储存器或者 USB、硬盘等外置储存器上面，载体依旧是有形载体。如果不属于在有形物质载体上忠实再现作品，则属于其他利用作品方式，不属于复制。

日本著作权法第 24 条、中国台湾"著作权法"第 3 条第 1 款第 6 项在复制权、表演权之外，还专门为文字作品作者规定了"口述权"，即以言语或者其他方法向公众传达其作品的权利。我国著作权法并未在复制权之外，单独为文字作品作者规定"口述权"。解释论上，可将无演技成分在内的通过言语或者其他方式向公众传达作品内容的行为，比如机器复述、播报行为，解释为复制行为。而将有演技成分的朗诵行为，解释为表演行为。

从比较法角度看，日本、美国、英国、德国的著作权法都要求复制必须是将作品重复附着在有形物质载体上的行为。日本著作权法第2条第1款第15项规定，复制必须是通过有形载体形式对作品进行的再制作。美国版权法第101条将"copies"（复制物）解释为"material objects"（物质客体）。英国版权法第17条第2款规定，复制是指以任何"material form"（物质形式）对作品进行的再现，包括通过电子手段以任何媒介储存作品。德国著作权法第16条规定，复制权，是指无论以临时的还是永久的任何方式和任何数量制作作品复制件的权利。总之，复制是不改变原作品独创性的简单重复劳动。

二、复制权控制的行为样态

（一）计算机内存中的临时复制是否受复制权控制

从作品附着在有形物质载体上的时间长短看，复制包括永久复制、暂时复制。永久复制是指时间相对比较长久的复制，比如印刷、复印、拓印、录音、录像、翻录、翻拍等。暂时复制，是指时间相对比较短暂的复制。暂时复制包括两类。一类是指将作品储存于随机储存器而发生的暂时复制。在该类复制中，被复制的作品将随电源关闭而消失。比如在网络上观看视听作品或者浏览其他作品时，此类影像或者作品都会先储存在RAM中，然后再在计算机屏幕上显示，这个过程中形成的复制即此类暂时性复制。另一类暂时复制是指作品在网络传输过程中，由于技术原因在各个节点形成的过渡性、附带性并且不具有独立经济意义的暂时复制。以在互联网上从日本特许厅网站上下载日本著作权法到中国本地互联网使用者的计算机为例，这个过程中将发生如下暂时复制：在日本互联网服务器中的复制；在中国互联网服务器中的复制；在使用者局域网服务器中的复制；WWW浏览器在使用者电脑硬盘中自动为使用者画出一块缓冲区域并储存进行的复制；使用者电脑RAM上的复制，以供使用者浏览作品或者执行程序。这个过程中发生的复制大致可分为如下三个阶段的复制：从服务器到服务器的N个时间长短不一的复制；从服务器到使用者个人电脑发生的复制；个人浏览时发生的复制。

上述暂时性复制是否受复制权控制？一种观点认为，上述暂时性复制不是传统著作权法意义上的复制，不受复制权控制。❶ 另一种观点认为，暂时性复制也属于复制，但考虑到该种复制属于技术操作过程中必要的过渡性、附带性并且不具有独立经济意义的现象，无行为人行为介入，因此应当排除出复制权控制的行为之外。❷ 这两种观点尽管结论一致，但从解释路径看，第二种观点逻辑上似乎更加顺畅，并符合现行法规定。首先，按照《伯尔尼公约》第9条第1款规定，作者有权控制以任何方式和形式复制作品的行为。上述暂时复制虽然属于技术操作过程中必要的过渡性、附带性并且不具有独立经济意义的现象，但从结果上看，依旧是将作品重复附着在有形物质载体上，形式上完全符合复制的特征。其次，虽然行为人在技术操作过程中没有实际从事上述暂时复制行为，但不能说暂时复制和行为人毫无关系。无论如何，上述暂时复制属于行为人进行技术操作时引发的附带现象，并不是可以不借助任何外力完全自动进行和完成的。最后，欧盟2001年信息社会著作权和邻接权指令第2条明确规定暂时复制也是复制，第5条第1款则将该种暂时复制排除在复制权控制范围之外。

中国台湾的"著作权法"也借鉴了上述立法模式，首先在第3条第5项规定："重制：指以印刷、复印、录音、录影、摄影、笔录或着其他方法直接、间接、永久或暂时重复制作。"然后通过第22条第3款规定："前二项规定，于专为网路合法中继性传输，或合法使用著作，属技术操作过程中必要之过渡性、附带性而不具独立经济意义之暂时性复制，不适用之。但电脑程式著作，不在此限。"第4款还对第3款所说的暂时性复制进行了解释："前项网路合法中继性传输之暂时性重制情形，包括网路浏览、快速存取或其他未达成传输功能之电脑或机械本身技术上所不可避免之现象。"既然已经有立法例将上述暂时性复制界定为复制，然后将其排除出复制权控制范围之外，也就没有为了迁就上述第一种观点而修改现有立法例或者重新专门就此建立一套新规则之必要。

德国著作权法也明确采取了上述立法模式。其著作权法第16条首先规定，无论以临时的还是永久的任何方式和任何数量制作作品复制件，都属于复制，

---

❶ 王迁. 知识产权法教程（第三版）[M]. 北京：中国人民大学出版社, 2011：126-129.
❷ 台湾"智慧财产局"持此种观点。参见罗明通. 著作权法论（I）（第7版）[M]. 台北：台英国际商务法律事务所, 2009：457。

都受复制权控制。但又通过著作权法第 44 条 a 将临时复制行为排除在复制权范围之外。该条规定，本法允许的临时复制为，暂时的或者同时发生的，表现为一种技术过程中不可缺少的实质部分的，并且不具备独立经济意义的行为，其唯一目的是实现通过中间人使第三人在网络上相互传播，或者合法利用作品或者其他受保护的客体。

（二）平面和立体之间相互转化是否受复制权控制

复制权能够控制的复制行为，不仅包括从平面到平面的复制，而且包括从平面到立体的复制。在深圳市腾讯计算机系统有限公司诉佛山市康福尔电器有限公司侵犯著作权纠纷案中，❶ 康福尔公司将腾讯公司享有著作权的企鹅卡通形象作为其生产的加湿器的外观设计，两者在眼睛的造型修饰的处理手法、头饰蝴蝶结的造型对应部分基本相同。一、二审法院都认为，尽管原告企鹅卡通形象和被告加湿器外观设计企鹅形象在翅膀和脚的形状上形象有一定的差异，但通过一般人的视觉认知，两者有如出一辙的感受，因此可以认定，康福尔公司生产的涉案两款加湿器的外观造型是对腾讯公司享有著作权的 QQ 企鹅美术作品的使用，是从平面到立体的再现复制，构成著作权侵害。在北京智高方略展览展示有限公司诉德信无线通讯科技北京有限公司侵犯著作财产权纠纷案中，❷ 被告未经原告同意，擅自按照原告的展位设计图搭建展位的行为，也被法院认定为复制侵权行为。❸

但是，无论是根据平面美术作品或者设计图制作雕塑等立体美术作品，还是按照建筑设计图建造建筑作品，从平面到立体的复制有一个底线，即立体复制品必须体现出原作品的美感，依旧构成文学、艺术和科学领域内的作品。否则，只能理解为工业上的生产、加工行为，而不属于侵害复制权的复制行为。按照卡通角色哆啦 A 梦图形作出同样造型的饭菜，与按照食谱书的叙述方法作出与食谱照片一样的菜不同，系按照他人美术形象，以食材制作成图案，属于从平面到立体的复制，如不符合著作权限制与例外的情形，则属于复制权控

---

❶ 北京市第二中级人民法院（2008）二中民终字第 19112 号民事判决书。
❷ 北京市朝阳区人民法院（2009）朝民初字第 00033 号民事判决书。
❸ 关于平面到立体复制构成侵权的案例，还可参见北京市第二中级人民法院（2007）二中民终字第 17952 号民事判决书。"北京国际饭店与杨信侵犯著作权纠纷案"。

制的行为。[1]

根据上述理解,按照工程设计图、产品设计图建造工程、生产产品的行为,一般不能认定为著作权法意义上的复制行为。当然,由于直接按照他人付出巨大投资作出的工程设计图、产品设计图建筑工程、生产产品可以节省设计成本,在竞争中处于有利地位,可以作为一般利益通过反不正当竞争法或者侵权责任法进行保护。或者可以借鉴意大利著作权法第99条的经验,赋予设计者报酬请求权,要求按照其设计图建筑工程、生产产品的行为人支付一定报酬,即赋予工程设计图、产品设计图设计者有限的邻接权。当然,即使著作权法不作出如此规定,也可以将产品设计图、工程设计图作为一般性利益,通过反不正当竞争法、侵权责任法进行保护。

从立体到平面的复制,著作权人能否进行控制,要进行具体分析。第一种情况是,正如后面著作权的限制中要谈到的,对于设置在公共场所的雕塑、建筑等作品进行摄影、临摹、录像的行为,以及利用摄影、临摹、录像后的成果的行为,都属于限制与例外范围内的行为,著作权人没有权利加以控制。第二种情况是,对于未设置于公共场所的雕塑、建筑等作品,由于通过平面表现时表达形式发生了很大变化,因此是否受著作权人复制权的控制,要具体分析。如果平面表现形式确实和立体作品中的独创性部分具有同一性或者实质同一性,则从立体到平面的临摹等行为属于复制行为,著作权人有权控制。而如果平面表现形式和立体作品中的独创性部分不具有同一性或者实质同一性或者类似性,则从立体到平面的临摹等行为不再属于复制行为,而可能属于演绎行为或者新的独立创作行为,如果属于前者,则著作权人不再有权进行控制,如果属于后者,则著作权人应当通过演绎权进行控制。

三、临摹与复制、复制与汇编

（一）临摹与复制

临摹是否是复制? 这个问题需要具体分析。临摹他人书法、绘画作品,有的只是"照样画葫芦",有的则加入了临摹者自己的独创性。前一种情况下的临摹属于简单的复制,临摹者对其临摹品不享有著作权,未经过原作品著作权

---

[1] 萧雄淋. 著作权法实务问题研析 [M]. 台北: 五南图书出版股份有限公司, 2013: 211-212.

人许可，不得以著作权法规定的行为方式利用其临摹品，也不得侵害原作品著作权人的著作人格权。后一种情况下的临摹由于加入了临摹者的独创性，具有个性化特征，属于对原作品的演绎，临摹者对其临摹作品应当享有独立的著作权。但是，临摹者以著作权法规定的行为方式利用其临摹品时，必须征得原作品著作权人的同意，并且不得侵害原作品著作权人的著作人格权。最高人民法院1990年7月9日就范曾诉吴铎侵害著作权一案在给北京市高级人民法院的一个答复中认为，吴铎将所临摹范曾的绘画作品署上自己的姓名，赠送他人，致其临摹作品在日本展览并制成画册出售，吴铎的行为构成了对范曾著作权的侵害，应承担相应的民事责任。❶

不管临摹属于复制还是演绎，只要没有经过著作权人的同意，行为人的行为都构成著作权侵害。区分临摹属于复制还是演绎的意义在于：如果是复制行为，则第三人未经许可使用临摹品的行为只侵害原作品著作权人的著作权，而不侵害临摹者的著作权；如果是演绎行为，则第三人未经许可使用临摹品的行为，同时侵害临摹者和原作品著作权人的著作权。

可见，在著作权法意义上，临摹要么是复制，要么是演绎，临摹并不具有独立的著作权法意义，不能作为一个独立的著作权法概念加以使用。

(二) 复制与汇编

我国2010年《著作权法》第10条第1款第16项在复制权之外，还规定作者享有汇编权，即将作品或者作品的片段通过选择或者编排，汇编成新作品的权利。这意味着未经作者同意，将其作品或者作品片段经过选择或者编排，汇编成新作品时，属于侵害作者汇编权的行为。

然后上述权利完全是对《伯尔尼公约》第2条之2的误解。《伯尔尼公约》第2条之2包括3款内容。第1款内容是，成员国有权决定是否给予政治演说和诉讼过程中发表的言论以著作权保护。第2款的内容是，成员国有权决定，为了新闻报道目的，对于公开发表的讲课、演说或者其他同类性质的作品，在什么条件下可由报刊转载，进行广播或者向公众传播，或者以《伯尔尼公约》第11条之2第1款规定的方式（无线广播、有线传播或者转播、扩音器广播）公开传播。第3款的内容是，"然而，作者享有将上两款提到的作

---

❶ 参见最高人民法院（1989）民他字第20号。

品汇编的专有权利。"

显然，按照《伯尔尼公约》第2条之2的构造，即使各成员国不保护政治演说、诉讼过程中发表的言论，以及规定公开发表的讲课、演说或者其他同类性质的作品，报刊可自由转载，或者广播电台可以自由播放，这些作品的作者也有权反对任何人将其发表的所有政治演说等作品进行汇编的权利，并且这种权利并以不汇编本是否形成独立的作品为前提要件。由此可见，《伯尔尼公约》并没有单独赋予作者汇编权，我国2010年《著作权法》第10条第1款第16项纯粹是对《伯尔尼公约》的误解。

所谓的汇编，不管是汇编作者若干作品还是作品片段，无非是重复再现作品即复制作品的一种方式，因而通过复制权控制汇编行为即可，无须再多此一举地为作者创设一个独立的汇编权。

当然，为了和《伯尔尼公约》的立法构造保持一致，并且使问题更加明确化，也可以借鉴日本著作权法第40条第1款的立法经验，对我国2010年《著作权法》第22条第1款第5项进行改造，通过但书规定"但不得将同一作者的演说或者陈述进行汇编"。

四、新技术对复制权的挑战

自1709年世界上第一部版权法即英国安娜女王法制定开始直到20世纪50年代，由于复制技术限制等原因，复制权一直处于著作权人权利的核心。然而，自20世纪50年代后，复制技术发生了翻天覆地的变化，复制和传播工具逐渐普及到私人手中，复制和传播变得成本低廉，速度快捷，质量可靠，复制和传播主体由出版者、印刷者、大企业、国家机关等扩及于几乎所有个人。此种变化使得建立在传统复制技术基础上以复制权为核心构筑的著作权制度遇到了严峻挑战。虽然为了应对复制和传播的网络化和数字化而赋予了作者控制交互式传播作品的权利，但原有建立在复制和传播技术都不发达前提下的著作权限制制度的基础正在逐渐萎缩，原有著作权人能够忍受的私人领域使用作品的行为已经对著作权人利益造成了巨大威胁。为了减少私人领域使用作品给著作权人造成的损失，一些国家的著作权法出现了禁止利用供公众使用目的而设置的自动复制机器进行私人复制、针对某些先进的复制媒介特别是数字化复制媒介征收复制税等制度。如何在新技术背景下，重新平衡著作权人、传播者、社会公众因为作品创作、传播、利用带来的利益关系，是我国2010年《著作权法》面临的重大任务。

第三节 向公众传播权

向公众传播权并不是我国 2010 年《著作权法》上的概念，仅仅是学术上的用法，指的是直接让公众获得作品原件或者复制件，或者直接让公众感知作品内容的权利，包括向公众提供作品的权利和向公众提示作品的权利。

一、向公众提供作品的权利

（一）发行权

1. 发行权的含义和构成要件。发行权有广义和狭义之分。广义的发行权是指著作权人以销售、赠与、出租、出借以及进口等方式向公众提供作品原件或者复制件的权利，美国等极少数国家版权法甚至将网络上的公开传播也规定为发行权控制的行为。狭义的发行权，则仅指以出售或者赠与方式向公众提供作品原件或者复制件的权利。我国 2010 年《著作权法》第 10 条第 1 款第 6 项、WCT 第 6 条、WPPT 第 12 条、中国台湾"著作权法"第 28 条之 1 即采狭义发行权含义，而对信息网络传播、出租、进口另设信息网络传播权（交互式传播权）、出租权、进口权等权利进行控制。《伯尔尼公约》虽然在第 3 条规定出版、在第 17 条规定成员国的行政管理权时暗示了发行权的存在，但并没有明确规定独立的发行权。

著作权法意义上的发行，必须具备以下构成要件：

（1）以转让作品原件或者复制件所有权为前提。如果不以转让作品载体所有权为目的，仅仅是转让载体使用权，则构成出租或出借。出租或者出借作品原件或者复制件是否受制于著作权人，从各国法律规定看，因作品不同而有所不同，因国情不同而有所不同。

无论是 WCT 还是 WPPT，都明确发行权控制的"原件或者复制件仅指可投入流通的有形物品"，因此发行权不能控制通过信息网络向公众提示作品的行为。我国最高人民法院、最高人民检察院于 2004 年联合发布的《关于办理侵犯知识产权刑事案件具体应用法律若干问题的解释》第 11 条第 3 款将通过信息网络传播向公众传播作品的行为视为刑法第 217 条规定的"复制发行"，情节严重者可追究刑事责任，明显违背了 WCT、WPPT 的规定，存在违宪解释之嫌。

（2）作品原件或者复制件数量上应当能够合理满足公众需要。发行虽不以公众实际获得作品原件或者复制件为要件，但数量上应当能够合理满足公众需要。仅仅印制几本书籍或者刻录几张光盘，尚不足以称之为作品的发行。他人未经著作权人许可，印制几本书籍或者刻录几张光盘销售或者赠送他人的行为，侵害的不是著作权人的发行权，而是复制权。

（3）销售或者赠与的对象为公众。公众包括不特定的人和特定的多数人。未经著作权人许可，印制其作品在家庭或者朋友圈子里免费散发，侵害的也不是发行权，而是复制权。在原创公司诉群光实业（武汉）有限公司一案中，群光公司未经原创公司许可，为了促销向消费者赠送印制有原创公司享有著作权的"喜羊羊"卡通形象图案的绒丝毯和电暖袋的行为，由于是向不特定公众赠送作品复制件，因此侵犯了原创公司的发行权。❶

2. 发行权一次用尽。为了确保商品自由流通，平衡作品载体所有权人和著作权人之间的利益关系，同时防止著作权人因为同一作品的销售获得多次利益，各国著作权法多规定了发行权一次用尽规则。按照此规则，经过著作权人同意，不管是通过销售还是赠与方式，作品原件或者复制件所有权第一次转让后，第一次通过转让获得作品所有权的人以及后续的所有权人再次转让作品原件或者复制件，无须再征得著作权人许可，也无须向其支付报酬。

但到底采取国际用尽还是国内用尽规则，国际上并未达成一致意见。TRIPS 第 6 条规定，"本协议不得被用于处理知识产权用尽的问题"，有意回避了这个有争议的问题，并将如何处理的权力留给了各个成员国。

欧盟采取区域用尽规则，一旦作品在欧盟经济区域内销售，则著作权人的发行权在欧盟境内用尽。

美国究竟采取什么规则，美国政府和法院的态度有所不同，法院内部的观点也不一致。美国政府衡量竞争政策相关问题后，认为普遍采取国际用尽规则不符合美国的长期经济利益，因而在国际贸易谈判中坚定坚持国内著作权人有权阻止未经其授权同意进口在美国国外销售的作品复制件，即持国内用尽的

---

❶ 参见《2010 武汉知识产权白皮书》。

立场。

然而，在 Kirtsaeng v. John Wiley & Sons, Inc. 案中，❶ 美国联邦最高法院正式的判决意见则持国际用尽立场。该案中专门出版学术教科书的被上诉人 Wiley & Sons 出版公司授权给其国外子公司 Wiley & Sons 亚洲出版社在国外出版、印制及销售 Wiley & Sons 出版公司的英文教科书，且每本书上都标明该书只能在美国以外的特定国家或者地区销售，未经授权不得进口到美国销售。上诉人 Supap Kirtsaeng 是泰国人，在美国康奈尔大学读书时，委托其朋友和家人从泰国购买低价格销售的国外版英文教科书，邮寄到美国给他销售，并从中获利。Wiley & Sons 认为 Supap Kirtsaeng 侵害了其美国版权法第 106 条第（3）项规定的发行权和第 602 条规定的进口权，Supap Kirtsaeng 则援引美国版权法第 109 条第（a）款规定的发行权用尽进行抗辩。联邦地方法院认为 Supap Kirtsaeng 不能援引发行权用尽，因为该规则不适用于美国国外的作品复制件，即使该复制件经过了著作权人授权。美国联邦第二巡回上诉法院同意地方法院意见，并指出美国版权法第 109 条第（a）款规定的发行权用尽仅适用于"依美国著作权法合法复制的特定复制件的所有人"，多数意见认为发行权用尽不适用在国外复制的作品复制件。美国联邦最高法院多数意见（4∶3）认为，"依据美国著作权法合法制造"（lawfully made under this title），意思是"按照"或者"符合"美国著作权法制造，并不存在地域限制。美国联邦最高法院的少数意见则认为，"依据美国著作权法合法制造"（lawfully made under this title），意思是作品的复制受到美国著作权法的规范，以及作品的处分符合美国著作权法的规定。据此，发行权用尽规则适用的作品原件或者复制件，只限于在美国境内制造的作品原件或者复制件，而不包括在美国境外制造和销售的作品原件或者复制件。

我国著作权法并未单独规定著作权人享有进口权，因此按照立法者的原意，著作权人应该无权阻止他人进口经过其授权在国外复制并流通的作品复制件进口到中国销售，除非该作品复制件属于未经授权的盗版复制件。换句话说，按照我国著作权法立法者的原意，发行权采取国际用尽的规则。此种原意有利于图书馆、博物馆、二手书商、计算机等科技公司、包装等构成作品的消费品零售商的利益，促进知识和实用性技术的引进和发展。

---

❶ Kirtsaeng v. John Wiley & Sons, Inc. 133 S. Ct. 1351（2013）.

要特别注意的是，在著作权法领域中，只有发行权才存在一次用尽规则，著作财产权中的其他权利，比如复制权、展览权、表演权、放映权、信息网络传播权、广播权、摄制权、改编权、翻译权等，都不存在一次用尽规则。这就是为什么购买了正版CD拥有所有权后，在酒吧、茶吧等公共场所播放的行为依旧构成著作权侵害行为的原因。

3. 通过信息网络提供计算机程序，发行权是否用尽？也就是说，经计算机程序著作权人同意，从其官网上付费下载计算机程序后在网上出售，是否受计算机程序著作权人发行权控制？

在德国联邦最高法院审理的"UsedSoftII"一案中，❶ 原告Oracle公司研发和销售计算机程序，对其研发的计算机程序拥有排他权，该公司在官网上无偿提供客户下载涉案计算机程序，但客户只有在与其签订授权使用契约后，才有权使用下载的计算机程序。按照授权使用契约，其客户就涉案计算机程序取得无期限、非专属且不得转让的使用权。此外，Oracle公司也基于客户需求，将计算机程序储存于CD-ROM或者DVD中交给客户。对于本案中有争议的计算机程序，Oracle公司提供包裹授权，每份授权合同允许25人利用，超过者需要另行购买授权。同时，依据计算机程序维护契约的约定，使用人可以从Oracle官网下载计算机程序的最新版本和排除错误的程序。被告UsedSoft从原告客户处取得利用授权后，在2005年10月宣传的"Oracle特惠活动"中，提供涉案计算机程序的"已使用"的授权（二手授权），其客户如尚未拥有涉案计算机程序，可在取得二手授权后，直接从Oracle公司的官网下载，如已经拥有涉案计算机程序，则仅需购买25人限额外的授权名额，并由UsedSoft将计算机程序储存于利用人工作场所的电脑中。Oracle公司认为UsedSoft公司的行为侵害其对计算机程序拥有的著作权，因为被告促使获得二手授权的人复制涉案计算机程序。一二审支持了原告的主张，被告向德国联邦最高法院提起第三审上诉。德国联邦最高法院向欧盟法院请求说明以下三个问题。一是基于计算机程序发行权用尽而发行计算机程序副本者，是否属于欧盟计算机程序保护指令（2009/24）第5条第1款规定的"合法取得者"？二是如果第一个问题的回答为"是"，则取得计算机程序者基于权利人同意从其官网下载计算机程序时，是否属于欧盟计算机程序保护指令（2009/24）第4条第2款规定的发行

---

❶ EuGH GRUR 2012，904 + BGH GRUR 2014，264【UsedSoftII】。

权用尽？三是如果第二个问题的回答为"是"，则原取得者已删除其计算机程序或者使其无法再使用时，取得二手授权者对其下载的计算机程序是否属于欧盟计算机程序保护指令（2009/24）第4条第2款和第5条第1款所规定的"合法取得者"？

对于上述第一和第三个问题，欧盟法院的回答是，欧盟计算机程序保护指令（2009/24）第4条第2款和第5条第1款应当解释为，如果再出售授权与再出售从权利人官网下载的计算机程序副本相连结，在法律规范上应视为单一整体，置于"销售"概念之下，且原取得者所取得的授权无期限限制，并支付了对价，使权利人享有获得相应报酬的可能性，则第二位及其后取得利用授权契约者，比如 Usedsoft 的客户，都可以主张发行权用尽，属于合法取得者，可以为了利用需要复制该计算机程序（即下载至工作场所的电脑中）。

对于上述第二个问题，欧盟法院的回答是，欧盟计算机程序保护指令（2009/24）第4条第2款规定应解释为，如经权利人同意有偿或者无偿使用自网络上下载的计算机程序副本，而且利用者须支付对价才能获得对该计算机程序副本无期限限制的利用权，据此确保权利人有获得相应报酬的可能性时，该计算机程序的发行权用尽。欧盟法院的具体论证如下。

其一，所谓"销售"，是指约定转让有体物或者无体物的所有权于他方，以获得他方支付的价款。下载计算机程序与缔结授权契约形成使用该计算机程序所无法区分的整体，由此可以认为由权利人转移计算机程序副本于客户，并伴随缔结授权契约时，即可认为和提供计算机程序载体如 CD‐ROM 或者 DVD 时一样，已经转移计算机程序副本的所有权，属于欧盟计算机程序保护指令（2009/24）第4条第2款规定的"首次销售计算机程序副本"。

其二，权利人在网页上提供计算机程序不属于"公开传输"，欧盟计算机程序保护指令（2001/29）第3条第1款规定的"公开传输"行为，由于转移所有权而转变为发行行为，只要符合欧盟计算机程序保护指令（2009/24）第4条第2款规定的"首次销售计算机程序副本"，发行权即用尽。

其三，欧盟计算机程序保护指令（2009/24）第4条第2款并未明确规定，计算机程序发行权用尽的规定仅限于复制于 CD‐COM 或者 DVD 上的计算机程序副本，因而关于"首次销售计算机程序副本"的规定，不应当再区分副本是以有体还是无体形式存在。销售复制在 CD‐COM 或者 DVD 等有体物上的计算机程序，与销售从网页上下载的计算机程序，从经济利益角度看并无差别，以网络传输在功能上与交付有形载体相当。基于平等原则对欧盟计算机程序保护指令（2009/24）第 4 条第 2 款进行解释，应当认为，由权利人或者经其同意在欧盟境内首次销售计算机程序副本，无论是销售有体还是无体的计算机程序副本，其发行权均用尽。

其四，尽管欧盟计算机程序保护指令（2009/24）第 4 条第 2 款规定的发行权用尽不适用于维护契约等规定的服务提供行为，但因缔结维护契约的目的在于修改与更新原购买的计算机程序副本，即使维护契约有期限限制，而且计算机程序取得者契约到期后不再延长维护契约，但因该契约对原下载的计算机程序副本所作出的完善、变更或者增加功能，利用者仍可无限期地使用该计算机程序。在此情况下，欧盟计算机程序保护指令（2009/24）第 4 条第 2 款规定的发行权用尽标的范围，包括由权利人完善与更新的计算机程序副本。

其五，原取得者销售有体或者无体形式的计算机程序副本，主张发行权用尽时，必须在其销售时使自己的计算机程序副本无法使用，以免侵害欧盟计算机程序保护指令（2009/24）第 4 条第 1 款第 a 项规定的复制权。

德国联邦最高法院根据欧盟法院的回答，指示原二审法院重新作出判决。原二审法院据此作出如下最终判决。❶

其一，著作权人如同意他人自其官网下载计算机程序，当计算机程序发行权用尽，且再销售授权与再销售自网页下载的计算机程序副本相连结，则第二位及以后的计算机程序授权获得者按照德国著作权法第 69a 条第 1 款规定，可以复制该计算机程序。

其二，发行权用尽应当具备下列要件。权利人基于取得对价而授权，以确保权利人自其作品利用获得相应报酬；经过权利人授权者可以永久利用计算机程序；后续取得者自权利人官网下载经过完善或者更新后的计算机程序，应当为权利人与原取得者之间的维护契约所涵盖；原取得者必须使其计算机程序副本无法再使用。

其三，再销售从网页上下载的计算机程序副本，不以被告将储存发行权已经用尽的计算机程序副本的有形载体交付其客户为要件，被告客户自权利人官网上下载计算机程序副本并储存于电脑中的行为，也属于再销售行为。

总之，在上述案件中，欧盟法院将通过信息网络提供计算机程序，与通过

---

❶ BGH, Urt. v. 17. 7. 2013——I ZR 129/08（OLG München）.

提供复制了计算机程序的 CD – ROM 或者 DVD 等有形载体而提供计算机程序的行为等同对待,从而肯定通过信息网络提供计算机程序的行为,也属于发行权用尽范围内的合法行为。对此,美国的见解与欧盟的稍有不同。美国第九巡回上诉法院在 Vernor v. Autodesk 一案中指出,❶ 首次销售原则是否适用的关键在于受让人是否有权保留涉案作品复制件。据此,不能认为在美国授权利用模式就不适用发行权用尽。受让人是否有权保留涉案作品复制件,应当通过三个因素进行判断。一是著作权人是否明确指明为授权使用。二是著作权人是否严格限制使用人转移计算机程序复制件。三是著作权人是否明确限定了使用方式。❷ 中国台湾"智慧财产局"则较为尊重业界的做法,即如果权利人与使用人将合同明确界定为授权使用合同,则无适用发行权用尽之余地。❸

合法获得者通过信息网络提供其他作品之副本,在提供者销毁、删除作品数字化版本的情况下,是否落入发行权用尽范围,亦值得讨论。

4. 许诺销售行为是否受发行权控制?也即,通过互联网等信息网络、电视媒体、报纸杂志等纸质媒介,广告销售作品原件或者复制件,亦即通过许诺销售形式是否侵害发行权?对此,欧盟法院在回答德国联邦最高法院针对"Marcel – Breuer – Mobel Ⅱ"提请解释问题时,作出了肯定回答。❹

该案中的原告制造拥有著作权的高级家具并销往全球,包括在欧洲地区销售。被告 1 在欧洲地区直销设计家具。被告 2 为该公司负责人。被告 1 在其网页(www. dimensione – bauhaus. com)上广告销售家具,此网页也有德语版,且于 2005 年和 2006 年期间不定期在不同德国日报与杂志,以及宣传资料上广告销售涉案侵权家具。原告认为被告的此种广告行为侵害其发行权。地方法院支持原告主张,被告经德国联邦最高法院许可,成功提起上诉,要求驳回原告主张。德国联邦最高法院于 2013 年 4 月 11 日作成决议,请求欧盟法院先行裁决如下三个问题:一是欧盟 2001 年著作权保护指令第 4 条第 1 款规定的发行权是否包含以转移所有权为目的向公众提供作品原件或者复制件的权利?(如果该问题的回答为肯定,则继续下一问题)二是以转移所有权为目的向公众

---

❶ Vernor v. Autodesk,621 F. 3d 1102 (2010).
❷ Vernor v. Autodesk,621 F. 3d 1110 – 1111 (2010).
❸ 台湾"司法院"行政诉讼及惩戒厅. 著作权国际案例选择汇编 [G]. 台北:台湾"司法院",2017:28.
❹ EuGH GRUR 2015,665 + BGH GRUR 2016,490【Marcel – Breuer – Mobel Ⅱ】.

提供作品原件或者复制件的权利是否不仅包括契约要约，还包括广告？三是若以转移所有权为目的向公众提供作品原件或者复制件，实际上却未转移所有权，是否仍然侵害发行权？

针对上述三个问题，欧盟法院的回答是，欧盟2001年著作权保护指令第4条第1款应当解释为，发行权人有权禁止以转移所有权为目的向公众提供或者广告作品原件或者复制件的行为，即使该广告行为确实没有造成作品原件或者复制件所有权已经实际转移至欧盟境内的买受人，只要该广告行为以欧盟境内的消费者为对象，促使其取得该作品原件或者复制件，且该作品原件或者复制件在广告的会员国受著作权保护即可。欧盟法院的主要理由是，向公众发行作品原件或者复制件，是一个行为链条，至少包括从缔结买卖契约至向任一公众实际交付作品原件或者复制件以履行买卖契约，针对契约标的物即作品原件或者复制件提出的要约邀请或者不具有拘束力的广告，均属于以发行该标的物为目的的行为链条，亦应当受著作权人发行权的控制。

德国汉堡州高等法院据此判决认为，著作权人的发行权包括禁止他人以取得所有权的目的向公众提供作品原件或者复制件，以及以取得所有权为目的向公众广告作品原件或者复制件的行为，本案中被告的广告行为，系以德国消费者为对象，以促使其购买为目的，即使该广告并未实际引起买受人取得家具，其行为仍然侵害著作权人的发行权。[1]

向公众实际转移作品原件或者复制件所有权之前的许诺销售行为，为发行预备行为，构成整个发行行为的一环，如果不受发行权控制，一者将使许诺销售等预备发行行为流于不受著作权法规制的空白状态，二者将使作品原件或者复制件随时面临实际被发行状态，极有可能给著作权人造成难以挽回的损失。是故将广告等许诺销售行为置于发行权控制范围，对于有效保护著作权具有重要意义。

按照中国台湾"著作权法"第91条之一第1款第2项规定，构成侵害发行权刑事犯罪的行为包括二种。一是擅自以转移所有权的方法散布著作原件或者其重制物而侵害他人之著作财产权的行为，二是明知系侵害著作财产权之重制物而散布或者意图散布而公开陈列或者持有的行为。据此，为发行目的而刊登广告等行为，由于尚未公开陈列或者持有作品原件或者复制件，不构成犯罪

---

[1] BGH, Urt. v. 5.11.2015 – I ZR 91/11（OLG Hamburg）.

行为，但是否因侵害发行权而应当负民事责任，并不明确。中国台湾"著作权法"第3条第1款第12项关于散布权的定义"指不问有偿或者无偿，将著作之原件或者重制物提供公众交易或者流通"，如严格按照字面解释，似乎不包括为了发行目的而刊登广告等宣传行为。

（二）出租权

出租权和发行权、私人录音录像补偿金请求权一样，是为了确保复制权实效性规定的一种权利。《伯尔尼公约》并没有规定出租权，出租权来自TRIPS第11条和第14条规定。协议第11条规定计算机软件、电影作品著作权人享有出租权，第14条规定录音制品权利人也享有出租权。世界知识产权组织1996年制定的WCT第7条和WPPT第13条吸纳了TRIPS的规定。WCT第7条规定，计算机软件、电影作品和以录音制品形式体现其作品的作者，享有出租权。但计算机软件不是出租主要标的，对电影的出租未导致广泛复制的，可以不适用出租权的规定。WPPT第13条规定录音制品权利人也享有出租权。我国2001年修改著作权法时，为了入世的需要，按照TRIPS、WCT、WPPT的规定，也单独针对计算机软件、电影作品和录音制品规定了出租权。

按照我国2010年《著作权法》第10条第1款第7项规定，出租权是著作权人有偿许可他人临时使用电影作品和以类似摄制电影的方法创作的作品、计算机软件的权利，计算机软件不是出租的主要标的的除外。视听作品和计算机软件的制作、开发往往需要付出巨大的投资，通过租赁方式进行使用已经发展成为使用这两种电影作品的最为重要的方式，如果对出租行为不允许其著作权人加以控制，视听作品和计算机软件著作权人收回投资的机会必将受到重大打击。

享有出租权的作品只限于计算机软件和视听作品，其他种类的作品并不享有出租权。同时，虽然有的国家著作权法规定了公共借阅权，但在我国出租权只控制有偿出租的行为，并不限制以出借等无偿方式利用作品的行为。

所谓计算机软件不是出租的主要标的，是指计算机软件虽然构成出租标的组成部分，但在整个出租标的中的价值很小，不是权利人租金的主要来源。比如，出租交通工具，尽管交通工具中包含了控制其运行的计算机软件，但由于计算机软件仅仅构成交通工具的一个部分，而且不是租金的主要来源，因而软件著作权人不得以出租权为由，限制交通工具本身的出租。

有论者认为，出租权也适用权利一次用尽规则。❶ 这是一种误解。根据 TRIPS、WCT、WPPT 的规定，只有计算机软件和电影作品、录音制品权利人才享有出租权，其他作品或者制品权利人不享有出租权，他人可以自由出租这些作品或者制品原件或者复制件，根本不存在出租权是否用尽问题。对于计算机软件和电影作品、录音制品权利人来说，由于能够控制原件或者复制件所有人的出租行为，当然更有权控制分租行为，因此出租权不可能用尽。

二、向公众提示作品的权利

（一）展览权

1. 展览权的含义。尽管《伯尔尼公约》、WCT、WPPT 都没有明确规定著作权人的展览权，但各国著作权法大都规定了该权利。我国 2010 年《著作权法》与世界多数国家和地区著作权法一样，都规定了展览权。按照我国 2010 年《著作权法》第 10 条第 1 款第 8 项规定，展览权，即公开陈列美术作品、摄影作品原件或者复制件的权利。

展览不同于表演。展览系通过机械的、静态的、不改变作品表现形式的陈列等方式向公众提示作品的行为，而表演系通过表情、动作、声音等手段改变作品再现手段，动态地向公众提示作品的行为。在原创公司诉群光实业（武汉）有限公司一案中，群光派员工身着"喜羊羊"卡通形象服装道具装扮成"喜羊羊"卡通形象的人偶在其六周年庆祝活动现场走动或者摆出一定造型，并与现场人群交流互动的行为，被武汉市中级人民法院认定为侵犯原创公司展览权的行为。但严格说来，如果群光身着"喜羊羊"卡通形象服装道具的员工还通过自身的声音、动作或者表情模仿"喜羊羊"的声音、动作或者表情，则除了侵犯原告展览权之外，还侵犯原告的表演权。

2. 展览权的客体。各国各地区著作权法主要将展览权的客体限于美术作品和摄影作品，但对其具体要求存在差别。德国著作权法第 18 条将展览权的客体限定于未发表的美术作品，或者未发表的摄影作品原件或者复制件❷。日

---

❶ 罗明通. 著作权法论（I）（第 7 版）[M]. 台北：台英国际商务法律事务所，2009：612-613.

❷ 但有德国学者认为，德国《著作权法》第 18 条只不过是第 12 条第 1 款规定的发表权的特殊情形，因此其他作品原件，比如手稿原件、乐谱和科学技术方面的表述也享有展览权。参见雷炳德. 著作权法 [M]. 张恩民，译. 北京：法律出版社，2005：238。

本著作权法第 25 条将展览权客体限定于美术作品原件或者尚未发行的摄影作品原件。美国版权法第 106 条第 5 项规定，作者或者权利人享有的展览权，适用于文字、音乐、戏剧、舞蹈、哑剧、图形、雕塑、雕刻等作品，以及电影或者其他影视作品的单个画面。第 101 条则对展览进行了如下界定：展览一部作品是指直接展示，或者以胶片、幻灯、电视形象或者其他的设备或者程序来展示作品的复制品，或者在涉及电影或者其他影视作品时，以非连续的方式展示单个的画面。中国台湾"著作权法"第 27 条则将展览权客体限定为未发行的美术作品或者摄影作品。我国 2010 年《著作权法》第 10 条第 1 款第 8 项亦将美术作品或者摄影作品原件或者复制件规定为展览权客体。

美术作品或者摄影作品原件，即首次固定美术作品或者摄影作品的载体。

美术作品真正具有美学欣赏价值的是其原件，将美术作品复制件规定为展览权的客体，一是展览意义无法经受市场考验，二是会过度限制复制件所有人的行动自由，并导致出现将在市场上购买的合法美术作品复制件悬挂于宾馆等公共场所被认定为侵害美术作品著作权人展览权的怪异判决，因而并不妥当。

摄影作品原件，利用传统胶片拍摄出来的摄影作品，虽存在有影像的底片，但底片要变成照片，还需要经过感光（即把底片放到放大机上，放大机的光源透过底片照到相纸上）、显影（即把感光过的相纸放到显影液里进行显影的过程）、定影（即将经过显影的相纸放在定影液里一段时间，使相纸的感光不再继续氧化）、烘干的过程，尚不能认为是摄影作品，也没有什么展览价值，因此只能认为根据底片最后清洗出来的照片为摄影作品原件，至于是第一次清洗出来的还是第 N 次清洗出来的，质量有无差别，并不影响原件的认定。

利用传统的一次成像相机拍摄出来的照片，即是原件。利用数码一次成像相机拍摄出来的数字化照片，该数字化照片认定为原件应当无疑义。根据该数字化照片打印出来的纸质版照片，由于表达及其效果和存储在数字化媒介中的照片没有任何区别，亦认定为摄影作品原件为妥当。由此可见，在摄影技术不断翻新的情况下，受展览权保护的摄影作品范围将极大扩宽。考虑到摄影作品展览权对他人行动自由的妨碍，以及摄影作品载体所有权人和著作权人的关系，像日本著作权法和中国台湾"著作权法"那样，将受展览权保护的摄影作品限定为尚未发行的摄影作品，应该是一个较为谨慎的选择。

除了美术作品、未公开发表的摄影作品原件外，未公开发表的文字作品手稿亦存在展览价值，因此也有赋予其展览权的必要。

3. 展览权的限制。为了平衡美术作品、摄影作品著作权人与美术作品、摄影作品原件或者合法复制件所有人之间的利益关系,除了将美术作品、摄影作品原件展览权授予原件所有人之外,也应当将美术作品、摄影作品合法复制件的展览权授予其所有人。

(二) 表演权

1. 何谓表演和公开表演?所谓表演,按照日本著作权法第 2 条第 1 款第 3 项的规定,是指"通过具有戏剧效果的演出、舞蹈、演奏、歌唱、曲艺、朗诵或者其他表演方式再现作品的行为(包括虽不再现作品但具有文艺性质的类似行为)"。美国版权法第 101 条规定,表演作品,指直接或者利用装置或者方法朗诵、表演、演奏、舞蹈或者演出作品;涉及电影或者其他音像作品时,指以连续方式展示其图像或者使人听到其配音。中国台湾"著作权法"第 3 条第 1 款第 9 项规定的公开演出,指以演技、舞蹈、歌唱、弹奏乐器或者其他方法向现场之公众传达著作内容。以扩音器或者其他器材,将原播送之声音或者影像向公众传达者,亦属之。

我国著作权法并未明确界定何谓表演行为。总结日本法和美国法,表演是指通过声音、动作、表情等方式再现作品,包括具有演技的朗诵作品行为。

公开表演,按照世界知识产权组织撰写的《伯尔尼公约指南》,是指"在公开场合(或者至少是在一个向公众开放的场合)对作品的表演"。按照美国版权法第 101 条规定,公开表演,是指在对公众开放的场所,或者在超出一个家庭及其社交关系正常范围的相当数量人的任何聚集的场所表演作品;利用装置或方法向前项所指地点或者向公众传送或者以其他方式传播作品的表演,无论公众是否可以在同一地点或者不同地点以及是否可以在同一时间或者不同时间内接收到表演。

2. 《伯尔尼公约》的规定及其问题。《伯尔尼公约》第 11 条第 1 项规定,戏剧作品、音乐戏剧作品和音乐作品的作者享有下列排他权利,以授权:公开表演其作品,包括用各种手段和方法公开作品的表演;用各种手段向公众传播其作品的表演。(Authors of dramatic, dramatico-musical and musical works shall enjoy the exclusive right of authorizing: (i) the public performance of their works, including such public performance by any means or process; (ii) any communication to the public of the performance of their works.)

由此可见，按照《伯尔尼公约》规定，表演权控制的行为，不仅包括活人对作品的现场表演行为，而且包括机械表演行为，即在公众场合当场播放录音带或者录像带或者其他储存介质中的作品表演行为，以及对作品的表演向公众进行任何传播的行为（在各种面向公众的楼堂馆所播放背景音乐，属于典型的机械表演音乐作品的行为）。据此，未经许可，对作品的现场表演进行录音录像，且对该录音录像进行放映、广播、信息网络传播的行为，不但侵害作者的复制权，而且侵害作者对其作品的表演权。

《伯尔尼公约》规定的表演权虽赋予戏剧作品、音乐戏剧作品和音乐作品作者控制"用各种手段向公众传播其作品的表演"的行为，但因《伯尔尼公约》规定只是对其成员保护著作权的最低要求，很多成员的著作权法规定其他作品也享有表演权，且在表演权之外规定了放映权、广播权、信息网络传播权，WCT也增加向公众传播权，作者有权许可将其作品以有线或者无线方式向公众传播，包括将其作品向公众提供，使公众中的成员在其个人选定的时间和地点可获得这些作品，《伯尔尼公约》的这种规定容易造成表演权与放映权、广播权、信息网络传播权之间的重叠，导致立法和司法上的一定困难。

3. 德国、美国、日本和我国的处理手法。德国著作权法第19条规定了朗诵权、演出权和放映权，第19a条规定了网络传播权，第20条规定了广播权。第19条第1款规定，朗诵权是指通过个人表演而使公众能够听取语言作品的权利。第19条第2款和第3款规定，演出权是指通过个人表演而使公众能听取音乐作品或者在舞台上公开表演作品的权利；朗诵权与演出权包括在个人表演的场地之外通过屏幕、扩音器或者类似技术设备使朗诵与演出可公开感知的权利。第19条第4款规定，放映权是指通过技术设备使美术作品、摄影作品、电影作品或者科学或者技术性质的描述可公开感知的权利。放映权不包括使这些作品的广播或者网络传播可公开感知的权利。第19a条规定，网络传播权是指通过有线或者无线而使公众成员在其选定的地点与时间可以获取作品的权利。第20条规定，广播权是指通过广播如电台广播、电视台广播、卫星广播、有线广播或者类似技术手段使公众获取作品的权利。由此可见，按照德国著作权法，由于被放映的作品（电影作品）、被网络传播的作品、被广播的作品都可能包括对他人作品的表演，在此情况下侵害的究竟是表演权还是放映权、网络传播权、广播权，德国著作权法并未给出清晰的答案。

美国版权法第106条规定的著作财产权仅包括复制权、演绎权、销售或者出租或者出借权、公开表演权、公开展览权，在此之外并未单独规定放映权、网络传播权、广播权，这几种权利都统括于第 101 条表演权，完全符合《伯尔尼公约》的规定，因此不存在表演权和放映权、广播权、信息网络传播权的交叉和重叠问题。

日本著作权法则采取了另一种避免表演权和放映权、广播权和信息网络传播权等向公众传播权交叉重叠的手法。日本著作权法第 2 条第 1 款第 7 项直接规定，本法所称的上演、演奏或者口述，包括对作品的上演、演奏或者口述的录音录像进行的重新播放，但属于向公众传播或者上映的除外；以及通过电信设备对作品的上演、演奏或者口述进行的传达，但属于向公众传播的除外。所谓向公众传播，按照日本著作权法第 2 条第 1 款第 7 项之 2 规定，是指以公众直接接收为目的，通过无线通信或者有线电信通信方式进行的传播，包括有线传播、无线传播和交互式传播。由此可见，日本著作权法采取将放映、交互式传播排除出表演行为之外的手法，回避了表演权和放映权、向公众传播权之间的交叉重叠问题。据此，在日本，未经许可在卡拉 OK 厅放映录制有他人作品表演的行为，或者在电视台播放录制有他人作品表演的行为，或者在信息网络上传播录制有他人作品表演的行为，将分别侵害日本著作权法上的上映权、播放权、自动公众送信权或者送信可能化权，而不再按照侵害表演权行为处理。

我国 2010 年《著作权法》和德国著作权法一样，未能处理好表演权和放映权、广播权、信息网络传播权之间的关系。我国 2010 年《著作权法》第 10 条第 1 款第 9 项规定，表演权，即公开表演作品，以及用各种手段公开"播送"作品的表演的权利。何谓"播送"，著作权法及其实施条例并未加以明确，因此可被理解为包含放映、广播、信息网络传播等方式，进而造成表演权和放映权、广播权、信息网络传播权之间交叉重叠，并引发在网络上传播抖音短视频侵害的究竟是表演权还是信息网络传播权的争论。按照 2010 年《著作权法》，在我国，该行为既可被认定为侵害表演权行为，又可被认定为侵害信息网络传播权行为。但在日本，该行为只能被认定为侵害向公众传播权中的自动公众送信权的行为，在美国则只能被认定为侵害表演权的行为。

鉴于我国 2010 年《著作权法》已经规定了放映权、广播权、信息网络传播权等子权利，如保持这些子权利控制的行为现状不变，为了履行《伯尔尼公约》第 11 条规定的义务，同时又避免表演权和放映权、广播权、信息网络传播权的重叠，可以借鉴日本著作权法的处理手法，通过除外方式将放映、广播、信息网络传播从表演中剥离出来。

4. 表演权保护的作品范围。《伯尔尼公约》第11条只规定戏剧作品、音乐戏剧作品和音乐作品的作者享有表演权。由于《伯尔尼公约》只为成员国提供最低保护标准，因此并不妨碍成员国将受表演权保护的作品扩及于其他类型的作品。比如，英国版权法第19条赋予一切文学作品、戏剧作品和音乐作品作者表演权。美国版权法第106条也将表演权扩及于文字、音乐、戏剧、舞蹈、哑剧作品，以及电影和其他影视作品。日本著作权法第22条也赋予一切作品作者以表演权。我国2010年《著作权法》没有限定享有表演权的作品范围，因此解释论上应理解为一切作品都可以享有表演权。

话虽如此，但由于某些类型的作品无法通过表演的方式进行利用，因此这些类型的作品事实上无法享有表演权。这些作品包括图形作品、雕刻和雕塑等美术作品、建筑作品。

(三) 放映权

我国2010年《著作权法》第10条第1款第10项规定，放映权，是通过放映机、幻灯机等技术设备公开再现美术、摄影、电影和以类似摄制电影的方法创作的作品等的权利。由于该项采取的是列举和概括相结合的立法模式，因此从解释论的角度看，享有放映权的作品并不限于美术作品、摄影作品、视听作品，其他作品，比如文字作品的著作权人也应当享有放映权。

美国版权法未单独规定放映权，放映权可能涉及的行为，受其版权法规定的公开表演权控制。德国和日本著作权法都单独规定了放映权。德国著作权法第19条第4款规定，放映权，指通过技术设备使公众感知到美术作品、摄影作品、电影作品或者科学技术种类的各种表现的权利。但不包括使公众感知到广播电视播放或者公开提供的这类作品的权利。日本著作权法第22条之2规定，作者享有公开上映其作品的专有权利。又根据日本著作权第2条第1款第17项规定，上映，是指在银幕或者其他介质上放映作品（向公众传播的作品除外），包括同时播放固定在电影作品中的声音。从美国、德国、日本著作权法规定可以看出，放映权和表演权、广播权、信息网络传播权存在交叉之处。如果保留独立的放映权，为了明晰该权利与表演权、广播权、信息网络传播权之间的界限，应通过除外方式，将表演、广播、信息网络传播从放映权控制的行为中排除出去。

目前，商场和其他面向公众开放的楼堂馆所和半公开的学校、工厂等为了促销而放映影视作品和其他作品的行为，很少有经过影视作品和其他作品著作权人授权和付费的，按照我国2010年《著作权法》规定，这些行为应当构成侵害放映权的行为。如何加强对这些放映行为的集体管理，是一个值得思考的问题。不过，在有些国家，在公共场所免费放映已经发表的作品，属于不侵权抗辩使用行为。日本著作权法第38条第1款即是如此规定。

（四）广播权

《伯尔尼公约》第11条规定，文学艺术作品作者享有下列专有权利：授权广播其作品或以任何其他无线传送符号、声音或者图像的方法向公众传播其作品；授权由原广播机构以外的另一机构通过有线传播或者转播的方式向公众传播广播的作品；授权通过扩音器或者其他任何传送符号、声音或者图像的类似工具向公众传播广播的作品。（Authors of literary and artistic works shall enjoy the exclusive right of authorizing: (i) the broadcasting of their works or the communication thereof to the public by any other means of wireless diffusion of signs, sounds or images; (ii) any communication to the public by wire or by rebroadcasting of the broadcast of the work, when this communication is made by an organization other than the original one; (iii) the public communication by loudspeaker or any other analogous instrument transmitting, by signs, sounds or images, the broadcast of the work.）我国2010年《著作权法》第10条第1款第11项基本复制了《伯尔尼公约》的这条规定（广播权，即以无线方式公开广播或者传播作品，以有线传播或者转播的方式向公众传播广播的作品，以及通过扩音器或者其他传送符号、声音、图像的类似工具向公众传播广播的作品的权利）。据此，广播权能够控制的单向传播作品行为包括：无线广播、有线转播、公开播放广播。

1. 无线广播。是指将作品经过技术处理转化为无线电波，然后通过无线信号发射装置辐射到远端，再由远端的接收装置接收无线信号并还原成作品进行播放。德国联邦最高法院亦将"广播"界定为，"通过电磁波播送符合、声音或者图像，这些电磁波是从一个播放地点发射而在其他地点能被任意数量的接收装置所接收并能重新转变为符号、声音或者图像。"❶ 日本著作权法第2条第1款第8项和第9项之2则分别规定,无线播放,指以公众同时接收同一内容为目的、通过无线通信方式进行的公众传播;有线播放,指以公众同时接收同一内容为目的、通过有线通信方式进行的公众传播。

广播电台、电视台、广播卫星的广播中有很大部分仍然是无线广播。无线广播虽然具有安装简便、可以无限扩容等方面的优点,但信号容易受天气、地形等影响,影响收看或者收听效果。

2. 有线传播或者转播。是指有线广播电台、电视台直接或者在接收到无线广播信号后,通过金属导线或者光导纤维等有线装置将广播节目传送给用户接收设备的区域性广播。有线传播或者转播可以克服无线广播容易受天气、地形影响的缺陷,使边远山区的公众也能够收听收看广播电视节目,扩大了广播的受众,保证了广播的质量。现在的楼堂馆所、商场、学校等基本都安装了有线系统转播广播电视节目。

有线转播技术上和有线广播稍有不同。有线转播是接收无线广播后的再传播,而有线广播是通过金属导线或者光导纤维等有线装置将广播节目直接传送给用户接收设备的区域性广播,不以接收无线广播为前提。由于《伯尔尼公约》和我国2010年《著作权法》第10条第1款第11项都规定有线传播或者转播的应当是作品的广播,因此对作品直接进行的有线广播(即有线直播或者定时播放)无法受到广播权控制。不过,虽然有线广播不受广播权控制,但在我国2010年《著作权法》规定的著作财产权利体系构造下,作为解释论,著作权人尚可援引《著作权法》第10条第1款第17项"应当由著作权人享有的其他权利"来控制有线直播或者定时播放的行为。

在德国,著作权人控制同步网络广播行为则不在话下,其依据是德国著作权法第20条。按照该条规定,广播权是指通过广播,如电台广播、电视台广播、卫星广播、有线广播或者类似技术手段使公众获取作品的权利。"类似技术手段",包括通过互联网的同步广播在内,特别是指网络电台(webradio)、网络电视(web-TV)的广播情形。尽管互联网广播需要经过使用者点击选择才会开始传送节目,但使用者无法影响或者控制广播节目的时间或者进程,这和传统广播的听众打开收音机或者电视机等接收器接收广播节目内容,没有本

---

❶ BGH GRUR 1982, 727—Altvertrage.

质区别。

3. 公开播放广播。广播权控制的第三种行为样态是公开播放广播的行为,即《伯尔尼公约》第11条之2第1款第3项控制的行为。这种行为被日本著作权法第23条第2款称为向公众传达作品的行为。所谓公开播放广播,是指接收包含他人作品的广播节目后,借助扩音器或者其他传送声音、符号或者图像的技术设备,向公众传播的行为。比如,使用扩音器扩大收音机接收的音乐节目在工厂、学校播放的行为。有些国家著作权法规定,免费向公众公开播放广播,属于著作权限制与例外范围内的行为。日本著作权法第38条第2款、第3款即是如此规定。

(五) 信息网络传播权

1. 信息网络传播权的由来。技术发展导致作品传播手段的巨大变化,使得《伯尔尼公约》规定的控制点对多的表演、朗诵、广播等传播行为无法控制点对点的交互式传播作品行为。为了回应信息化和网络化给著作权人造成的巨大冲击,世界知识产权组织于1996年主持制定了两个重要公约,即 WCT 和 WPPT,以对伯尔尼公约和罗马公约进行补充和延伸,使之更好地适应新技术条件下著作权和邻接权保护的需要。这两个公约除了对传统著作权法意义上的发行权❶进行了澄清之外,最重要的是创设了计算机程序和电影作品作者的出租权、❷ 向公众传播权、技术措施的特别保护、❸ 权利管理电子信息的特别保护。❹ 向公众传播权分别规定在 WCT 第8条、WPPT 第10条和第14条当中。

WCT 第8条名称为"向公众传播权"(Right of Communication to the Public),具体内容规定是,在不损害《伯尔尼公约》第11条第(1)款第(ii)目、第11条之2第(1)款第(i)和(ii)目、第11条之3第(1)款第(ii)目、第14条第(1)款第(ii)目和第14条之2第(1)款规定的情况下,文学和艺术作品的作者应享有专有权,以授权将其作品以有线或无线方式向公众传播,包括将其作品向公众提供,使公众中的成员在其个人选定的地点和时间可获得这些作品。(Without prejudice to the provisions of Articles 11 (1)

---

❶ 分别参见 WCT 第6条、WPPT 第8条和第12条。
❷ 分别参见 WCT 第7条、WPPT 第9条和第13条。
❸ 分别参见 WCT 第11条、WPPT 第18条。
❹ 分别参见 WCT 第12条、WPPT 第19条。

(ii), 11bis (1) (i) and (ii), 11ter (1) (ii), 14 (1) (ii) and 14bis (1) of the Berne Convention, authors of literary and artistic works shall enjoy the exclusive right of authorizing any communication to the public of their works, by wire or wireless means, including the making available to the public of their works in such a way that members of the public may access these works from a place and at a time individually chosen by them.）由此可见，WCT 第 8 条的目的在于，在《伯尔尼公约》规定的公开表演权、广播权、朗诵权等之外，为作者新设一种权利，即向公众传播权，以控制将其作品以有线或者无线方式向公众传播的行为，包括将其作品向公众提供，使公众中的成员在其个人选定的地点和时间可获得这些作品的行为。

为了与 WCT、WPPT 关于"向公众传播权"的规定保持一致，各缔约方纷纷采取扩张本国著作权法原有权利内容或者新设权利的方法，以控制未经著作权人许可通过信息网络向公众传播其作品的行为。❶ 我国采取的是新设权利的方式。2001 年我国第二次修改著作权法时，在第 10 条第 1 款第 12 项增加规定了"信息网络传播权"。为了具体落实著作权法这一规定，国务院 2006 年还专门制定颁布了信息网络传播权保护条例，并分别在第 2 条和第 26 条规定了信息网络传播权。按照我国 2010 年《著作权法》第 10 条第 1 款第 12 项的规定，"信息网络传播权，即以有线或者无线方式向公众提供作品，使公众可以在其个人选定的时间和地点获得作品的权利。"这个规定与德国著作权法第 19a 条关于网络传播权的规定完全相同（网络传播权是指通过有线或者无线而使公众成员在其选定的地点与时间可以获取作品的权利）。由此也可以看出，

---

❶ WCT 并不强制要求缔约方为著作权人新创设一种权利以控制通过信息网络向公众提供其作品的行为，而是采取了所谓的"蘑菇型解决方案"，允许各个缔约方采取新创设权利或者扩张其现行著作权法中规定的专有权利内容的方法来实现 WCT 第 8 条、WPPT 第 10 条和第 14 条规定的权利内容。在这一总体原则下，各国纷纷采取了适合自己国情的方式实现 WCT 第 8 条、WPPT 第 10 条和第 14 条规定的权利内容。比如，美国采取扩张现有"复制权""发行权""表演权""展览权"的方式，德国等欧盟国家则在现有"向公众传播权"之下新设了"向公众提供权"（the right to make available to the public）这一项子权利，澳大利亚则将"向公众在线提供作品"（make a work available online）作为"向公众传播权"控制的行为范围。参见 FISCO M. The copyright law and internet: the 1996 WIPO treaties, their interpretation and implementation [M]. Oxford: Oxford University Press, 2002: 246-247, 501。日本则在现有的口述、上演、演奏、放映权之外，新设了"自动公众送信权"（指控制应公众请求自动进行传播的专有权利）、"送信可能化权"（指控制上传等行为的专有权利），参见日本著作权法第 2 条第 1 款第 9 项之 4、第 23 条。

我国著作权法规定的信息网络传播权，仅仅是 WCT 第 8 条规定的向公众传播权控制的行为中的一部分，即具有交互性的传播作品行为。这种不完全的规定，导致司法实践中出现的网络直播行为、网络定时播放行为无法受到信息网络传播权的控制。

我国学者一般将该定义概括为以下三个要件：一是手段要件，即以有线或者无线方式，从而排除非电子环境下的网络传播；二是对象要件，即向公众提供作品，从而排除个人之间的传播及个人下载行为；三是结果要件，即公众可以在其个人选定的时间和地点获得作品。❶ 下面详述之。

2. 信息网络传播权控制的行为特征。受信息网络传播权控制的行为，必须同时具备以下三个特征：

（1）按照 WCT 第 8 条的规定，受信息网络传播权控制的行为必须是 the making available to the public of their works by wire or wireless means 的行为，即通过有线或者无线方式向"公众"（the public）提供作品的行为。所谓公众，按照最高人民法院《关于审理著作权民事纠纷案件适用法律若干问题的解释》第 9 条规定，"著作权法第十条第（一）项规定的'公之于众'，是指著作权人自行或者经著作权人许可将作品向不特定的人公开，但不以公众知晓为构成条件。"由此可以推知，在我国，"公众"是指"不特定的人"。如此一来，在行为人通过"有线"或者"无线"方式向特定的多数人提供作品时，尽管其采取的是交互性方式，比如在全国法院、检察院、公安机关、行政机关等国家机关内部专用网上交互性提供作品时，不管该特定多数人范围有多大，其行为都不符合向"公众"提供作品的特征，因而也不受信息网络传播权控制。这对于著作权人来说后果可能是致命的。为了保护著作权人的权益，解释论上有必要将"公众"扩大解释为包括特定多数人。

大概是对"公众"误解的原因，司法实践中，出现了一些本来侵害信息

---

❶ 参见刘春田. 知识产权法［M］. 北京：法律出版社，2009：79；乔生. 国际信息网络传播权对我国立法影响评析［J］. 河北法学，2005，23（5）：29-33。除了这三个要件以外，也有学者认为其发生在信息网络环境中。参见吴汉东. 知识产权法［M］. 北京：法律出版社，2004：77。也有学者认为三个要件是：交互性传播方式、信息网络传播的公开性、信息网络传播行为。参见梁志文. 信息网络传播权的谜思与界定［J］. 电子知识产权，2008（4）。也有学者从其他角度，诸如网络传播行为、信息网络传播的构成、信息网络传播权的主体客体内容等方面进行解读。王迁. 论"网络传播行为"的界定及其侵权认定［J］. 法学，2006（5）；尹锋林. 网络传播与网络传播权［J］. 重庆工学院学报（社会科学），2008（3）：8。

网络传播权却被认定侵害复制权和放映权的案件。比如，在北京华谊兄弟影业投资有限公司诉北京达通网苑上网服务有限公司侵犯著作权一案中，原告享有影片《心中有鬼》的著作权，被告未经原告许可，在其经营的局域网中提供该影片，上网用户付费后可以点击和播放该影片。原告诉称被告侵害了自己的复制权和放映权。一审法院认为，被告未经原告许可，在其服务器中储存原告享有著作权的电影并有偿提供给用户观看的行为，侵害了原告享有的复制权，但因从事放映行为的主体不是被告，而是上网用户，因此被告并不侵害原告的放映权。❶ 在北京华谊兄弟影业投资有限公司诉北京鑫苹果互联网上网服务有限公司侵害著作权一案中，原告享有影片《心中有鬼》的著作权，被告未经许可，在其经营的鑫苹果网吧局域网中提供该影片，到其网吧上网的顾客都可以点击播放、观看该影片。原告诉称被告侵害了自己的复制权和放映权。一审法院认为，被告在局域网环境下播放原告电影，在被告网吧上网的用户都能通过相关程序观看，被告的行为侵害了原告享有的复制权和放映权。❷

关于有线或者无线方式，包括因特网，机关、企业、事业单位内部所建立的与因特网连接的局域网，电话信息系统，视频点播系统。

（2）按照 WCT 第 8 条的规定，信息网络传播权能够控制的行为必须同时属于 the making available to the public of their works，即"向公众提供作品"的行为。

何谓"向公众提供作品"，我国理论和实务界对此存在严重分歧。至少存在"服务器标准""用户感知标准""实质替代标准"和"传播行为控制标准"。

"服务器标准"认为，"向公众提供作品"仅限于将作品、表演、录音录像制品上传至或以其他方式将其置于向公众开放的网络服务器中，使公众可以在其选定的时间和地点获得作品、表演、录音录像制品的行为，而不包括提供深层链接服务的行为。❸ 其主要理由是，对向公众提供作品具

---

❶ 朝阳区法院（2008）朝民初字第 07065 号北京华谊兄弟影业投资有限公司诉北京达通网苑上网服务有限公司侵犯著作权案民事判决书。

❷ 东城区法院（2008）东民初字第 01503 号北京市华谊兄弟影业投资有限公司诉北京鑫苹果互联网上网服务有限公司侵犯著作权案民事判决书。

❸ 参见刘春田. 知识产权法［M］. 北京：法律出版社，2009：125；吴汉东. 知识产权法［M］. 北京：法律出版社，2009：77。北京市高级人民法院《关于审理涉及网络环境下著作权纠纷案件若干问题的指导意见（一）（试行）》（2010 年 5 月 19 日京高法发〔2010〕166 号）第 2 条。

有决定权的不是链接服务提供者,而是将作品上传至或者以其他方式将作品置于向公众开放的网络服务器中的内容网站,因为只要被链接的内容网站关闭服务器或者删除被链接的内容,链接服务提供者即使提供了链接服务,公众也无法在其个人选定的时间和地点获得作品。相反,即使链接服务提供者删除了链接,公众仍然可以直接到被链接的网站上获得相关作品和其他信息材料。❶

上述理解和德国法院在 Paperboy 一案中的理解相同。德国法院认为,德国著作权法第 19a 条规定的网络传播权控制的行为,是为使公众成员在其个人选定的地点和时间可以获得作品而通过有线或者无线提供作品的行为,因而只要网站内容提供者使得储存于其计算机或者服务器中的作品处于可被公众在其个人选定的地点和时间提取的状态即可。在此之前的预备行为,即将作品数字化并存储于服务器的行为,在此之后的行为,即将网络传播的数字化作品下载、设置链接的行为,均不是网络传播行为,只是减轻了公众获取该作品的难度。❷

按照日本著作权法第 2 条第 1 款第 9 项之 5,向公众提供作品行为,不但包括"自动公众送信行为",还包括"送信可能化行为"。"自动公众送信行为"是指应公众的请求自动进行的公众送信行为,即使得作品处于可被公众在其个人选定时间和地点提取状态的行为。"送信可能化行为"是"自动公众送信行为"的预备行为,预备包括两种样态。一是指在与供公众使用的互联网相连接的服务器中记录、输入信息的行为,二是将记录和输入了信息的服务器和供公众使用的互联网相连接的行为。"送信可能化权"被俗称为"上传的权利",但实际含义要比"上传的权利"宽泛。比如,在文件共享服务中,将储存有他人作品数字化件的个人电脑共享文件夹与供公众使用的服务器相连结的行为,受"送信可能化权"控制。❸

"服务器标准"在国内外司法实务以及理论界多有体现。依据服务器标准

---

❶ 该种观点所持理由,可以参见王迁. 论"网络传播行为"的界定及其侵权认定 [J]. 法学,2006。

❷ BGH ZUM 2003,845 - Paperboy. 亦可参见德国著作权法 [M]. 范长军,译. 北京:知识产权出版社,2013;23.

❸ 中山信弘. 著作権法 [M]. 东京:有斐閣,2007;221 - 222.

观点,因深层链接❶服务提供者不涉及对作品进行任何数据形式的传输,而仅仅提供了某一作品的网络地址,未在其服务器上存储相关内容,故其行为不属于直接提供作品行为,不构成对信息网络传播权的直接侵害。如在涉及 MP3 歌曲搜索的浙江泛亚公司诉百度公司侵犯著作权案中,❷ 用户通过在百度首页的空白搜索框中键入歌名作为关键词进行搜索,进入到歌曲列表页面,用户在百度页面下即可以获得歌曲的视听及下载。对于百度提供的这一链接行为,法院认为,用户通过点击页面显示的相关选项,"试听"和"下载"涉案歌曲,是通过将用户端链接到第三方网站,在第三方网站上进行的,一旦被链接的第三方网站删除其中任何文件或关闭服务器,用户将无法在百度网站页面上通过点击链接来获得第三方网站中的文件,百度网站的服务器上并未上传或储存被链接的涉案歌曲。因此,被告所提供的是定位和链接服务,并非信息网络传播行为,被告不构成对原告相关信息网络传播权的直接侵犯。在其他一些涉及 MP3 搜索的案件中,如雅虎 MP3 搜索系列案件,❸ 新浪 MP3 搜索案❹等,

---

❶ 链接技术可以进行不同分类。根据链接内容呈现给网络用户的不同方式,可以将链接分为深层链接和浅层链接。浅层链接是指设链网站所提供的链接服务直接将网络用户指引到被链接网站上,用户可以直接在被链接网站的页面上获得作品或者其他信息材料,页面上的网络地址栏中出现的也是被链接网站及其页面的地址。浅层链接既可以链接到被链接网站的首页,也可以链接到被链接网站的具体内容页面。最重要的是,在浅层链接情况下,用户获得相关内容是在脱离设置链接网站的页面情况下即被链接网站的页面下获得的。深层链接与浅层链接不同。在深层链接情况下,用户无需脱离设链网站页面,在设链网站页面下即可直接获得所欲获得的相关作品和其他信息材料。深层链接有两种基本方式。第一种方式是在设链网站页面上的地址栏中,显示的始终是设链网站的相关地址,用户根本就看不出相关内容的来源网站,根本就无法判断出设链网站提供的是链接服务。比如,在华纳唱片有限公司诉被告北京世纪悦博科技有限公司侵犯录音制作者权纠纷案中,被告提供的 CHINAMP3 服务就属于该种深层链接服务。该链接服务的基本原理是:用户点击进入 CHINAMP3 网站首页后,通过逐级点击"港台专区""女歌手"等再进入到每首歌曲的下载页面,在每个页面的歌曲名称下都显示有不同的下载站,点击每首歌曲的一个下载站,就可以实现涉案歌曲的下载。虽然选择"属性"后可看出,各个歌曲对应的地址并非 CHINAMP3 网站的地址,但整个过程都在 CHINAMP3 网站页面下进行。

第二种方式是虽然在被链接的相关内容旁边明确标明来源网站,但页面上的地址栏中始终显示设链网站相关页面的地址,网络用户无需进入被链接网站页面即可获得相关作品和信息材料。典型的例子是百度的 MP3 搜索服务(mp3.baidu.com)和谷歌的图片搜索(image.google.cn)服务。搜索引擎在提供上述搜索服务时,虽然都在被链接到的内容旁边明显地标注该内容的来源网址,但网络用户并不需要进入被链接网站页面、在设链网站相关页面下即可获得相关作品和信息材料。

❷ 北京市高级人民法院(2007)高民初字第 1201 号原告浙江泛亚电子商务有限公司诉被告北京百度网讯科技有限公司、百度在线网络技术(北京)有限公司侵犯著作权纠纷案民事判决书。

❸ 北京市第二中级人民法院(2007)二中民初字第 02628 号原告索尼博得曼音乐娱乐诉被告北京阿里巴巴信息技术有限公司侵犯著作邻接权纠纷案民事判决书。

❹ 北京市第二中级人民法院(2007)海民初字第 9276 号原告何勇诉被告北京新浪互联信息服务有限公司侵犯著作权纠纷案民事判决书。

法院亦采用了服务器标准。在 2016 年北京知识产权法院终审判决的北京易联伟达科技有限公司与深圳市腾讯计算机系统有限公司侵害作品信息网络传播权纠纷案中，❶ 北京知识产权法院依然坚持了服务器标准，认定"盗链"行为不构成侵害信息网络传播权的行为。

美国、加拿大、澳大利亚等国家的法院和学者也大多坚持服务器标准观点。美国版权权威学者尼姆教授认为，提供链接服务的行为并非"直接侵权行为"。❷ 在 Kelly v. Arriba Soft Corp 一案中，被告未经原告同意，对其摄影作品设置了深层链接，用户可以在被告网站页面上通过点击以缩小图形式出现的链接而获得位于第三方网站的放大图。美国第九巡回法院最初判决认为被告行为构成对原告作品的"展示"（即我国所说的信息网络传播权），但在一片批评声中，其最终撤销了这一判决。❸ 加拿大版权委员会认为，链接本身都不涉及向公众传播在被链接网站中的任何作品，不属于向公众传播作品的行为。❹ 在 Universal Musical Australia Pty Ltd v. Cooper 一案中，原告指控被告经营的 Mp3s4free.net 设置的指向第三方网站中侵权歌曲的链接构成向公众交互式提供作品的行为，但澳大利亚高等法院的法官认为，虽然被告的链接为他人获得歌曲提供了便利，但决定原告音乐作品可以被获得的并不是被告提供的链接，而是远端的第三方网站，因此被告的行为并不属于向公众传播作品的行为。❺

"用户感知标准"认为，某种行为是否属于向公众提供作品行为，不应当以在网络上传播的作品是否储存于提供者的服务器为标准。如果某种行为，比如链接行为，使用户在不离开设链网页的情况下获得被链接作品，结果使得从用户感知的角度看，以为自己是设链网站在提供该作品，则应当认定设链网站提供者直接实施了信息网络传播行为。在中国三环音像社诉北京衡准科技有限公司侵犯著作权案中，❻ 法院采取这种观点进行了判决。该案中的原告是电视连续剧《士兵突击》的信息网络传播权人，被告在其经营的 e 准网上提供该

---

❶ 北京知识产权法院（2016）京 73 民终 143 号民事判决书。

❷ Melvile B. Nimmer and David Nimmer, Nimmer on Copyright, 12B.05 ［A］［2］, Matthew Bender and Company. Inc. （2003）.

❸ Kelly v. Arriba Soft Corp., 336 F. 3d 811 （9th Cir. 2003）.

❹ Copyright Board Commission, files：Public Performance of Musical Works, 1996, 1997, 1998p. 48.

❺ Universal Musical Australia Pty Ltd v. Cooper ［2005］FCA 972, para 63. 74. 75.

❻ 北京市海淀区人民法院（2008）海民初字第 22561 号民事判决书。

电视剧的分集视频，用户可以点击进行在线观看。在整个播放过程中，用户所处的网页地址始终位于在"ezhun.com"，但被告网站中并不储存原告电视连续剧。审理过程中，被告辩称其提供的只是采用嵌套链接方式提供搜索引擎服务，并没有直接提供原告电视剧视频。法院认为，用户在 e 准网上点击播放原告电视连续剧时，网页地址始终位于 ezhun.com 项目之下，该行为并非搜索引擎服务的提供方式，而是在向用户直接提供原告电视连续剧的视频内容，其行为属于直接向公众提供作品的行为，直接侵害了原告的信息网络传播权。

"实质替代标准"认为，某种行为，比如"链接"行为，实质改变了作品呈现方式，将他人作品作为自己网页或者客户端的一部分向用户展示，使用户无须访问被设链网站，损害了著作权人的利益，设链者应被视为作品提供者。在北京易联伟达科技有限公司与深圳市腾讯计算机系统有限公司侵害作品信息网络传播权纠纷案中，一审北京市海淀区法院认为，"易联伟达的一系列行为相互结合，实现了在其聚合平台上向公众提供涉案作品播放等服务的实质替代效果，对涉案作品超出授权渠道、范围传播具有一定控制、管理能力，导致独家信息网络传播权人本应获取的授权利益在一定范围内落空，给腾讯公司造成了损害，构成侵权，承担相应的民事赔偿责任"❶。

第四种观点称之为"传播行为控制标准"。该种观点认为，控制作品在网络上向公众传播的行为人，即向公众提供作品的行为人。设置深层链接的行为人，往往以破解他人保护版权的技术措施为前提，对作品在网络上向公众的传播具有控制作用，因而为向公众提供作品的行为人，未经权利人许可的情况下，构成直接侵害著作权的行为。

为什么在理解"向公众传播作品"行为时，会存在上述标准的争论呢？主要是因为适用不同标准对于当事人而言会导致不同的法律后果和证明责任。按照"用户感知标准""实质替代标准"或者"传播行为控制标准"解释向公众提供作品行为时，提供深层链接服务的行为人，不管主观上是否具有过错，只要未经权利人同意，其行为就构成信息网络传播权侵害，不但必须停止侵害，且在具备主观过错时，还必须赔偿权利人损失。而按照服务器标准，网络服务提供者只有在明知或者应当知道直接侵害信息网络传播行为的前提下仍然

---

❶ 北京知识产权法院（2016）京 73 民终 143 号民事判决书。

提供链接等技术服务时，才构成帮助侵权或者教唆侵权行为，才应当承担停止侵害和赔偿损失的民事责任。更为重要的是，按照服务器标准，在权利人通知后，如果网络服务提供者删除了侵权内容或者断开了有关链接，还可以享受《信息网络传播权保护条例》第 23 条规定的"安全港"待遇，在删除了侵权内容或者断开了有关链接后，不必承担赔偿责任。

比较上述四个标准可以看出，服务器标准明显有利于信息网络产业的发展，但不利于著作权人权利的保护，因为在按照《信息网络传播权保护条例》规定的通知删除程序、删除有关作品或者断开有关链接之前，不管网络服务提供者利用著作权人的作品赚取了多大利益，如果其能够证明自己不存在主观过错，则不用承担赔偿责任。此外，服务器标准无法覆盖所有通过信息网络向公众提供作品的行为，而且按照 WCT 第 8 条规定的精神，"向公众传播权"控制的传播作品行为，应当是包括通过信息网络向公众交互式传播在内的所有"向公众传播"作品行为，如此，根据传播作品技术进步，从更加宽泛的含义上解读信息网络传播权，似有必要。

用户感知标准和实质替代标准则明显有利于著作权人权利的保护，但对于信息网络产业和技术的发展过度不利，因为按照这个标准，只要用户可以在信息网络服务提供者的网站上直接感知或者获得作品，尽管其提供的属于深层链接等纯技术服务，但只要没有经过著作权人同意，其行为就构成直接在网络上传播著作权人作品的行为，构成直接侵害著作权人信息网络传播权的行为。此外，用户感知标准可能因为不同用户具有不同网络认知程度而使得该标准欠缺客观性，实质替代标准则根据设链者的获益与著作权人的受损以及二者之间的因果关系反推设链行为是否构成提供作品行为，存在倒果为因的嫌疑。

传播行为控制标准则从利用作品的两大基本方式，即复制作品和传播作品分类出发认为，在信息网络上控制作品向公众交互传播状态的行为，不问该作品是否储存于控制者的服务器，也不问作品的具体来源，即构成信息网络传播行为。就破坏他人技术保护措施的视频聚合行为而言，因该行为实质控制了作品在互联网上的交互式传播状态，当然构成信息网络传播作品行为。传播行为控制标准克服了服务器标准无法回应传播作品技术进步的不足，也克服了用户感知标准过于主观化和实质替代标准倒果为因的缺点，似为更为可取的标准。按照传播行为控制标准，司法实践中经常碰到的盗链行为，由于破解了权利人采取的保护著作权的技术措施，并使作品在互联网中处于被公众在个人选定的时间和地点可以获取的状态，实际上控制了作品的传播行为，追究行为人侵害保护著作权的技术措施的特别责任不足以救济著作权人，直接将其行为认定为侵害信息网络传播权行为，似乎更为可取。

（3）按照 WCT 第 8 条的规定，信息网络传播权能够控制的行为不但必须是通过有线或者无线方式向公众提供作品的行为，而且应当是使 members of the public may access these works from a place and at a time individually chosen by them 的行为，即使公众在其个人选定的时间和地点可以获得作品的行为。世界知识产权组织为了缔结 WCT 而组成的专家委员会对 WCT 基础草案第 8 条所控制的行为作出了如下说明："提议缔结公约的目的之一就是为新技术影响作者权利的特定问题提供解决方案。……比如，向公众对作品进行交互式的按需传播，使公众个人直接在其家中或者办公室获得作品。"❶ 为此，WCT 第 8 条后段特别强调"包括将其作品向公众提供，使其在个人选定的时间和地点可以获得这些作品"。这说明，WCT 第 8 条所要控制的行为不是传统意义上的广播、朗诵、表演、放映等向公众单向传播作品的行为，而是向公众交互式按需传播作品的行为。

使公众在其个人选定的时间和地点可以获得作品，仅仅指让公众获得作品的可能性，而不是事实上得到作品。也就是说，不管公众事实上是得到作品（比如下载作品），还是仅仅在网络上浏览作品，或者安装、运行计算机程序（比如运行杀毒软件），结果都使公众具备了获得、接触作品的可能性，该行为就属于使公众在其个人选定的时间和地点可以获得作品的行为。❷ 据此，目前网络上特别盛行的定时在线播放他人作品行为并不受信息网络传播权的控制。定时在线播放行为表现为按照传播者事先安排好的时间点播放作品，形式上与传统的广播、放映、展览、朗诵等具有相同特征，不属于交互式按需传播方式。

"使公众在其个人选定的时间和地点可以获得作品"，并不是指使公众在

---

❶ WIPO, Bacis Proposal for the Substantive Provisions of the Treaty on Certain Questions Concerning the Protection of Literary and Artistic Works to be considered by the Diplomatic Conference (1996). prepared by the Chairman of the Committees of Experts on a possible Protocol to the Berne Convention and on a possible Instrument for the Protection of the Rights of Performers and Producers of Phonograms. para 3.03.

❷ 参见王迁. 对"信息网络传播权"的多维解读 [J]. 中国专利与商标，2010（3）：69-73；刘春田. 知识产权法 [M]. 北京：法律出版社，2009：79；吴汉东. 知识产权法 [M]. 北京：法律出版社，2004：77。

个人选定的任何时间任何地点具有获得作品的可能性,而仅指作品在信息网络上被提供的时间段,公众借助与互联网相连接的终端设备,具有获得作品的可能性。据此,目前越来越常见的中国联通等和某些卫视合作通过 IPTV 提供的 72 小时到一周电视节目回看服务,尽管 72 小时或者一周过后的电视节目再无法点击回看,但在这段时间内,公众随时可以点击回看电视节目,因此亦符合"使公众在其个人选定的时间和地点可以获得作品"的行为特征,加上是通过信息网络面向任何想安装 IPTV 的公众提供,因此未经电视节目著作权人许可,该提供行为构成信息网络传播权侵害。

第四节 演绎权

一、演绎权概述

演绎权是著作权人享有的排除他人演绎其作品的权利。所谓演绎,是指在已有作品基础上创作出新作品,包括翻译、编曲、变形、改成剧本、制作电影和其他演绎形式。已有作品称为原作品或者基础作品,在其基础上新创作的作品称为演绎作品。

演绎有两个基本底线。一是演绎作品不根本改变原作品的独创性表达。如果在原作品基础上新创作的作品中看不出原作品任何独创性表达,则该新作品不再属于演绎作品,而构成独立创作的作品。二是演绎作品不得侵害原作品保护作品完整权。经过原作品作者授权演绎其作品时,形式上不得不改变原作品的独创性表达,否则演绎将无法进行或者变得毫无意义。但无论如何演绎,客观上都不得损害原作品或者作者声誉,即不得侵害原作品保护作品完整权。将描写纯真爱情的小说演绎成三级片,无疑会侵害原作品作者保护作品完整权。但是,将悲剧改成喜剧或者喜剧改成悲剧是否侵害保护作品完整权,需要根据客观上是否足以损害作者声誉或者作品声誉进行具体判断,而不能像某些日本学者所主张的那样,一刀切地认为侵害保护作品完整权。❶

---

❶ 三山裕三. 著作权法详说(新修订版)[M]. 东京:布井出版,2005:80.

二、演绎权的内容

(一) 概说

按照《伯尔尼公约》第 12 条规定,文学艺术作品的作者享有授权对其作品进行改编、编曲和其他变动的权利。可见,按照《伯尔尼公约》规定,所有在原作品基础上创作新作品的行为,都受到作者演绎权的控制。

各国和各地区著作权法也大都按照《伯尔尼公约》规定了演绎权的内容。美国版权法第 106 条第 2 项规定,版权人专有根据版权作品创作演绎作品的权利。日本著作权法第 27 条规定,作者享有通过翻译、编曲、变形、改成剧本、制作电影或者其他形式改编其作品的专有权利。中国台湾"著作权法"第 28 条规定,著作人专有将其著作改成衍生著作或者编辑成编辑著作之权利,但表演不适用之。

我国 2010 年《著作权法》虽只列举了摄制权、改编权、翻译权等 3 项演绎权,但因第 10 条第 1 款第 17 项规定了"应当由著作权人享有的其他权利"这个概括性权利条款,因此也可以认为凡是在原作品基础上创作新作品的行为,都受到演绎权的控制。

(二) 演绎权的具体内容

1. 摄制权。我国 2010 年《著作权法》第 10 条第 1 款第 13 项规定,摄制权是著作权人以摄制电影或者以类似摄制电影的方法将作品固定在载体上的权利。摄制不仅仅指通过专业的摄影师利用专业的摄像器具进行的独创性摄影,还包括非专业人员利用具有摄制功能的器具,比如具有摄制功能的数码相机进行的独创性摄制。对此,著作权人都应当有权进行控制。

要注意的是,《伯尔尼公约》第 14 条之 2 将摄制规定为改编的一种形态样态,通过改编权控制。

2. 改编权。我国 2010 年《著作权法》第 10 条第 1 款第 14 项规定,改编权是著作权人改变作品,创作出具有独创性的新作品的权利。

要注意改编和修改的区别。改编是在原作品基础上创作出具有独创性的新作品,而修改只是对原作品进行字、词、句等方面的增删、改变,整体上不会改变原作品的创作性,不会形成具有独创性的新作品。

3. 翻译权。我国 2010 年《著作权法》第 10 条第 1 款第 15 项规定,翻译权是著作权人将作品从一种语言文字转换成另一种语言文字的权利。翻译包括不同国家语言、不同民族语言、同一民族古代语言和现代通用语言之间的相互转换，对此，著作权人都应当有权进行控制。

三、演绎权中的权利义务关系

演绎权中，包含三个权利义务关系。一是原作品作者和演绎作品作者之间的权利义务关系。二是演绎作品作者和演绎作品利用者之间的权利义务关系。三是原作品作者和演绎作品利用者之间的权利义务关系。如何处理这三个权利义务关系？

首先，演绎他人作品时，必须经过原作品作者许可并支付报酬。但按照德国著作权法第23条规定，对一般作品进行演绎或者其他改变，无须事先经过被演绎或者被改变作品的作者许可，只是演绎或者其他改变而成的发表或者利用，需要经过原作品作者许可。但将作品改拍成电影作品，美术作品的平面图与草图的实施，建筑艺术作品的仿造，或者数据库作品的演绎或者改变，演绎或者改变的制作行为本身需要事先经过作者的许可。这种处理方式更有利于作品二级市场的开发与利用。

其次，第三人利用演绎作品时，不但必须经过演绎作品作者许可并向其支付报酬，而且必须经过原作品作者许可并向其支付报酬。日本著作权法第28条明文规定，演绎作品原作品作者，对演绎作品的利用，享有和演绎作品同样的权利。

最后，未经原作品作者同意演绎其作品时，虽然演绎作品作者侵害原作品作者著作权，但演绎作品作者仍然有权排除第三人未经其许可利用其演绎作品。当然，原作品作者也有权排除第三人未经许可利用该演绎作品。也就是说，第三人将同时侵害原作品作者和演绎作品作者著作权，其中任何一方都可以针对第三人的利用行为提起侵权诉讼。

第五节 追续权

一、追续权的含义和由来

（一）追续权的含义

"追续权"一词源于法语"droit de suite"，英文表述为"the resale right"，

中文翻译为"转售权"或者"再销售权"更加直观，但更为准确的说法应当是"再销售报酬请求权"。因为我国学术界已经普遍将"the resale right"翻译为"追续权"，因此本书从之。

按照2001年9月欧盟发布的84号指令，即关于为了保护艺术作品原件作者利益的追续权指令（on the resale right for the benefit of the author of an original work of art）第1条规定，追续权，是指艺术作品原件作者在第一次转让该作品原件后，从该作品原件后续任何再销售的销售价格中，分享一定比例金钱利益的权利，该权利不可剥夺，不可放弃。（Member States shall provide, for the benefit of the author of an original work of art, a resale right, to be defined as an inalienable right, which cannot be waived, even in advance, to receive a royalty based on the sale price obtained for any resale of the work, subsequent to the first trandfer of the work by the author.）

（二）追续权的由来

追续权发源于法国。在1905年的一次拍卖会上，画家福兰（Jean Louis Forain，1852—1931）创作的一幅画作（该画描述一位画家靠出卖作品为生，但因名气所限，作品售价低廉，画家及其一家生活穷困潦倒，其死去后，作品价格却一路飙升。）拍出10万法郎的高价，当拍卖师将木槌敲下喊出"10万法郎成交"时，坐在头排的两个衣衫褴褛的孩子突然惊叫："看呀，那可是爸爸的画！"此事给在场的画家们巨大冲击：虽然他们生前靠卖画为生穷困潦倒，死后作品却可能被卖出高价，而其后人却无法分享自己创造的巨大财富。

1909年，法国1000多位美术家游行示威，并成立了"艺术家作者权利永久委员会"（Permanente Committee of Author's Rights for Artists）和由威利特（Willette）领导的以"反对欺诈，保护协会会员从其作品销售中获得一定比例的收入"为宗旨的"美术家著作权协会"。经过这两个组织的努力，安德烈·黑森（Andre Hesse）起草了一个法案，建议授予美术家从其签名作品拍卖价格中提取2%费用的权利。该法案于1920年由法国总统签字生效，追续权制度正式在法国确定。1957年，法国著作权法将提成比例提高至转售价格的3%。

继法国之后，德国、意大利等欧盟27个加盟国也相继在各自的著作权法中规定了追续权。但因国情不同，欧盟各国规定的追续权在权利客体、权利内容等方面都存在差别,这一定程度上造成了欧洲内部艺术品市场的摩擦。为了统一欧盟内部市场,欧盟于2001年颁布了上述第84号指令,以图统一追续权保护标准。

《伯尔尼公约》第14条之3第1款也规定了追续权,允许作者或者作者死后由国家法律所授权的人或者机构,针对艺术作品原件和作家、作曲家的手稿享有不可剥夺的权利,在作者第一次转让作品之后对作品进行的任何出售中分享利益。第2款同时规定,只有在作者本国法律承认追续权保护的情况下,才能在伯尔尼同盟成员国内要求第1款规定的保护,而且保护程度应限于被要求给予保护国家法律所允许的程度。由此可见,保护追续权并不是伯尔尼成员国必须履行的义务,各国有选择权。至今,澳大利亚、阿尔及利亚、玻利维亚、巴西、布基纳法索、智利、哥伦比亚、刚果、哥斯达黎加、科特迪瓦、克罗地亚、厄瓜多尔、俄罗斯、危地马拉、几内亚、洪都拉斯、伊拉克、冰岛、老挝、列支敦士登、马达加斯加、马里、摩洛哥、墨西哥、尼加拉瓜、新西兰、巴拿马、巴拉圭、秘鲁、菲律宾、塞内加尔、塞尔维亚、黑山、突尼斯、土耳其、乌拉圭、委内瑞拉等国也规定了追续权。

二、追续权的法律性质和法律基础

(一) 追续权的法律性质

关于追续权的法律性质,学界存在著作人格权说、著作财产权说、著作人格权和著作财产权双重说、物权说、报酬请求权说等几种观点。

著作人格权说认为,著作权不同于一般财产权,一般财产所有权转让以后,所有权人不能再对该财产主张任何权利。而在著作权中,由于有著作人格权存在,即使作品原件财产权转移,作者对其作品原件仍然有一种人身依附关系,追续权实质是著作人格权在财产权中的延伸。著作财产权说认为,追续权和复制、发行等一样,只不过是著作财产权的一个分权利。著作人格权和著作财产权双重说认为,追续权兼具著作人格权和著作财产权双重因素,侵害追续权同时侵害著作人格权和著作财产权。物权说认为,追续权和著作权没有关系,只不过是作者对其作品原件享有的物权利益。

本书作者不赞成上述所有观点。尽管德国著作权法第26条第3款规定"追续权不可转让。作者不可事先放弃其份额",将追续权理解为一种具有人身性质的权利,但本书作者并不赞成德国著作权法的这种理解。对艺术作品原件转售金钱利益的分享与著作人格并无关系,不支付金钱利益给作者尽管有可能造成其精神痛苦,但这种痛苦与反映在作品中的精神利益并无联系,著作人格权说难以成立。

著作财产权的本质是排他性的,即排除他人以著作权法规定的方式利用作品的权利。据此,任何人未经著作权人许可以著作权法规定的方式利用作品,除非著作权法有特别规定,否则都将构成侵权。但根据追续权,作者并不能事先阻止他人自由转售作品原件,作者享有的仅仅是他人转售所获的部分金钱利益。他人即使未经作者许可转售了作品原件,作者也不能以追续权受到侵害为由,对转售者行使停止侵害请求权和损害赔偿请求权。这点完全不同于其他著作财产权。认为追续权属于著作财产权的观点不足以令人信服。

物权说更是站不住脚。物权是物权人占有、使用、收益、处分物的权利。追续权中,作者显然没有占有(作品原件由作品原件所有权人占有)、使用(作品原件只有所有权人才能利用,著作权人要利用作品原件除展览权以外的著作权,必须经过所有权人同意)、从使用作品原件中收益(只有所有人才能从出租、展览等利用作品原件中获得利益)以及处分作品原件(只有所有权人才能以出售、赠与等方式处分作品原件)的权利。追续权不具有任何物权的特征。

本书作者认为,由于作者不能阻止他人转售艺术作品原件、不能针对未经同意的转售行为行使停止侵害请求权,享有的仅仅是从每次转售作品的价格中提取部分金钱利益,在后续转售人不支付该金钱利益的情况下,作者只能以债务不履行的名义起诉后续转让者,因此追续权只不过是著作权法为作者特别创设的一种债权,亦即报酬请求权。在此种特别债权债务关系中,作者为债权人,作者第一次转让后的后续转售者为债务人。

追续权作为一种债权,非合同之债,亦非不当得利、无因管理、准无因管理等法定之债,属于著作权法为了照顾艺术作品作者利益创设的特别之债。

(二)追续权的法律基础

关于追续权存在的法律基础,存在不当得利说和报酬请求权说。不当得利说认为,转售者从艺术品后续转售获得的大大高于作者自己首次转让该艺术品的利益属于不当得利,该不当得利应当返还给作者,是以有创设追续权之必要。报酬请求权说认为，作者享有从利用其作品中获得报酬的权利，是以作者有权请求转售者向其支付报酬。

上述两种观点都存在一定问题。按照所有权理论，所有权人通过市场交易获得物的所有权后，有占有、使用、收益和处分其所有物的权利，所有权人再通过市场交易转售其艺术品，并由此获得高于作者本人首次转让该艺术品的利益，属于其行使所有权应得的当然合法利益，而非不当得利，自然不存在返还不当得利之说。作者虽然有权从利用其作品的行为中获得报酬，但按照著作权法基本原理，作者也仅仅享有从复制等利用作品行为中获取报酬的权利。虽然各国著作权法为作者配置了"发行权"或者"销售权"，赋予其控制作品原件或者有形复制件流通的权利，但该权利只限于首次发行或者销售的行为，在作者本人或者经过其同意将作品原件或者有形复制件推向市场后，作者再无权控制后续的转售行为。追续权恰恰允许艺术作品作者从后续转售艺术作品原件中提取一定比例的金钱，报酬请求权说显然无法解释立法者创设追续权的法律基础。

本书作者认为，从追续权在法国的起源看，它所体现的无非是立法者对艺术作品作者的怜悯和同情，追求的是社会正义。著作权法之所以规定艺术作品作者可以从作品的后续转售中分享一定金钱利益，一方面是因为美术作品或者摄影作品的价值基本集中于原件，作者难以像其他作品一样通过复制件获得经济回报；另一方面，实践中作者转让美术作品或者摄影作品原件时，往往尚未成名，但迫于生计不得不以较低价格转让。在作者成名之后，其作品原件价值也随之增长，受让人后续转让也能获得比较高的价格，这种价格增长并非由于受让人的成本投入，而是作者的成名。让后续转让人从转让费中拿出一部分补偿艺术家，更符合社会公平正义观。

三、追续权的具体内容

下面以欧盟2001年84号指令为蓝本，介绍追续权的具体内容。

（一）权利和义务主体

指令第1条第1款和第4款分别规定，追续权的权利主体为艺术作品原件的作者，义务主体为艺术作品原件的转售者，包括自然人或者法人。

（二）适用行为范围

指令第1条第2款和第3款规定，追续权适用于艺术作品的所有转售行为，但成员国可以规定，在转售前转售者直接从作者本人那里获得作品原件不超过三年，而且转售价格不超过10000欧元的转售行为，不受追续权控制。

（三）权利客体

指令第2条第1款规定，权利客体为艺术家本人制作的平面或者造型艺术作品原件或者可以被认为是原件的复制件，包括图画、拼贴画、绘画、素描、雕刻、版画、平板画、雕塑、挂毯、陶瓷制品、玻璃器皿、照片等。第2条第2款规定，由艺术家本人或者授权之人编写序号的、数量有限并由艺术家本人签名或者艺术家授权签名的复制件，也视为原件。

（四）权利金提取门槛

指令第3条第1款规定，成员国可以规定适用于追续权的最低转售价格标准。第3条第2款进一步规定，无论如何最低标准也不得超过3000欧元。

（五）权利金提取比率

指令第4条规定了不同档次的权利金提取比率。

1. 3000到50000欧元部分，提取比率为销售价格的4%。对于该部分，第4条第2款规定，成员国也可适用5%的比率。

2. 50000.01到200000欧元部分，提取比率为销售价格的3%。

3. 200000.01到350000欧元部分，提取比率为销售价格的1%。

4. 350000.01到500000欧元部分，提取比率为销售价格的0.5%。

5. 超过500000欧元部分，提取比率为销售价格的0.25%。

但是，每次交易提取的总额不得超过12500欧元。

第4条第3款规定，如果成员国确定的提取门槛低于3000欧元的，则不足3000欧元的部分提取比率不得低于销售价格的4%。

所谓销售价格，按照指令第5条的规定，指扣除税收后的净额。

(六)保护期限

指令第 8 条第 1 款规定,追续权的保护期限为艺术作品作者有生之年加死后 70 年。

四、我国是否应当规定追续权

我国《著作权法(修订草案送审稿)》借鉴欧盟和其他国家立法,在第 14 条规定:"美术、摄影作品的原件或者文字、音乐作品的手稿首次转让后,作者或者其继承人、受遗赠人对原件或者手稿的所有人通过拍卖方式转售该原件或者手稿部分所获得的增值部分,享有分享收益的权利,该权利专属于作者或者其继承人、受遗赠人。其保护办法由国务院另行规定。"

该规定引起了各方面关注,赞成和反对意见不一。本书作者认为,自 1920 年法国首次规定追续权以来,艺术家的经济地位发生了翻天覆地变化,生前贫困潦倒的艺术家几乎已经不存在,加上艺术品的价值和收藏市场、拍卖市场、评论市场休戚相关,艺术品的市场价格已经很难反映艺术品本身的价值,艺术家已经离不开收藏家、画廊、拍卖公司、评论家,加上中国已经成为全国最大的艺术品交易市场(2010 年中国艺术市场交易总额达 1700 亿元,2011 年中国艺术品市场交易额占全球份额的 41%,超过美国位居世界第一),在未彻底调查了解清楚规定追续权会对中国艺术品交易市场造成多大影响的情况下,还是让市场自己解决艺术品交易带来的利益归属,作为权威的法律不要贸然干涉,不要轻易规定追续权为妥。退一万步说,即使要规定,也不能规定文字或者音乐作品手稿作者享有追续权,因为文字作品或者音乐作品作者完全可以从文字或者音乐作品价值并不减损的复制件中获得收益,这点与美术作品、摄影作品复制件的价值完全不同。

第六章
著作权的限制和保护期限

第一节　著作权限制概说

一、著作权限制的依据

著作权的限制包括著作人格权的限制和著作财产权的限制，著作人格权的限制已经在第四章中阐述过了，本章所讲的著作权的限制，仅指著作财产权的限制。

为什么必须对著作权进行限制？知识产权是一种人为创设的排除他人利用行为的权利，如果著作权法排除包括竞争者和非竞争者在内所有利用者的利用作品行为，不但由于知识的非物质性事实上不可能，而且无法保证与作品利用价值相对应的对价还流到权利人中，并将过度限制他人的言论和行动自由，不利于促进作品的利用，最终没却著作权法创设著作权的趣旨。为此，世界各国著作权法不得不在赋予著作权人各种具体排他性权利控制他人利用作品行为的同时，规定各种著作权人不得行使排他权的例外情形。

二、著作权限制的特征

是否对著作权进行限制，如何对著作权进行限制，如何实现著作权的限制，关乎著作权法立法目的能否实现的重大问题，是著作权法中最为核心、最为敏感的问题。著作权的限制和著作权的创设一样，必须坚持法定原则，由立法机关通过法律进行明确规定，任何机构和个人原则上都不得在著作权法之外

创设著作权的限制。❶

　　从世界各国著作权法规定看，对著作权的限制存在两种模式。一种是封闭式的限制模式。即著作权法明确列举著作权限制的各种具体情形，在这些具体情形之外，既不存在限制的概括性条款，也不存在著作权限制的一般性规则条款。目前，日本、德国、意大利、俄罗斯、韩国以及我国 2010 年《著作权法》都采取这种立法模式。此种立法模式符合限制的法定性当无疑义。

　　上述限制模式应该说比较忠实地履行了《伯尔尼公约》第 9 条和 TRIPS 第 13 条、WCT 第 10 条规定的义务。《伯尔尼公约》第 9 条规定，成员国法律可以允许在某些特殊情况下复制作品，只要这种复制不损害作品的正常使用，也不至不合理地损害作者的合法利益。但 TRIPS 第 13 条和 WCT 第 10 条将限制扩大到了著作权的所有权利项上。TRIPS 第 13 条规定，各成员国对专有权作出的任何限制或者例外规定仅限于某些特殊情况，且与作品的正常利用不相冲突，也不得不合理损害权利人的合法权益。WCT 第 10 条规定，缔约各方在某些不与作品的正常利用相冲突、也不会不合理地损害作者合法利益的特殊情况下，可在其国内立法中对依本条约授予文学和艺术作品作者的权利规定限制或者例外。

　　另一种是半封闭式的限制模式。所谓半封闭式立法模式，是指著作权法一方面明确列举著作权限制的各种具体情形，另一方面又在这些具体限制情形之外规定一个限制著作权的一般性规则。目前，美国和中国台湾"著作权法"采取这种限制模式。美国版权法在第 108 条至第 121 条列举了版权的各种具体限制及其适用条件，但同时在第 107 条规定了一个判断某种使用行为是否构成合理使用行为的一般性规则，该规则的内容是，任何特定案件中判断对作品的使用是否属于合理使用时，应当综合考虑的因素包括：使用目的和性质，包括使用是否具有商业性质，或是否为了营利的教学目的；版权作品的性质；所使用部分的质量与数量和作为整体的版权作品的关系；使用对版权作品之潜在市场或者价值所产生的影响。

　　在 Harper & Row 出版社和读者文摘出版社诉国家杂志侵害著作权一案中，❷ 被告虽然只是从原告享有著作权的福特总统自传手稿《疗伤时刻》中逐

---

❶ 李明德，许超. 著作权法 [M]. 北京：法律出版社，2003：109.

❷ Harper & Row, Publishers Inc. v. Nation Enterprises 471 U. S. 539 (1985).

字引述大约300字的内容，但一者因该手稿尚未出版，二者因为该300字记载了福特总统特赦尼克松总统的事情，被认为是该自传手稿中最引人入胜和最感人的部分，三者因为国家杂志抢先公开手稿内容导致时代周刊取消刊登其与Harper & Row出版社和读者文摘出版社约定的7500字的摘录并且拒绝支付剩下的12500美金的权利金尾款，对原告利益直接造成了影响，被美国联邦最高法院认定为非合理使用行为。该判决被认为是美国联邦最高法院对合理使用四要素进行综合判断的典型案例。

中国台湾"著作权法"明显受到了美国版权法的影响，其"著作权法"第44条至第63条明确列举了著作权的各种具体限制，第65条又特别规定："著作之合理使用，不构成著作财产权之侵害。著作之利用是否合于第四十四条至第六十三条规定或者其他合理使用之情形，应审酌一切情状，尤应注意下列事项，以为判断之基准：一、利用之目的及性质，包括系为商业目的或非营利教育目的。二、著作之性质。三、所利用之质量及其在整个著作所占之比例。四、利用结果对著作潜在市场与现在价值之影响。"不同的是，美国版权法是先在第107条中规定限制的一般规则，再在108条至第121条列举具体限制，而中国台湾"著作权法"是先在第44条至第63条列举具体限制，再在第65条规定限制的一般规则。由于法律适用上后法优于前法，按照美国版权法，某种行为只要被认定为第108条至第121条中任何一种行为，就无须再适用第107条进行检验。而按照中国台湾"著作权法"，即使某种行为被认定为第44条至第63条的行为，还需要再通过第65条的一般规则进行检验，一旦通不过第65条的检验，第44条至第63条的限制将流于形式，并且会浪费审判资源。

三、著作权限制的分类

我国2010年《著作权法》第22条规定的著作权限制具体方式有12种之多，按照每种方式的趣旨，大致可以分为以下五大类。

（一）为了避免过度妨碍他人行动自由作出的限制

包括个人使用（第22条第1款第1项），免费表演（第22条第1款第9项），公开的美术作品、摄影作品和建筑作品的利用（第22条第1款第10项）。

（二）出于人道主义关怀和特殊民族政策作出的限制

包括将中国人以汉语言文字发表的作品翻译成少数民族语言文字作品在国内出版发行（第22条第1款第11项）、将已经发表的作品改成盲文出版（第22条第1款第12款）、为扶助贫困做出的特别规定（《信息网络传播权保护条例》第9条）。

（三）为了调整作品载体所有权人和著作权人之间利益关系作出的限制

包括美术作品等原件所有人的展览（第18条）、计算机程序合法复制品所有人的装载、备份、修改（《计算机软件保护条例》第16条）。在有的国家，比如日本，还包括伴随美术等作品原件展览进行的复制。发行权一次用尽规则也属于此种限制。

（四）出于公益目的作出的限制

包括为报道时事新闻的利用（第22条第1款第3项）、时事性文章的转载（第22条第1款第4项）、公开演说的等报道（第22条第1款第5项）、课堂教学的复制（第22条第1款第6项）、执行公务的利用（第22条第1款第7项）、图书馆等的复制（第22条第1款第8项）。

（五）为了促进作品利用作出的限制

包括适当引用（第22条第1款第2项）、教科书法定许可（第23条）、报刊转载法定许可（第33条第2款）、制作与发行录音制品的法定许可（第40条第3款）、播放已发表作品的法定许可（第43条第2款、第44条）。

第二节　为了避免过度妨碍他人行动自由作出的限制

一、个人使用

（一）个人使用的构成要件

即为个人学习、研究或者欣赏，使用他人已经发表的作品的行为。虽然个人使用并不在著作权用尽的范围之外，但由于个人使用分散而不系统，对著作权人不会构成实质性损害，而且即使将个人目的使用置于著作权人权利控制的范围内，由于个人数量众多而且分散，著作权人也难以有效地行使权利，因此还不如赋予个人使用者抗辩权，将其排除在著作权人权利控制范围外更为经济和恰当。

按照我国2010年《著作权法》第22条第1款第1项规定，构成个人使用需要具备以下几个要件：

1. 目的是个人学习、研究或者欣赏。个人包括家庭、小型朋友圈在内。在公司内部召开的会议上，复制他人作品作为资料发给与会人员，已经超出了个人使用的范围。但是，为了公司董事长个人需要，其秘书将购入的英文杂志翻译成中文的行为，或者应外地出席会议的公司经理要求，将购买的书籍通过传真传送相关内容的行为，尚在个人使用范围内。

这里的目的是指直接目的。至于个人学习、研究或者欣赏的间接目的，是否具有营利性，在所不问。但有些国家的著作权法规定，个人目的不包含欣赏目的在内。然而，学习、研究和欣赏很难严格划界。比如，将他人小说拍摄成微电影在家庭播放自娱自乐，难以排出欣赏目的，但显然不能将此种行为认定为侵害摄制权的行为。将欣赏目的排除在个人使用抗辩之外，实践中不具有可操作性。

2. 使用的必须是他人已经发表的作品。使用除了包括《著作权法》第10条第1款规定的复制、表演、摄制、改编、翻译、汇编等方式外，还包括没有规定的阅读、浏览等方式。综观现实生活中对作品的使用，最主要的就是复制、阅读、浏览三种方式。

根据我国2010年《著作权法》规定，个人使用的必须是他人已经发表的作品。著作权法如此要求是考虑到个人使用他人未发表作品可能侵害他人的发表权。然而，个人使用并不必然导致他人作品公之于众，未必侵害他人发表权，将个人使用的作品限定为已经公开发表的作品，似可商榷。比如，某人写了一首诗歌，未公开发表时给一个朋友阅读，该朋友为了经常能够阅读而复制该诗歌，恐难以认定其行为侵害复制权。这大概是美国版权法第107条第2款为什么会规定"作品未发表这一事实本身不应妨碍对合理使用的认定，假如该认定系考虑到上述所有因素而作出的"原因。

3. 复制的数量不得过多。为了个人目的使用他人作品，数量究竟多大才能进行不侵权抗辩,各国著作权法规定不一。不过这个问题似乎可以交由市场解决。因为理性的经济人出于复制成本考虑,在通过复制方式使用他人作品时,一般只会复制一份,因而著作权法对复制数量似乎不必过多考虑。

4. 应当指明作者姓名、作品名称,并且不得侵害著作权人的其他权利。虽然是出于保护著作人格权需要,但任何情况下,个人使用都必须指明作者姓名、作品名称,也值得商榷。比如,在家庭中小朋友即兴表演某作品给来访亲戚朋友看,但因不知道作者姓名或者作品名称而未标明,该作品作者得知表演事实后,以侵害著作人格权为由将小孩和作为监护人的父母诉至法院,法院能够判被告侵权吗?结论是,个人使用他人作品是否必须指明作者姓名、作品名称应视具体情况而定,不能一刀切。事实上,我国《著作权法实施条例》第19条对此也作出了明确规定,即"使用他人作品的,应当指明作者姓名、作品名称;但是,当事人另有约定或者由于作品使用方式的特性无法指明的除外"。

由于个人使用而复制、演绎或者以其他方式利用的作品,不得提供或者提示给公众,否则将侵害著作权人的发行权、演绎权、表演权等其他权利。这就是著作权限制的反限制。

(二) 个人使用面临的现代课题及其对策

传统个人使用抗辩建立在复制技术和传播技术尚不发达的时代,个人使用虽对著作权人造成损害,但损害尚在著作权人能够容忍的范围内。然而,在当今复制和传播技术都已经数字化、网络化的时代,即使个人使用分散而不系统,但从整个社会的角度看,却会造成大量复制品和不付费使用权利人作品的局面,并给著作权人的市场造成巨大冲击。在这种先进的复制和传播技术背景下,个人不侵权抗辩使用的基础,即个人使用不会给著作权人造成实质性损害,已经不复存在。为了因应复制和传播技术巨大进步对著作权造成的巨大冲击,减少个人使用给著作权人造成的不利后果,很多国家的著作权法采取了相应对策。以日本著作权法第30条为例,采取了如下四个方面的对策:

1. 禁止使用供公众使用而设置的自动复制机器复制他人作品。所谓自动复制机器,是指具有复制功能,并且其装置全部或者主要部分已经自动化了的机器。这种复制机器的设置只要是面向公众设置的就符合要件,是否有营利目的,在所不问。因此,利用设置在市民中心、图书馆的自动复制机器复制他人作品,将构成侵权行为。日本著作权法如此规定的目的在于,禁止在便利店、出租店、市民中心、图书馆等场合设置面向公众的自动复制机器。

2. 禁止规避技术保护措施，并且明知规避的结果会使该技术措施无法发挥作用进行的复制。

3. 规定明知属于侵害他人著作权而在网络上传播的作品，仍然以数字化方式进行录音或者录像而进行的复制，不属于可以进行不侵权抗辩的个人使用。

4. 针对数字化复制器具征收补偿金。

自20世纪60年代开始，已经有不少国家针对数字化复制媒体等复制器具征收商品标准价格一定比例的私人复制补偿金。日本1992年修改了著作权法，开始对数字化录音录像器具课以补偿金的义务，日本理论和实务界称为私人录音录像补偿金制度。根据日本著作权法第30条第2款的规定，私人录音录像补偿金制度的具体情况如下：

征收的器具对象。征收的器具对象限于数字化录音录像器具，不包括具有附带录音功能的电话机和其他本身就附带录音录像功能的器具。具体来说，数字化录音器具包括 DAT、DCC、MD、CD－R、CD－RW。但 CD－R、CD－RW 限于上面标注了"录音用"或者"for music"的 CD－R、CD－RW。数字化录像器具包括 DVCR、D－VHS、MTVDISC、DVD－RW、DVD＋RW DVD－RAM、BLUE－RAY。

补偿金请求权人。私人录音补偿金由私人录音补偿金管理协会（SARAH）征收和管理。私人录像补偿金由私人录像补偿金管理协会（SARVH）征收和管理。二者都是日本文化部指定的管理团体。

补偿金缴纳义务人。按照日本著作权法第104条之4的规定，补偿金缴纳义务人为数字化录音录像器具和记录媒体的购买者。但由于私人录音补偿金管理协会和私人录像补偿金管理协会实质上不可能向每个购买者请求该补偿金，因此根据日本著作权法第104条之5的规定，上述录音录像器具的生产者和进口者负有协助支付补偿金的义务。也就是说，上述两个管理协会只面向上述器具的生产者和进口者，首先由上述器具的生产者和进口者缴纳，再由上述器具的购买者在购买时向生产者和进口者缴纳。

补偿金比率的决定办法。根据日本著作权法第104条之6第1款的规定，首先由权利人就补偿金的比率和生产者团体协商，双方达成协议后再向私人录音补偿金管理协会和私人录像补偿金协会报告，其后就该合意比率由私人录音补偿金管理协会和私人录像补偿金协会向日本文化部长官申请认可。在文化部长官就此向文化部文化审议委员会著作权分会进行咨询并得到其认可后，再由文化部长官正式认可上述两个管理协会的申请。

补偿金的具体比例。私人录音补偿金和私人录像补偿金征收比例少有不同。根据日本目前的做法，关于私人录音补偿金，如果器具为数字化录音机器，则比率为商品价目表上表示的标准价格的65%再乘以2%，但上限不超过1000日元。如果器具为数字化记录媒体，则比率为商品价目表上表示的标准价格的50%乘以3%。关于私人录像补偿金，如果是数字化录像机器，则比率为商品价目表上表示的标准价格的65%乘以1%，但上限不超过1000日元。如果是数字化录像记录媒体，则比率为商品价目表上表示的标准价格的50%乘以1%。

补偿金的具体流向。就私人录音补偿金而言，具体流向如下：消费者—生产者、进口者—私人录音补偿金管理协会—日本著作权管理协会（36%）、日本录音协会（32%）、日本演艺团体协会（32%）。然后再分别由日本著作权管理协会分配给作词者、作曲者、音乐出版社，由日本录音协会分配给录音制作者，由日本演艺团体协会分配给表演者。就私人录像补偿金而言，具体流向如下：消费者—生产者、进口者—私人录像补偿金管理协会—私人录像著作权协会（68%）、日本录音协会（3%）、日本演艺团体协会（29%）。然后再由私人录像著作权协会分配36%给映像制作者团体（包括NHK、民间放送联盟、全日本电视节目制作者联盟、日本电影制作者联盟、日本动画协会、日本映像软件协会、日本电影制作者协会、其他电影制作者）、16%给日本著作权管理协会（作词者、作曲者、音乐出版社）、16%给文艺团体（日本脚本家联盟、文艺家协会、电影、电视剧剧本作家协会）。日本录音协会（3%）再具体分配给录音制作者，日本演艺团体协会（29%）再分配给表演者。

共通目的基金。但是，在进行上述分配前，私人录音补偿金管理协会和私人录像补偿金管理协会各自首先会留存20%，以用于关乎著作权人全体利益的共通事业、著作权人和著作邻接权人的保护事业等。由于两个管理协会提取的共通目的基金是否被有效使用目前缺乏有效的监督机制，因此遭受到了来自各方面的强烈批评，许多意见主张废止该共通目的基金的提取。

虽然日本已经开征录音录像补偿金10多年，但由于技术发展等原因，该制度已经受到越来越多的批评。目前，许多议论都集中在是否应该根本上修改该制度。但鉴于问题的复杂性，因此暂时未有结论。

总的来说，数字化时代，强化著作权限制和强化著作权保护应当结合起来，对德国、日本、美国等国家的此种做法，我国著作权法学界应当认真研究我国目前的技术条件和消费条件是否已经具备借鉴的可能性。

二、免费表演

（一）构成要件

免费表演已经发表的作品，该表演未向公众收取费用，也未向表演者支付报酬，可以进行不侵权抗辩。构成这种不侵权抗辩使用应当具备下列条件：

1. 表演的是已经发表的作品。由于是面向公众表演，如果表演的不是已经发表的作品，必然侵害他人发表权。

2. 限于作品的现场表演。录制作品的现场表演通过机械进行再现的，即使免费，因过大损害著作权人利益不得进行不侵权抗辩。

3. 表演未向公众收取任何费用，包括售卖门票、拉取赞助、变相提高售卖商品的价格等。

4. 未向表演者支付表演行为的报酬，但不包括车船费用、旅馆费用、用餐费用。但这些费用大大超过正常的标准时，属变相向表演者提供了报酬，使用他人作品进行表演不再属于不侵权抗辩使用行为。

5. 不得侵害著作权人的其他权利。表演时，应当通过现场告知等口头方式或者海报等书面方式向公众表明被表演的作品名称、作者名称。但根据我国《著作权法实施条例》第19条规定，当事人另有约定或者由于作品使用方式的特性无法指明的除外。

（二）非常态性是否免费表演不侵权抗辩要件

非常态性是否免费表演不侵权抗辩独立要件？对此，美国著作法第110条第1款至第4款规定属于合理使用的特定表演或者展示行为，并未区分常态性表演和非常态性表演。日本著作权法第38条和中国台湾"著作权法"第55条亦未将不受表演权控制的表演活动限定为非常态性表演。然而，中国台湾"智慧财产局"近年来所持实务见解，认为表演的非常态性亦为免费表演活动的独立构成要件，这样一来，即使其他要件均符合，在慈善场所、宗教场所等进行常态性的免费慈善表演、宗教表演及街头艺人在街头进行的表演等，均不属于表演权限制外的行为。❶此种理解过于严苛，与各国著作权法规定免费表演不受表演权控制的立法精神不符，值得提倡。

(三) 街头艺人表演他人作品，是否免费表演限制外的行为

常见的街头艺人公开表演他人作品，有收费者，有不收费者，不收费者不受表演权控制自不在话下。收费者，则主要是通过观众主动捐助或者打赏的方式进行，不同于固定场所的强制性收费，此种表演是否受表演权控制？或许，从保护弱势者角度出发可以得出该种表演属于不受表演权控制的行为。然而，"环诸世界各国著作权立法，对弱势保护之立法，多在其对资讯接触上着手，使其有教育与知识学习的便利，而非以合理使用助其收入。故街头艺人以路人的捐助或打赏的方式，作为使用他人著作得主张合理使用，豁免付费，其理由并非坚强"。❷

从 2010 年《著作权法》第 22 条第 1 款第 9 项规定看，强调的是公开表演未向公众收费，亦未向表演者支付报酬，至于收费或者支付酬报的方式，是强制性的还是自愿的，在所不问。以观众主动、自愿捐助或者打赏为由，主张公开表演不受表演权控制，难以成立。

三、对公开的美术作品、摄影作品等艺术作品和建筑作品的利用

(一) 构成要件

对设置或者陈列在室外公共场所的美术作品、摄影作品等艺术作品进行临摹、绘画、摄影、录像，可以进行不侵权抗辩。构成此种不侵权抗辩应当具备下列要件：

1. 使用的作品限于设置或者陈列在室外公共场所的艺术作品，主要是指雕塑作品、绘画作品、摄影作品等。我国 2010 年《著作权法》虽然没有规定建筑作品属于这里所指的作品，但由于建筑作品必须具备美感，并且属于设置在公共场所的作品，对他人行动自由妨碍作用最大，解释论上应当将其解释为

---

❶ 参见台湾"智慧财产局"2008 年 6 月 9 日智著字第 09700049370 号函，2007 年 10 月 15 日智著字第 09600090520 号函。

❷ 萧雄淋. 著作权法实务问题研析 [M]. 台北：五南图书出版公司，2013：198.

这里的作品。

室外公共场所,是指向一般公众开放的场所、建筑物的外壁以及其他一般公众容易看见的室外场所,但和一般公众是否应当支付费用才能进入没有必然关系。比如,每个城市的广场、不设门栏的公园、海滩、道路、桥梁、建筑物的外壁等,当然属于室外公共场所。设置门栏的公园、海滩等虽然需要购票才能进入,但仍然属于向一般公众开放的室外公共场所,对设置在其中的艺术作品应当允许进行自由临摹、绘画、摄影、录像。购物中心、餐馆、书店等虽然向一般公众开放,一般公众都可以自由出入购物、用餐、购阅图书,但并非"室外"场所,因此对设置在其中的艺术作品不经著作权人许可,不得进行临摹、绘画、摄影、录像。公共汽车、列车、船舶、飞机等交通工具由于其流动性,亦属公众能够自由接触的室外场所,因此对绘画于其上的艺术作品也应当允许自由进行临摹、绘画、摄影、录像。展览馆、博物馆、纪念馆等虽然属于购票即可进入的场所,但不属于室外公共场所,并非可以自由出入的场所,设置其中的艺术作品不会妨碍到人间的行动自由,因此对设置其中的艺术作品未经著作权人许可,不得进行临摹、绘画、摄影、录像。

设置或者陈列在室内橱窗但从公共场所可以目睹的艺术作品是否能够自由进行临摹、绘画、摄影、录像?如上所述,著作权法之所以规定对设置或者陈列在室外公共场所的艺术作品允许进行自由临摹、绘画、摄影、录像,是因为设置或者陈列在室外公共场所的艺术作品会妨碍到人间的行动自由(进行绘画、摄影、录像等活动时,不可避免地会将映入视野的艺术作品绘画、摄影或者录像进去,如不许可,绘画者等的活动将受到很大限制),设置或者陈列在室内橱窗但从公共场所可以目睹的艺术作品虽然不属于"室外"公共场所的艺术作品,但同样具有这种妨碍人间的行动自由的作用,因此在著作权人没有明确禁止的情况下,推定其默示许可自由进行临摹、绘画、摄影、录像为妥。当然,即使著作权人明确禁止临摹、绘画、摄影、录像,他人未经许可从事这些行为也未必当然构成著作权侵害。应当根据具体情况,通过《伯尔尼公约》第9条第2款和我国《著作权法实施条例》第21条规定的"三步检验法"进行具体判断。

设置或者陈列在室外公共场所的艺术作品是否需要长久设置才能进行临摹、绘画、摄影、录像?由于盛大节日或者某个特殊场合临时或者暂时设置在室外公共场所的艺术作品是否允许进行临摹、绘画、摄影、录像?著作权法之所以规定对设置或者陈列在室外公共场所的艺术作品允许进行自由临摹、绘画、摄影、录像，是因为设置或者陈列在室外公共场所的艺术作品会妨碍到人间的行动自由。而真正会妨碍人间行动自由的，只是那些长久设置或者陈列在室外公共场所的艺术作品。临时或者暂时设置或者陈列在室外公共场所的艺术作品由于其临时性，即使对人间的行动自由产生妨碍作用，也是暂时的。但是，并不能由此而得出临时或者暂时设置在室外公共场所的艺术作品绝对不允许进行临摹、绘画、摄影、录像的结论。对于公众而言，由于预见能力的限制，难以分清设置或者陈列到底是长久设置还是临时或者暂时设置，因而不可避免地会对设置或者陈列在室外公共场所的艺术作品进行临摹、绘画、摄影、录像等活动。为了在确保人间的行动自由和切实保护著作权人权益之间求取动态的平衡，对临时或者暂时设置在公共场所的艺术作品，除非著作权人明确声明不得进行临摹、绘画、摄影、录像，否则应当推定著作权人默示许可自由进行临摹、绘画、摄影、录像。当然，即使著作权人明确禁止对临时摄制的艺术作品进行临摹、绘画、摄影、录像，他人未经许从事这些行为也未必当然构成著作权侵害。应当根据具体情况，通过《伯尔尼公约》第 9 条第 2 款和我国《著作权法实施条例》第 21 条规定的"三步检验法"进行具体判断。

2. 方式只限于临摹、绘画、摄影、录像。这是由艺术作品本身的性质决定的。

（二）利用的限制和利用限制的反限制

1. 利用的限制。由于对利用的方式进行了限定，因此对长久设置在室外公共场所的艺术作品进行利用时，不得进行下列行为：重新制作雕塑作品以及将重新制作的雕塑作品通过转让方式提供给公众；复制建筑作品以及将复制的建筑作品通过转让方式提供给公众；为了长久在室外公共场所设置或者陈列而进行的复制；以专门销售为目的进行的复制行为以及将该种复制品进行销售的行为。我国 2010 年《著作权法》未规定这些方面的限制，需要从立法论角度进行检讨。

2. 利用限制的反限制。对设置或者陈列在室外公共场所的艺术作品进行临摹、绘画、摄影、录像后，临摹者、绘画者、摄影者、录像者能否利用其成果？最高人民法院 2002 年《关于审理著作权民事纠纷案件适用法律若干问题的解释》第 18 条第 2 款规定，对设置或者陈列在室外社会公众活动处所的艺术作品进行临摹、绘画、摄影、录像者，可以对其成果以合理方式和范围再行使用，不构成侵权。如何理解这里所说的"合理方式和范围"？是否包括将其成果进行营利性使用，比如作为商标或者商品装潢使用？

一般来说，对设置在室外公共场所的艺术作品进行临摹、绘画、摄影、录像就其成果来看，包括两种情况：一是创作出具有独创性的新作品。二是简单的复制。第一种情况下，由于临摹、绘画、摄影、录像者创作出了新的独立作品，原作品仅仅起到创作素材的作用，临摹、绘画、摄影、录像者对其成果享有完整的著作权，可以依法以任何方式利用其成果，当然包括将其成果作为商标、商品包装等营利性使用。第二种情况下，由于临摹等行为只是简单的复制，比如将某著名画家刻写在海南三亚天涯海角的书法作品"天涯海角"通过摄影方式进行简单的翻拍，摄影者是否能够将其翻拍的"天涯海角"作为商标或者商品包装进行使用，则不无疑问。

从解释论的角度看，我国2010年《著作权法》第22条第1款第10项规定的行为，赋予公众的仅仅是无须经过著作权人许可、也无须支付费用而对设置或者陈列在室外公共场所的艺术作品进行临摹、绘画、摄影、录像行为本身，对于临摹、绘画、摄影、录像者是否能够自由利用其成果则不置可否。著作权法的这种态度实际上暗含着应当对临摹、绘画、摄影、录像者的成果进行具体分析的意味。由此可以推知，如果临摹、绘画、摄影、录像者对其成果的利用过分损害著作权人权益，则应当受到一定限制。在对设置或者陈列在室外公共场所的艺术作品仅仅进行没有任何独创性的临摹、简单翻拍等简单复制的情况下，如果允许临摹者等对其复制品进行大范围的营利性使用，很可能损害著作权人利用其作品的市场机会，给著作权人权益造成过大侵害。结论就是，最高人民法院司法解释所说的"合理方式和范围"不应当包括对没有独创性的临摹、绘画、摄影、录像等简单复制状态下的成果进行营利性使用的行为，比如上述所列举的将其成果作为商标或者商品装潢进行使用的行为。

在"董永与七仙女"雕塑作品侵权纠纷案件中，❶1984年，原告受湖北省孝感市有关部门的委托，创作、完成了名称为"董永与七仙女"的雕塑作品。该雕塑作品置放于湖北省孝感市董永公园孝子祠内。被告未经许可，在其生产、销售的麻糖外包装盒上使用了经过摄影的雕塑图片"董永与七仙女"原

---

❶ 武汉市中级人民法院（2006）武知初字第119号民事判决书。

告认为两被告的行为侵犯了其雕塑作品著作权。审理案件的法院结合最高人民法院上述司法解释以及最高人民法院（2004）民三他字第5号的请示函的答复，认为"'合理的方式和范围'，应包括以营利为目的的'再行使用'"，因而判决两被告的行为不侵害原告的著作权。本案中，虽然麻糖生产者在产品的包装上使用反映"董永与七仙女"神话故事图片起到了美化包装的作用，但是，麻糖的生产者和销售者生产、销售产品内容是麻糖食品，消费者购买的也是麻糖食品并非包装，更不是印刷在包装上的图片，被告的麻糖产品包装上使用原告杨林的雕塑作品图片，并不影响原告杨林对该作品的正常使用，也不存在不合理地损害原告杨林著作权项下的合法利益的问题，其销售行为属于对原告杨林设置在公共场所雕塑作品的拍摄成果以合理的方式和范围再行使用，不构成侵犯原告"董永与七仙女"雕塑作品的著作权。

第三节 出于人道主义关怀和特殊民族政策作出的限制

一、将中国人以汉语言文字发表的作品翻译成少数民族语言文字作品在国内出版发行

为了照顾少数民族利益，《著作权法》第22条规定，将中国公民、法人或者其他组织已经发表的以汉语言文字创作的作品翻译成少数民族语言文字作品在国内出版发行，可以进行不侵权抗辩。构成这种不侵权抗辩应当具备以下要件：

1. 使用的作品限于中国公民、法人或者其他组织已经发表的以汉语言文字创作的作品。这里的中国公民、法人或者其他组织仅指中国内地的公民、法人或者组织，不包括我国香港、澳门、台湾地区的公民或者法人等，因为这些地区都适用各自著作权的有关规定。这里的汉语言文字创作的作品，仅仅指以汉语言创作的文字作品，不包括以汉语言文字创作的视听作品、戏曲作品、音乐作品以及其他能够进行翻译的各类作品。

2. 使用方式限于翻译，也就是语言文字的转换，不包括其他利用著作权的方式。至于翻译是否具有营利目的，在所不问。

3. 只能在国内出版发行。这里的国内仅指中国内地，不包括我国香港、

澳门、台湾地区。

虽然上述抗辩在我国已经通行了多年，但这种人为强化民族身份、过分不利于作者的政策，是否还有继续存在之必要，值得认真反思。

二、将已经发表的作品改成盲文出版

为了保护视力障碍者的利益，《著作权法》第22条规定，可以将已经发表的作品改成盲文出版。盲文是指盲人能够感知的独特文字。构成这种不侵权抗辩的作品种类不受限制，只要是已经发表的作品即可，而且该种使用行为是否具有营利目的在所不问。

盲人只是视觉存在障碍的人群中最严重者。虽未达到全盲的程度但视力非常低下的人、色盲的人也属于视觉存在障碍者。是否应当针对此种人规定不侵权抗辩的使用行为，我国2010年《著作权法》没有涉及。为了保护视觉障碍者的利益，著作权法至少应当允许将已经发表的作品放大字体或者将文字作品转化为声音作品或者其他视觉障碍者可以利用的必要形式。日本著作权法第37条除了规定已经发表的作品可以通过盲文出版外，还进一步规定了以下两个保护视觉障碍者的措施：一是已经发表的作品，可以通过使用电子计算机处理盲文的方式将其储存在有关媒介上，或者向公众传播（广播和自动公众送信除外）。二是依法成立的从事有关视觉障碍者或者其他通过视觉认识事务存在障碍福利事业的人，对于已经公开发表的通过视觉可以认识其表现方式而向公众提供或者提示的作品，在必要限度内，可以通过将有关视觉作品的文字转换成声音的方式或者其他视觉障碍者可以使用的必要方式，进行复制或者向公众传播。我国视觉障碍者人数众多，日本的立法经验值得我国认真研究和借鉴。

2013年6月27日，世界知识产权组织马拉喀什外交会议上，各成员国签署了《关于视力障碍者以及印刷品阅读障碍者的限制与例外国际条约》，即《马拉喀什条约》。条约允许复制、发行和提供已出版作品的无障碍格式版复制件，即以布莱叶盲文、有声读物等作品的替代方式或者形式出现的复制件，以保障视觉障碍者和阅读障碍者能够和健全人一样切实可行、方便舒适地查阅作品。此外，条约还为服务于盲人、视障者和印刷品阅读障碍者的各种组织之间进行无障碍格式作品的跨境交换做出了规定，使同一部作品的无障碍版本可在不同国家间进行共享。

根据世界卫生组织统计,全世界共有超过 3.14 亿盲人和视力障碍者,其中 90%生活在发展中国家。此外,世界知识产权组织 2006 年进行的一项调查显示,全球只有不到 60 个国家在版权法中制定了限制与例外条款,在版权文本的盲文、大字本或数字化音频版方面作出特别规定以满足盲人和视障者的需求。❶《马拉喀什条约》的通过为视觉障碍者和阅读障碍者获得作品提供了切实法律保障。

要注意的是,虽然名义上属于盲文出版社,但在出版他人作品时,如果没有改成盲文,则其行为不属于合理使用行为。在中国盲文出版社与许进京等侵犯著作权纠纷一案中,❷ 盲文出版社未经《脉法精要》一书作者许可,擅自以光盘形式出复制、销售该著作,虽然盲人出版社辩称其将《脉法精粹》一书录制为录音制品与改成盲文出版的性质相同,但将已出版作品录制成录音制品并不在法律规定可以不经著作权人许可、不向著作权人支付报酬的抗辩情形之列,因此其抗辩主张不能成立,行为构成侵权。

三、为扶助贫困作出的限制

为了扶助贫困,《信息网络传播权保护条例》第 9 条规定了一种推定的默示许可制度。其具体内容是,通过信息网络向农村地区的公众免费提供中国公民、法人或者其他组织已经发表的种植养殖、防病治病、防灾减灾等与扶助贫困有关的作品和适应基本文化需求的作品,网络服务提供者应当在提供前公告拟提供的作品及其作者、拟支付报酬的标准。自公告之日起 30 日内,著作权人不同意提供的,网络服务提供者不得提供其作品;自公告之日起满 30 日,著作权人没有异议的,网络服务提供者可以提供其作品,并按照公告的标准向著作权人支付报酬。网络服务提供者提供著作权人的作品后,著作权人不同意提供的,网络服务提供者应当立即删除著作权人的作品,并按照公告的标准向著作权人支付提供作品期间的报酬。但不得直接或者间接获得经济利益。作品的提供者应当采取技术措施,防止规定的服务对象以外的其他人获得著作权人的作品。为了满足上述推动的默示许可,需要具体如下条件:

1. 主体只限于网络服务提供者。其他主体不适用。

---

❶ 知识产权组织通过《马拉喀什条约》全球视障者"书荒"问题有望得到解决[EB/OL].(2013-06-28). http://www.un.org/chinese/News/story.asp?NewsID=20062.

❷ 北京市第二中级人民法院(2009)二中民终字第 03906 号民事判决书。

2. 方式只能是通过信息网络传播作品。

3. 必须是向农村地区的公众免费提供作品。如果网络服务提供者有直接营利目的，即提供作品时向农村地区的公众收费，则不得进行不侵权抗辩。或者网络服务提供者有间接营利目的，比如通过提供作品获取政府财政补贴，也不得进行不侵权抗辩。

4. 作品只限于有关种植养殖、防病治病、防灾减灾等与扶助贫困有关的作品和适应基本文化需要的作品，其他作品不得进行信息网络传播。

5. 在提供前应当公告拟提供的作品及其作者、拟支付报酬的标准。自公告之日起 30 日内，著作权人不同意提供的，网络服务提供者不得提供其作品；自公告之日起满 30 日，著作权人没有异议的，网络服务提供者可以提供其作品，并按照公告的标准向著作权人支付报酬。网络服务提供者提供著作权人的作品后，著作权人不同意提供的，网络服务提供者应当立即删除著作权人的作品，并按照公告的标准向著作权人支付提供作品期间的报酬。

6. 应当采取技术措施，防止规定的服务对象以外的其他人获得著作权人的作品。

只有同时具备上述实体要件和程序要件时，网络服务提供者提供上述作品时才能够进行不侵权的抗辩。

第四节　为了调整作品载体所有权人和著作权人利益关系作出的限制

一、美术等作品原件所有权人的展览

我国 2010 年《著作权法》第 18 条规定，美术作品等原件所有权的转移，不视为作品著作权的转移，但美术作品原件的展览权由原件所有人享有。该条虽然规定在"著作权归属"当中，但实为著作权的限制。按照该规定，美术作品等原件所有权转移后，所有权人享有该美术作品等原件的展览权，作者只能享有展览权以外的著作权。这意味着，美术作品等原件所有权人可以公开展览美术等作品原件，无须作者同意。而作者本人要展览美术等作品原件，需要征得美术等作品原件所有权人同意，并向其支付报酬。

这里的作品不仅指美术作品、摄影作品，而且包括文字作品、音乐作品手稿等具有展览价值的其他作品。

要注意的是，虽然美术等作品原件所有权人拥有所有权和展览权，但如果美术作品等的展览或者物权处分行为（拍卖等）损害作者或者其他民事主体的隐私权、肖像权，则所有权人的展览权、物权之行使仍需受制于作者或者其他民事主体的隐私权、肖像权等一般人格权。发生于 2013 年 5 月的钱钟书杨绛手稿拍卖事件，❶ 手稿的所有权人和拍卖方"中贸圣徒国际拍卖有限公司"之所以被北京市二中院颁发诉前临时禁令，理由并不在于拍卖行为可能侵害钱钟书杨绛对手稿除展览权以外的著作权，而在于拍卖行为可能损害钱钟书杨绛的隐私权，因为手稿里面涉及不少对历史和学人的评价。

二、计算机程序合法复制品所有人的装载、备份、修改

按照我国计算机软件保护条例，软件的合法复制品所有人享有下列权利。一是根据使用需要把该软件装入计算机等具有信息处理能力的装置内。二是为了防止复制品损害而制作备份复制品。但这些复制品不得通过任何方式提供给他人使用，并在所有人丧失该合法复制品的所有权时，负责将备份复制品销毁。三是为了把该软件用于实际的计算机应用环境或者改进其功能、性能而进行必要的修改。但是，除合同另有约定外，未经该软件著作权人许可，不得向任何第三方提供修改后的软件。

三、发行权一次用尽

发行权一次用尽在前面的章节中已经阐述过，此不赘述。

四、其他为了调整作品载体所有权人和著作权人之间利益关系作出的限制

主要是伴随美术等作品原件展览而作出的限制，我国 2010 年《著作权法》尚未规定此种限制。日本著作权法第 47 条对此做出了明确规定。按照该

---

❶ 该批手稿包括 66 封钱钟书书信和《也是集》手稿，12 封杨绛书信和《干校六记》手稿，6 封钱瑗书信等，主体是钱钟书 20 世纪 80 年代与时任香港广角镜杂志社总编辑李国强的书信往来，涉及不少对历史和学人的评价。参见北京市第二中级法院在 2013 年 6 月 3 日作出的（2013）二中保字第 9727 号的民事裁定书。

条规定，公开展览美术作品或者摄影作品原件的人，在为了向参观者解说、介绍这些作品而制作的小册子上，可以刊载该美术作品或者摄影作品。这里的"人"不仅包括从事美术作品或者摄影作品拍卖的人，也包括展览馆或者展览会的其他举办者，当然更包括美术作品或者摄影作品原件的所有人。

第五节　出于公益目的作出的限制

一、为报道时事新闻的利用

我国 2010 年《著作权法》第 22 条第 1 款第 3 项规定，为报道时事新闻，在报纸、期刊、广播电台、电视台等媒体中不可避免地再现或者引用已经发表的作品，可不经著作权人许可，不向其支付报酬。著作权法规定这种不侵权抗辩使用的目的在于确保人间信息的自由流动。构成这种不侵权抗辩使用应当具备以下要件：

1. 目的是报道时事新闻。所谓时事新闻，是指报纸、期刊、广播电台、电视台等媒体报道的单纯事实消息。按照最高人民法院 2002 年《关于审理著作权民事纠纷案件适用法律若干问题的解释》第 16 条的规定，通过大众传播媒介传播的单纯事实消息也属于时事新闻。

2. 合理使用的主体限于报纸、期刊、广播电台、电视台等媒体或者大众传播媒介。

3. 不可避免地再现或者引用他人作品。所谓不可避免地再现或者引用，是指不再现或者引用他人作品就达不到客观、真实报道时事新闻的目的。比如，为了报道某个人创作的纪念南京大屠杀的绘画作品，就不可避免地要在新闻电视画面或者新闻摄影中再现或者部分再现该绘画家的整幅作品或者作品片段，否则就难以实现客观真实报道的目的。再比如，在新闻人物采访报道中，为了配合报道而给新闻人物拍照时，有时不可避免地会拍摄到新闻人物装裱在家庭墙壁上的书法、绘画或者摄影作品。在这两种情形中，虽然在新闻画面中再现了他人作品，但属于不侵权抗辩使用行为。

不可避免再现或者引用他人作品，意味着再现或者引用他人作品时以达到报道目的为限，而不能大规模再现或者引用他人作品。比如某摄影家拍摄了某名人结婚艺术照 50 幅，引用一两幅即可达到报道目的，超过三幅以上应当认为超过了报道需要，不再属于不侵权抗辩使用。

4. 再现或者引用的应当是他人已经发表的作品。从立法论的角度看，为了报道时事新闻，在报纸等媒介上不可避免地再现或者引用的作品必须是已经发表的作品，似可商榷。比如，在上面所举的第一个例子中，假设该画家创作的作品属于尚未发表的作品，但出现在了新闻电视画面或者新闻摄影中，作为报道的记者是否侵犯该画家的发表权呢？只要没有超出新闻报道的目的，并且不会损害未发表作品的市场价值，以不作为侵害发表权处理为宜。

这种情形下的不侵权抗辩使用是否必须标明作者姓名以及作品名称，应视具体情况而定。如果是以新闻图片的形式进行报道，则必须标明作者姓名以及作品名称。如果是以新闻电视画面的形式进行报道，由于客观上无法在画面上标明作者姓名以及作品名称，报道的文字部分也必然说明作者姓名以及作品名称，因此在新闻画面上并无必要再重复加以标明。

二、时事性文章的转载

我国 2010 年《著作权法》第 22 条第 1 款第 4 项规定，报纸、期刊、广播电台、电视台等媒体刊登或者播放其他报纸、期刊、广播电台、电视台等媒体已经发表的关于政治、经济、宗教问题的时事性文章，可以不经著作权人许可，不向其支付报酬，但作者声明不许刊登、播放的除外。著作权法之所以规定这种有条件的不侵权抗辩使用，目的在于促进时事性文章的快速传播，迅速扩大其影响。

构成此种不侵权抗辩使用应当具备以下要件：

1. 主体限于报纸、期刊、广播电台、电视台、互联网等媒体。这些媒体必须是依法成立的、具有刊登或者播放时事性文章权限的媒体。特别要注意的是互联网媒体。按照《互联网新闻信息服务管理规定》第 5 条的规定，设立互联网新闻信息服务单位，必须经过国务院新闻办公室或者省、自治区、直辖市新闻办公室审批。非依法成立的互联网新闻信息服务单位，或者根本上不是互联网新闻信息服务单位的网络服务提供者，未经著作权人许可，不得刊登或者播放其他报纸等媒体上已经发表的关于政治、经济、宗教等问题的时事性文章。在武汉市中院一审判决的上海弓禾文化传播公司诉灵域视觉网、首映视觉网转载范冰冰"婚纱照"一案中,[1] 即使范冰冰"婚纱照"属于时事性文章,法院也应当首先查明作为被告的两个网站是否属于依法成立的互联网新闻信息服务单位,是否具有刊登其他媒体上时事性文章的权限,而不应当当然地认为两被告具有这样的资格。

2. 报纸等媒体刊登或者播放的必须属于其他报纸等媒体上已经发表的关于政治、经济、宗教问题的时事性文章,可以不经著作权人许可,不向其支付报酬,并且作者声明不许刊登、播放的不得刊登、播放。这说明两点:一是报纸等媒体刊登或者播放的如果不属于关于政治、经济、宗教问题的时事性文章,其他报纸等媒体未经作者许可,不得刊登或者播放。二是即使属于报纸等媒体刊登或者播放的关于政治、经济、宗教问题的时事性文章,如果作者声明不得刊登或者播放,其他报纸等媒体也不得刊登或者播放。

在上述范冰冰"婚纱照"一案中,武汉市中院一审认为幸福婚嫁网刊登的《范冰冰黄少祺最新婚纱写真唯美动人》一文、新浪大连网刊登的《范冰冰代言婚纱照 正式登陆大连》一文属于新闻事实报道,两篇文章所附的婚纱照片属于新闻事实的再现与引证,灵域视觉网、首映视觉网转载上述文章和照片的行为属于新闻转载行为,值得商榷,因为上述两篇文章并不属于关于政治、经济、宗教问题的时事性文章。法院认为上述两篇文章属于时事新闻则是错误的,因为时事新闻属于单纯的事实消息,而上述文章以及照片已经远远超出了单纯事实消息的范畴。

三、公开演说等的报道

我国2010年《著作权法》第22条第1款第5项规定,报纸、期刊、广播电台、电视台等媒体刊登或者播放在公众集会上发表的讲话,可以不经著作权人许可,不向其支付报酬,但作者声明不许刊登、播放的除外。

在公众集会上发表的讲话,如果构成作品,本身就应当属于已经公开发表的作品,因此属于媒体可以刊登或者播放的范围。但是,该种讲话毕竟不能和纯粹的时事新闻等同,有的甚至和时事新闻没有丝毫关系,所以不能按照时事新闻处理。同时,在公众集会上的讲话可能涉及复杂利益关系,讲话者不情愿将其讲话内容进行大范围地传播。基于这些因素,对于在公众集会上发表的讲

---

[1] 武汉市中级人民法院(2010)武知初字第349号民事判决书。

话，著作权法原则上允许媒体进行刊登或者播放，但同时赋予作者禁止权加以改变。

四、为课堂教学目的的复制

(一) 我国、日本、德国著作权法的相关规定

为了促进科学、教育事业进步，保护对他人作品具有附加价值的使用，我国、日本、德国著作权法都对为了课堂教学而使用他人作品的行为作出了例外规定。

我国2010年《著作权法》第22条第1款第6项规定，为学校课堂教学或者科学研究，翻译或者少量复制已经发表的作品，供教学或者科研人员使用，可不经著作权人许可，不向其支付报酬，但不得出版发行。我国《信息网络传播权保护条例》第6条第3项将此种著作权限制扩大到了通过信息网络提供作品的行为，具体内容是，为学校课堂教学或者科学研究，通过信息网络向少数教学、科研人员提供少量已经发表的作品，可以不经著作权人许可，不向其支付报酬。

日本著作权法第35条规定，在学校和其他教育机关（以营利为目的设计的学校和其他教育机关除外）中担任教学的人以及听课的人，为了在教学过程中使用，在必要的限制内，可以复制已经发表的作品。但是，按照该作品的性质、用途以及复制的数量、复制的方式，著作权人的利益会受到不当损害的，不在此限。

日本著作权法并没有单纯从复制的数量方面考虑为了学校课堂教学需要复制他人作品的行为是否属于不侵权抗辩的使用行为，而是综合考虑了作品的性质、用途以及复制的数量、复制的方式等因素，法院据此可以进行个案处理。

德国著作权法第52a条第1款第1项规定，为大学课程说明之用，且基于非营利目的而使行为具有正当性，可在该目的必要范围内，向特定且可确定范围的修课学生公开传播已公开的作品的一小部分、数个作品的极小部分，或者报刊杂志中的单一文章。德国著作权法第52a条第3款进一步规定，在此情形下，为公开传播所必要的复制行为，属于合法行为。

(二) 为课堂教学或者科学研究目的的复制的构成要件

构成不受著作权控制的为课堂教学或者科学研究目的复制行为，应当具备

下列几个要件。

1. 目的是学校课堂教学或者科学研究。首先，该种复制行为的法律主体是学校或者科研机构，实际从事复制行为的是与学校或者科研机构具有劳动合同关系的教师或者其他从业人员。学校，既包括面授学校，也包括函授、广播或者电视学校。其次，学校课堂教学目的，欧盟 2001 年著作权保护指令第 5 条第 3 款第 a 项和德国著作权法第 52a 条第 1 款第 1 项将之称为"课程说明目的"。按照德国联邦最高法院在"Meilensteine der Psycholigie"一案❶中阐述的观点，基于宪法保障的教学自由，在认定向公众传播他人作品是否属于"课程说明目的"时，不能持狭隘的判断标准，因此，当教材由于公开传播的作品内容而更为清楚、更容易了解，或者更为深入、更为充实时，就属于"课程说明"目的。由此，为"课程说明目的"传播他人作品内容，不限于上课的时间与地点，而包括其他时间（比如课前或者课后的课程准备）和地点（比如家中、办公室）。公开传播他人作品而使得教学内容更为清楚、充实，让学生更容易了解和深入掌握教材内容或者超出教材范围的教学内容，属于课堂教学目的当无疑问。

2. 复制他人作品不得有直接营利目的。为了学校课堂教学或者科学研究虽可少量复制他人作品供教学或者科研人员使用，但不得直接从复制行为中获利。也就是说，在将他人作品复制件提供给教学或者科研人员时，不得向教学或者科研人员收取任何费用，包括工本费。工本费，即复制他人作品耗费的纸张等材料费，属于学校教学成本范畴。向教学或者科研人员收取工本费，目的是减少学校教学或者科学研究的成本，亦属于营利行为。

至于学校整体是否具有直接或者间接的营利目的，并不影响本项权利限制的成立。也就是说，学校是公立学校还是私立学校，属于非营利性的事业单位还是营利性的事业单位，并不影响此种不侵权抗辩使用行为的成立。认为能够享受这种不侵权抗辩使用的主体只限于公立学校而不包括私立学校的观点，值得商榷。同样是为了课堂教学或者科学研究，并且减轻了政府教育负担的私立学校，不能仅仅因为其具有一定程度的营利性，就被排除在此种权利带来的福利。

但是，由专门的培训机构举办并向听课对象收取高额费用的专门知识培

---

❶ BGH GRUR 2014，549【Meilensteine der Psycholigie】。

训，或者由营利性企业举办的业务技能培训，已经超出了课堂教学的范畴，不能适用此种不侵权抗辩的使用。在王隽品诉长城钛金公司侵犯著作权案中，❶未经权利人同意，长城钛金公司两次编印含有王隽品书稿内容9万余字的《离子镀技术》培训教材，供该公司经营使用，采取售离子镀膜机送培训教材方式，随机奉送《离子镀技术》培训教材，目的在于培训，且有明显营利目的，已经超出课堂教学许可的范围，侵犯了原告王隽品的著作权。

3. 使用的方式只限于翻译或者少量复制。翻译是不同语言文字的转换。为了课堂教学或者科学研究翻译他人作品，无数量上限制的必要，因为翻译他人一份作品，就足以满足教学或者科学研究的需要，该翻译行为本身不会影响权利人作品的正常利益。但要注意的是，为了课堂教学或者学科研究复制翻译后的作品，仍需满足"少量复制"的要件。究竟何谓"少量复制"？

德国联邦最高法院在"Meilensteine der Psycholigie"一案❷中适用其著作权法第52a条第1款第1项❸时，对此作出了值得借鉴的判断标准。该案原告拥有书籍Meilensteine der Psycholigie的所有著作排他权，该书收录了73位心理学开路先锋的独立文章展现心理学的发展历史，包括目录、前言、导论、参考文献、人名索引和物名索引共计533页，其中包括5个空白页，读者为对心理学有兴趣者、学习者以及专业人士。被告是德国唯一的国立网络大学，2008/2009冬季学期和2009年夏季学期，有4000多名心理系学生选修心理学课程，Meilensteine der Psycholigie一书中有14篇文章全文，共计91页，被该大学以PDF文档形式放置于网络学习平台，供学生阅读、打印和下载。2009/2010冬季学期和2010夏季学期又有9篇文章全文，共计70页被放置于该网络学习平台。经原告侵权警告后被告提供的文章限于学生阅读，不得打印或者下载。原告认为被告行为不属于德国著作权法第52a条第1款第1项的限制，侵害其著作权。

德国联邦最高法院认为，尽管判决实务和学说上都认为，未超过他人整个作品10%到20%属于利用他人作品的"小部分"，但在认定是否属于利用他人

---

❶ 北京市第一中级人民法院（2000）一中知终字第72号民事判决书。
❷ BGH GRUR 2014，549【Meilensteine der Psycholigie】。
❸ 德国著作权法第52a条第1款第1项规定，为大学课程说明之用，且基于非营利目的而使行为具有正当性，可在该目的必要范围内，向特定且可确定范围的修课学生公开传播已公开的作品的一小部分、数个作品的极小部分，或者报纸杂志中的单一文章。德国著作权法第52a条第3款进一步规定，在此情形下，为公开传播所必要的复制行为，属于合法行为。

作品的"小部分"时，可以参考文字作品集体管理组织 VG Wort 和各联邦政府在 2006 年 6 月 26 日签订、2010 年 7 月 14 日更新的"依据著作权法第52Aa条为了学校课程说明目的公开传播作品内容所产生的报酬请求权的集体契约"的相关条款。该契约中，"作品的小部分"被定义为作品的 12% 上限，且不区分面向中小学和大学公开传播的"作品的小部分"，因此为大学课程说明目的公开传播他人"作品的小部分"也应以 12% 为上限。但是，大学课程和中小学课程不同，有时可能利用科学教科书或者法律注释书等近 1000 页的作品，如果不设定固定页数上限，而仅以 12% 为上限，则可能使权利人遭受不合理的影响，尤其在权利人作品为历史作品或者注释作品等数册的情况下，更是如此。因此，为了大学课程说明目的公开传播他人作品的数量，还需以 100 页为固定上限，从而确保法的安定性。此外，基于实用性理由，在判断公开传播的作品部分是否属于"作品的小部分"时，应当以包含目录、前言、导论、参考文献、人名索引、地名索引的作品整体为基础进行衡量，且列入考量的各页应当主要以文字组成，而非主要以图片、照片或者图表等组成。但是，空白页应当排除在外。

4. 复制件或者翻译件仅提供给教学或者科研人员使用。按照德国联邦最高法院在上述案件中的意见，为课程说明目的，仅能向特定且可确定范围的修课学生公开传播他人作品的小部分。修课学生，是指学习该课程的学生，不包括学生所在系或者学校的所有学生。德国联邦法院支持上诉法院的如下意见，即作品部分内容可以向大范围的修课学生公开传播，只要修课学生的范围是可以确定的特定范围。所谓"仅"，按照德国联邦最高法院的意见，如果行为人采取了适当的技术措施使未修课的学生无法接触被传播作品的内容，即属于"仅"向可特定的修课学生公开传播作品的小部分，即使修课学生人数像本案中一样，超过 4000 人，也不具有重要性。❶

5. 翻译或者少量复制他人作品为课堂教学或者科学研究所必要。按照德国联邦最高法院的意见，"所必要"，无须理解为"绝对必要"，否则德国著作权法第52a条第1款第1项的权利限制规定将成为一纸空文，因此即使不公开传播受著作权法保护的作品，原则上也可以达到说明课程内容的目的。是否有必要，应当按照欧盟著作权保护指令 RL2001/29/EG 第 5 条第 5 款之 3 规定的

---

❶ BGH GRUR 2014, 549【Meilensteine der Psychologie】。

三步检验法，即是否限于特定情况下的使用、使用是否影响受保护客体的正常使用、使用是否会不当侵害权利人的合理利益，进行判断。

就本案而言，德国联邦最高法院认为，德国著作权法第52a条第1款第1项系规范特殊情况下的使用，课程说明目的下的使用当然满足这一要件。同时，只有系争利用行为对已有的利用模式产生直接竞争关系，才构成影响受保护客体的一般利用。比如，公开传播中小学用教科书应当征得著作权人同意，以免影响中小学教科书的一级市场，基于课程说明目的公开传播仅为大学课程所需撰写的教科书，也将影响该教科书的一般利用。但本案中不存在这种情况。理由是，本案涉案书籍并非仅为大学课程所撰写，读者包括有兴趣者、学习者以及心理学专业人士，该著作的一般利用不会因为数字化学习平台上放置了部分文章而致使学生无须再购买该著作。尽管储存、其后非法发行与传输数字化的完整作品复制件或者副本可能影响作品的一般利用，但在打印、储存作品的小部分、其后非法发行和复制方面，也无须担心对作品产生类似影响。

6. 应当指明作者姓名、作品名称，并且不得侵犯著作权人的其他权利。

(三) 立法论上的问题

就立法论而言，我国2010年《著作权法》都将为了学校课堂教学或者科学研究需要利用他人已经发表的作品的方式限定为翻译或者复制，显然无法满足学校课堂教学或者科学研究的需要。这个问题已经在《受戒》案中[1]得到突出反映。该案中，被告未经许可将原告拥有著作权的小说《受戒》拍摄成电影在学校内容播放以及拿到法国戛纳电影节参赛以及在参赛会上播放的行为，尽管法院从抽象的目的解释论角度认定，被告将原告拥有著作权的小说拍摄成电影在学校内容免费播放的行为属于不侵权抗辩使用行为，但从知识产权法定原则角度看，判决显然违背了该原则，超出了著作权法对著作权限制的范围，属于典型的法官造法现象，与法治精神相违背。但从合理性角度看，不可谓法院的判决不合理。为了艺术院校学生的教学，有时确实必须将作家的小说改编成剧本以至拍摄成电影在学校内部播放，或者将戏曲改成交响乐在学校内部进行演出，等等。不过即使如此，这仍然属于立法论范围内的事情，最终只能交由立法机关解决。建议著作权法第三次修改时，将2010年《著作权法》第22

---

[1] 参见《最高人民法院公报》1996年第1期。

条第 1 款第 6 项中的"翻译或者少量复制已经发表的作品"修改为"少量利用已经发表的作品",以解决现实需要。

日本著作权法第 35 条第 1 款虽然将利用样态限定为复制,但第 2 款已经将利用样态扩大到向公众传播行为,即已经发表的作品,在学校课堂教学过程中,在向直接听课的人提供或者提示该作品原件或者复制品加以使用的情况下,或者通过免费的上演、演奏、上映或者口述等方式加以利用的情况下,可以向在该课堂以外的场合同时听课的人进行传播。

五、执行公务的利用

我国 2010 年《著作权法》第 22 条第 1 款第 7 项规定,国家机关为执行公务在合理范围内使用已经发表的作品,可以不经著作权人许可,不向其支付报酬。构成此种不侵权抗辩使用,必须具备如下要件:

1. 主体限于国家机关。国家机关在我国包括立法机关、司法机关、行政机关、政协机关,各级军队以及共产党各级委员会也被变相视为国家机关。

2. 目的是执行公务。公务是指法律规定的各国家机关职责范围内的事务。国家机关执行公务存在两种形式:一种是国家机关自行执行公务,另一种是国家机关授权或委托其他单位执行公务。

教育部考试中心使用他人作品进行高考命题是否属于执行国家公务?如果属于执行国家公务,在利用他人作品时,是否必须指明作者姓名?

在胡浩波诉教育部考试中心侵犯著作权纠纷案中,❶ 教育部考试中心在 2003 年的高考命题中使用了原告作品《全球变暖——目前的和未来的灾难》,并且增删和调整为 840 字左右。原告认为参与高考的考生均要交纳报名费,而纯粹的行政行为应是行政全额拨款而不收取费用的,因此高考出题行为并非单纯的政府公务行为,具有商业行为的性质,因此被告的行为侵犯了其著作权。被告则辩称是受国家委托命题的,组织高考试卷出题属于公务行为,不是社会性工作和商业活动,根据法律规定可以不支付报酬。

该案中,争点之一就是收取报名费是否改变高考出题属于执行国家公务的事实。对此,一审法院进行了如下精彩分析:高考不收取报名费固然是相关国家机关执行公务、组织高考活动的一种理想状况,但执行公务活动并不必然会

---

❶ 北京市海淀区人民法院(2007)海民初字第 16761 号民事判决书。

不收取任何费用。因财政拨款的不足等原因使得高考中需要交纳报名费以应对高考需要的各项开支，与以营利为目的的商业行为有本质的区别，故不能因为高考收取报名费就将高考以及高考出题行为等同于一般的商业行为。在我国，国家机关执行公务存在两种形式：一种是国家机关自行执行公务，另一种是国家机关授权或委托其他单位执行公务。考试中心不属于国家机关，其组织高考出题的行为属于后一种情形。《教育法》第20条规定："国家实行国家教育考试制度。国家教育考试由国务院教育行政部门确定种类，并由国家批准的实施教育考试的机构承办。"依据该条规定，考试中心接受国家教委指定承担高校入学考试和高教自学考试等专项任务，执行高考试卷命题等相应公务。同时，高考是政府为了国家的未来发展，以在全国范围内选拔优秀人才为目的而进行。我国政府历来将高考作为一项全国瞩目的大事，人民群众亦将高考命题、组织及保密工作等视为由政府严密组织的、关乎社会公平、民众命运和国家兴衰的大事。考试中心在组织高考试卷出题过程中使用原告作品的行为，无论从考试中心高考出题的行为性质来讲，还是从高考出题使用作品的目的以及范围考虑，都应属于国家机关为执行公务在合理范围内使用已经发表的作品的范畴，应适用我国2010年《著作权法》第22条第7项有关的规定，可以不经许可，不支付报酬。

但是，按照《著作权法》第22条第1款第7项规定，国家机关在执行公务时，在合理范围内使用著作权人作品，虽可不经许可、不支付报酬，但仍负有指明作者姓名、作品名称，并不得侵犯著作权人其他权利的义务，否则仍然不属于上述不侵权抗辩使用。对此，一审法院也进行了精彩分析。一审法院认为，我国2010年《著作权法》是一部旨在保护著作权人利益的法律，但同时亦有其他立法目的存在。我国2010年《著作权法》第1条规定，著作权法的立法宗旨是"保护文学、艺术和科学作品作者的著作权，以及与著作权有关的权益，鼓励有益于社会主义精神文明、物质文明建设的作品的创作和传播，促进社会主义文化和科学事业的发展与繁荣"，第4条规定，"著作权人行使著作权，不得违反宪法和法律，不得损害公共利益"，可见，我国2010年《著作权法》虽以保护作者利益为立法目的之一，但亦将公共利益作为非常重要的考量因素，从而在公共利益较著作权人利益明显重要时，有条件地限制著作权人的相关权利，以取得公共利益与私人利益之间的平衡。合理使用制度即是在著作权人利益原则上受保护的基础上，对作者的一种例外限制，其目的在于平衡著作权人、作品传播者以及社会公众利益之间的关系。另外，考虑特定情况，司法实践中对于著作权人修改权、署名权的保护亦受制于以上原则。如就著作权人的修改权而言，虽然修改作品的权利理所当然地属于作者，但在某些情况下，出于社会利益的实际需要，修改权有时也可由他人行使。本案中，因高考保密的严格要求，事先征询相关作者的修改意见变得不具有可行性，为确保通过高考可以选拔出高素质人才的公共利益的需要，高考出题者考虑高考试题的难度要求、篇幅要求和背景要求等特点，可对文章进行一定的修改增删，以适应出题角度和技巧的要求。据此法院认为，考试中心的行为并不构成对原告修改权的侵害。就著作权人的署名权而言，虽然《著作权法》第22条规定应指明作者姓名和作品名称，但为作者署名仅作为一般的原则性规定，实践中在某些情况下，基于条件限制、现实需要或者行业惯例，亦容许特殊情况下的例外存在。如《著作权法实施条例》第19条规定，"使用他人作品的，应当指明作者姓名、作品名称，但是，当事人另有约定或者由于作品使用方式的特性无法指明的除外"。考试中心在本案中未给胡浩波署名即属于特殊的例外情况。《教育法》第4条规定，"教育是社会主义现代化建设的基础，国家保障教育事业优先发展。全社会应当关心和支持教育事业的发展"。高考命题者在考虑高考所涉文章是否署名时，必然要充分考虑考生的利益。考试中心在选择署名的问题上目前习惯的做法是：对于文学鉴赏类文章署名，而对于语用性文章则不署名。涉案文章因属于语用性文章，在考题中没有署名。

法院认为，考试中心的以上区别对待有其合理性，理由如下：

1. 高考过程中，考试时间对考生而言是非常紧张和宝贵的，考生的注意力亦极为有限，如对试题的来源均进行署名会增加考生对信息量的阅读，浪费考生的宝贵时间。

2. 文学鉴赏类文章署名或注明出处会给考生提供一些有用信息，这些信息有助于考生在综合分析的基础上作出对诸如文章作者的思想感情、历史背景等试题的正确判断，作者的署名属于有用信息，而语用性文章署名给考生提供的多是无用信息，出题者出于避免考生浪费不必要的时间注意无用信息等考虑，采取不署名的方式亦是适当的。

3. 在国内及国外的相关语言考试中，亦有语用性文章不署名的惯例。可见，考试中心在高考试题中对文学鉴赏类文章署名，对语用性文章如科技文、说明文等不署名的做法，是考虑了高考的特性、署名对考生的价值及考试中语用性文章署名的惯例后选择的一种操作方式,有其合理性,考试中心未在高考试题中为原告署名,不构成侵权。当然,出于对著作权人的尊重和感谢,考试中心今后可考虑能否在高考结束后,以发函或致电形式对作者进行相应的告知和感谢。

在何平诉教育部考试中心侵犯著作权纠纷案中,❶ 教育部考试中心未经原告许可,在 2007 年高考全国语文 I 卷命题作文中演绎了其漫画作品《摔了一跤》,作为高考作文试题,原告认为教育部考试中心侵害了其获取报酬权、署名权、修改权,一审法院以和上述判决相同的理由驳回了原告的诉讼请求。

六、图书馆等的复制和信息网络传播

(一) 相关规定

我国 2010 年《著作权法》第 22 条第 1 款第 8 项规定,图书馆、档案馆、纪念馆、博物馆、美术馆等为了陈列或者保存版本的需要,复制本馆收藏的作品,可以不经著作权人许可,不向其支付报酬。复制包括以数字化方式进行的复制。

2006 年国务院颁布实施的《信息网络传播权保护条例》第 7 条规定,图书馆、档案馆、纪念馆、博物馆、美术馆等可以不经著作权人许可,通过信息网络向本馆馆舍内的服务对象提供本馆收藏的合法出版的数字作品和依法为陈列或者保存版本的需要以数字化形式复制的作品,不向其支付报酬,但不得直接或者间接获得经济利益。当事人另有约定的除外。

(二) 构成要件

1. 利用主体只限于图书馆、档案馆、纪念馆、博物馆、美术馆等向公众开放的公益性机构。至于这些机构是私人投资,还是国家投资,对其按照本项目规定可以从事的利用行为性质,并无影响。

2. 利用的对象限于本馆收藏的合法作品。本馆收藏的作品以外的作品,不属于本项规定限制的利用对象。

3. 利用目的是陈列或者保存版本的需要,或者是向本馆馆舍内的服务对

---

❶ 北京市海淀区人民法院(2007)海民初字第 26273 号民事判决书。

象提供。图书馆等不得有营利目的,或者向本馆馆舍外的非服务对象提供本馆收藏的数字化作品。所谓为陈列或者保存版本需要以数字化形式复制的作品,应当是已经毁损或者濒临毁损、丢失或者失窃,或者其存储格式已经过时,并且在市场上无法购买或者只能以明显高于标定的价格购买的作品。

4. 利用行为限于复制和信息网络传播。复制,既包括以传统纸质方式进行的复制,也包括数字化复制。根据欧盟法院的解释,如果复制不包括数字化复制,2001年欧盟著作权保护指令第5条第3款第n项针对图书馆等规定的权利限制,将丧失实际效果。❶

"通过信息网络向本馆馆舍内的服务对象提供本馆收藏的合法出版的数字作品和依法为陈列或者保存版本的需要以数字化形式复制的作品"中的"提供",除了在馆舍内的数字化阅读区域让本馆馆舍内的服务对象进行阅读之外,是否包括让馆舍内的服务对象打印作品或者将作品下载至随身携带的复制器械,并携带出馆舍?

在Eugen Ulmer公司诉达姆施塔特工业大学侵害著作权纠纷案中,❷ 欧盟法院在回复德国联邦最高法院的请求作出的先行裁判中认为,2001年欧盟著作权保护指令第5条第3款第n项应当解释为,仅包括于馆内终端机向利用人传输作品内容的必要范围内,将其馆藏作品数字化,但未包含通过终端计算机打印或者储存于随身携带的复制设备中的复制行为。但欧盟法院同时指出,此类复制行为可以依据转换自2001欧盟著作权保护指令第5条第2款第a或者b项的国内法而合法化。

在德国,由2001年欧盟著作权保护指令第5条第2款第a或者b项转化而来的是其著作权法第53条规定。德国联邦最高法院认为,依据第53条第1款第1项规定,自然人基于私人使用目的,可以将作品复制于任意载体,只要该复制不具有直接或者间接的商业目的,且用于复制的作品版本并非明显非法复制件或者作为公开传输。据此项权利限制,使用人可以为私人目的打印或者储存图书馆等馆舍于数字化阅读区传输的作品。但依据德国著作权法第54条的规定,著作权人有权向具有独立复制功能或者与其他机器、储存设备或者配件连结而具有复制功能的机器或者储存设备的制造商、经销商、进口商与经营者请求支付合理报酬。同时,为私人目的的复制行为,尚需符合2001年欧盟

---

❶❷ EuGH GRUR 2014, 1087 + BGH GRUR 2015, 1101【Eletronische Leseplätze II】.

著作权保护指令第5条第5款规定的要件，即复制的范围不得不当侵害著作权人的利益。本案中使用人的复制行为尚未见出现此种情况。

为了防止使用人的复制范围不当侵害著作权人利益，德国联邦最高法院同时指出，数字化阅读区的经营者有义务采取可能而且可以期待的预防措施，防止数字化阅读区的利用人不法复制作品内容。因此，如果图书馆等馆舍没有提醒利用人，数字化阅读区传输的作品内容，只有在符合德国著作权法第53条规定要件下才能复制，或者没有采取可能且可期待的措施，使利用人的复制行为符合第53条规定，仅复制单一复制件、作品的小部分、乐谱或者完整复制一本书或者杂志的主要部分，由于图书馆等创造了数字阅读区复制作品的可能性而负有管理与监督义务，应当尽可能避免利用人非法复制作品，则应当承担侵权责任。此外图书馆等馆舍还应当提醒利用人，其依据第53条合法复制的复制件，不得发行。

由此可见，在德国，虽然向公众开放的图书馆等馆舍，可以在馆舍内的终端计算机向利用人传输作品内容的必要范围内，数字化该馆藏作品，利用人尽管可以出于私人目的的打印作品或者将作品储存于随身携带的复制器具并带出图书馆，但图书馆等负有监管利用人不得不当侵害著作权人利益的义务。

我国《信息网络传播权保护条例》第7条虽规定图书馆等可以通过信息网络向本馆馆舍内的服务对象提供本馆收藏的合法出版的数字作品和依法为陈列或者保存版本的需要以数字化形式复制的作品，但并未就图书馆等馆舍避免利用人不当侵害著作权人权利应当负担的注意义务作出明确规定，有待完善。

(三) 数字图书馆的利用行为问题

关于图书馆的不侵权抗辩使用问题，近年引起热议的当属所谓数字图书馆未经许可使用他人作品是否属于不侵权抗辩使用的问题。下面结合近年来发生的几个有代表性的案例对此加以阐述。

1. 陈兴良诉中国数字图书馆有限责任公司（以下简称"数图公司"）侵害信息网络传播权案。❶ 原告陈兴良系《当代中国刑法新视野》《刑法适用总论》《正当防卫论》等三本著作的作者和著作权人。被告数图公司系一家以计算机软件技术开发、技术转让、电子商务、制作发布网络广告等为经营范围的

---

❶ 参见《最高人民法院公报》2003年第2期。

公司，其所设网站"中国数字图书馆"（http：//www.d-library.com.cn）以搜集、整理、发布、提供他人作品为主要业务。被告未经同意将原告享有著作权的三本著作数字化后，置于其网站上供付费会员在线阅读并提供下载服务。原告即以侵害信息网络传播权为由起诉至北京市海淀区法院。

被告辩称，被告基本属于公益型的事业单位。为适应信息时代广大公众的需求，被告在网上建立了"中国数字图书馆"。图书馆的性质，就是收集各种图书供人阅览参考。原告所称的三部作品都已公开出版发行，被告将其收入数字图书馆中，有利于这三部作品的再次开发利用，不能视为侵权。况且被告一直十分重视对版权的保护，现正在投入资金开发版权保护系统。这套系统开发出来后，一方面能保护著作权人的利益不受侵犯，另一方面又能发挥数字图书馆的作用，使图书馆更好地为公众服务。

法院经过审理认为，图书馆是搜集、整理、收藏图书资料供人阅览参考的机构，其功能在于保存作品并向社会公众提供接触作品的机会。图书馆向社会公众提供作品，对传播知识和促进社会文明进步，具有非常重要的意义。只有特定的社会公众（有阅览资格的读者），在特定的时间以特定的方式（借阅），才能接触到图书馆向社会公众提供的作品。因此，这种接触对作者行使著作权的影响是有限的，不构成侵权。但本案中的被告数字图书馆作为企业法人，将原告陈兴良的作品上传到国际互联网上，对作品使用的这种方式，扩大了作品传播的时间和空间，扩大了接触作品的人数，超出了作者允许社会公众接触其作品的范围。数字图书馆未经许可在网上使用陈兴良的作品，并且没有采取有效的手段保证陈兴良获得合理的报酬。这种行为妨碍了陈兴良依法对自己的作品行使著作权，是侵权行为。数字图书馆否认侵权的辩解理由，不能成立。据此，法院判决被告侵权行为成立。

该案判决的意义在于，法院并没有特别着重从营利还是非营利、是公益还是私益的角度看待图书馆的性质，而主要从被告利用原告作品对原告权利产生何种影响的角度来看待被告涉案行为的法律性质。也就是说，被告的行为之所以不适用著作权法关于图书馆等馆所不侵权抗辩使用的规定，是因为被告未经许可使用他人作品的行为，扩大了作品传播的时间和空间、扩大了接触作品的人数、改变了接触作品的方式、没有采取有效手段保证权利人应该获得的报酬。这是法院在我国著作权法尚未创设信息网络传播权的背景下做出的最好判决。

2. 郑成思诉北京书生数字技术有限公司（以下简称"书生公司"）著作权纠纷案。案中原告郑成思是《知识产权文丛》（第一卷）、《知识产权文丛》（第二卷）、《知识产权文丛》（第三卷）、《知识产权文丛》（第四卷）、《知识产权价值评估中的法律问题》、《知己知彼打赢知识产权之战》、《中国民事与社会权利现状》、《WTO知识产权协议逐条讲解》等著作的完整著作权人或者所撰写部分的著作权人。被告未经许可，将原告作品数字化后置于其经营的网站供他人在线阅读以及下载。原告以侵害信息网络传播权等著作权为由起诉。

书生公司辩称，其经营模式与其他有相似业务的公司完全不同，其不对公众提供服务，而是专营与数字图书相关的技术研发与加工服务；将客户定位于图书馆等，帮助他们建设数字化图书馆；其 www.21dmedia.com 网站中的图书阅读功能从不对公众开放，其页面仅是对公众宣传；其技术模式完全类似于在图书馆中的阅览室的阅读模式，使有权浏览的读者用拷屏以外的任何方法都不能保存或传播所浏览的图书。而采用拷屏的方式保存并传播作品的可行性几乎不存在。同时"书生之家数字图书馆"技术平台最多只允许三人同时阅读一本书，符合美国千年数字法案的有关规定。因此，未侵犯郑成思的著作权。

一审法院认为，书生公司意图举证证明其对作品的使用范围、方式进行了必要的限制，如提出同时只能有三人阅览及只能以拷屏的方式下载和保存等，但从审理的情况看，这些限制并未从实质上降低作品被任意使用的风险，亦未改变其未经著作权人许可而使用他人作品的行为性质。传统意义上的公益性图书馆，因为其物质条件的有限性及使用规则的可靠性导致对著作权影响的有限性，及其投资来源的公共性导致公共利益与私人利益一定程度的一致性，具备了对著作权进行限制的可能性。显然，书生公司无论在企业性质、经营方式、经营目的及对作者利益的影响上均与图书馆不同。故书生公司以其经营方式和限制措施作为否认侵权的理由不成立。

二审法院认为，虽然书生公司提供相应证据证明其对作品的使用范围、方式进行了必要的限制，但书生公司系以营利为目的的企业，书生之家数字图书馆亦并非公益性图书馆，书生之家数字图书馆对作品所作的三人以上不能同时在线阅读及只能拷屏下载的限制，并不构成著作权法意义上对作品的合理使用，故书生公司关于未侵犯郑成思著作权的抗辩理由不成立。

基于以上理由，两审法院一致认为，书生公司未经郑成思许可，将郑成思享有著作权的涉案图书上载于书生之家网站上供公众浏览，侵犯了郑成思对上述作品享有的信息网络传播权。

本案判决的意义在于，明确从被告主体性质上否定了其"公益图书馆"的性质。也就是说，法院根据被告企业性质、经营方式、经营目的、对著作权人的影响等几个要素认定，被告属于营利性数据公司，而不是具有公益性质的图书馆，因此，尽管被告对使用作品的范围进行了一定限制，但其行为仍然不属于不侵权抗辩使用行为。

3. "数字图书馆"使用他人作品的性质问题。虽然在上述第二个案件中，一审和二审法院都试图从是否具有商业目的划清楚"公益数字图书馆"和"营利数字公司"之间的界限，并进而区别被告未经许可将他人作品数字化并在互联网上提供阅读、下载的行为是属于侵权行为还是属于不侵权抗辩使用行为，但这实在不是一件容易的事情。

第一，"公益目的"和"营利目的"之间并没有严格的界限。虽然"数字图书馆"（或者说"数字公司"）具有营利目的，但一个非常明显的事实是，"数字图书馆"的建设可以极大满足需要者跨地域、超时空获取海量信息的要求，并且可以发挥高质量保存人类知识财富的作用，因此不能不说也具有很大的"公益性"。传统意义上的图书馆虽然主要从事信息收集、整理、保存、借阅等服务，主要以"公益"为目的，但有时也提供一些纯粹市场化的信息收集以及提供图书展览乃至销售等活动，这些活动不能不说具有"营利目的"。如此一来，试图以具备"公益目的"还是"营利目的"确定传统意义上的图书馆和数字化图书馆，并进而确定二者使用他人作品的行为属于侵权行为还是不侵权抗辩使用行为并不十分科学。

第二，考察未经许可使用他人作品的行为属于侵权行为还是不侵权抗辩使用行为，虽然在有些情况下，行为主体本身的性质是一个重要的判断因素，但更重要的还是必须考察行为主体具体的行为样态。某些主体，虽然由于其具备特殊性质而具备了享有不侵权抗辩使用他人作品的前提，但如果其具体的行为不符合著作权法的规定，给著作权人造成了不应有的损害，其行为仍然可能构成著作权侵害。比如，学校由于其特殊性质，为了课堂教学需要可以复制他人作品，但如果大量复制或者是出版发行，则构成侵权。相反，某些主体，虽然不具备特殊性质，但只要其行为符合著作权法的规定，不会给著作权人造成实质性的损害，则其行为仍可能构成不侵权抗辩使用行为。比如，按照很多人的理解，如果从主体性质看，私立学校不能为了课堂教学而复制他人作品。然而，实际上的情况是，私立学校为了课堂教学复制他人作品10份发给学生，对著作权人不会造成任何实质上的损害，因此其行为构成合理使用。这样，就必须对著作权法规定的享受课堂教学合理使用的主体作扩大解释。

  由此，争论"数字图书馆"是不是属于传统意义上的"公益图书馆"意义不大。就算上述两个案件中的被告都属于具有公益性质的图书馆，由于其没有经过著作权人许可，也没有向著作权人支付报酬，就将著作权人的作品在互联网上进行传播，行为明显侵害了著作权人的信息网络传播权，因此既不属于2010年《著作权法》第22条第1款第8项规定的不侵权抗辩使用，也不属于《信息网络传播权保护条例》第7条规定的不侵权抗辩使用。

  从立法论的角度看，所谓"数字图书馆"确实不同于传统意义上的图书馆，一方面它虽具有某种意义上的公益性，但以营利性为突出特征。另一方面，它突出利用了现代信息技术和网络技术，并在此基础上突出地改变了传统意义上的图书馆开放给公众的服务方式。传统意义上的图书馆开放给公众的服务方式主要是提供馆内购买的书籍、报纸杂志的阅读及其场所，提供借阅服务，提供有限的复印服务，等等。在传统意义上的图书馆体制中，图书馆是免费向公众开放的。也就是说，只要按照规定办理一个图书证，就可以免费进入传统意义上的图书馆查找、复印资料，借阅书籍、报纸杂志，以及接受其他服务。更为重要的是，传统意义上的图书馆在提供上述服务时，是以购买著作权人作品收入馆内为前提的。这意味着传统意义上的图书馆间接地向著作权人支付了费用的（因为其购买的作品价格中一部分属于支付给著作权人的版税或者稿酬）。鉴于传统意义上的图书馆间接支付了著作权使用费这个前提以及其提供服务的特点，因此允许其为了陈列或者保存版本的需要复制馆藏内的作品，或者允许它通过信息网络向本馆馆舍内服务对象提供本馆收藏的合法出版的数字作品和依法为陈列或者保存版本的需要以数字化形式复制的作品，并不会给著作权人造成实质性损害。

  而所谓数字图书馆则完全不同。首先，它已经不再是免费向公众开放，除非事先付费获得通行证（密码）。其次，它在将著作权人作品进行数字化时，不再以购买为前提，而是通过借、直接复制等免费手段获得作品原件或者数字化复制件，然后直接进行数字化，或者直接存入其数据库中。最后，它向服务对象提供服务的方式主要是下载或者在线阅读,并且不受时空限制。这对著作权人的市场具有巨大的威胁性。在这样的前提下,将所谓数字图书馆当作传统意义上的图书馆对待,并让其享受不侵权抗辩使用,对著作权人来说无疑是一场赤裸裸的抢劫。正如郑成思先生所说的那样:如果把"这类所谓'数字图书馆'比作一个水果商,其未经各个果园主人的许可,也未向这些果园主人支付任何费用,就摘取了果园里多种水果,然后制作成果盘——这相当于那些数据库,转手高价卖给个人消费者——这相当于出售阅览卡,或者卖给果盘需求量大的酒店、餐馆等单位——这相当于向传统图书馆出售所谓'数字化解决方案',显而易见,这个水果商对那些果园主人实施了赤裸裸的掠夺,并且利用这些无偿掠夺来的他人劳动成果,从消费者身上攫取利润,这就是那些营利性公司企图用'数字图书馆'的面纱遮掩起来的真相。"❶

鉴于以上原因,要将所谓"数字图书馆"作为传统意义上的图书馆对待是行不通的。根据"数字图书馆"主要具备营利性但也兼具公益性的特点,应当将其作为一类特殊的信息服务提供者对待。由于需要庞大的作品群建立数据库,"数字图书馆"通过契约的方法事先与每个著作权人就价格等事项达成协议,成本巨大,并不可行。考虑到契约的成本、著作权人的排他性利益和社会公共利益之间的关系,对于"数字图书馆"这种特殊的信息服务提供者,从立法论的角度看,最好是适用法定许可制度,即由著作权法直接规定,已经发表的作品,"数字图书馆"可以不经著作权人许可进行数字化复制,并且通过信息网络提供给其服务对象阅读、下载,但应当按照规定支付报酬,并且不得损害著作权人的其他权利。当然,要数字图书馆分别寻找并向单个著作权人支付报酬也不太可能,所以必须辅之以著作权集体管理制度,由分别代表文字作品、音乐作品、影视作品等著作权人的集体管理组织出面代为收费。

至于何为"数字图书馆",则可以采取认证制度,并且规定在没有取得认证资格之前,不适用法定许可制度,只作为一般的信息服务提供者对待,其行为是否侵权也按照著作权法的一般规定处理。

---

❶ 郑成思.“数字图书馆”还是“数字公司”[EB/OL].[2009-07-20]. http://www.civillaw.com.cn/article/default.asp?id=24709.

第六节　为了促进作品利用作出的限制

一、适当引用

（一）适当引用的构成要件

我国2010年《著作权法》第22条第1款第2项规定，为介绍、评论某一作品或者说明某一问题，在作品中适当引用他人已经发表的作品，可以不经著作权人许可，不向其支付报酬。这就是通常所说的适当引用。著作权法规定这种侵权抗辩使用的主要目的在于保护具有附加价值的作品利用，当然也有保护公众表达自由的价值追求。构成这种不侵权抗辩使用应当具备以下要件。

1. 目的是介绍、评论某一作品或者说明某一问题。这里的目的应当是指直接目的，至于介绍、评论的间接目的是否具有营利性质，和为了私人目的使用他人已经发表的作品一样，在所不问。

德国著作权法第51条规定，准许为引用目的而复制、发行及公开再现已公开发表的作品，只要该引用在其范围内因该特定目的而具有合理理由。❶ 德国著作权法第51条规定引用自由的目的，按照德国联邦最高法院在"Exklusivinterview"一案判决中的解释，是指为了便于引用人与他人作品产生对话，因此不允许仅因引用人的意愿在于使公众知悉他人作品或者著作邻接权保护客体，也不允许将他人作品或者著作邻接权保护客体仅在外观上使用，但引用人作品和被引用人作品之间欠缺关联性。著作权法第51条的引用目的是指，引用者必须呈现他人作品或者邻接权保护客体与其自身想法之内在关联，且引用的部分应作为引用者独立论述的依据或者论述基础的形式呈现。一般而言，如果引用人作品没有进一步与被引用人作品产生对话，而仅仅作为说明之用，且彼此仅在外观上连用，却缺少关联性，或者引用仅具有提供信息的报道功能，都欠缺上述内在关联性。❷

---

❶ 德国著作权法［M］. 范长军，译. 北京：知识产权出版社，2013.
❷ BGH GRUR 2016，368【Exklusivinterview】.

评论中有一种比较特殊的方式，即挖苦、嘲笑、讽刺，也就是常说的恶搞或者搞恶。这种方式虽然会引起公众对被恶搞的对象作品的低劣化评价，但在著作权人权利和公众表达自由两种法益权衡之间，著作权法应当倾向于公众的表达自由，所以仍然应当将其作为不侵权抗辩使用处理比较恰当。但正如前面有关保护作品完整权章节所说，恶搞的对象只限于被大规模改变或者利用的作品本身，而不能将著作权人作品作为恶搞一般社会现象或者公众人物的手段或者工具，因为恶搞一般社会现象或者公众人物时，存在多种多样可以选择的并且能够达到最理想效果的手段或者工具，而要恶搞著作权人的作品，不可能事先征得著作权人同意，要想达到最理想的恶搞效果，也只有违背著作权人意志、利用著作权人作品本身才能达到目的。

恶搞最主要的形式是讽刺、挖苦、嘲笑著作权人作品所要表达的某种思想感情，但也有将著作权人作品表达形式作为恶搞对象的情况。不管属于哪种形式的恶搞，都应当采取极为夸张甚至荒诞的手法，批评著作权人作品中包含的某种主流的价值观念或者某种反社会潮流的价值观念或者是某种扭曲的价值观念，让人在捧腹或者流泪之后进行深入思考，否则很难称得上是恶搞。至于恶搞是否会损害著作权人的现实或者潜在市场，并不是界定恶搞是否属于不侵权抗辩使用的一个要素。

在1994年美国联邦最高法院判决的 Campbell v. Acuff‐Rose Music 案中，2 Live Crew 饶舌乐团将 Roy Orbison 的原创歌曲《Oh, Pretty Woman》改编成戏虐仿作《Pretty Woman》。在戏虐仿作中，2 Live Crew 抄袭了原作第一句歌词，及其特殊前奏并且不断重复，但也创作除了新歌词和截然不同的声音，比如混杂的刮削声，不同音调的独唱，不同节奏的击鼓声。对《Oh, Pretty Woman》享有著作权的 Acuff‐Rose 唱片公司，就此对 2 Live Crew 饶舌乐团及其专辑发行人 Luke Skyywalker 提起著作权侵权诉讼。美国联邦地方认定被告的行为构成合理使用，但美国联邦第六巡回上诉法院认为联邦地方法院的判决过分忽略了"为了商业目的使用他人作品都会被推定为非合理使用"这个因素，因此废弃地方法院判决，并发回其重审。

美国联邦最高法院指出，戏虐仿作（parody）一词来源于希腊文 parodeia，愿意是"模仿另一首歌所唱的歌曲"，现代字典则将其描述为"模仿他人作品风格的诙谐性文学或者艺术作品"，或者是"模仿他人想法或者用语的戏虐性作品"。由于戏虐仿作的主要目的是在创作一个利用他人作品以评论该作品的新作品，因此无法对戏虐仿作进行"合理使用"原作品的推定，戏虐仿作与批评或者评论一样，是否构成合理使用需要根据美国著作权法第107条规定的四要素，即系争作品对原作品进行使用的目的和性质、受著作权保护的原作品性质、系争作品对原作品整体使用的质与量、系争作品对原作品使用对原作品潜在市场与价值的影响进行综合判断。

就本案而言，美国联邦最高法院认为，从使用目的看，被告歌曲某种程度上可被世人合理感知是对原告歌曲的评论和批评，被告歌曲批评了原告歌曲中掺杂的如下幼稚无知思想：男人们期待幻想成真的浪漫情怀，对性行为充满淫秽需求却又逃避为人父，对站街女郎的阴暗生活熟视无睹。被告对其戏虐仿作的使用虽有商业目的，但不能因此就认定其使用为非合理使用。从被告作品对于原告作品使用的质与量看，由于戏虐仿作无论如何必然会使用原作品的一些精华部分以使人联想起原作品，因此也不能仅因为戏虐仿作使用了原作的精华部分（第一句以及特殊前奏），就否定其为合理使用。就戏虐仿作对原作品潜在市场与价值的影响而言，单纯的戏虐仿作因为与原作品各自具有不同的市场功能，所以不太可能替代市场上的原作。尽管戏虐仿作并非完全不会损害原作品的市场与价值，但应当区分合法扼杀原作品市场需求的毒舌评论和盗用原作品而造成的著作权侵害。原作品的衍生作品市场，通常只限于原著作权人会去开发或者授权他人开发的市场。由于著作权人通常不会授权他人批评自己的作品，因此开发戏虐原作品之衍生市场的可能性不大。著作权人通常只希望其作品备受赞扬，而不是遭受毒舌批评，因此被告作品对原告作品有未来损害之可能性的见解不妥。

美国联邦最高法院进一步指出，由于被告音乐中不但包含了戏虐仿作成分，而且包含了饶舌音乐，因此原告作品的饶舌流行音乐也是一个需要探讨的相关问题。如果原告能够提出被告的音乐对其饶舌流行音乐衍生市场存在损害之可能性证据，则需要发回重审时进一步解决。

2. 引用的必须是他人已经发表的作品。这限于引用人作品发表的情形，因为引用人作品一旦发表，也必将使被引用人作品部分公之于众，从而侵害被引用人作品发表权，甚至是隐私权。如果引用人不发表作品，则引用的也可以是未发表的作品。不过这种情况在实践中并不常见。

3. 引用必须适当。日本历史上，曾从明确区别性和主从关系两个角度判断引用是否适当。明确区别性，指接触被告作品者可以明确区别引用人作品和被引用人作品。主从关系，指应当以引用人作品为主要部分，被引用人作品为从属部分。❶ 适当引用意味着引用人作品和被引用人作品处于主从关系地位（主从关系），并且因此而可以明白地进行界分（明了区别性）。

但因日本最高裁判所上述关于适当引用判断标准在该判决书中仅仅属于旁论，而且是针对日本旧著作权法条文进行的解释，与日本 2010 年《著作权法》第 32 条第 1 款❷规定不尽相符，因此日本知识产权高等裁判所前院长饭村敏明以及一些学者提出，适当引用的判断，应当回归日本著作权法第 32 条第 1 款规定，考虑引用的目的、效果、摘录的方法、利用的具体样态、被利用作品的种类与性质、是否对被引用作品著作权人造成影响以及影响的程度等因素，进行综合判断。❸ 综合判断说已经成为日本学界和司法界的有力学说，在 2010 年 10 月 13 日判决的"美术品鉴定证书案"中，由于行为人从事的绘画鉴定业务主要标的为花朵、玫瑰、风景、裸妇、静物等，此等绘画非常多，为了特定鉴定标的，防止伪造鉴定证书，行为人在鉴定证书背面附上了鉴定标的绘画作品的缩小彩色影本，著作权人认为该行为侵害其复制权。日本知识产权高等裁判所认为，综合考量行为人利用权利人作品的目的、利用方法与样态、被利用作品种类和性质、是否对著作权人造成影响以及影响的程度后，行为人的行为不会侵害著作权人的正当权益，因此并未超出适当引用的限制。❹

在德国上述"Exklusivinterview"案中，被告未经许可，在其播放的电视节目"Prominent"中，两次利用原告播放的独家访谈节目"STARS and STO-RIES"中的片段，第一次使用两个片段，第二次使用 5 个片段。德国联邦最高法院虽认为此种使用具有内在关联性（即被告引用的目的主要在于说明被访谈人物 Liliana M 与其配偶结婚并非仅出于个人喜爱，更因为其配偶的名声与财富），但该引用是否适当，需要考量该引用是否影响权利人对其作品享有的利用可能性，及其影响的范围之后才能确定。德国联邦最高法院肯定了上诉

---

❶ 最判昭和 55 年 3 月 28 日民集 34 卷 3 号 244 页（昭 51（オ）923 号）。
❷ 日本著作权法第 32 条第 1 款规定：已经发表的作品可以通过引用加以使用。但引用必须符合公正的惯例，而且必须是在报道、批评、研究等引用目的的正当范围内进行。
❸ 飯村敏明. 裁判例における引用の基準について［J］. 著作権研究，1999（26）：91；上野達弘. 引用おめぐる要件論の再構成［M］//半田正夫先生古稀記念論集——著作権法と民法の現代的課題. 东京：法学書院，2003.
❹ 知財高判平成 22 年 10 月 13 日判時 2092 号 136 页（平 22（ネ）10052 号）【美術品鑑定証書事件】。

法院就个案进行整体考察，从而认定被告使用原告独家访问关键画面是否影响原告利用利益的做法。这说明，德国联邦最高法院实际上也坚持了引用是否适当判断上的综合判断学说。❶

从"转换性使用"的角度理解适当引用，可以有力支持上述综合判断说。所谓转换性使用，是指对原作的使用并不是为了单纯再现原作本身的文学艺术价值或者实现其内在的功能或者目的，而是通过增加新的美学内容、新的视角、新的理念或者通过其他方式，使原作在被使用过程中具有新的价值、功能或者性质。❷ 一旦对原作品的引用被认定为转换性使用，说明引用行为不会对被引用作品著作权人的利用造成影响，因而可以认定该种引用构成适当引用。

学术界通常认为，被引用人作品构成引用人作品的实质部分，即最有价值的部分不再构成适当引用。但本书作者认为，这个问题需要具体分析。引用他人作品，引用的往往是他人作品中最能说明问题、最具有价值的思想、观点、最精彩的表达，而这种思想、观点和表达很可能构成引用人作品的实质部分，但并不能因此就简单认为此种引用不是适当引用。理由在于，思想、观点本身不受著作权法保护，著作权法保护的只是思想、观点的具有独创性的表达方式。所以准确地说，只有当引用者引用的是他人作品思想、观点具有独创性的表达，并且这种引用构成引用人作品的独创性部分和最有价值部分时，才可能属于非适当引用。

按照综合考量说，是否适当引用也不是一个简单的数量对比关系，而需要结合各方面因素进行具体分析判断。比如，为了讽刺某个御用画家创作的带有拍马屁性质的政府官员聚会的绘画作品，直接在绘画作品中每个官员的额头上画上一粒花生米（表示每个官员都是贪官污吏，都应该枪毙的意思），然后加以发表的行为。虽然引用人创作的部分很少，但其恶搞原作品的意图非常明显，不会危害原作品的市场利用，因此作为适当引用处理为宜。但如果单纯从数量对比关系角度入手，很可能得出上述假想例子中的引用不构成适当引用而构成著作权侵害的结论。但如果综合考虑作者引用的意图和效果等因素，就会发现，该种引用仍然符合主从关系和明了区别性，属于适当引用。

由此，从立法论上看，我国《著作权法（修订草案送审稿）》第43条第1

---

❶ BGH GRUR 2016，368【Exklusivinterview】.

❷ 王迁. 知识产权法教程（第三版）[M]. 北京：中国人民大学出版社，2011：215.

款第2项规定适当引用时,在2010年《著作权法》第22条第1款第2项基础上加上了"引用部分不得构成引用人作品的主要或者实质部分",反而缩小了2010年《著作权法》第22条第1款第3项的解释空间,缩小了适当引用的范围,因此需要重新予以思考。

4. 必须指明作者姓名、作品名称,并且不得侵害著作权人的其他权利。这个要件除了保护著作人格权之外,也是明了区别性的进一步要求。一旦指明被引用作者姓名、名称,读者可以一目了然区别哪些是引用者的创作,哪些是被引用的部分。

(二) 适当引用的司法认定难题

司法实践中认定被告的引用是否构成适当引用,要特别注意区分被告引用的部分是属于历史事实本身还是历史事实的表达。在陈立人诉罗雪蓬等侵害著作权案中,❶ 原告陈立人在多年研究抗日历史,采访参加过缅甸抗战的郑洞国、宋希濂、郑庭笈、覃异之等高级将领及众多官兵,并实地体察当年战场,掌握了大量素材的基础上,以文学手法进行构思、提炼,虚构创作了纪实小说《缅甸,中日大角逐》,于1992年出版。被告罗学蓬等创作了长篇小说《中国远征军》,于2007年出版,其中9000字与原告相同。被告辩称,这9000字引自2005年出版的《中华传奇》第195期,属于历史事实,因此其行为属于适当引用行为。然而,尽管涉案9000字涉及的内容本身属于客观事实,但如何表述这些客观事实存在不同选择,而本案中被告表述这些历史事实的方式和原告的相同,因此其所谓的引用并非适当引用。

为了推介他人作品而引用他人作品前言、目录和少量正文,是否构成适当引用?在吴锐诉北京世纪读秀技术有限公司侵犯著作权纠纷案中,❷ 被告未经原告同意,在其网站读秀网上使用《杏坛春秋:书院兴衰》前缀(包括目录、前言等)11页,正文8页,正文4232字;《中国思想的起源》前缀20页,正文8页,正文5400字;《文史英华·诸子卷》前缀12页,正文10页,正文3120字;《古史考》使用1—8卷前缀71页,正文78页,正文95500字。庭审中,原告按照双方认可的统计方式,前缀部分均按每页220字计算,明确读秀

---

❶ 北京市西城区人民法院(2008)西民初字第12771号民事判决书。
❷ 北京市海淀区人民法院(2007)海民初字第8079号民事判决书。

网共使用《杏坛春秋：书院兴衰》6652字,《中国思想的起源》9800字,《文史英华·诸子卷》5760字,《古史考》112千字。针对上述事实,法院认为,被告使用他人作品的方式主要目的是给读者介绍图书,使读者了解图书的主要内容,并根据极少量的正文阅览,了解作者的基本思路和表达方式。涉案三种图书除《杏坛春秋：书院兴衰》正文为167页外,另外两种图书每册的正文页数均在500页左右,8—10页的用量与全书正文内容相比所占比例轻微,仅能使读者对该书有初步的了解,未超过不当限度,不会导致损害作者基于著作权享有的人身权利和可以据此获得的经济利益的结果。据此,法院认为读秀网的使用行为目的正当,未超过合理范围,未给原告造成不利后果,未侵犯原告的著作权。

然而,本书作者并不赞成法院的上述判决。上述被告只不过简单复制并通过信息网络传播了原告作品,自己未进行任何创作,不存在将他人作品作为自己作品的论据使用问题,也难谓存在转换性使用。如果允许出于介绍目的等就可以不用进行任何创作而直接复制他人作品,则会得出为了介绍等目的而复制他人作品全部内容进行信息网络传播或者直接通过表演、展览等方式利用他人作品也属于适当引用的结论。总之,法院主要采取被引用作品数量占被引用作品总量的比例这个纯粹数量标准来判断被告使用原告作品是否构成适当引用,值得商榷。

二、编纂教科书法定许可

我国2010年《著作权法》第23条规定,为实施九年制义务教育和国家教育规划而编写出版教科书,除作者事先声明不许使用的外,可以不经著作权人许可,在教科书中汇编已经发表的作品片段或者短小的文字作品、音乐作品或者单幅的美术作品、摄影作品,但应当按照规定支付报酬,指明作者姓名、作品名称,并且不得侵犯著作权人依照本法享有的其他权利。

《信息网络传播权保护条例》则将这种法定许可方式扩大到了信息网络当中。该条例第8条规定：为通过信息网络实施九年义务制教育或者国家教育规划,可以不经著作权人许可,使用其已经发表作品的片段或者短小的文字作品、音乐作品或者单幅的美术作品、摄影作品制作课件,由制作课件或者依法取得课件的远程教育机构通过信息网络向注册学生提供,但应当按照规定向著作权人支付报酬。同时,按照该条例第10条第4项的规定,作品的提供者应当采取技术措施,防止规定的服务对象以外的其他人获得著作权人的作品;并防止该条例第7条规定的服务对象的复制行为对著作权人利益造成实质性损害。

根据上述规定,编纂教科书法定许可必须具备以下要件:

1. 教科书只限于为实施9年义务教育和国家教育规划而编写的教科书。9年义务教育,是指《国家义务教育法》第2条规定的9年义务教育,即通常所说的小学和初中教育。国家教育规划,目前应当是指国务院2010年7月制定发布的《国家中长期教育改革和发展规划纲要(2010—2020)》。按照这个纲要,到2020年国家教育的战略目标是,实现更高水平的普及教育。基本普及学前教育;巩固提高九年义务教育水平;普及高中阶段教育,毛入学率达到90%;高等教育大众化水平进一步提高,毛入学率达到40%;扫除青壮年文盲。新增劳动力平均受教育年限从12.4年提高到13.5年;主要劳动年龄人口平均受教育年限从9.5年提高到11.2年,其中受过高等教育的比例达到20%,具有高等教育文化程度的人数比2009年翻一番。据此,学前、小学、初中、高中、大学、职业等教育都在教育规划之列,其教科书编纂也应当都在法定许可之列。

日本著作权法第33条则将教科书明确规定为,经过文部科学大臣审定或者文部科学省拥有著作名义的小学、中学、高中或者中等教育学校以及其他类似学校中,为教育目的供儿童使用或者学生使用的书籍。可见,在日本,教科书不包括学前学生用书,也不包括大学学生用书。

2. 可编入教科书的作品,只限于已经发表的作品片段或者短小的文字作品、音乐作品或者单幅的美术作品、摄影作品。未发表的作品,整部作品或者较长的文字作品、音乐作品或者非单幅的美术作品、摄影作品,以及这些作品以外的其他作品,都不能编入教科书。著作权法将编纂教科书法定许可使用的作品做如此严格的限制规定,并不符合教科书法定许可的需要,也缺少可操作性。比如,为了介绍某画家完整不可分割的组画或者系列摄影作品,仅仅登载一幅明显达不到让学生全面掌握该画家的目的。此外,究竟如何界定短小的文字作品和音乐作品,也不是一件容易的事情。

日本著作权法第33条在规定编纂教科书的法定许可时,并未限定作品范围和篇幅,仅仅规定在教科书上登载作品时,应当通知作者,并按规定向著作权人支付补偿金。相比我国2010年《著作权法》规定,日本著作权法的相应规定更加符合编纂教科书的需要,也更加具有可操作性。

3. 应当按照规定支付报酬,指明作者姓名、作品名称,并且不得侵犯著作权人依照本法享有的其他权利。编纂教科书使用他人作品不是免费使用,应当按照规定向著作权人支付报酬。编纂教科书也不得侵害作者的著作人格权和其他著作财产权。

三、报刊转载法定许可

《著作权法》第32条第2款规定,报社、期刊社刊登著作权人作品后,除著作权人声明不得转载、摘编的以外,其他报刊可以转载或者作为文摘、资料刊登,但应当按照规定向著作权人支付报酬。这就是通常所说的报刊转载法定许可。其构成要件如下:

1. 法定许可使用的作品只限于报刊上登载的作品,包括原始发表的作品和转载的作品。也就是说,此种法定许可只限于报刊社到报刊社的转载,而不包括报刊社到出版社或者出版社到报刊社的转载。

2. 著作权人声明不得转载、摘编的,其他报刊社不得转载、摘编。这里的声明是指在报刊上发表作品的同时以明示意思做出的声明。未以明确意思表示做出声明的,视为著作权人同意其他报刊社转载、摘编。

3. 转载者、摘编者应当按照规定向著作权人支付报酬。

4. 指明作者姓名、作品名称,并且不得侵犯著作权人依照本法享有的其他权利。

四、制作、发行录音制品的法定许可

(一) 制作、发行录音制品法定许可的要件

《伯尔尼公约》第13条第1款规定,本同盟国可就其本国情况对音乐作品以及允许其歌词与音乐作品一道录音的歌词作者授权对上述音乐作品以及有歌词的音乐进行录音的专有权利规定保留以条件;但这类保留以及条件之效力严格限于对此作出规定的国家,而且在任何情况下均不得损害作者获得在没有协议情况下由主管当局规定的合理报酬的权利。可见,按照《伯尔尼公约》,各成员国可以规定制作录音制品的法定许可。规定制作录音制品法定许可的目的有二。一是可以打破首家获得许可的录音制作者垄断相关录音制品市场,形成

竞争局面和音乐作品表现的多样性。二是确保相同录音制作者以同等、公平、合理条件获得音乐作品著作权人的许可。

我国2010年《著作权法》第39条第3款规定，录音制作者使用他人已经合法录制为录音制品的音乐作品制作录音制品，可以不经著作权人许可，但应当按照规定支付报酬；著作权人声明不许使用的不得使用。可见，在我国，此种法定许可必须具备如下要件：

1. 能够按照法定许可制作录音制品的作品，只限于音乐作品。音乐作品以外的作品，不得利用来制作录音制品。

2. 上述音乐作品只能用来制作竞争性录音制品，不得用于制作录音制品以外的目的，比如视听作品中的插曲。

3. 上述音乐作品只限于他人已经合法录制为录音制品的音乐作品。利用尚未被录制为录音制品的音乐作品首次制作录音制品，必须征得音乐作品著作权人许可。非法（未经音乐作品著作权人许可）录制为录音制品的音乐作品，不得进一步被用来制作竞争性录音制品。

4. 制作录音制品的法定许可，受制于音乐作品著作权人声明的限制。未经音乐作品著作权人许可录制录音制品的，侵害了音乐作品著作权人的机械表演权。在湛江华丽金音影碟有限公司与北京太合麦田音乐文化发展有限公司等侵害著作权以及著作邻接权一案中，[1] 太合麦田公司公司通过分别与词曲作者签订《词曲音乐著作及版权代理合约》依法取得了歌曲《Happy Wake Up》的词曲著作权，制作了由该公司旗下签约艺人李宇春演唱该歌曲的录音制品，并授权他人出版发行了收录有该首歌曲的 CD 唱片，同时在出版物上载有著作权保留声明（"本专辑内音乐作品之录音、词曲版权为北京太合麦田音乐文化发展有限公司全权所有，未经许可，禁止任何单位或个人用作翻唱、复制、演出、网络传播以及其他商业性用途"）。华丽金音公司制作了《戴上我的爱》VCD 光盘，该光盘中收录有太合麦田公司享有权利的歌曲《Happy Wake Up》，但没有经过太合麦田许可，华丽金音公司的行为侵害了太合麦田其对音乐作品《Happy Wake Up》的机械表演权。

5. 必须按照规定支付给音乐作品著作权人报酬。制作录音制品的法定许可不是免费许可，音乐作品著作权人在这种法定许可中受到限制的仅仅是许可

---

[1] 北京市第二中级人民法院（2009）二中民终字第4294号民事判决书。

权,在其他情形中,除了免费表演外,音乐作品著作权人仍然拥有许可权。

我国2010年《著作权法》并没有规定其他录音制作者制作竞争性录音制品后,是否允许发行该录音制品。但根据解释论,如果不包括发行的话,其他录音制作者制作竞争性录音制品就只能堆放在仓库里,或者自娱自乐,这样一来,著作权法规定这种法定许可也就没有意义了。结论是,该种法定许可包含发行行为。最高人民法院在相关案件判决中已经采纳该种结论。[1] 日本著作权法第69条则明确规定其他录音制作者"……可以对该音乐作品进行录音并通过转让该录音制品向公众提供。"

(二)制作、发行录音制品法定许可中存在的问题与对策

我国2010年《著作权法》规定制作录音制品法定许可时,并没有时间上的限制,因而首家获得音乐作品的录音制作者利用该音乐作品制作录音制品后,其他录音制作者马上就可以利用该音乐作品制作竞争性的录音制品,这对首家获得授权的录音制作者可能非常不利。在首家录音制作者先期投入大量广告费用进行了市场宣传的情况下,在后竞争性的录音制作者明显会搭便车,从而导致首家录音制作者难以收回投资。在首家录音制作者难以收回投资、音乐作品著作权人又与其协议按照录音制品销售额收取许可费的情况下,音乐作品著作权人的利益也将受损。

为了解决上述问题,一些国家和地区的著作权法就此种法定许可(日本著作权法称之为裁定许可)的时间和其他方面进行了限制。日本著作权法第69条和韩国著作权法第52条规定,只有在首家录音制作者制作的录音制品在日本国内首次销售之日起满3年,其他录音制作者在与音乐作品著作权人协商无果并且向音乐著作权人支付或者交存了补偿金的情况下,其他录音制作者才能利用该音乐作品制作竞争性录音制品。中国台湾"著作权法"第69条在规定,只有在录音制品发行满6个月,经过申请著作权专责机关许可强制授权,并给付使用报酬后,其他录音制作者才能利用该音乐作品制作竞争性录音制品。

总结日本、韩国和中国台湾"著作权法"相应规定可以发现,制作录音制品法定许可应当具备如下要件:首家录音制品制作者录制的录音制品已经销

---

[1] 最高人民法院(2008)民提字第51号民事判决书。

售满一定期限；其他录音制作者与音乐作品著作权人协商无果；事先给付或者交存音乐作品使用费。这几个要件即保证了首家录音制作者的利益，也尊重了音乐作品著作权人的意愿，确保了音乐作品著作权人的经济利益，并可使公众欣赏到音乐作品的不同表现。一句话，兼顾了首家录音制作者、音乐作品著作权人、竞争性录音制品制作者的利益，以及社会公众的利益。这值得我国2010年《著作权法》进行第三次修改时借鉴。

五、播放已发表作品或者已出版录音制品的法定许可

播放已发表作品的法定许可，是限制著作权人机械表演权或者说广播权而规定的法定许可，包括播放已发表作品的法定许可和播放已经出版录音制品的法定许可两种情况。

（一）播放已发表作品的法定许可

播放已发表作品的法定许可，是指我国2010年《著作权法》第43条第2款规定的情况。具体内容是，广播电台、电视台播放他人已经发表的作品，可以不经著作权人许可，但应当支付报酬。可见，构成这种法定许可需要具备以下要件：

1. 法定许可利用的主体限于广播电台、电视台。目前情况下，并不包括从事网播的网络服务提供者。

2. 法定许可利用的作品不包括视听作品。录像制品也不在此种法定许可利用的对象之列。我国2010年《著作权法》第46条明确规定，电视台播放他人的电影作品和以类似摄制电影的方法创作的作品、录像制品，应当取得制片者或者录像制作者许可，并支付报酬。这样一来，如果马季先生的文字相声作品已被录制为录像制品VCD出版发行，未经马季先生许可，购买了该录像制品的中央电视台不得播放该录像制品。

3. 应当支付报酬。

（二）播放已出版录音制品的法定许可

播放已出版录音制品的法定许可，是指我国2010年《著作权法》第44条规定的情形。具体内容是，广播电台、电视台播放已经出版的录音制品，可以不经著作权人许可，但应当支付报酬。当事人另有约定的除外。此种法定许可

与播放已发表作品法定许可的不同之处在于，法定许可利用的作品不是一般的作品，而限于录音制品中的作品。能够被做成录音制品的作品除了音乐作品外，还包括文字作品等。

由于我国 2010 年《著作权法》并没有赋予表演者和录音制作者机械表演权（广播权），现阶段广播电台、电视台播放已经出版的录音制品，不必征得表演者、录音制品制作者的许可，也不必向其支付报酬，但其合理性有待进一步论证。

第七节　著作权限制的其他问题

一、《伯尔尼公约》的"三步检验法"v. 美国合理使用四要素

许多学者鼓吹，我国 2010 年《著作权法》第三次修改时，在著作权的限制方面，应当借鉴美国版权法第 107 条规定，纳入合理使用制度，并具体规定判断某一行为是否构成合理使用的四个要素。然而，在我国 2010 年《著作权法》上，由于已经采取了设置详细限制的手法，并且《著作权法实施条例》第 21 条已经明确复制了《伯尔尼公约》第 9 条、TRIPS 第 13 条、WCT 第 10 条规定的"三步检验法"，不但解释论上难以承认合理使用抗辩，立法上废除"三步检验法"而改采美国合理使用四标准的理由更加不充分。因此，本书作者并不赞成著作权法第三次修改采纳美国合理使用抗辩制度的做法。

对著作权进行个别具体限制的手法虽然确保了人们行为的预测可能性和著作权法的安定性，但因为难以进行灵活解释，无法成为确保人们行为自由的万全之策，因此在著作权法中导入不侵权抗辩的一般条款具有必要性。考虑我国 2010 年《著作权法》和《著作权法实施条例》相关规定的现状，以及我国隶属大陆法系国家的法律传统，因而只要将《著作权法实施条例》第 21 条从国际公约中复制过来的"三步检验法"提升到《著作权法》中规定即可。事实上，《著作权法（修订草案送审稿）》第 43 条已经采用了这样的手法，这是值得肯定的。

对于《著作权法（修订草案送审稿）》第 43 条的规定，本书作者不赞成者有二。第一，《著作权法（修订草案送审稿）》第 43 条不应在第 1 款中列举

了各种具体限制之后，再在第 2 款中规定"三步检验法"。根据后法优于前法的法律适用原则，送审稿这种手法导致的问题是，某种使用行为已经符合了第 1 款列举的某种具体限制，仍需多此一举地接受第 2 款"三步检验法"的检验。改进手法有二。一是将"三步检验法"作为一个独立条款规定，位置上需摆在列举各种具体限制情形之前。二是将"三步检验法"作为一个帽子，戴在《著作权法（修订草案送审稿）》第 43 条各种具体限制的头上。这样一来，某种行为一旦被认定为不侵权抗辩使用行为，就无须多此一举地再接受"三步检验法"的检验。只有在某种使用行为不在《著作权法（修订草案送审稿）》第 43 条列举的限制范围内时，才需要根据"三步检验法"判断其是否属于不侵权抗辩使用行为。

第二，2010 年《著作权法》第 22 条和《著作权法（修订草案送审稿）》第 43 条不应当给各种具体限制行为戴上"应当指明作者姓名或者名称、作品名称、作品出处"这样一个帽子。通过本章的论述可以看出，某些情况下，即使不指明作者姓名或者名称、作品名称、作品出处，也可构成不侵权抗辩使用行为，因此是否应当指明作者姓名或者名称、作品名称、作品出处，应当根据具体使用情形作出具体判断。

二、法定许可与信息化、网络化时代作品等的利用

（一）法定许可的优缺点

法定许可，亦称非自愿许可。是指无须当事人谈判是否许可，著作权法直接规定只要使用者付费就可使用作品或者制品的制度。法定许可的实质在于，特定情况下，著作权法剥夺了著作权人的排他权，仅仅给其保留一个债权性质的金钱请求权。

法定许可的缺陷在于，剥夺了当事人之间谈判的机会，著作权或者邻接权人只能按照规定的费率获得报酬因而可能无法获得最大市场利益。在使用人不自觉支付使用费又没有相应机制确保著作权人获得使用费的情况下，著作权或者邻接权人可能一无所获。

然而，法定许可虽然剥夺了当事人之间谈判的机会，却也节省了当事人之间的谈判成本。此其一。其二，在当今所谓信息化、网络化时代，出现了所谓海量作品和孤儿作品的利用问题。数字图书馆、网络内容服务提供者等无不面

临这样的问题。这种情况下，要求作品或者制品利用者一一寻找著作权或者邻接权人并与其进行许可谈判，将使作品等利用者负担过大成本，从而影响作品等的利用，并最终影响著作权或者邻接权人的利益。法定许可恰恰可以省略利用之前的谈判程序和成本，能够很好地适应信息化、网络化时代作品等快速利用和消费的需要。其三，为了确保著作权或者邻接权人的经济利益，可以辅之以著作权和邻接权集体管理制度。规定利用者在利用作品等之前或者利用作品等之后的一定期限内按照规定的费率，支付或者提存著作权或者邻接权使用费，然后再由著作权和邻接权集体管理组织依法进行分配。

事实上，辅之以集体管理制度的法定许可（有的称之为裁定许可或者强制许可，实质一样）已经在一些国家得到广泛运用。比如，在日本编纂教科书法定许可、制作放大教科书法定许可、孤儿作品的裁定许可、制作录音制品的裁定许可，都规定在符合规定条件下，特别是在支付或者提存了使用费的情况下，利用者可以直接利用相关作品。

总之，本书作者认为，尽管存在这样那样的问题，但总体上看，在信息化、网络化时代，辅之以权利集体管理制度的法定许可制度可以扩大适用场合，以解决著作权人和作品等使用者之间的利益关系问题，因而应当赋予法定许可现代意义。

（二）法定许可与微博、微信

根据中国互联网络信息中心（CNNIC）2013年1月15日发布的《第31次中国互联网络发展状况统计报告》显示，截至2012年12月底，我国微博用户规模已经达到3.09亿，居世界第一。涉及微博用户的著作权问题已经不容忽视。主要涉及以下两个问题。

1. 微博信息是否受著作权保护？这个问题没有什么特殊性，和所有文学、艺术以及科学领域内所有思想或者感情表达形式是否构成作品的判断标准一样，关键看微博信息是否具有独创性。具有独创性的微博信息构成作品，受著作权保护。一般而言，图片类微博，一般情况下都会构成美术作品或者摄影作品。当然，日常生活中随手拍摄的场景，是否构成摄影作品，也需要具体分析。文字类微博是否构成文字作品，则需要更加精细的具体分析。目前的微博一般限定为140个字，字数少，讲究短小精练、简洁明了，比较容易和思想合并，因此对其独创性判断需要更加慎重。如果仅是日常生活中司空见惯的表达，比如"今天天气真好""酷毙了""爽歪歪了"，无法认定其具有独创性，不能作为作品进行保护。但精心创作的笑话、幽默、微小说、微散文等，则体现了微博用户的心智创作，具有独创性，应当受到著作权保护。

2. 转发微博是否侵害著作权？假设转发微博构成侵权，则微博用户每转发一条微博都必须事先征得微博作者事先同意。由此造成后果是，微博信息的快速传播受阻，微博也将丧失其通过短小精练、简洁明了的方式快速传播信息的内在功能。假设转发不构成侵权，则意味着他人不管出于商业还是非商业目的，可以免费自由转发（包括在转发的同时进行利用）微博。这又会导致什么结果呢？虽然不排除微博用户出于个人喜好继续创作精彩微博的现象，但长此以往，则会挫伤微博创作者的积极性，导致创作精彩微博激励的不足，难以保证有足够多的精彩微博供应。为此，必须在微博技术产业和著作权保护之间寻求平衡点。

考虑到微博作为即时信息交互平台，具有即时更新、无限转载、自由传播和分享的特征，以及转发属于微博信息传播和利用的最主要方式，著作权法应当规定，微博用户自己创作并上传微博后：

（1）出于广告等商业目的转发他人具有独创性的微博的，他人可以不经许可进行转发，但必须向微博著作权人支付报酬。这种情况下，由于微博著作权人难以真正实现向转发人收取报酬，因此应当辅之以权利集体管理，由文字著作权协会等相关权利集体管理机构出面管理涉及微博信息的著作权。

（2）没有商业目的转发他人具有独创性的微博的，考虑到微博信息本身创作和传播的特殊性，以及转发后对微博创作者利益的微量影响，著作权法应当规定通过"转发"微博的行为构成不侵权抗辩行为。

除了上述转发情形外，通过著作权法规定的其他方式利用微博，比如编辑出版、表演、在报纸杂志上发表，则必须经过微博著作权人许可，并支付报酬。否则，构成侵害微博复制、表演、发行等著作权的行为。

此外，利用微博转发他人享有著作权的作品，如不存在著作权法规定的不侵权抗辩事由，则侵害他人信息网络传播权。2013年8月由浙江宁波中级人民法院审理的华盖公司诉宁波某化妆品公司未经许可，宁波某化妆品公司为了商业宣传擅自在其官方微博上转发华盖公司享有著作权的10幅摄影作品构成侵权一案中，法院判决被告侵害原告的复制权和信息网络传播权。虽然法院的判决结论正确，但法院无须特别强调被告的商业宣传目的。利用微博方式转发他人已经享有著作权的作品和转发他人微博不同，相当于将他人作品上传到信息网络进行传播，只要未经许可，不管是否出于商业目的，都侵害他人对其作品享有的信息网络传播权。

在微信中转发他人作品，亦可按照上述方法处理。

三、恶搞（parody）

恶搞涉及被恶搞作品的改编权、保护作品完整权、向公众传播权（表演、展览、放映、广播、信息网络传播等）等权利，是否属于著作权例外与限制内的行为，值得研究。

依据欧盟法院2014年在"Deckmyn und Vrijheidsfonds/Vandersteen ua"一案中的判决解释，2001年欧盟著作权保护指令第5条第3款第K项规定的"恶搞仿作"属于欧盟法上的独立概念，其构成要件有二。一是恶搞仿作令人联想起原作品，同时又表现出可感知的差异。二是表现出幽默或者讽刺。至于该幽默或者讽刺是否针对原作品，无关紧要。恶搞仿作是否适用著作权限制与例外，应当根据个案，在著作权人的著作权和恶搞者的言论自由之间进行平衡。❶

欧盟法院作出上述判决后，德国法院在判断恶搞仿作的合法性问题上，亦遵循欧盟法院上述判决确定的标准。"名人在网络上变胖修图"案，即是德国联邦最高法院遵循欧盟法院上述判断标准，作出的第一个有关恶搞仿作是否属于著作权限制与例外的案例。❷ 该案原告拍摄了演员Bettina Z的照片，被告经营网站"BZ柏林新闻"，2009年8月刊载了标题为"名人在网络上变胖修图"的新闻，报道网站"W."的比赛，参赛者应当借助计算机的图片修改程序修改名人照片，使照片中的名人尽可能变胖变肥。被告的报道中共出现32幅经过修改的名人肥胖照片，其中包含了本案原告拍摄的演员Bettina Z的照片，刊载期限为2009年3月8日至2009年10月14日。原告认为被告侵害其著作权，被告以其行为属于自由利用的合法行为进行抗辩。

德国联邦最高法院认为，依据上诉法院认定的事实，本案被告刊发的照片已经满足恶搞仿作的要件。其一，被告刊发的摄影作品虽然通过计算机图像修

---

❶ 台湾"司法院"行政诉讼及惩戒厅. 著作权国际案例选择汇编［G］. 台北：台湾"司法院"，2017：260.

❷ BGH GRUR 2016, 1157【auf fett getrimmt】.

改程序对所拍摄的人物身材比例进行了明显增肥增胖处理,但仍然保留了原摄影作品图像中的人物服饰、姿势、饰品、光影效果、蓝色背景等细节,让接触者仍能知悉其为演员 Bettina Z。其二,被告刊发的摄影作品也满足了幽默或者讽刺要件。被告刊发的利用图像处理程序修改后的图像,对于原告作品中所呈现出来的年轻女性流行的、充满陈词滥调的美丽形象、虚荣心、自负与自恋,以恶意与讽刺的方式进行了挖苦、嘲笑,而并非像权利人所主张的,属于借助数字技术对所原作品进行丑化,将玩笑建立在被拍摄演员的不利益之上,因为正像上诉法院所指出的,无论如何至少有部分社会大众并没有仅仅将涉案照片视为恶意搞笑名人,而系对原作品的探讨。同时,恶搞仿作的成立,既不须以独创性为要件,也非像权利人所主张的那样,须以讨论原作品的反命题为要件。

被告刊发的摄影作品虽然属于恶搞仿作,但是否属于德国著作权法第24条第1款所规定的合法自由利用行为,按照欧盟法院上述的利益考量标准,德国联邦最高法院认为,上诉法院的判决没有衡量所有重要的利益。

一是上诉法院没有考虑到,修改行为属于德国著作权法第14条规定的丑化原告作品行为,并且因此导致原告的精神与人格利益受到重大影响。

二是上诉法院没有考虑到,被视为恶搞仿作的修改行为并非直接探讨原告作品,而是仅仅将原告作品作为媒介,探讨由原告作品引申出来的其他问题。

三是应当进一步考虑,被视为恶搞仿作的改变行为是否侵害第三人著作权法以外的权利,并且作者对于避免其作品与侵权行为发生联系而有正当利益。本案中虽然以数字化手段修改摄影照片的方式表现挖苦和嘲笑可能侵害演员 Bettina Z 的人格权,但必须满足一项要件,即观看恶搞仿作之照片者未意识到该照片遭到过修改,从而也未能意识到该修改属于对原作品具有讽刺性的陌生化和扭曲化,以塑造不同意见。换句话说,也就是观看恶搞仿作之照片者认为,恶搞仿作属于损害演员 Bettina Z 人格权的原告作品,从而与原作品发生联系。上诉法院对此亦未加以考虑。

基于上述理由,德国联邦最高法院对上诉法院完全以德国著作权法第24条第1款规定的自由利用为依据,驳回原告请求按照类推授权原则计算利用照片所产生的损害450欧元的判决部分,判决废弃并发回上诉法院重审。

第八节　著作权的保护期限

一、概说

为什么著作权需要加上保护期限的限制？由于包括著作权在内的知识产权本质上是限制他人行为模式的权利，如果不分人格权还是财产权都永久性给予保护的话，必将极大妨碍他人行为的自由，无益于作品的利用，最终阻碍文化的进步。为此，著作权法规定，经过一定期限的排他使用后，作品自动进入公共领域，只要该作品上不存在商标等其他知识产权，任何人都可自由加以利用。

为什么著作权的保护期限相比专利权要长得多？原因在于，专利法追求的是技术先进性和唯一性，因此获得专利权的要件极为严格，专利权的排他性也最长，如果给予过长的保护，将极大妨碍他人的创新活动，阻碍科学技术的发展和进步。当然，有些技术更新速度非常之快，给予过长保护也无实质价值。所以专利权最长保护期限从申请日开始计算也不过20年。

著作权法则不同，著作权法追求的是文化多样性，因此获得著作权的要件相当宽松，著作权对他人行为的排他性也相当之弱，即使给予相对较长的保护期限也不至于过度妨碍他人的创作活动和一般人的行动自由。当然，作品的价值也不像技术和设计那样，可以很快得到实现，往往需要时间的酝酿，创作者也往往需要相对较长的时间才能收回创作成本和有所获利，著作权客观上也需要较长的保护时间。

二、著作人格权的保护期限

我国2010年《著作权法》第20条规定，作者的署名权、修改权和保护作品完整权的保护期限不受限制。

发表权由于和著作财产权的实现关系最为密切，因此保护期限和著作财产权一同计算。

三、发表权和著作财产权的保护期限

我国 2010 年《著作权法》第 21 条第 1 款、第 2 款规定，公民的作品，其发表权和著作权法第 10 条第 1 款第 5 项至第 17 项规定的著作财产权利的保护期为作者终生及其死亡后 50 年，截止于作者死亡后第 50 年的 12 月 31 日；如果是合作作品，截止于最后死亡的作者死亡后第 50 年的 12 月 31 日。

法人或者其他组织的作品、著作权（署名权除外）由法人或者其他组织享有的职务作品，其发表权和著作权法第 10 条第 1 款第 5 项至第 17 项规定的著作财产权利的保护期为 50 年，截止于作品首次发表后第 50 年的 12 月 31 日，但作品自创作完成后 50 年内未发表的，本法不再保护。

四、特殊作品著作财产权的保护期限

1. 视听作品、摄影作品的保护期限。我国 2010 年《著作权法》第 21 条第 3 款规定，电影作品和以类似摄制电影的方法创作的作品、摄影作品，其发表权和著作权法第 10 条第 1 款第 5 项至第 17 项规定的著作财产权利的保护期为 50 年，截止于作品首次发表后第 50 年的 12 月 31 日，但作品自创作完成后 50 年内未发表的，著作权法不再提供保护。

2. 作者身份不明作品的著作权保护期限。我国 2010 年《著作权法实施条例》第 18 条规定，作者身份不明的作品，其著作权法第 10 条第 1 款第 5 项至第 17 项规定的著作财产权利的保护期截止于作品首次发表后第 50 年的 12 月 31 日。作者身份确定后，适用著作权法第 21 条的规定。

3. 连续发表的作品著作权的保护期限。连续发表的作品著作权的保护期限如何确定我国 2010 年《著作权法》没有规定，究竟如何确定要看连续发表的小说的具体情况。连续发表的作品包括两种情形：一是连续发表的整体上不可分割的作品，比如连载小说。二是虽连续发表但每个部分形成相对独立作品的连续发表作品，比如连载的图画作品"杨家将故事系列"，虽属连载，但每个故事形成独立的一册图画，每册图画又形成整体的杨家将故事。

如果连续发表的作品属于整体上不可分割的作品，则整部作品创作完成的时间为最后一部分创作完成的时间，因而不宜以其中单个部分发表的时间作为著作权保护期限的起算点，而应该以最后一部分发表的时间作为保护期限的起算点。在连续发表的作品属于整体上不可分割的作品的情况下，如果后一部分

发表的时间和前一部分发表的时间间隔太长，比如50年，则可能延长整部作品的著作权保护期限。为了防止著作权人故意从事这样的行为，有必要对后一部分发表的时间和前一部分发表的时间相隔太长时的著作权保护期限作出特殊处理。日本著作权法的立法经验可资借鉴。日本著作权法第56条第2项规定，按照每一部分逐次发表而创作完成的作品，应该继续发表的部分和前一部分相隔3年以上仍未发表的，则已完成作品的最后部分视为最终部分。也就是说，在这种情况下，3年以前发表的部分和3年以后继续发表的部分应该分开计算保护期限。

如果连续发表的作品属于每个部分形成相对独立的作品并且在整体上可以分割的作品，则著作权的保护期限应当以每个部分单独发表的时间为起算点进行计算。在这种情况下，未经著作权人许可利用了其中某个部分是否构成侵权，要看这部分是否已经过了著作权保护期而决定。但整部作品如果构成汇编作品，则作为整体的汇编作品的保护期限应当从最后一部分发表之日起计算。

第七章
著作权的经济利用

第一节 使用许可

一、使用许可的实质

著作权使用许可,是指著作权人将其著作财产权中的一项或多项分权利许可给他人在一定时间一定地域范围内专有或非专有使用。著作权虽然形式上是著作权人独占使用的权利,但实质是著作权人排除他人使用的权利,著作权使用许可的实质是,在合同有效期限内,著作权人承诺不对合同相对方行使停止侵害请求权、损害赔偿请求权、不当得利请求权,亦不进行刑事举发。

由于著作人身权不能成为使用许可的标的,因此使用许可标的只限于著作财产权。

二、专有使用许可权合同成立的形式要件

我国2010年《著作权法》第24条规定,使用他人作品应当同著作权人订立使用许可合同,本法规定可以不经许可的除外。2013年《著作权法实施条例》第23条进一步规定,使用许可的权利是专有使用权的,应当采取书面形式,但是报社、期刊社刊登作品的除外。所谓书面形式,按照我国《合同法》第11条规定,是指合同书、信件和数据电文(包括电报、电传、传真、电子数据交换和电子邮件)等可以有形地表现所载内容的形式。

根据2013年《著作权法实施条例》第23条,著作权一般使用许可权合同可以不采取书面形式,但专有使用权合同应当采用书面形式。未采用书面形式

订立的专有使用权合同，是否成立？我国《合同法》第 36 条规定，法律、行政法规规定或者当事人约定采用书面形式订立合同，当事人未采用书面形式但一方已经履行主要义务，对方接受的，该合同成立。《合同法》第 44 条进一步规定，依法成立的合同，自成立时生效。法律、行政法规规定应当办理批准、登记等手续要件的，依照其规定。据此，专有使用许可权合同虽未采取书面形式，但一方已经履行合同主要义务，对方接受的，该专有使用权合同成立，自成立时起，如果合同中不存在《合同法》第 52 条规定的合同无效情形，则该专有使用权合同生效。反之，专有使用许可权合同未采用书面形式，虽然一方已经履行合同主要义务，但对方不接受的，意味着双方尚未就合同达成合意，专有使用许可权合同不成立。不成立意味着双方之间还不存在合同关系，既然不存在合同关系，也就谈不上合同是否生效的问题。已经履行合同主要义务一方由此遭受的损失，一般应当由自己承担，除非对方因为存在缔约过失应当承担缔约过失责任。

2010 年《著作权法》第 24 条和 2013 年《著作权法实施条例》第 23 条关于专有使用权合同的规定，虽然减少了双方当事人的缔约成本，提高了契约效率和双方当事人的预见可能性，相应减少了纠纷发生的可能性，但从契约自由原则看，此种关于形式要件的强制性规定，过度介入了当事人的私人领域，与著作权使用许可实践也存在一定出入。

三、使用许可合同中未明确许可的著作权，对方能否行使

对此，我国 2010 年《著作权法》第 27 条明确作出了否定回答。按该条规定，著作权使用许可合同未明确许可的权利，未经著作权人同意，另一方当事人不得行使。也就是说，著作权人没有明确许可的权利，也就是被许可方不得行使的权利，著作权人仍然保留排他性权利。显然，著作权法封死了著作权默示使用许可的窗口。

然而，《合同法》第 125 条规定，当事人对合同条款的理解有争议的，应当按照合同所使用的词句、合同的有关条款、合同的目的、交易习惯以及诚实信用原则，确定该条款的真实意思。合同法是全国人大制定颁布的法律，属于上位法。而著作权法是全国人大常委会制定颁布的法律，属于下位法。从法律的效力和等级上看，著作权法的效力等级明显低于合同法。根据上位法优于下位法的适用规则，当下位法和上位法就同一事项或者适用对象的规定存在冲

突、下位法又不是根据上位法的授权或者实施上位法的规定并且不违反上位法时，应当优先适用上位法。《著作权法》第 27 条和《合同法》第 125 条规定的事项相同，而且《著作权法》第 27 条既不是根据《合同法》第 125 条授权制定的，也不是为了实施《合同法》第 125 条制定的（即使是为了实施《合同法》第 125 条规定制定的，其规定也与《合同法》第 125 规定相违背），因此遇到著作权使用许可合同中未明确许可的权利对方是否可以行使时，应当优位适用《合同法》第 125 条进行判断。适用《合同法》第 125 条进行判断时，著作权默示使用许可存在适用的空间。

当然，默示使用许可不是免费使用许可，使用者仍须按照作品的具体使用状况支付使用费给著作权人。

著作权默示使用许可在实践中也有存在的必要性。在北大方正与广东宝洁关于方正"飘柔"字体著作权纠纷案件中，❶ 被控侵权产品上使用的"飘柔"二字系宝洁公司委托 NICE 公司采用正版方正倩体字库产品设计而成，NICE 公司完成设计后，如果不能将其设计成果许可其客户宝洁公司进行后续使用（复制、发行），NICE 公司购买方正字库产品除了用于自娱自乐之外，将变得毫无意义。根据 NICE 公司与北大方正公司签订的购买倩体字库产品合同所使用的词句、合同的有关条款、合同的目的、交易习惯以及诚实信用原则，即使北大方正倩体字"飘柔"二字构成著作权法意义上的作品，NICE 的使用行为也构成默示使用许可行为，相应地，NICE 的客户广州宝洁公司在其产品上使用"飘柔"二字的行为也构成北大方正的默示使用许可行为。❷

根据《合同法》第 125 条承认著作权默示使用许可存在的空间，可以赋予法官适当的自由裁量权，根据使用许可合同的具体情况进行柔软的解释。

事实上，在日本的司法实践中，亦有承认默示使用许可的判例。具体而言，在东京地方裁判所 1993 年 1 月 25 日判决的"月刊誌ブランカ写真掲載"事件中，东京地方裁判所判决认为，"根据本案事实，应当认定，原告和被告

---

❶ 北京市第一中级人民法院（2011）一中民终字第 5969 号民事判决书。

❷ 在讨论"字体"是否构成作品时，本书作者并不是不赞成北京一中院的终审判决的结论，而是不赞成该判决的推理过程。因为要得出北大方正存在著作权默示许可的情形，首先得肯定"飘柔"二字构成作品，如果不构成作品，则无必要适用著作权默示许可理论。其次默示许可的依据不是著作权法第 27 条，也不是个人理解的一般法理，而是合同法第 125 条。此外，默示使用许可不是免费使用许可，使用人仍须向著作权人支付使用费，本案判决并未涉及这个问题，从而使默示使用许可转化为免费使用。

之间，就本案的摄影照片，在ブランカ1989年10月号的澳大利亚特集以外支付合理使用费的默示使用许可合意已经成立。"❶

四、著作权使用许可合同备案是否具有对抗效力

2013年《著作权法实施条例》第25条规定，专有使用许可合同可以向著作权行政管理部门备案。备案除了发挥统计作用外，是否属于著作权使用许可合同的成立和生效要件？是否具有对抗效力？

著作权法及其实施条例均未明确规定，备案是否著作权使用许可合同成立、生效要件，因此使用许可合同成立、生效要件只能按照合同法进行解释。我国合同法并未要求著作权使用许可合同成立、生效需要备案，因此备案非使用许可合同成立和生效要件。

备案是否具有对抗善意第三人的效力？2013年《著作权法实施条例》规定的使用许可备案并非强制性的，同时未明确规定备案的法律效力，因此从解释论角度讲，难以解释出使用许可合同备案具有对抗效力。实践中，在著作权人就相同著作使用权进行多重使用许可的情况下，其中的专有使用权只能由最先的被许可人获得，其他被许可人只能追究著作权人的违约责任。同时，根据2013年《著作权法实施条例》第24条规定，专有使用权的内容由合同约定，合同没有约定或者约定不明的，视为被许可人有权排除包括著作权人在内的任何人以同样的方式使用作品。据此，如果著作权人以同样的方式使用著作权，专有使用权人可以追究其侵害专有使用权的侵权责任。如果后被授权的专有使用权人或者非专有使用权人以同样的方式使用著作权，不管其主观上是否有过错，最先被授权的专有使用权人也可追究其侵害专有使用权的侵权责任。

然而，上述解释解决的只是被许可人和现有著作权人之间、各个被许可人之间的关系，而没有解决所有被许可人和通过转让、继承等方式获得著作权的新著作权人之间的关系。实践中经常出现的问题是，著作权人和被使用许可人之间由于各种原因关系破裂之后，著作权人常将著作权转让至自己的亲朋好友手中，其亲朋好友获得著作权后，立即要求原被许可人增加使用许可费，原被许可人不从的话，就立即向版权管理机关举报被许可人侵权，要求相应执法机关查封、扣押其版权产品，从而给被许可人致命打击。

---

❶ 日本判例時報1508号147–156頁，判例タイムズ870号258–267頁。

为了减少实践中的纠纷，保护被许可人利益，既然著作权法规定了使用许可合同备案制度，就不应当将其作为一个仅仅发挥统计作用的摆设，而应当明确赋予其对抗效力，既对抗其他被许可人，也对抗新的著作权人。这是立法论应当解决的问题。

此外，立法论上也需要明确，并非著作权使用许可合同备案具有对抗效力，而是使用许可权登记具有对抗效力。

五、被使用许可人和著作权人的诉讼地位

关于被使用许可人在诉讼法上的地位，因使用许可性质的不同而有所不同。

（一）独占使用许可中被使用许可人和著作权人的诉讼地位

独占使用许可，是指著作权人在约定的期间、地域和以约定的方式，将其全部或者部分著作财产权仅许可一个被许可人使用，著作权人依约定不得使用的许可。

在独占使用许可合同有效期限内，独占使用权人的独占使用权具有完整的排他权性质，可以排除包括著作权人在内的任何人的利用行为，针对未经许可利用作品的侵害著作权行为，作为保全排他权的行为，独占使用许可权人当然可以行使停止侵害、赔偿损失、不当得利等请求权，也当然可以自己的名义独立提起著作权侵权之诉。不管是否存在合同约定，在独占使用权人已经行使了停止侵害、赔偿损失、不当得利返还等请求权的情况下，著作权人都不得再行使这些请求权，以避免侵权行为人就同一个侵权行为重复承担二次责任而发生的不公平现象。

在独占使用权人不行使停止侵害请求权的情况下，尽管著作权人不享有积极的使用权，但依然享有消极的排他权，作为保全著作权的行为，著作权人应当可以针对侵权行为人行使停止侵害请求权。

关于损害赔偿，由于著作权人已经从独占使用许可中获得了相应对价，且在合同有效期限内，并无使用权，因而在发生著作权侵害行为时，难谓再存在损失，因侵权行为遭受损害的，是已经为获得独占使用许可支付了相应对价的独占使用许可权人，因而不管独占使用许可权人是否已经行使损害赔偿请求权或者不当得利返还请求权，著作权人都不得行使这两种请求权。如此理解，一方面可以避免著作权人获得不当得利的现象，另一方面也是因为允许著作权人就超过独占使用许可费的损失部分再行使损害赔偿请求权，在独占使用许可权人已经行使了损害赔偿请求权的情况下，不具有可操作性。

（二）排他使用许可中被使用许可人和著作权人的诉讼地位

排他使用许可，是指著作权人在约定的期间、地域和以约定的方式，将其全部或者部分著作财产权仅许可一个被许可人使用，著作权人依约定可以使用该著作财产权但不得另行许可他人使用该著作财产权的使用许可。

在排他使用许可合同有效期限内，由于著作权人保留了积极的使用权和消极的排他权，排他使用权人获得的排他使用权并不具有完整的排他权属性，只能排除著作权人以外第三人未经许可利用作品的行为，著作权人既保留了积极的使用权，也保留了消极的排他权，因而在发生第三人侵害著作权的行为时，作为保全排他权的行为，排他使用许可权人可以和著作权人共同提起侵权之诉，行使停止侵害请求权。在著作权人不行使停止侵害请求权时，排他使用许可权人也可以单独以自己的名义提起侵害著作权之诉，单独行使停止侵害请求权。但著作权人已经行使停止侵害请求权时，排他使用许可权人不得再针对同一侵权行为重复行使停止侵害请求权。

关于损害赔偿，尽管在合同有效期限内，著作权人保留了积极的使用权，在发生侵害著作权行为时，不能不说存在一定损失；但一方面著作权人获得了排他使用许可费，另一方面可能从作品使用中获得了一定收益，损失已经得到弥补。因侵权行为遭受损害的，是已经支付了排他使用许可费用的排他使用权人，因而不管排他使用许可权人是否已经针对侵权行为人行使了损害赔偿请求权或者不当得利返还请求权，著作权人都不得再行使这两方面的请求权。

（三）普通使用许可中被使用许可人和著作权人的诉讼地位

普通使用许可，是指著作权人在约定的期间、地域和以约定的方式，许可他人使用其全部或者部分著作财产权，并可自行使用该全部或者部分著作财产权的使用许可。

在普通使用许可有效期限内，普通使用许可权人获得的使用许可权不具有任何排他权属性，性质上完全属于债权，因而在发生第三人侵害著作权行为时，普通使用许可权人无权针对侵权行为人行使停止侵害、损害赔偿、不当得利返还等请求权,作为保全著作权的这些请求权,只有著作权人本人才有权行使。

但是,在著作权人明确授权的情况下,普通使用许可权人可以自己的名义,代位行使停止侵害、损害赔偿、不当得利返还等请求权。

六、著作权使用许可中的实务问题及其处理

(一) 著作权人多重使用许可的处理

由于经济利益驱动,著作权人常将著作权中同一子财产权利进行多重使用许可。在普通使用许可情形下,著作权人有权就同一子财产权利进行多重使用许可,自不存在违约等问题。但在独占和排他许可情形下,著作权人依约不得就同一标的再行许可第三人专有或者非专有使用,否则其行为构成违约行为。未经使用许可权登记的第三人的非专有使用行为,构成侵害独占被使用许可人独占使用权或者排他被使用许可人排他使用权的行为。经过使用许可权登记的第三人的非专有使用行为,则取得对抗独占或者排他被使用许可权的要件,独占或者排他被使用许可人可依约追究著作权人债务不履行的责任。

尽管已经存在先前的独占或者排他使用许可,第三人从著作权人那里获得的二重独占或者排他使用许可,性质上不再可能是独占或者排他使用许可。但在第三人获得的二重独占或者排他使用许可权经过登记的情况下,仍需承认其获得的二重独占或者排他使用许可权具有对抗效力。在此情况下,先获得独占或者排他使用许可的被许可人,只能依约追究著作权人合同欺诈或者违约的责任。未经登记的二重独占或者排他使用许可获得者的同意使用著作权的,先获得独占或者排他使用许可的被许可人,也不得以获得独占或者排他使用许可权为由进行不侵权抗辩。

在北京绝对挑战国际传媒广告有限公司与北京泰合百联传媒广告有限公司等侵犯著作权纠纷一案中,❶ 庄稼院文化公司系《乡村爱情》的共同著作权人之一,在其将该剧的发行权授予另一个共同著作权人泰合百联广告公司后,又与绝对挑战广告公司签订《总代理发行协议书》,授权绝对挑战广告公司作为《乡村爱情》的发行总代理人,全权代理国内外的发行事宜。绝对挑战广告公

---

❶ 北京市高级人民法院(2008)高民终字第 392 号民事判决书。

司认为北京泰合百联传媒广告公司的行为侵害其发行权。一审、二审法院均根据保护在先获得专有发行权的原则，判决被告的行为不构成侵权。

(二) 著作权使用许可和转让的区别

著作权使用许可实务中，著作权人往往利用对方著作权法知识的缺乏，故意将著作权转让合同通过玩弄文字游戏而撰写成著作权使用许可合同，所以合同相对方一定要注意著作权使用许可和转让之间的区别。著作权使用许可是指，著作权人将其著作财产权中的一项或多项权利许可给他人在一定期限内一定地域范围中专有或非专有使用。著作权转让是指，著作权人将其著作财产权中的一项或多项权利在一定地域范围中转让给他人所有。两者的区别在于著作权使用许可中被许可人获得的是在一定时间内的使用权，当合同约定的时间届满后，被许可人无权再使用被许可的权利；而著作权转让中受让人获得的被转让的著作权不具有时间限制，是一种不可逆转的权利，不会再回归转让人。

在北京美乐文化传播有限公司诉北京华艺兄妹文化传播有限公司等侵犯著作权纠纷案一案中，❶ 原告北京美乐文化传播有限公司认为被告北京华艺兄妹文化传播有限公司、佛山市顺德区孔雀廊娱乐唱片有限公司侵害了其著作权，其依据是与词曲作者张嘉兴、黄友祯签订的合同书。该合同书约定，张嘉兴、黄友祯同意将其创作之音乐著作（包括音乐及文字）之世界性版权独家授予美乐文化传播公司，包括《有一种爱叫做放手》等一共10首词曲作品，用于阿木演唱。其后，张嘉兴、黄友祯又与华艺兄妹文化传播公司就《有一种爱叫做放手》签订了合同。合同约定"授予华艺兄妹文化传播公司在世界各地区独家永久代理行使该作品除署名外的著作权及与著作权相关全部之权利，包括但不限于使用同意权之行使及使用报酬之收取。"其后，华艺兄妹公司以被转让人的身份从国家版权局取得了《有》歌的著作权登记证书，并与孔雀廊公司签订了《作品著作权授权合同书》。原告认为被告侵害了其受让的著作权，被告则以原告与词曲作者签订的不是著作权转让合同进行抗辩。该案虽不复杂，被告被法院认定为侵害原告的专有使用权，但词曲作者利用原告欠缺著作权法知识而通过词义模糊的"授予"二字，将著作权转让合同歧义成著作权使用许可合同因而引发纠纷的原因不得不引起注意。

---

❶ 北京市朝阳区人民法院（2008）朝民初字第2425号民事判决书。

（三）超过使用许可合同约定的使用行为定性

被许可方超出使用许可合同约定地域范围、使用方式、使用主体、复制数量或者时间等限制，使用著作权人著作财产权的行为，属于违约行为还是侵害著作权行为？在崔晓红诉北京地下铁道通成广告有限公司等著作权侵权纠纷案中，❶ 法院认为，根据使用许可协议，原告许可的使用人是临汾市外事旅游局，使用范围限于旅游行业的各类交易会，同时明确约定临汾市外事旅游局无权将照片另行出租或出售给第三者使用，而本案中实际使用涉案作品制作灯箱广告的广告主是山西省旅游局，并非临汾市外事旅游局；同时山西省旅游局的使用方式是作为广告使用，该广告并不在被告所称的2007北京国际旅游博览会会场周边及合理延伸范围，且广告画面未标注任何与该博览会有关的信息，山西省旅游局的行为侵犯了原告的署名权、复制权和获得报酬权等著作权。本案另外两被告，即一辰君毅公司和地铁通成公司作为涉案广告的制作者和发布者，在制作和发布广告过程中，没有对广告所用照片的权属尽审慎注意义务，应共同对涉案广告侵犯原告著作权的行为承担侵权责任。由此可见，违反使用许可合同限制使用著作权人著作权财产权的行为，不仅构成违约行为，而且构成侵害著作权的行为，著作权人可以自由选择请求权依据，著作权人同时选择指控行为人违约和侵权的，则构成竞合，只能按照侵权行为处理，行为人也只应承担侵权责任。

日本有学者认为，被许可人违反数量限制、不支付使用费等违反契约内容的行为，应该理解为违反契约限制的违约行为，如果将超过数量限制的部分理解成侵害著作权行为，则市场上销售的复制品中，哪些属于超过数量限制的侵权复制品，无法进行判断，而且超过1件复制品也认定为侵害著作权行为，同时将承担刑事责任，因而需要慎重。❷ 此种观点未能看到著作权是一种排他权的本质。排他权的特点在于，只要未经著作权人许可，行为落入排他权控制的范围，不管行为人和著作权人之间是否存在合同关系，行为人的行为就构成侵害行为。同时，该种观点机械地理解了侵权复制品。事实上，只要行为人的复制品超出了合同限制，根本无须特定出哪些属于超出合同限制的部分，只要是

---

❶ 北京市东城区人民法院（2007）东民初字第08525号民事判决书。
❷ 中山信弘. 著作権法 [M]. 东京：有斐閣，2007：329-330；花作文雄. 詳解著作権法（第三版）[M]. 东京：発明協会，2005：414。

超出的部分即属于侵权复制品,因而并不存在侵权复制品无法判别的问题。

(四) 使用许可"授权书"的解释问题

如何解释著作权使用许可中的"授权书"?这个问题在高校学位论文授权使用中经常碰到。在陈奇伟诉中国学术期刊光盘版电子杂志社等侵犯著作权纠纷案中,❶《中国学术期刊(光盘版)》杂志社未经原告陈奇伟许可,擅自将其论文《基于随机 Petri 网的卷烟配送信息系统建模与分析》(以下简称《基》文)收入"中国优秀硕士学位论文全文数据库"(以下简称"学位论文数据库")并对外销售牟利,而且杂志社和同方公司在中国知网(www.cnki.net)上通过学位论文数据库提供论文的在线阅读和下载服务,向网络用户收取高额费用。原告认为,二被告未经许可擅自发表、复制、发行、在网上传播论文的行为侵犯其著作权。被告杂志社和同方公司共同辩称,杂志社曾与原告的学位授予单位山东大学签订过协议,约定学位授予单位向杂志社选送研究生学位论文供杂志社编入数据库出版、发行,而原告也给了学校授权,因此,杂志社及其授权的同方公司的对论文的使用有合法依据,并不侵权。

案件审理过程中,法院查明如下事实:2006 年 4 月 8 日,原告向山东大学出具授权书,授权书主要内容为:原告完全了解学校有关研究生学位论文的使用规定;学校有权保留论文的复印件和电子版,允许论文被查阅和借阅;学校可以将论文的全部或部分内容编入有关数据库进行检索,也可以采用影印、缩印或其他复制手段保存和汇编论文。

究竟如何解读该"授权书"中的"学校可以将论文的全部或者部分内容编入有关数据库进行检索,也可以采用影印、缩印或其他复制手段保存和汇编论文"?法院认为,原告向学位授予单位提交论文时,授权学位授予单位可以将论文的全部或部分内容编入有关数据库进行检索,也可以采用影印、缩印或其他复制手段保存和汇编论文,学位授予单位据此授权将《基》文以收录入数据库的方式发表、传播,并不超出授权范围。虽然该授权书并未明示学位授予单位是否可以转授权,但因学位授予单位并非专门从事发表、传播作品工作的单位,其对《基》文进行发表、传播通常需通过授权他人的方式进行,故原告对学位授予单位的授权书应解释为原告允许学位授予单位转授权。学位授

---

❶ 北京市海淀区人民法院(2008)海民初字第 12101 号民事判决书。

予单位已授权杂志社对其选送的学位论文收录入学位论文数据库进行使用，杂志社授权同方公司使用，故杂志社和同方公司对《基》文的使用已经过合法授权。

本书作者并不赞成法院对授权书中的上述条款做出如此宽泛的解释，如此宽泛解读授权书，将导致千千万万学生的著作权被学校任意授权、被学校以外的营利性机构任意进行营利性使用的结果，这对学生来说是极端不公平的。当然，这种做法在世界各国著作权法中也找不出先例。中国台湾"著作权法"第48条之一第1项虽然允许对依"学位授予法"撰写之硕士、博士论文且作者已经取得学位者进行利用，但主体只限于"中央"或者地方机关、依法设立之教育机构或者供公众使用之图书馆，利用方式只限于复制，范围只限于已经公开的"著作所附之摘要"，而不是论文全部，更不允许教育机构或者供公众使用的图书馆超出上述范围和方式使用或者授权他人使用学生撰写的硕士、博士论文。

基于著作权法保护著作权激励创作的基本立法目的，本书作者认为，由于上述授权书中的"学校可以将论文的全部或者部分内容编入有关数据库进行检索，也可以采用影印、缩印或其他复制手段保存和汇编论文"。属于格式条款，只能做出不利于学校的解释，即该条款只能限缩解释为"学校可以自己将论文的全部或者部分内容编入有关数据库在学校内部进行检索，也可以自己采用影印、缩印或者其他复制手段或者汇编论文的方式予以保存。"而不得扩大解释为著作权人允许学校转授权、特别是转授权他人进行营利性使用，如此扩大解释显然超出著作权人免费授权给学校进行使用的合理预期。

第二节　转让

一、转让合同的形式与合同效力

我国2010年《著作权法》第25条规定，著作权转让合同必须采用书面形式。没有采取书面形式的转让合同，按照2002年《最高人民法院关于审理著作权民事纠纷案件适用法律若干问题的解释》第22条规定，法院应当依据《合同法》第36、37条的规定审查合同是否成立。《合同法》第36条规定，法律、行政法规规定或者当事人约定采用书面形式订立合同，当事人未采用书面形式但一方已经履行主要义务，对方接受的，该合同成立。《合同法》第37条规定，采用合同书形式订立合同，在签字或者盖章之前，当事人一方已经履行主要义务，对方接受的，该合同成立。依法成立的合同，按照《合同法》第44条的规定，自成立时生效。

据此，著作权转让合同未采取书面形式，但一方已经履行合同主要义务，对方接受的，该转让合同成立，自成立时起，如果合同中不存在《合同法》第52条规定的合同无效情形，则转让合同生效。反之，著作权转让合同未采用书面形式，虽然一方已经履行合同主要义务，但对方不接受的，意味着双方尚未就合同达成合意，著作权转让合同不成立。不成立意味着双方之间还不存在合同关系，既然不存在合同关系，也就谈不上合同是否生效的问题。已经履行合同主要义务一方由此造成的损失，一般应当由自己承担，除非对方因为存在缔约过失应当承担缔约过失责任。

二、转让合同未明确转让的权利，是否存在"默示转让"的可能性

我国2010年《著作权法》第27条规定，著作权转让合同中著作权人未明确转让的权利，未经著作权人同意，另一方当事人不得行使。也就是说，著作权人没有明确转让的权利，仍然归著作权人所有，被转让方不得行使。

是否存在以《合同法》第125条为依据解释出"默示转让"的可能性？从理论上讲，完全是有可能的。但是，著作权转让不同于著作权使用许可，是权利主体的根本变化，因而法官在进行解释时，必须特别慎重。

在签订著作权转让或者使用许可合同时，现有技术中尚未产生的利用作品方式，也即现有著作权法中尚不存在而随着科技的发展可能出现的利用作品方式，在著作权转让合同或者使用许可合同没有明确约定的情况下，是归属原著作权人还是归属受让人或者被许可人？按照德国著作权法第31a条规定，对作品的未知的使用方式的权利，属于作者。

合同的解释应当符合社会一般常识，现有著作权法中尚不存在的利用作品方式，无论是著作权转让人还是受让人，许可人还是被许可人，在签订合同时都很难预见。更为重要的是，授予作者对"未知的使用方式"的排他权，严重违背著作权法定原则，将给社会公众造成不可预测的侵害。因此，即使著作

权转让合同或者使用许可合同中，存在"将所有著作权转让给受让人"或者"将所有著作权许可被许可人使用"这样的条款，也应当解释为转让或者使用许可合同的标的，仅仅是以著作权法中规定的现有方式利用作品的权利，而不包括以将来随着科学技术的发展新出现的各种方式利用作品的权利。

三、著作权转让等的登记

我国著作权法既未规定著作权使用许可权登记的对抗效力，也未规定著作权转让、承继（继承或者通过企业合并等转移）、以著作权为标的设定质权等权利变动登记的对抗效力。这非常不利于著作权变动的公示效果以及交易安全的保障。

立法论上非常有必要借鉴日本著作权法第77条关于著作权登记和第104条关于邻接权登记的立法经验，赋予著作权、邻接权等的转移或者以著作权、邻接权作为标的设定的质权登记对抗第三人的效力。

第三节 质押

著作权可以用作担保标的。著作权实现担保的方式是设立质押。我国《担保法》第79条规定，以依法可以转让的商标专用权、专利权、著作权中的财产权出质的，出质人与质权人应当订立书面合同，并向管理部门办理出质登记。质押合同自登记之日起生效。按照国家版权局发布的《著作权质押合同登记办法》第2条，著作权质押是指债务人或者第三人依法将其著作权中的财产权出质，将该财产权作为债权的担保。债务人不履行债务时，债权人有权依法以该财产权折价或者以拍卖、变卖该财产权的价款优先受偿。其中的债务人或者第三人为出质人，债权人为质权人。由此可见，以著作权作为标的出质的，只限于著作权中的财产权，著作人格权不得作为出质标的。在出质期限内，质权人不得行使著作权，也不得许可他人使用或者转让著作权，除非经过著作权人同意。质权人享有的只是债务人不履行债务时，从著作财产权折价或者拍卖、变卖的价款中优先受偿的权利。此外，质权人负有妥善保管著作权质押合同登记证书的义务，如发生灭失，应负担补救所需要的一切费用。

关于质押合同形式要件与生效要件，《著作权质押合同登记办法》第3条规定,以著作权中的财产权出质的,出质人与质权人应当订立书面合同,并到登记机关进行登记。著作权质押合同自《著作权质押合同登记证》颁发之日起生效。

按照上述登记办法第 8 条的规定,著作权质押合同应该包括下列内容:"(一)当事人的姓名(或者名称)及住址;(二)被担保的主债权种类、数额;(三)债务人履行债务的期限;(四)出质著作权的种类、范围、保护期;(五)质押担保的范围;(六)质押担保的期限;(七)质押的金额及支付方式;(八)当事人约定的其他事项。"

著作权质押通常是为了融资。著作权的价值取决于作品种类、性质、作者及其作品受市场欢迎的程度、相同作品的市场状况、保护期限长短、侵权和保护状况、处置和变现的难易、评估机构的专业水平和信用等各方面因素,质权人需要特别慎重,否则其质权很难得到保障,实现的可能性也非常小。

第四节 出版

出版本来属于著作权人通过以纸质图书、电子图书等有形载体形式复制以及发行其作品的一种方式,但按照国务院 2001 年颁布的《出版管理条例》第 9 条的规定,报纸、期刊、图书、音像制品和电子出版物等应当由报社、期刊社、图书出版社、音像出版社和电子出版物出版社等出版单位出版。著作权人要实现其出版权,不得不经过拥有出版资质的出版单位。

而要通过出版单位这道门槛,著作权人不得不授予出版单位独占复制以及发行权,即专有出版权。一旦拥有了专有出版权,出版单位对著作权人的作品就取得了相对独立的出版地位,出版单位也由著作权人的被使用许可权人一跃成为具有相对独立地位和对抗性的出版者,即邻接权主体,依法享有著作权法规定的出版者权利。

可见,虽然著作权人拥有复制以及发行其作品的权利,但如果通过出版这种方式实现其复制以及发行权,则不得不受制于出版者。

第八章
著作邻接权

第一节　著作邻接权概说

著作邻接权,有些著作中称为相关权,主要是指作品传播者的权利,也包括其他非作品的信息传播者的权利,不同于著作权。比如,词曲家 A 作词作曲,歌唱家 B 演唱,录音制作者 C 录音,则 A 对其词曲享有演唱排他权,B 对其演唱享有录音排他权,C 对其录音享有复制排他权。在这个例子中,A 作为创作者享有词曲的著作权,B 和 C 则是作为传播者对其演唱和录音制品享有权利。对 A 来说,主要是一种创作力的保护,目的在于激励作品创作,而对 B 和 C 来说,则主要是一种投资的保护,目的主要在于激励作品和其他非作品的信息的传播。

实践中,著作权主体和邻接权主体有时会重合。比如上述例子中,如果词曲家 A 同时作词作曲、演唱和录音,则其同时应当享有著作权和邻接权。

为什么必须给予作品传播者保护？作品和其他非作品信息的传播与作品创作一样,也需要投资,如果不给予这种投资保护,必将减少作品和其他非作品信息传播的激励,在传播技术已经数字化、网络化的现代社会,尤为如此。比如,足球比赛的广播,如果任由他人转播,转播者就会节省成本,在竞争中处于有利地位,使首次播放足球比赛的广播者难以收回投资,从而影响其投资广播事业的激励。再比如,表演者虽然可以通过销售门票方式控制其现场表演,却没有办法通过销售门票的方式控制录音录像以及发行录音录像复制品、广播录音录像,如果著作权法放任对表演的后续利用行为,表演者的表演利益将难以得到还流,从而影响其表演的激励。

著作邻接权的发生也和著作权的发生一样，采取自动产生规则，与表演、制作完成、播放事实同时发生。

我国2010年《著作权法》规定的著作邻接权，包括表演者对其表演活动享有的排他权利、录音录像制作者对其录音录像制品享有的排他权利、广播组织对其广播享有的排他权利、出版者对其出版物版式设计享有的排他权利。

第二节 出版单位的权利

一、出版单位的权利

按照《出版管理条例》第9条的规定，出版单位包括报社、期刊社、图书出版社、音像出版社和电子出版物出版社等。法人出版报纸、期刊，不设立报社、期刊社的，其设立的报纸编辑部、期刊编辑部视为出版单位。出版者享有如下权利：

（一）对版式设计享有专有权

版式设计是对印刷品版面格式的设计，包括对版心、排式、用字、行距、标点等版面布局因素的安排。

版式设计不同于装帧设计。装帧设计是对开本、装订形式、插图、封面、书脊、护封和扉页等印刷物外观的装饰设计。装饰设计如果具有独创性，则构成作品，受著作权保护。

我国2010年《著作权法》第36条规定，出版者有权许可或者禁止他人使用其出版的图书、期刊的版式设计。这种权利的保护期限为10年，截止于使用该版式设计的图书、期刊首次出版后第10年的12月31日。可见，出版单位对其版式设计拥有的只是复制权，权利内容非常狭窄。在北京大学出版社与腾讯公司侵犯著作权纠纷案件中，[1] 北大出版社指控盛世公司制作了电子版涉案图书、腾讯公司假借搜索链接为名将电子版涉案图书存储在自己服务器上供用户下载。庭审过程中，北大出版社表示其主张保护的对象是版式设计，包括

---

[1] 北京市第一中级人民法院（2011）一中民终字第5150号民事判决书。

"封面、封底、文字内容、编排格式、布局排列等",主张保护的权利是信息网络传播权。然而,出版单位对其版式设计并不拥有信息网络传播权,所以被法院驳回全部诉讼请求。

出版单位对其版式设计拥有的专有权利仅局限于复制,从我国台湾"著作权法"第79条规定的制版权仅限于复制可以看得更为清楚。其具体内容是,无著作财产权或著作财产权消灭之文字著述或美术著作,经制版人就文字著述整理印刷,或就美术著作原件以影印、印刷或者类似方式重制首次发行,并依法登记者,制版人就其版面,专有以影印、印刷或者类似方式重制之权利。制版人的权利,自制版完成时起算存续10年。

司法实践中,被告如果采用扫描方式以原有版式原原本本地使用原告作品,构成对原告版式设计权的侵害。在《中国科学》杂志社诉重庆维普资讯有限公司等侵犯著作权纠纷案中,❶ 被告未经原告许可,采用扫描录入方式对原告享有汇编权和版式设计权的期刊《中国科学A辑》等期刊进行复制、汇编,制作成《中文科技期刊数据库》,并通过镜像站点、包库和个人阅读卡等方式进行销售。显然,被告采用了扫描录入这种最为机械的方式侵害了原告享有的版式设计权和复制权。

即使期刊均载明"内部资料""网刊资料"或"协会网刊""会员免费赠阅"等字样,即尚未取得国内统一连续出版物(CN)号,也并不影响其举办者依法应当享有的版式设计权。在中国石油和化学工业协会诉重庆维普资讯有限公司等侵犯著作权纠纷案中,❷ 被告维普公司未经许可,采用扫描录入方式对原告举办但未取得国内统一连续出版物号的期刊《中国石油和化工生产信息》等出版物进行复制、汇编,制作成《中文科技期刊数据库》,并通过网络进行传播。虽然涉案《生产信息》等出版物并未取得国内统一连续出版物刊号等,但版式设计权自使用该版式设计的图书、期刊首次出版之日起产生,因此上述瑕疵并不影响相应出版物版式设计专有使用权的产生以及法律对此权利的保护,被告行为侵害原告享有的版式设计权。

(二)对图书的专有出版权

我国2010年《著作权法》第31条规定,图书出版者对著作权人交付出版

---

❶ 北京市海淀区人民法院(2007)海民初字第9920号民事判决书。
❷ 北京市海淀区人民法院(2007)海民初字第9922号民事判决书。

的作品，按照合同约定享有的专有出版权受法律保护，他人不得出版该作品。我国2013年《著作权法实施条例》第28条规定，图书出版合同中约定图书出版者享有专有出版权但没有明确其具体内容的，视为图书出版者享有在合同有效期限内和在合同约定的地域范围内以同种文字的原版、修订版出版图书的专有权利。

（三）适当的修改权

根据我国2010年《著作权法》第34条第2款规定，报社、期刊社可以对作品作文字性修改和删节，无须经过作者许可。但是对内容的修改，由于涉及保护作品完整权，应当经过作者许可。

（四）转载、摘编权

我国2010年《著作权法》第33条规定，著作权人向报社、期刊社投稿的，自稿件发出之日起15日内未收到报社通知决定刊登的，或者自稿件发出之日起30内未收到期刊社通知决定刊登的，可以将同一作品向其他报社、期刊社投稿。双方另有约定的除外。

作品刊登后，除著作权人声明不得转载、摘编的外，其他报刊可以转载或者作为文摘、资料刊登，但应当按照规定向著作权人支付报酬。按照2013年《著作权法实施条例》第30条的规定，著作权人的声明应当在报纸、期刊刊登该作品时附带声明。按照2013年《著作权法实施条例》第32条的规定，使用者应当在使用他人作品之日起2个月内向著作权人支付报酬。

二、出版单位的义务

出版单位在享有上述权利的同时，应当履行下列合同义务或者法定义务。

（一）保证出版质量、期限的义务

我国2010年《著作权法》第32条第1款规定，图书出版者应当按照合同约定的出版质量、期限出版图书。这是一项合同义务。出版单位不能履行该义务的，应当承担违约责任。

（二）重印、再版通知和支付报酬义务

我国2010年《著作权法》第32条第3款规定，图书出版者重印、再版作品的，应当通知著作权人，并支付报酬。图书脱销后，图书出版者拒绝重印、再版的，著作权人有权终止合同。所谓图书脱销，按照2013年《著作权法实施条例》第29条的规定，是指著作权人寄给图书出版者的两份订单在6个月内未能得到履行。出版单位不履行该项义务的，将侵害著作权人的复制权、发行权、获得报酬权，因此该项义务是一项法定义务，即使合同未作规定，也不能免除出版单位的侵权责任。

(三）内容修改必须征得许可的义务

我国2010年《著作权法》第34条规定，图书出版者对著作权人作品内容的修改，应当经著作权人许可。但是按照本书作者的见解，只要修改客观上不损害作者声誉、作品声誉，即不侵害保护作品完整权，对作品内容的修改无须经过作者同意。一是主动修改他人作品内容的情况并不多见。即使多见，无非两种后果，一是改好，二是改坏。改好的情况下，可以通过演绎权控制。改坏的情况下，可以通过保护作品完整权控制。

(四）使用演绎作品征得双重许可的义务

我国2010年《著作权法》第35条规定，出版改编、翻译、注释、整理、汇编已有作品而产生的作品，应当取得改编、翻译、注释、整理、汇编作品的著作权人和原作品的著作权人的许可，并支付报酬。这是一项法定义务。不履行这项法定义务的，出版单位将侵害演绎作品著作权人的著作权，必须承担侵权后果。

第三节　表演者权

一、表演者权的主体和客体

《罗马公约》第3条规定，表演者是指演员、歌唱家、音乐家、舞蹈家和表演、歌唱、演说、朗诵、演奏或以别的方式表演文学或艺术作品的其他人员。WPPT第2条规定，表演者是指演员、歌唱家、音乐家、舞蹈家以及表演、歌唱、演说、朗诵、演奏、表现或以其他方式表演文学或者艺术作品或者民间文学艺术作品的其他人员。

可见，无论是按照《罗马公约》还是 WPPT，表演者均指表演作品的人。这至少说明以下三点：

首先，表演者仅指自然人，单位不能成为表演者。单位虽然可以按照合同受让取得表演者权中的财产权利，或者被许可使用表演者权中的财产权利，但不能成为表演者，表演活动最终只能由自然人完成。我国 2013 年《著作权法实施条例》第 5 条第 6 项将演出单位列为表演者，显然与《罗马公约》和 WPPT 的规定不一致。

其次，表演者仅指表演"作品"的人。非表演作品的人，不是著作权法意义上的表演者，不得享有表演者权。从事竞技体育项目的运动员，比如田径运动员、举重运动员、摔跤运动员、高空走索运动员、球类运动员，虽然能够吸引观众，但吸引观众的是其体育技能，而不是因为他们表演的是文学艺术作品，具有文学艺术作品那样的欣赏性。

法国知识产权法典第 L212-1 虽然规定，表演者包括表演杂耍、马戏、木偶剧之人，但按照法国判例法的解释，表演杂耍、马戏或者木偶戏的人，如果作为著作权法意义上的表演者，其表演活动也必须具备一定的独创性，不能仅仅是表演竞技性内容的人。❶ 日本著作权法第 2 条规定，表演是指通过具有戏剧效果的演出、舞蹈、演奏、歌唱、背诵、朗诵或者其他方法表演作品的行为，包括虽不是表演作品但具有文艺性质的类似行为。表演者则是指演员、舞蹈者、演奏者、歌手和从事其他表演活动的人，包括指挥、导演表演活动的人。但是，按照中山信弘、田村善之、花作文雄、加户守行等日本著名知识产权法专家的解释，没有任何文艺性质的马拉松和其他竞技比赛，并不是表演，选手也不是表演者。❷ 虽然这类主体在民法上享有一般人格权，但在著作权法意义上，并不享有任何权利。

最后，表演者表演的作品既可以是仍受著作权保护的作品，也可以是已经进入公有领域中的作品。

---

❶ 李明德，许超. 著作权法［M］. 北京：法律出版社，2003：184.
❷ 参见中山信弘. 著作権法［M］. 东京：有斐閣，2007：426；花作文雄. 详解著作权法（第 2 版）［M］. 东京：発明協会，2005：444；田村善之. 著作権法概说（第 2 版）［M］. 东京：有斐閣，2001：521；加户守行. 著作権権逐条讲义（第 5 修订新版）［M］. 东京：著作権情报中心，2000：24.

表演权的客体为表演活动，在世界范围内没有什么争议。

二、表演者权的内容

（一）表演者人格权

表演者是邻接权中唯一享有人格权的主体。《罗马公约》并没有赋予表演者人格权，表演者人格权是 WPPT 第 5 条为表演者新创设的权利。按照 WPPT 第 5 条第 1 款规定，表演者享有下列 2 项人格权。

1. 表明表演者身份权。即表演者不依赖于其财产权利而对其现场表演或者机械表演享有的，要求表明其系表演的表演者的权利。表演活动的举办者、录制者、视听作品制作者、表演活动的利用者，应该通过海报、口头告知、在封面上署名、在视听作品片头或者片尾等方式，表明表演者身份。但是，使用表演的方式决定可以省略不提表演者的除外。比如，剧场表演人数众多，出于观众等待时间的考虑，报幕员可以只报最主要的表演者姓名。

2. 保护表演形象不受歪曲的权利。表演者有权反对任何对其表演形象进行有损其名声的歪曲、篡改或者其他修改。比如，通过技术手段丑化表演者的声音、形象，将表演者的表演形象用作黄色书刊封面、用于宣传性产品等低俗网站的网标，将具有严肃宗教性质的表演者形象用于与宗教教义完全冲突的场合，使公众对表演者的表演产生误解，就是典型歪曲表演者表演形象的行为。但是，一般性的"丑星"评选、对表演者表演的滑稽模仿，客观上并不足以损害表演者的表演形象，因而不属于歪曲表演者表演形象的行为。

（二）表演者财产权

结合《罗马公约》第 7 条、第 12 条和 WPPT 第 6 条至第 10 条的规定可以看出，表演者享有如下财产权利：

1. 现场直播或者向公众传播权。《罗马公约》第 7 条第 1 款和 WPPT 第 6 条第 1 项规定了表演者的这项权利。具体内容是，未经表演者同意，不得广播和向公众传播其表演。但是，如该表演本身就是广播演出或者录音、录像者除外。

这里的广播是指使不同地点的受众能够同时接收并欣赏表演活动的现场无线直播。向公众传播现场的表演，是指通过广播以外的方式向公众传播现场表演。比如通过扩音器使歌厅之外的公众或者处于较远处的外围公众也能够欣赏现场演唱的传播方式，即属于这种传播方式。

所谓表演本身就是广播演出或者录音录像者除外，是指经过表演者同意，广播电台、电视台对其表演进行的现场录制。比如，央视青年歌手大赛上，青年歌手对其现场演唱，就没有现场直播权，央视可以现场直播。所谓表演本身就是录音录像中的表演，是指广播电台、电视台播放录制的广播演出，无须再经过表演者的许可，也无须向其支付报酬。比如，中央电视台录制了央视青年歌手大赛实况后，在以后的时间里重播，就属于这种情况。

2. 首次固定权。这是《罗马公约》第 7 条第 1 款和 WPPT 第 6 条第 2 项规定的表演者财产权利。具体内容是，未经表演者同意，不得录制其尚未录制过的表演。现场直播和向公众传播属于从无形到无形的传播，固定则是从无形到有形载体的复制。表演一旦通过有形载体固定下来，他人就可能复制、发行、播放、通过信息网络传播该录制品，对表演者而言，意义非常重大，因而首次固定表演的行为必须受制于表演者。

3. 复制权。这是《罗马公约》第 7 条第 1 款和 WPPT 第 7 条规定的表演者财产权利。具体内容是，未经表演者同意，不得复制以录音制品形式固定了其表演的录音制品。

4. 发行权。这是 WPPT 第 8 条规定的表演者财产权利。具体内容是，未经表演者同意，不得以销售或者其他转移所有权的方式向公众提供固定了其表演的录音制品原件或者复制件。表演者的此种发行权是否受权利用尽规则限制，各缔约国有权自由决定。

5. 出租权。这是 WPPT 第 9 条规定的表演者财产权利。具体内容是，不管是否已经发行，表演者对录制有其表演的录音制品原件或者复制件，都享有向公众进行商业性出租的排他权。

6. 信息网络传播权。这是 WPPT 第 10 条规定的表演者财产权利。具体内容是，表演者享有通过有线或者无线方式向公众提供其以录音制品形式录制的表演，使该表演可以为公众中的成员在其个人选定的时间和地点获得的排他性权利。

7. 针对机械表演获得报酬的权利。这是《罗马公约》第 12 条、WPPT 第 15 条规定的表演者财产权利。具体内容是，如果某种为商业目的发行的录音制品或者此类唱片的复制品直接用于广播或者任何向公众的传播，使用者应当支付一笔总的合理报酬给表演者，或者录音制作者，或分别给二者。由此可见，虽然赋予了表演者针对机械表演获得报酬的权利，但并没有赋予表演者排他性的机械表演权。

总之，《罗马公约》和 WPPT 赋予了表演者相比录音制作者和广播组织广泛得多的权利。

我国 2010 年《著作权法》第 38 条规定了表演者应当享有的下列权利：表明表演者身份的权利；保护表演形象不受歪曲的权利；许可他人从现场直播和公开传送其现场表演，并获得报酬的权利；许可他人录音录像，并获得报酬的权利；许可他人复制、发行录有其表演的录音录像制品，并获得报酬的权利；许可他人通过信息网络向公众传播其表演，并获得报酬的权利。在上述权利中，表明表演者身份权和保护表演形象不受歪曲的权利不受保护时间的限制，其他财产性权利的保护期为 50 年，截止于该表演发生后第 50 年的 12 月 31 日。

与《罗马公约》和 WPPT 的规定相比，我国 2010 年《著作权法》没有赋予表演者出租权和针对机械表演获得报酬的权利。这样一来，对录音制品原件或者复制件进行商业性出租，无须表演者许可，也无须向其支付报酬。这是其一。其二，在我国，广播电台、电视台以及夜总会、商场、餐厅、车站等公众场所播放录音制品时，不但无须经过表演者许可，也无须向表演者支付报酬。

目前，表演者已经对我国 2010 年《著作权法》上述两项权利的缺位提出了强烈的意见。我国 2010 年《著作权法》第三次修改是否需要赋予表演者上述两项权利，值得认真研究。

三、表演者和著作权人的关系

表演者使用他人作品进行表演，应当取得著作权人许可。如果使用的是演绎作品，则应当取得演绎作品著作权人和原著作权人的双重许可，并且支付双重报酬。表演者在行使权利的时候，不得损害被使用作品和原作品著作权人的权利。以广播组织现场广播表演者的表演活动为例，这里面至少存在以下几重法律关系。

1. 表演者和被表演的作品著作权人之间的关系。只要不是 2010 年《著作权法》第 22 条所说的免费表演，表演者使用他人作品进行表演时，必须经过该作品著作权人许可，并向其支付报酬。

2. 表演者和广播组织的关系。广播组织对表演者的表演活动进行现场直播或者通过其他方式向公众传播，由于是对表演者表演的广播，因此必须经过表演者的许可，并支付报酬。

3. 广播组织和被表演、广播的作品著作权人之间的关系。广播组织的现场直播或者通过其他方式向公众的传播，属于对作品的广播，必须经过该作品著作权人许可，并向其支付报酬。

这样一来，如果表演者单方面对其利用了他人作品的表演活动许可广播组织进行现场直播或者通过其他方式向公众传播，将和广播组织共同侵害该作品著作权人对其作品的广播权。广播组织未经被表演的作品著作权人和表演该作品的表演者许可，对表演活动进行现场直播或者以其他方式向公众传播时，则同时侵害被表演的作品著作权人对其作品的广播权，和表演者对其表演活动享有的现场直播权。

不过，虽然上述权利关系较为复杂，但实践中表演者、著作权人、广播组织之间通常会通过合同解决相互之间的关系，因而不至于发生太多的纠纷。

第四节　录音录像制作者权

一、录音录像制作者权主体和客体

由于1961年《罗马公约》、1970年日内瓦公约制定时，录像技术尚不普及，因此这两个公约的保护客体仅及于录音制品制作者制作的录音制品，对录像制作者制作的录像制品并不提供邻接权保护。1996年的WPPT坚持了《罗马公约》的传统，也只保护录音制品，对录像制品也不提供邻接权保护。

不过由于《罗马公约》和WPPT只是对各成员国的最低保护要求，因此，很多国家的著作权法根据录像技术发展和普及的实际情况，考虑到录像的市场价值以及录像制作同样需要付出投资等因素，对录像制品也提供了保护。美国版权法直接将录像制品作为作品进行保护。法国知识产权法典第L215-1条将录像制品作为"有伴音或者无伴音的一组画面"进行保护，德国著作权法第95条将录像制品作为"活动的画面"进行保护。我国2010年《著作权法》明确将录像制品作为和录音制品一样的客体进行邻接权保护。

所谓录音制品，按照《罗马公约》第 3 条的解释，是指任何对表演的声音和其他声音的专门录音。我国 2013 年《著作权法实施条例》第 5 条第 2 款直接复制了《罗马公约》第 3 条对录音制品的界定。表演的声音，应当是指表演者的声音。其他声音，则包括动物的声音和大自然中风雨雷水等其他声音。

所谓录像制品，如上所述，法国知识产权法典第 L215 - 1 条将其界定为"有伴音或者无伴音的一组画面"，德国著作权法第 95 条将其界定为"活动画面"。我国 2013 年《著作权法实施条例》第 5 条第 3 款则将其界定为，视听作品以外的"任何有伴音或者无伴音的连续相关形象、图像的录制品"。由于著作权保护的视听作品是具有独创性的有伴音或者无伴音的活动画面，法国、德国和我国 2010 年《著作权法》上所指的录像制品，显然是指没有独创性的有伴音或者无伴音的活动画面，包括人类社会中的活动画面，大自然当中的活动画面。

《罗马公约》第 3 条将录音制作者界定为"首次将表演的声音或者其他声音录制下来的自然人或者法人。"制作录音录像制品，正像有的学者所说，"不需要像作者那样将自己的精神状态外化在作品中，也不需要像表演者那样将自己对于作品的理解和自己的精神状态外化在表演活动中"，❶ 因而录音录像制作者既可以是自然人，也可以是法人。

就立法论而言，根据独创性高低，将连续的活动画面区分为视听作品和录像制品，并不科学。原因是，就著作权的保护门槛而言，独创性只有有无之分，难谓有高低之别，无独创性的连续活动画面，著作权法无须提供保护，如有保护必要，交给反不正当竞争法或者侵权责任法即可。

二、录音录像制作者权的内容

结合《罗马公约》第 10 条、第 12 条，TRIPS 第 14 条第 2 款，WPPT 第 11 条至第 14 条的规定，录音制作者享有如下权利：

（一）复制权

这是《罗马公约》第 10 条、TRIPS 第 14 条第 2 款、WPPT 第 11 条规定的

---

❶ 李明德，许超. 著作权法 [M]. 北京：法律出版社，2003：190.

权利。具体内容是，录音品制作者应当享有以任何方式或者形式对其录音制品进行直接或者间接复制的排他权利。据此，其他录音制作者、任何音像出版社未经录音制作者许可，不得复制录音制作者的录音制品。目前，未经许可直接翻录录音制作者制作的光盘即侵害录音制作者复制权的盗版现象十分严重。

（二）发行权

这是 WPPT 第 12 条规定的权利。具体内容是，录音制作者享有通过销售或者其他转移所有权的方式向公众提供录音制品原件或者复制件的权利。不过各成员国可以规定此种权利受一次用尽规则的限制及其限制条件。目前，未经许可销售上述盗版的现象也极为严重。

（三）出租权

这是 WPPT 第 13 条规定的权利。具体内容是，录音制作者享有对其录音制品原件和复制件向公众进行商业性出租的排他权利，不管该录音制品原件或者复制件是否已经发行。由于出租店遍布于市场的大小角落，录音制作者要实现自己的出租权，必须依赖于权利集体管理组织。

（四）信息网络传播权

这是 WPPT 第 14 条规定的权利。具体内容是，录音制作者享有通过有线或者无线方式向公众提供其录音制品，使该录音制品可为公众在其个人选定的时间和地点获得的排他权利。

（五）针对机械表演获得报酬的权利

这是《罗马公约》第 12 条、WPPT 第 15 条规定的权利。具体内容是，如果某种为商业目的发行的录音制品或者此类唱片的复制品直接用于广播或者任何向公众的传播，使用者应当支付一笔总的合理报酬给表演者，或者录音制作者，或分别给二者。由此可见，《罗马公约》虽然赋予了录音制作者针对机械表演（广播或者其他向公众传播）获得报酬的权利，但并没有赋予录音制作者排他性的机械表演权。

我国 2010 年《著作权法》第 41 条仅仅赋予了录音制作者复制、发行、出租、信息网络传播等 4 项权利，权利保护期为 50 年，截止于该制品首次制作完成后第 50 年的 12 月 31 日。与上述公约相比，我国 2010 年《著作权法》将录音制作者享有的上述四项权利同时赋予了录像制作者。但对于录音制作者，我国 2010 年《著作权法》既没有赋予其机械表演权，也没有赋予其针对广播等机械表演享有获得报酬的权利。对于录像制作者，虽然规定电视台播放其录像制品需要经过其许可并支付报酬（第 46 条），但并没有规定除此以外通过机械表演方式利用其录像制品的行为，需要许可或者支付报酬。这样一来，在酒吧、饭店、舞厅、商场、车站、码头等公共场所播放或者传播录音录像制品，录音录像制作者都只能望洋兴叹。

是否赋予录音录像制作者针对机械表演获得报酬的权利，和是否赋予表演者针对机械表演获得报酬的权利一样，也是著作权法第三次修改中争论最为激烈的问题之一，值得进一步认真研究。

三、录音录像制作者和著作权人、表演者的关系

1. 录音录像制作者和著作权人之间的关系。我国 2010 年《著作权法》第 40 条规定，录音录像制作者在使用他人作品制作录音录像制品时，应当取得著作权人许可，并且支付报酬。如果使用的是演绎作品，则必须取得演绎作品著作权人和原著作权人的双重许可，并且支付双重报酬。这样一来，如果录音录像制作者擅自利用他人作品进行录音录像，并复制、发行、出租或者通过信息网络传播该录音录像制品，将侵害著作权人的复制权、发行权、出租权（限于视听作品和计算机程序作品著作权人）、信息网络传播权。音像出版社的出版、音像店的发行、音像出租店的出租、网络服务提供者的信息网络传播等行为都将构成对著作权人相应权利的侵害。

但是，按照我国 2010 年《著作权法》第 40 条第 3 款规定，录音制作者使用他人合法录制为录音制品的音乐作品制作录音制品，可以不经著作权人许可，但是应当按规定支付报酬。著作权人声明不许使用的不得使用。按照 2013 年《著作权法实施条例》第 31 条的规定，著作权人如果发出声明的，应当在其作品合法录制为录音制品时声明。按照 2013 年《著作权法实施条例》第 32 条的规定，录音制作者应当自使用他人作品之日起 2 个月内向著作权人支付报酬。

2. 录音录像制作者和表演者之间的关系。我国 2010 年《著作权法》第 41 条规定，如果录音录像制作者使用的是他人的表演，则应当同表演者订立合

同，并且支付报酬。

这样一来，录音录像制作者的被许可人复制、发行、通过信息网络向公众传播录音录像制品时，除非属于著作权法规定的限制情形，不但要征得录音录像制作者的许可和支付报酬，而且应取得著作权人、表演者许可，并支付报酬。

四、录音录像制作者与音像出版社、音像复制者之间的异同及司法实务问题

录音录像制作者是录音制品或者录像制品的首次制作人。音像出版社是拥有音像制品出版权的专业化出版者，和法律出版社、中国人民大学出版社等图书出版社的性质一样，只是业务范围和权限有所不同。音像复制者则属于接受音像出版社委托复制录音录像制品的单位，相当于接受图书出版社委托印刷图书的印刷厂。以录音制品的出版为例，基本流程如下。

录音制作者通过与词曲作者签订合同，获得词曲的著作权，通过与表演者签订合同，获得表演者权中的财产权利，然后制作录音制品（CD等），然后和音像出版社签订出版合同，授权音像出版社出版；音像出版社在出版过程中委托音像复制单位进行复制；音像出版社授权发行单位发行。

从司法实践看，在上述过程中，经常发生的纠纷之一是音像出版单位、音像复制者未经音像制作者许可，出版、复制其享有著作权和音像制作者权、表演者权中财产权的音像制品。一旦发生了这种纠纷，音像出版社由于未经音像制作者许可擅自出版发行其音像制品，音像出版社很难找到不侵权抗辩的理由，因此司法机关认定其行为构成侵权比较容易。但是，音像复制者则经常以自己尽到了合理注意义务为由进行不侵害音像制作者相关权利的抗辩。音像复制者究竟应承担何种注意义务呢？下面结合北京鸟人艺术推广有限责任公司诉茂名市（水东）佳和科技发展有限公司等侵犯著作权及邻接权纠纷案加以说明。❶

该案中的原告北京鸟人艺术推广公司获得了歌曲《你是我的玫瑰花》《让泪化作相思雨》的著作权，并制作了由其签约歌手庞龙、南合文斗演唱该歌曲的录音制品，且授权他人出版发行了收录有该二首歌曲的CD光盘，同时在出版物上载有著作权保护声明。被告齐鲁电子音像出版社未经许可，出版了收

---

❶ 北京市丰台区人民法院（2007）丰民初字第13926号民事判决书。

录有庞龙演唱的歌曲《你是我的玫瑰花》、南合文斗演唱的歌曲《让泪化作相思雨》的涉案侵权光盘,并以《让泪化作相思雨》的名称在市场上销售,该涉案光盘由被告茂名佳和公司复制。

诉讼过程中,被告茂名佳和公司认为其复制《让泪化作相思雨》尽到了审查义务,没有主观过错,因此不应当承担侵权责任。其主要提出了如下证据:音像出版物选题审批表、版权证明及授权书、广州声辉唱片有限公司营业执照副本复印件、销售委托书、复制委托核查确认书等证据材料。其中版权证明及授权书的主要内容是:《让泪化作相思雨》ISRC CN－E22－06－771－00/V.J6 等节目(作品名称)由广州声辉唱片有限公司所有,凡由此引起来的境内版权、著作权、肖像权、专利权等方面及附带的经济和法律责任由广州声辉唱片有限公司承担。

上述证据是否能够证明茂名佳和公司尽到了合理审查义务呢?我国《音像制品管理条例》第 23 条规定,音像复制单位接受委托复制音像制品的,应当按照国家有关规定,与委托的出版单位订立复制委托合同;验证委托的出版单位的《音像制品出版许可证》和营业执照副本及其盖章的音像制品复制委托书及著作权人的授权书;接受委托复制的音像制品属于非卖品的,应当验证经省、自治区、直辖市人民政府出版行政部门核发并由委托单位盖章的音像制品复制委托书;音像复制单位应当自完成音像制品复制之日起 2 年内,保存委托合同和所复制的音像制品的样本以及验证的有关证明文件的副本,以备查验。本案中,被告茂名佳和公司复制的涉案光盘《让泪化作相思雨》收录有 35 首歌曲,词曲作者不一,歌曲的表演者亦各不相同。茂名佳和公司作为音像复制单位,应对涉案光盘所录歌曲的著作权授权情况进行验证。茂名佳和公司向法院提交的广州声辉唱片有限公司版权证明及授权书未写明具体的著作权人及授权的权利种类、地域范围、期限等内容,因此难以认定其尽到了合理审查义务。

由此可见,作为专业的音像复制单位,在接受音像出版社的委托复制音像制品时,不仅仅要审查出版单位的音像制品出版许可证、营业执照副本及其盖章的音像制品复制委托书,更重要的是要审查是否存在著作权人或者邻接权人授权音像出版社出版音像制品的授权书。如果音像复制单位没有尽到上述审查义务,则其复制行为与音像出版社的出版行为构成共同侵权行为,应当承担连带责任。

第五节 广播组织权

一、广播组织权的主体和客体

广播组织权的主体为广播组织。《罗马公约》第3条将广播界定为"供公众接收的声音或者图像和声音的无线电传播",不包括有线广播、网络广播。因此,在《罗马公约》中,广播组织仅指以无线方式向公众提供广播服务的组织,包括广播电台、电视台,不包括有线广播组织、网络广播组织。但世界知识产权组织"版权与邻接权常设委员会"(SCCR 在第15届会议上提出的《广播组织条约草案》)将广播组织扩大到了有线广播组织和卫星广播组织。

关于广播组织权的客体,《罗马公约》中并没有明确进行界定。世界知识产权组织明确将广播组织权的客体界定为,通过无线方式传送声音、图像或者声音和图像的信号,而不是被信号传送的内容本身。上述《广播组织条约草案》第5条也重申广播组织权保护的是构成播送的载有节目的信号。

然而,信号只不过传送节目的技术工具,如果广播组织权保护的是信号而不是信号承载的节目,那么改变信号传送节目,比如模拟信号和数字信号相互转化,由于并未使用广播组织的原有信号,则盗播广播组织播放的节目将并不侵害广播组织权。这对于广播组织来说,后果将是灾难性的。本书作者赞成沈仁干先生和学者李琛的主张,广播组织权保护的客体为广播组织播放的节目,而不是单纯的信号。❶

实际上,上述结论从《罗马公约》第13条关于广播组织权的内容之一——"授权或者禁止他人录制、复制广播节目"也可以得到印证。录制、复制广播节目,并没有盗用广播组织的信号,按照广播组织权保护客体信号说,不构成侵害广播组织权的行为。但是,按照节目说,则完全构成侵害广播组织权的行为。当然,也可以设想这样一种情况来反驳信号说,即在传统模拟技术条件下,只要改变广播组织传送节目的模拟信号,虽然播放的节目相同,也不侵害

---

❶ 参见沈仁干. 版权法浅谈 [M]. 北京:法律出版社,1982:80;李琛. 知识产权关键词 [M]. 北京:法律出版社,2006:142。

广播组织权。

总之,广播组织权的保护客体并不是承载节目的信号,而是广播组织播放的节目本身。从是否自己制作的角度看,广播组织播放的节目包括:自己制作并播放的节目和非自己制作但播放的节目。从是否构成作品的角度看,广播组织播放的节目包括:构成作品的节目和不构成作品的节目。不管播放的节目是否构成作品,广播组织都依法享有排他权。如果广播组织播放的节目构成作品,则该节目还应受到著作权保护,广播组织既是著作权主体,也是邻接权主体。比如,中央电视台投资制作并播放的电视连续剧《水浒传》,中央电视台既享有著作权,也享有播放组织权。

二、广播组织权的内容

按照《罗马公约》第13条和TRIPS第14条第3款的规定,广播组织对其播放的节目享有下列权利:

(一)同时转播权

转播,按照《罗马公约》第3条的界定,是指"一个广播组织的广播节目被另一个广播组织同时广播。"转播权控制的行为必须是同时播放的行为。如果不是同时广播,而是先录制广播节目,其后再行播放,则并不侵害广播组织的转播权。当然,这种情况下有可能侵害广播组织的录制权。比如,某地方电视台先将中央电视台播放的乒乓球赛事节目通过录像机录制下来,赛事结束一段时间后再拿出来播放的行为,侵害的就是中央电视台的录制权,而不是转播权。如果该地方台从非法录制者那里购买录制了该体育赛事的DVD,再行播放的行为,则与非法录制者共同侵害中央电视台的录制权。

(二)录制、复制权

这是《罗马公约》第13条第2、第3款以及TRIPS第14条第3款规定的权利。具体内容是,广播组织享有录制(包括录音录像)、复制其广播节目的排他权利。未经许可,通过具有自动录制功能的录制机器将广播组织播放的节目录制在DVD等有形载体上,并复制该载体进行销售的行为,侵害广播组织对其广播节目的录制权、复制权。

(三）向公众传播权

这是《罗马公约》第 13 条第 4 款以及 TRIPS 第 14 条第 3 款规定的权利。具体内容是，广播组织享有在向公众收取门票的公共场所向公众传播广播电视节目的排他权利。但成员国有权决定行使该项权利的条件。据此，在收取门票的公共场所通过扩音器或者其他机器播放中央电视台体育频道播放的重大体育赛事节目，将侵害中央电视台的向公众传播权。不过，如果是免费播放，则不侵权。

我国 2010 年《著作权法》第 45 条规定广播组织享有同时转播权、录制权、复制权。这些权利的保护期限为 50 年，截止于该广播、电视首次播放后第 50 年的 12 月 31 日。

与《罗马公约》、TRIPS 相比，我国 2010 年《著作权法》第 45 条规定的转播权虽然可以控制同时转播广播节目的行为，但并没有赋予广播组织"向公众传播权"，因而至少在现阶段，广播组织对于他人在收取门票的公共场所向公众播放广播、电视节目并不享有广播组织权。同时，也和《罗马公约》和 TRIPS 一样，不能控制通过网络直接播放广播节目的行为。

三、广播组织和著作权人、表演者、录音录像制作者的关系

（一）广播组织和著作权人的关系

由于著作权人对其作品享有广播权（机械表演权），我国 2010 年《著作权法》第 43 条规定，广播电台、电视台播放他人未发表的作品，应当取得著作权人许可，并支付报酬。播放他人已经发表的作品，虽然可以不经著作权人许可，但应当支付报酬。《著作权法》第 44 条特别规定，广播电台、电视台播放已经出版的录音制品，可以不经著作权人许可，但应当支付报酬。当事人另有约定的除外。

（二）广播组织和表演者的关系

广播组织播放的如果是表演者的现场表演，由于表演者享有现场直播权，广播组织必须经过表演者许可，并支付报酬。当然，广播组织还必须经过被表演的作品著作权人同意。

(三）广播组织和录音录像制作者的关系

如果广播组织播放的是录制有表演者表演的录像制品，则按照现行著作权法第 46 条规定，必须经过录像制品制作者同意，并支付报酬。当然，还必须经过对被表演作品拥有广播权（机械表演权）的著作权人同意。但是，此种情况下，无须再经过表演者的同意，因为表演者对录音录像制品中的表演并不拥有（广播权）机械表演权。

四、信息化、网络化时代广播组织权面临的新课题

因受制定时技术条件的限制，《罗马公约》《布鲁塞尔卫星公约》、TRIPS 均将广播组织限定为无线广播组织。随着有线广播技术的应用，世界上多数国家都在立法中将广播组织权的主体扩展至有线广播组织。然而，通过信息网络进行广播的组织，即网播组织是否属于广播组织，广播组织是否享有信息网络传播权，依旧没有解决。这对广播组织无疑是一个重大打击。雪上加霜的是，市场上出现了大量免费向公众提供的解密广播组织广播节目的技术装置，使得安装了该解密装置的公众都可以免费收看广播节目。

1998 年，为了解决信息化、网络化时代广播组织的困境，《广播组织条约草案》被提出，其赋予了广播组织发行权、录制后播送的权利、提供已录制的广播节目的权利、保护广播组织权利的技术措施权等权利。具体比如，《广播组织条约草案》第 8 条规定广播组织享有"以任何手段同步或者迟延传播其广播信号"的排他性权利，第 10 条则禁止破解对广播信号的加密措施，以及制造、进口、出售或者提供用于解密广播节目的手段。

由于世界知识产权组织成员国广播组织发展水平的差异，虽然草案避免了对争议最大的网播组织是否属于广播组织、广播组织是否享有信息网络传播权进行规定，不同国家存在的巨大争议使得该草案至今依旧未能得以获得通过。

第六节　邻接权的限制

我国现行《著作权法》第 22 条第 2 款、第 23 条第 2 款都规定，《著作权法》第 22 条第 1 款、第 23 条第 1 款对著作权的限制规定，适用于对出版社、表演者、录音录像制作者、广播电台、电视台的权利限制。前面有关章节已经详细探讨过著作权的限制，此处不再赘述邻接权的限制。

第九章
侵害著作权的效果

第一节 概说

一、总说

因侵害著作人格权的要件在第四章"著作人格权"已经讨论过，本章只探讨侵害著作财产权的要件及其他相关问题。

由于著作权是人为创设的规制他人行为模式的排他性权利，因此只要行为人没有经过著作权人同意，实施了《著作权法》第10条第1款第5项至第17项规定的各分支权排他控制范围内的行为，不管其主观上有无过错，其行为都侵害著作权。这说明，在探讨侵害著作权的行为要件时，无须考虑行为人的主观过错。但是，根据有过错才赔偿的民法基本原理，在探讨行为人的损害赔偿责任时，需要判断行为人主观上是否存在过错。当然，根据《民法通则》第92条和《民法总则》第122条有关不当得利的规定，不管行为人主观上是否存在过错，受损失方都可请求行为人返还不当得利。

在探讨侵害著作权的要件时，也无须关注被侵害的是原作品还是演绎作品。只不过在未经同意利用他人演绎作品时，不但会侵害演绎作品著作权人的著作权，还会侵害原作品著作权人的著作权。

更为重要的是，对于侵害著作权而言，没有必要照搬英美法系国家所谓的间接侵权行为理论。已为我国民法通则、民法总则和侵权责任法所采纳的大陆法系传统的共同侵权行为理论足以解决教唆者、帮助者的侵权责任问题。所谓的间接侵权行为理论只会混淆人们的视听，对于教唆者、帮助者侵权责任的认定并未提供任何新的启迪或者帮助。一句话，必须在共同侵权行为理论的框架下解决教唆者、帮助者的著作权侵权责任问题，没有必要硬套美国所谓的间接侵权行为理论。

二、两阶段测试法和过滤法

判断是否成立著作权侵害的具体手法，有两阶段测试法和过滤法之分。两阶段测试法，是指首先抽取原告作品的创作性表达，然后观察被告作品，看被告作品中是否再现了原告作品中的创作性表达进而判断是否成立著作权侵害的判断手法。按照这种手法，如果被告作品中的创作性表达再现了事先抽取出来的原告作品中创作性表达，则著作权侵害行为很可能成立。

过滤法，是指先抽出原被告作品相同类似的部分，然后判断原被告作品被抽出的部分是否属于创作性表达，进而判断是否成立著作权侵害的手法。按照这种手法，如果原被告作品中抽取的相同类似部分属于创作性表达，则著作权侵害行为很可能成立。

可见，不管采用上述哪种判断手法，只要运用得当，得出的是否成立著作权侵害的最终结论应该是一致的。

考虑到首先判断和抽取原告作品中的创作性表达部分并不容易，就司法实践而言，选择过滤法更为现实可行。

第二节　侵害著作权行为的认定

虽然从一般论角度讲，只要未经著作权人许可实施了《著作权法》第10条第1款第5项至第17项规定的各支分权控制的行为，该行为就构成侵害著作权的行为，但司法实践中究竟如何认定该行为，尚需考虑多方面的因素。这些因素综合起来分为依据要件、类似性要件、利用行为要件三个方面。

一、依据性要件

（一）依据性要件的含义

著作权基于创作产生，无须登记要件，不管行为人主观上是否认为其创作出了和他人作品不同的作品，其作品偶然和已有作品相同类似的情况总是难免存在，对此如果认定构成著作权侵害，将给独立创作者造成不可预测的不利益，与著作权法激励创作的趣旨背道而驰。另外，在文化多样性世界，创作出和他人已有作品偶然相同类似的作品的情形也并非可能频繁发生，将没有依据他人已有作品创作出的偶然类似的作品排除在著作权的保护范围之外，对著作权人造成的影响也极其微小。❶ 为了激励独立创作，理应将未以既有作品为依据独立创作出来的作品排除于著作权保护范围。

所谓依据要件，是指要成立著作权侵害行为，行为人必须接触过著作权人的作品并以此为依据作成和原作品具有类似性的作品。虽然行为人的作品和原作品具有类似性，但如果行为人没有接触过著作权人的作品，则为自己独立创作，属于偶然类似的情况，行为人不但不构成著作权侵害，反而对其创作的作品享有独立的著作权。依据性要件的本质，在于强调创作的独立性。

在日本最高裁判所1978年9月7日判决的ワン・レイニー・ナイト・イン・トーキョ案中，ハリーヴレン创作的A曲"the Boulevard of broken dreams"的著作权人音乐出版社x，主张Y作曲的B曲ワン・レイニー・ナイト・イン・トーキョ与A曲相似，并基于著作权侵害主张损害赔偿。日本最高裁判所判决认为，"作者，享有复制作品的专有权利。所谓作品的复制，是指以既存作品为依据，使人能够感知该作品内容和形式的重制，虽然作成和既存作品具有同一性的作品，但未以既存作品作为依据重制时，则并非既存作品的复制，也不产生著作权的侵害问题，不存在接触既存作品的机会，无法知晓既存作品存在及其内容的人，不管不知晓是否存在过失，由于并未以既存作品为依据重制作品，即使作成和既有作品具有同一性的作品，也不能据此追究其著作权侵权责任。"❷

(二) 依据性要件的认定

然而，行为人是否接触过他人作品，事关行为人内心世界，只有行为人最为清楚，因而提起侵权诉讼的原告，要证明被告接触过其作品并且依据其作品作成了和自己具有类似性的作品，极为困难。一般而言，这需要结合原被告作

---

❶ 田村善之. 著作権法概説（第2版）[M]. 东京：有斐閣，2001：49.
❷ 日本最判昭和53年9月7日民集32卷6号1145页.

品类似性程度、没有实质意义部分的共同性、创作性的有无、创作性部分的艺术价值高低、侵权行为人的社会立场和关联状况等因素,进行综合判断。比如,原告作品中故意植入的错别字或者其他原告故意设置不准确甚至错误之处、原告计算机程序作品中的bug,在被告作品中同样出现的话,就足以证明被告接触过原告作品。这种相似可以被称为"证据性相似"。❶ 但如果被告作品和原告作品中具有类似性的部分,只不过是司空见惯的、非常容易想到的表达,就难以认定依据性要件成立。

(三) 依据性的举证责任

即使原告通过作品登记时间证明其作品创作时间早于被告作品作成时间,亦无法直接证明依据性要件成立。为此,应当采取下列举证责任分配规则:原告负担举证证明被告作品和其作品表达上具有相同类似性的责任,被告承担举证证明其作品系其独立创作的责任。在此举证责任分配规则下,如果被告不能举出有力反证证明其作品系独立创作,则应当推定其作品系依据原告作品作成,依据性要件成立。

二、类似性要件

(一) 类似性的含义

所谓类似性要件,是指要成立著作权侵害,原被告作品创作性的表达应当具备同一性或者类似性。所谓同一性,是指原被告作品创作性表达完全或者基本相同,这种情况主要表现为全部复制或者部分复制,比如全部抄袭或者部分抄袭。所谓类似性,是指原被告作品创作性表达虽然不是完全或者基本相同,但创作表现本质上相同。这种情况通常表现为对原告作品进行没有创作性的简单删减、增添、改变。比如增加或者删除原告作品中无关紧要的字、词、句,简单改变原告作品的顺序结构。

由于著作权法保护的是思想、感情创作的表现,而不是思想、感情本身,因此即使原被告作品中表现的思想或者情感具有同一性或者类似性,被告行为

---

❶ LATMAN A. Probative similarity as proof of copying: toward dispelling some myths in copyright infringement [J]. Columbia Law Review, 1990, 1187 (90).

亦不构成侵害原告著作权行为。

作为思想、感情创作基础的事实部分有时具备表达的唯一性，比如煤气管道图、人体结构图、地图等图形作品中的管道、人体结构、地形地貌、历史人物客观活动的记录，以大自然为题材的大自然本身，以某些物理定律、化学公式作为说明对象的物理定律、化学公式本身，等等。在判断这些作品创作的表现是否具备类似性时，首先必须排除具备唯一性表达的事实本身部分，然后再考察具备创作性的表达部分是否相同或者类似。

（二）类似性的判断基准

原被告作品创作性表达完全或者基本相同，较为容易判断。然而，如何判断原被告作品的类似性，不管是理论上还是实务中，都是一个棘手的问题。从日本学说和实务上看，至少存在以下两个判断基准的争论。

1. 本质特征直接感知说

这是日本裁判所一贯坚持的立场。按照本质特征直接感知说，被告作品利用原告作品中具有创作性的部分，如果使得接触被告作品的人从被告作品中直接感知到原告作品表达上所具备的本质性特征，则原被告作品具有类似性。❶

日本最高裁判所最早于1980年3月28日判决的パロディ・モンタージュ写真案中采用了本质特征直接感知说。❷ 被告未经许可，将原告拍摄的一张摄影照片左侧部分予以裁切删除后复制为黑白照片，并在该黑白照片右上方搭配从案外人的广告照片中复制的汽车雪地用轮胎照片，从而合成为系争黑白照片，并冠以"轨迹"的标题发表。原告的照片构图如下：一雪山斜坡上，6名滑雪者一边留下宛如雪地用轮胎的胎痕般的滑雪板痕迹，一边滑行下坡。

对此，日本最高裁判所认为，"创作自己的作品时，并非一概不许将他人作品作为创作素材，但未经许可允许利用的部分，仅限于无法让接触被告作品者难以再从中直接感知原告作品中表现形式上本质特征的部分。"本案中，接触被告作品者能够从被告作品中直接感知到原告作品表现形式本质部分的特征，因此侵害原告著作权。

在2001年6月28日判决的"江差追分案"中，日本最高裁判所重申了本

---

❶ 高部真规子「判例からみた翻案の判断手法」著作権研究34号18頁（2008）。
❷ 最判昭和55年3月28日民集34卷3号第244页。

质特征直接感知说,认为本案中的"系争旁白虽依据系争作品创作,但其与系争序言具有同一性的部分,仅及于非属表达的部分,或者虽为表达但不具有创作性的部分,因而系争旁白的表达,尚难直接感知系争序言表达上所具备的本质特征,不属于系争旁白的改作"。❶

在 2012 年 8 月 8 日判决的"釣りゲーム事件"中,东京知识产权高等法院同样坚持了本质特征直接感知说。东京知识产权高等法院判决认为,"经考虑与原告作品钓鱼画面中相同与不同部分的内容、是否具有创作性及其程度,接触被告作品钓鱼画面者,就其整体所感受到的印象应属不同,无法直接感知原告作品表达上所具备的本质性特征。……著作权人仅选择一完整作品中的特定部分作为比对对象,如果相对人主张并举证证明,倘将完整作品中经著作权人省略的部分一并纳入进行整体对比,即无法直接感知原告作品表达上的本质特征,则只要其仍属于钓鱼画面范围内的对象,由诉讼标的的观点即无不应允许相对人提出此等抗辩主张的理由。"❷

总而言之,按照本质特征直接感知说,如果接触被告作品者能够从被告作品中直接感知到原告作品创作性表达的本质特征,则原被告作品表达上相同或者类似,否则不相同也不类似。该说在日本被指责缺少著作权法上的依据,而且内容不明确。❸

2. 创作性表达相同说

该说认为,作品的类似性,是指作品创作性表现部分相同。理由是,著作权法所保护者,仅是具备作品性的部分,没有作品性的部分,著作权法不提供保护。按此学说,如果原被告作品中相同的表达部分系思想,由于思想不受著作权法保护,因此原被告作品不相同也不类似。该说进一步认为,原被告作品相同类似,必须是具有创作性的表达部分的相同类似,没有创作性的部分相同类似,不能认定原被告作品相同类似。❹

在"風呂バンス事件"中,大阪高等裁判所认为,原告插图和被告插图相同的部分,只不过是采用了司空见惯的表现方法说明商品零部件的表达,除此司空见惯部分相同外的其他部分不同,从被告的插图中无法直接感知原告插

---

❶ 最判平成 13 年 6 月 28 日民集 55 卷 4 号 837 页(平 11(受)922 号)。
❷ 知裁高裁平成 24 年 8 月 8 日判时 2165 号 42 页(平 24(ネ)10027 号)【釣りゲーム事件】。
❸ 岛并良,上野达弘,横山久芳. 著作权法入门 [M]. 东京:有斐閣,2009:253.
❹ 田村善之. 著作権法概说(第 2 版)[M]. 东京:有斐閣,2001:61-63,111-115.

图创作表现部分的本质特征，因而不能认为是对原告作品表现的复制。❶

本书作者认为，上述两种学说虽然说法不同，实质并无差别，都认为只有被告作品中的独创性表达部分和原告作品中的独创性表达部分相同时，原被告作品类似性的侵权构成要件才成立。本质特征直接感知说中所谓的"本质特征"，实质就是创作性表达。强调上述两种学说存在差异的学者，不但误解了独创性表达说的观点，而且使用含混不清的"本质特征"，并不可取。

(三) 不同类型作品类似性的判断

在司法实践中，同一性判断较为容易，但类似性判断则较为困难。下面就几类作品类似性的判断进行探讨。

1. 虚构的文学作品同一性和类似性的判断。对于小说等虚构文学作品而言，题材本身、抽象的人物性格、尚未包含具体情节的单纯人物关系等并不属于著作权法的保护对象。就题材而言，即使某个题材属于原告虚构，被告以此题材进行创作也并不必然能够得出被告作品与原告作品表达相同类似的结论。只有被告作品与原告作品在表达形式上相同或实质性相似，且这种相同或实质性相似达到一定程度，才构成对原告著作权的侵害。

在李鹏诉石钟山和作家出版社侵害著作权一案中，❷ 原告李鹏主张《地下，地上》无论是在故事背景、人物设置及描写、故事结构及情节均与《潜伏》相同或实质性相似，侵犯了其著作权。然而，法院并没有采纳原告的主张。

法院认为，就文学作品来看，其故事背景、人物设置和描写、故事结构及情节是最重要的因素，也是体现作者独创性思维的主要方面，要判断被告作品《地下，地上》是否构成对原告作品《潜伏》的抄袭，应分析两部小说上述方面是否构成相同或实质性相似。经过审理，法院发现，原被告作品在上述方面既不相同也不类似。比如，关于女主人的描写，在《潜伏》中，女主人公翠平是"年轻女人怀里抱着包袱，粗眉大眼，比照片上要难看一些"（《潜伏》第57页左栏第4段第3行），"余则成在她的手掌中摸到了一大片粗硬的老茧，也发现她的头发虽然仔细洗过，而且抹了刨花水，但并不洁净；脸上的皮肤很

---

❶ 大阪高判平成17年12月15日判例集未登载（平17（ネ）第742号）。
❷ 北京市丰台区人民法院（2007）民丰初字第8791号民事判决书。

黑，是那种被阳光反复烧灼过后的痕迹；新衣服也不合身，窝窝囊囊的不像是量体裁衣。除此之外，她身上还有一股味道，火烧火燎的焦臭，但绝不是烧柴做饭的味道。汽车开出去二十里以后，他才弄明白，这是烟袋油子的味道。于是，他便热切地盼望着这股味道仅只是他那位'岳母大人'给熏染上的而已"（《潜伏》第57页左栏倒数第2段）。她是个"单纯、不会变通、甚至有些鲁莽的女人"（《潜伏》第58页右栏第4段第2~3行）。《地下，地上》中的女主人公王迎香"经过几次战斗的洗礼之后，王迎香被老魏任命为第九小队队长。那时的王迎香已经出落得丰姿绰约，年满十七的她，齐耳短发，腰扎皮带，浓眉大眼的王迎香已经是标准的游击队员了。最惹人眼目的还是她手里的双枪，枪是她带领第九小队端掉日本人的炮楼缴获的，腰间的皮带上左边插着短枪，右边也插着短枪，短枪的枪柄上还系了两块红绸，在腰上一飘一飘的"（《地下，地上》第30页倒数第1段），王迎香的性格"喜欢冒险"（《地下，地上》第37页倒数第2段第2行）。因而，《潜伏》和《地下，地上》是由不同作者就同一题材创作的作品，作品的表达系独立完成并且有创作性，作者各自享有独立的著作权。

2. 历史题材作品类似性的判断

由于历史事实的限制，历史题材作品中的历史人物、人物关系、历史事件及其发生时间等都可能完全相同，同时由于表达方式有限，因此不能因为这些因素相同，就简单认定被告作品与原告作品表达上具有同一性或者类似性。尽管历史事实相同，但如原被告作品对这些历史事实的具体描写手法、表现方式等不同，则被控侵权作品和原告作品并不具有同一性或者类似性。

在陈廷一诉北京懋伯兰文化传播有限责任公司等侵犯著作权纠纷案中，原告创作了长篇传记文学作品《许世友传奇》，被告拍摄了电视剧《上将许世友》，原告认为，被告电视剧中人物塑造、人物关系、精彩情节、作品结构、故事走向甚至对白等方面，都对其作品进行了严重的剽窃。但法院经过审理发现，原告主张被剽窃的内容，一部分来自《许世友回忆录》的原文，一部分属史实，一部分在被告的作品中并不存在，一部分事件虽相似但具体情节并不相同。比如，虽然原被告作品中都涉及许世友在延安整顿时吐血、许母逼儿妻改嫁、西路军惨败、许世友喝酒自己付钱、许世友对换军装有意见、许世友跪母等历史事实，但对这些历史事实的具体描写并不相同，因此并不能得出原被告创作性表达相同类似的结论。

3. 改编作品类似性的判断

改编作品是指在原作品基础上创作出具有独创性的新作品。将小说改编成剧本和拍摄成电影是最典型的改编作品活动。改编作品和原作品的区别在于，改编作品虽然表现形式上属于新作品，但不同于原创作品，属于以原作品独创性为基础而创作出的新作品。改编作品和原作品的联系在于，不管如何改编，改编作品中都再现了原作品的独创性表达。如果改编作品只是利用了原作品的创意，表现形式上不存在原作品独创性的表现，则改编后形成的作品不再属于改编作品，而属于独立的新创作作品，原被告作品不存在类似性。相反，改编作品虽然增加了独创性表达，但如仍然再现了原作品独创性表达，则改编作品和原作品具有类似性。

在何平诉教育部考试中心侵犯著作权纠纷案中，❶ 原告何平的漫画作品《摔跤之后》2005年3月5日刊登在《讽刺与幽默》报第617期上。漫画的主要内容为：一个拄拐杖的老头踩了一块西瓜皮摔倒了，两女一男分别举着"补脑""补钙""补血"的牌子围上来，说："大爷，您该补补啦！"2005年，何平对该漫画进行了某些细部的修改，改名《摔了一跤》，发表在《漫画大王》杂志上。2007年高考全国卷Ⅰ高考语文试题（河南、陕西等）第七大题是一篇看图作文，漫画题目为《摔了一跤》，主要内容为：一个小孩踩了一块西瓜皮摔倒了，两女一男分别举着"家庭""学校""社会"的牌子围上来，说："出事了吧！"

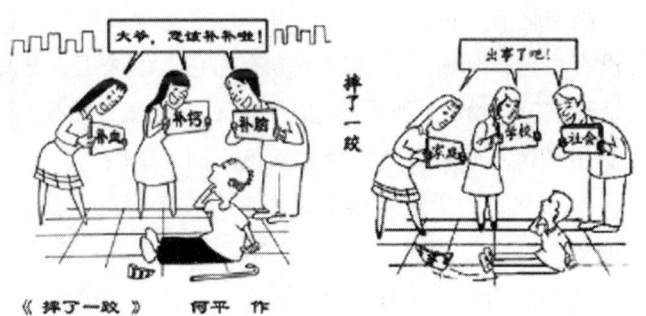

将被告漫画与原告何平漫画进行比对可以发现，二者在构图、故事设计、人物形态等方面存在较大的相似性，可见一种紧密联系、发展演变的过程。具

---

❶ 北京市海淀区人民法院（2007）海民初字第26273号民事判决书。

体而言，二者在漫画故事构思上相同，都是有人踩西瓜皮摔倒，两女一男分别从各自所举文字的角度表示关切，三人头顶有共同的文字，代表不同的身份进行推销或评说；在画面的整体布局，包括三个举牌者、老头或小孩的画面布局上基本相同，人物的形态、体态、神情相似；在某些细节，如摔倒的地方都用四条横线、四条竖线表示，摔倒的人都用右手搔头表示不解等方面，存在相似之处。尽管经过比对，亦可发现原被告在创作表现上存在如下区别：具体人物选择、所配文字、人物画法、老头还是小孩的具体人物选择、人物的衣着、发型、人物是否有阴影、是否有拐棍、老头或小孩、西瓜皮的具体位置、是否有室外背景的描画等方面亦存在较明显的不同，但仍然不能否定原被告作品创作性表达上具有类似性。

4. 美术作品类似性的判断

美术作品的独创性表达主要表现在构图、线条及其搭配、颜色及其组合、光影明暗等方面。原被告美术作品在这些方面相同，则类似性要件成立。

在赵梦林诉北京梦天游信息技术有限公司侵犯著作权纠纷案中，[1]法院经过组织双方当事人对公证书上显示的原告享有著作权的脸谱（以下简称"公证脸谱"）与被控侵权的《京剧脸谱》画册上显示的脸谱（以下简称"画册脸谱"）进行比对发现，公证脸谱与画册脸谱大部相同，少部差异，且差异仅体现在耳朵有无、个别部位的颜色轻重、线条粗细及细微图案上。比如，其中28幅脸谱除了某些部位的颜色存在不同程度的差异外，其他无明显区别。如晁盖——公证脸谱颜色较浅，画册脸谱颜色较深；哈迷蚩——两幅脸谱皮肤颜色不同，公证脸谱嘴唇下方没有白色，画册脸谱嘴唇下方有白色；牛魔王——两幅脸谱脸色轻重不同，公证脸谱没有粉底，画册脸谱有粉底；栾廷玉、伯颜，下巴颜色均不同；张天龙，指甲颜色不同；宣赞，额头颜色不同；金眼僧，三个圆点的颜色不同。再比如，其中9幅脸谱除某些部位图案存在差异外，其他无明显区别。如黄袍怪——眼圈勾线轻重不同；柴桂——眉心图案不同；天罡——公证脸谱牙齿没有红边，画册脸谱牙齿带有红边；杨志——公证脸谱额头两侧的金三角是虚线，画册脸谱额头两侧的金三角是实线；王文——公证脸谱没有鼻毛，画册脸谱有鼻毛；王英——公证脸谱勾边线是虚线，画册脸谱勾边线是实线；时迁、蒋平——公证脸谱没有眼角的花纹，画册脸谱有眼角的花纹。据此法院认

---

[1] 北京市海淀区人民法院（2007）海民初字第25509号民事判决书。

定，被告梦天游公司对上述相同部分既未提供独创性证据，也未提供合理性解释，因而原被告上述 28 副脸谱创作性表达相同或者实质性类似，被告行为构成侵权。

三、利用行为要件

利用行为包括我国 2010 年《著作权法》第 10 条第 1 款第 5 项至第 17 项规定的利用行为。即复制、发行、出租、展览、表演、放映、广播、信息网络传播、摄制、改变、翻译、汇编、其他利用行为。

2010 年《著作权法》第 48 条第 6 项将未经著作权人或者与著作权有关的权利人许可，故意避开或者破坏权利人为其作品、录音录像制品等采取的保护著作权或者与著作权有关的权利的技术措施的，以及故意删除或者改变作品、录音录像制品等的权利管理电子信息的行为，规定为侵害著作权行为。这两种行为实与利用他人作品无直接关联，只能理解为著作权法为了确保著作权、邻接权的保护实效性，而将其视为侵害著作权的行为，著作权人亦可行使停止侵害和赔偿损失等请求权。

日本著作权法第 113 条第 1 款、第 2 款、第 3 款、第 5 款、第 6 款，分别将下列行为规定为"视为侵害著作权的行为"：

以在国内发行为目的，进口根据如在国内发生应构成著作权法上的侵害行为制作的侵权物。比如，以在国内销售为目的，进口在海外制作的盗版 DVD 的行为；明知属于著作权法上的侵害行为制作的侵权物，而发行、以发行为目的持有、以业务为目的出口或者为了以营利为目的出口而持有的行为。（第 1 款）

在业务用计算机中使用侵害计算机程序作品著作权制作的复制品的行为，但以取得复制品使用权主观上明知为限。（第 2 款）

故意增加虚假信息作为权利管理信息的行为；故意删除或者改变权利管理信息的行为；明知属于被增加、删除或者改变权利管理信息的作品或者表演等，而发行、为发明目的进口或者持有、向公众传播或者进行传播可能化的行为。（第 3 款）

进口以在国外发行为目的制作的商业用录音制品的行为。（第 5 款）

以损害作者名誉或者声望的方法利用作品的行为，视为侵害著作人格权的行为。（第 6 款）

总之，只要原告能够证明被告接触过作品、原被告作品具备同一性或者类似性、被告存在著作权法规定的利用行为，又不存在法定限制与例外事由，则可以认定被告行为构成著作权侵害行为。

第三节　日本法上的卡拉 OK 法理及其意义

卡拉 OK 法理是日本最高裁判所于 1988 年在猫眼俱乐部案中创设的一个认定非直接利用著作权人作品行为是否构成著作权侵害行为的著名法理，对于著作权侵权行为频发的我国，该法理具有重要的借鉴意义。

一、典型案例

（一）猫眼俱乐部案（クラブキャッツアイ）[1]

该案原告是日本音乐著作权管理协会，被告是卡拉 OK 经营者猫眼俱乐部。简要案情如下：被告在卡拉 OK 店内设置卡拉 OK 装置，在没有经过原告许可的情况下，为来店顾客提供由该团体所管理歌曲的卡拉 Ok 伴奏磁带，供来店顾客在其他来店顾客面前进行演唱。在此过程中，被告准备了卡拉 OK 磁带和选歌单，被告营业员具体操作了卡拉 OK 装置，并且有时还和客人一起演唱。原告以被告行为侵害其管理歌曲的演奏权为由，起诉到福冈地方裁判所，要求被告停止侵害行为，并赔偿损失。一审判决（1982 年 8 月 31 日）以顾客的演唱行为主体属于卡拉 OK 店并且属于在公众面前进行的演唱行为（不特定的来店顾客）为由支持了原告的诉讼请求。被告不服，上诉到福冈高等裁判所。福冈高等裁判所以同样的理由基本维持了原判决结论（1984 年 7 月 5 日）。被告仍然不服二审判决，上告到日本最高裁判所。日本最高裁判所仍然支持了二审判决。日本最高裁判所的判决要旨（1988 年 3 月 15 日）如下：顾客、陪歌服务员的演唱以相当于公众的其他顾客直接听到为目的的。即便只是在顾客自己演唱的情况下，也并非和经营者毫无关系，顾客的演唱是在店内服

---

[1] 福冈地方裁判所昭和 55 年（ワ）第 847 号事件。福冈高等裁判所 58 年（ネ）第 329 号事件。日本最高裁昭和 59 年（オ）第 1204 号事件。

务员的劝诱下，在其所准备的卡拉 OK 曲目范围内选择曲目，通过服务员对卡拉 OK 装置进行操作，在经营者的管理之下进行的。另外，经营者将顾客的演唱作为营业的一种手段，以此酿造出一种氛围，招徕喜欢此种氛围的顾客光顾，从而提高了营业利益。因此，顾客的歌唱行为从著作权法的角度来看，应当作为卡拉 OK 经营者的歌唱行为。❶

（二）通信卡拉 OK 案（ヒットワン）❷

本案原告是日本音乐著作权管理协会，被告是ヒットワン株式会社。简要案情如下：从事通信卡拉 OK 装置出租和销售业务的被告没有经过原告许可，向 93 家社交饮食店出租通信卡拉 OK 装置。该装置中不但储存了大量卡拉 OK 音乐作品，而且被告在向 93 家社交饮食店交付通信卡拉 OK 装置后，仍然通过通信线路向这些店铺提供新的歌曲数据，供其使用和储存。被告提供的通信卡拉 OK 装置还有一个特别功能，即如果这些店铺不按照合约缴费的话，被告只要输入一定的信号，这些店铺就无法再使用储存在卡拉 OK 装置里的音乐作品。原告以被告侵害其管理音乐作品的演奏权和上映权为由，起诉至大阪地方裁判所，要求被告采取措施，不再让这些店铺播放其管理的音乐作品。

大阪地方裁判所判决支持了原告的诉讼请求。其主要理由如下。（1）被告向演奏、上映原告管理音乐作品的各个社交饮食店提供了必不可少的卡拉 OK 装置。（2）被告在向各个社交饮食店出租卡拉 OK 装置时，没有尽到确认这些店铺是否与著作权人缔结使用许可合同的义务，而且在得知各个店铺没有经过许可演奏、上映原告管理作品构成侵权后，没有促使其获得著作权人许可，也没有解除出租合同或者采取措施停止卡拉 OK 装置的使用。（3）被告完全可以控制卡拉 OK 装置的使用还是不使用。（4）被告获得的出租费与各个店铺演奏、上映原告的音乐作品十分密切。据此，大阪地方裁判所认为，被告的

---

❶ 该案发生还有一个背景，即当时日本著作权法附则第 14 条有一个特殊规定，就是播放合法录音的音乐著作物，除了在一些特殊情况下，不构成著作权侵害。而卡拉 OK 经营者的行为就符合这个特殊规定，所以卡拉 OK 经营者播放音乐伴奏带的行为不构成演奏权侵害。在这种情况下，原告只好将着眼点放在顾客的演唱行为上，由此导致所谓卡拉 OK 法理的诞生。日本著作权法附则第 14 条已经于 1999 年废除，此后不经过许可在卡拉 OK 经营店、便利店、商场、咖啡馆、饮食店等公众场合播放音乐作品，按照日本著作权法第 22 条的规定，都构成著作权侵害行为（日本著作权法第 22 条规定：著作权人对其著作物，享有以让公众直接见到或者听到为目的上演、演奏的专有权利）。

❷ 大阪地方裁判所平成 14 年（ワ）第 9435 号事件。

帮助行为与各个店铺的著作权侵害行为关系密切，其有义务终止该帮助行为。在其中止帮助行为能够制止著作权侵害行为而不中止的情况下，可以类推解释为侵害著作权的主体，构成日本《著作权法》第 112 条第 1 款所说的"侵害著作权者或者有可能侵害者"，原告可以对其提出差止请求（差止的具体内容为：被告采取措施，不再让 93 家店铺播放卡拉 OK 乐曲）。

（三）選撮見録案（よりどりみどり）❶

本案原告是每日放送、朝日放送等 5 家电视台，被告是クロムサイズ株式会社。简要案情如下：被告生产、销售一种面向集体宿舍的电视节目录制装置，该装置通过天线接收电视台信号，应用户的预约请求录制并保存一周的电视节目（具体存在两种预约录制模式，第一种是用户就自己喜欢的节目进行单个预约的个别预约模式，第二种是用户就一周之内五个电视频道的节目全部进行预约的全局预约模式。但用户的录制预约请求存在重合的情况下，该录制装置可以自动进行识别，只录制并保存一个电视节目数据），并根据用户的预约收看请求发送给各个用户观看。本案中，被告将此种电视节目录制装置销售给集体宿舍的建设或者销售者后，将其安放在集体宿舍的管理人员办公室内，并在各个用户家里安装了与电视机相连的配套收视器，配备了遥控器，在管理人员办公室安装了服务器，通过该服务器，该电视节目录制装置和用户家里的收视器、被告的计算机组成了一个可以工作的联网系统。具体工作原理和过程如下：用户通过联网收视器发出录制预约指令，录制装置自动录制，录制完毕后应用户的收看请求自动将录制好的电视节目发送给用户观看，录制装置一旦发生故障，被告立即知晓，从而及时进行维护。为此，每个用户每月需要支付给被告 1200～1400 日元费用。原告每日放送等 5 家电视台以著作权和著作邻接权侵害为由，起诉到大阪地方裁判所，请求被告停止销售电视节目录制装置并废弃已经生产的装置。

大阪地方裁判所认为，由于用户预约的节目可以供其他用户或者后来入住的用户选择观看，因此个别用户的复制不构成私人复制。被告生产、销售电视节目装置的行为虽然没有构成直接侵害著作邻接权的行为，但该种行为几乎必

---

❶ 大阪地方裁判所平成 17 年（ワ）第 488 号事件。大阪高等裁判所平成 17 年（ネ）第 3258 号事件。

然导致侵害著作邻接权的发生,在用户直接侵害著作邻接权的行为很难排斥、预防的情况下,即便电视节目复制装置生产、销售者的行为并非直接侵害权利的行为,也可以将其行为视为日本著作权法第112条第1项规定的"侵害著作邻接权或者有侵害可能的行为",从而准许原告行使差止请求权。

为此,大阪地方裁判所判决被告应该在涉案的关西地区停止销售电视节目录制装置(原告要求被告在涉案关西地区以外停止销售的请求以及废弃有关装置的请求没有得到支持)。大阪高等裁判所虽然也认为被告行为构成侵权,但所持理由和大阪地方裁判所的有所不同。大阪高等裁判所认为,被告在用户对原告电视节目非法录制过程中起到了技术上的决定性支配作用,并且在销售该装置后为了保持装置稳定的运行,还和设置在管理员办公室的服务器进行了联网,通过远距离遥控对该装置进行了管理,并通过销售、管理等手段赚取了利益,因而被告为侵害著作邻接权的主体。关于被告差止的内容,大阪高等裁判所的判决也和地方裁判所的判决有所不同,只要求被告采取措施,以保证其销售的录制装置不能让用户进行使用以录制原告电视节目。

(四)ファイルロ一グ案(file rogue)❶

本案原告是日本音乐著作权管理协会,被告是在网络上提供p2p共享软件服务的公司エムエムオ一。简要案情如下:被告提供的ファイルロ一グ软件是一款非常初期的p2p软件,需要共享软件的会员用户访问被告的中央服务器,才能获得自己所需要的文件。具体原理如下:被告的免费注册会员用户首先下载安装其提供的软件,然后访问被告中央服务器,被告中央服务器显示处在联网状态的其他用户可以共享的文件,会员用户下载使用。不过在这一过程中,被告的中央服务器本身并不储存用户可以用来共享的文件。原告以自动公众送信权和送信可能化权(两个权利总括起来相当于我国2010年《著作权法》上所说的信息网络传播权)侵害为由,向东京地方裁判所起诉,要求被告停止侵害并赔偿损失。

审理此案的东京地方裁判所和东京高等裁判所一致认为,虽然被告的中央服务器在其会员用户交换文件的过程中不储存文件,但因为用户进行文件交换

---

❶ 东京地方裁判所平成14年(ワ)第4237号事件。东京高等裁判所平成16年(ネ)第405号事件。

时必须以安装、使用其提供的软件为前提,必须连接其服务器,而且必须在其服务器上确定自己所需文件所在位置,并且被告在其网页上说明了该软件的使用方法,几乎所有用户都按照该说明方法进行使用,因此认定被告对用户侵害公众送信权的系统进行了管理,具备管理性;同时,被告从用户下载 p2p 软件的网站上获得广告收入,构成利益性,因此被告构成公众送信权侵害的主体,应当承担停止侵害和赔偿损失的责任。

(五) 録画ネット案❶

本案原告为日本放送协会,被告为エフエービジョン有限责任公司。简要案情如下:

为了让居住在海外的日本人能够方便地收看日本国内的电视节目,被告在日本国内通过电脑电视录制好电视节目后,经由网络传送给海外的用户观看。和上述選撮見録案件中被告利用一台录制装置为许多用户提供服务不同的是,本案中被告安置在自己事务所内的电脑电视与用户在海外使用的电脑一一对应,海外用户发出录制指令后,只有与之对应的唯一一台录制装置为其录制电视节目,被告也因此而主张自己仅仅给用户提供了放置录制装置的场所。为了使用户能够简单地进行操作,被告为用户提供了使用该录制装置的专用软件,用户必须在网络上注册为被告的会员并经过认证后,才能享受该录制服务。日本放送协会以著作邻接权受到侵害为由,提出了请求被告停止提供该服务的假处分要求。

东京地方裁判所一审裁定、东京地方裁判所异议裁定、日本知识产权高等裁判所上诉审裁定一致认定,被告构筑并管理了一个录制原告电视节目的系统,为复制行为主体。决定性的因素有四个方面。(1) 服务的性质。被告提供的服务以居住在海外的日本人为服务对象,以让其收看到日本电视节目为唯一服务目的。(2) 系统的构筑和管理。被告在自己的事务所内设置了电视电脑、电视天线、加速器、分配机、服务器、路由器、监视服务器以及软件,并将其有机组合成一个录制系统。这些器械都是被告准备和被告所有的。被告时常监控这个系统,以保证其顺利工作。被告将这个系统作为一个整体进行了管理。(3) 录制的电视节目范围由被告决定。(4) 被告主导了用户的接触和下

---

❶ 東京地方裁判所平成 16 年 (モ) 第 15793 号事件。知的財産高等裁判所平成 17 年 (ラ) 第 10007 号事件。

载行为。用户通过自己的计算机和被告运营的网络接触时，必须经过会员认证手续，然后按照被告在网络上提示的顺序录制节目。

（六）まねきTV案❶

本案原告是日本放送协会，被告是株式会社永野商店。简要案情如下：为了让居住在海外的日本人、居住在日本国内但经常出差的人以及无法收到电视信号的用户能够方便收看电视节目，被告给用户提供了一个可以方便录制和收看电视节目的系统。本案中被告系统的工作原理和上述録画ネット案大致相同。不同之处在于：本案中用户使用的录制装置是索尼公司生产的ロケーションフリー电视（locationfree，无地点限制电视），❷ 是市场上销售的一般产品，无须被告提供任何特殊软件，用户从市场上购买回来后就可以直接用来收看电视节目；録画ネット案中的电脑电视是被告提供的，而本案中被告用来为用户录制电视节目的ロケーションフリー电视是用户自己从量贩店购买回来后交给被告的。此外，虽然ロケーションフリー电视与用户的专用电脑或者显示器形成一一对应关系，但用户在对ロケーションフリー电视下达指令时无须被告进行任何特别认证手续。原告以被告提供的服务侵害其送信可能化权为由，向东京地方裁判所提出请求被告停止提供该服务的假处分请求。

东京地方裁判所和日本知识产权高等裁判所认为，由于ロケーションフリー电视是在市场上可以随意买到的不仅仅只有电视节目录制功能的一般产品，被告的服务也没有使用特殊的软件，ロケーションフリー电视也不能向多数用户发送录制好的电视节目，被告保管的多台ロケーションフリー电视也没有作为一个整体系统发挥功能，因此不能认定被告的行为侵犯了原告的送信可能化权。

（七）MYUTA案❸

本案原告是イメージシティ株式会社，被告是日本音乐著作权管理协会。

---

❶ 東京地方裁判所平成18年（ヨ）第22027号事件。知的財産高等裁判所平成18年（ラ）第10012号事件。

❷ LocationFree包括基站（LF－B1）和播放软件（LFA－PC2）两部分组成。基站可以和宽带路由器、有线电视、DVD播放器或者DVD录像机相连接。通过Internet宽带连接，LocationFree基站能无限传输现场或者录制的电视节目，存放于VHS录像带或者DVD中的音频或者视频内容，任何一台具备无线局域网连接的笔记本电脑或者PSP掌机都可以接受这些节目。

❸ 東京地方裁判所平成18年（ワ）第10166号事件。

简要案件如下：原告是提供储存服务（ストレージサービス）的公司。所谓储存服务，一般是指：移动手机、个人电脑硬盘容量有限，在出差时大容量的数据往往不适合携带，提供储存服务的公司将用户的大量数据保存到其服务器上，用户到达出差地后再经过互联网读取保存在服务器上的数据加以利用。但本案中原告不仅仅提供储存服务。原告的装置 MYUTA 首先将用户的原始数据（比如 CD 上的 MP3 格式）转变为可以用于手机上播放的 3G2 文件，经过原告的服务器后，用户手机就可以保存本来是 CD 上的乐曲。原告担心自己的服务受到日本音乐著作权管理协会的诉讼，就首先针对被告提起了债务不存在的确认之诉。

东京地方裁判所认为，原告要想成功地向手机用户提供服务，首先必须在其服务器内复制被告乐曲，然后再向用户的手机发送数据；该复制、发送行为是在原告支配下的服务器中完成的；虽然用户可以决定复制哪首乐曲，但是原告提供服务中不可缺少的用户软件的内容、储存的条件、送信功能都是原告设计并决定的；用户自己把 CD 上的原始乐曲数据转换为手机可以播放的形式在技术上是困难的，恰恰是原告提供的服务才使其成为可能。综合考虑这些因素，复制行为的主体应当认定为原告而不是用户。由于原告提供的服务存在侵害被告复制权和自动公众送信权的可能，所以东京地方裁判所对其请求没有给予确认。

（八）ロクラク案❶

本案原告是东京放送株式会社和静冈放送株式会社，被告是日本数字化家电株式会社。简要案情如下：被告将自己生产、销售的一种具有电视节目录制功能的母机置于自己的事务所内，而将与母机一一对应的子机租赁或出售给居住在海外的日本人使用。被告在日本国内用母机录制好电视节目后，经由互联网传输给海外的用户。其特点在于，在海外用户发出录制指令后，只有与之对应的唯一一台母机为其录制、传输电视节目。在这个过程中，用户不能随意更改子机的设置。原告以复制权和著作邻接权侵害为由，向东京地方裁判所提出被告停止提供该服务的假处分请求。

---

❶ 東京地方裁判所平成 19 年（ワ）第 17279 号事件。知識財産高等裁判所平成 20 年（ネ）第 10055 号事件。最判平成 23 年 1 月 20 日民集 65 卷 1 号 399 页（平 21（受）788 号）ロクラク事件。

东京地方裁判所认为，被告以海外利用者获得日本电视节目的复制品为目的而构建了上述系统，该系统对于复制日本的电视节目并将复制了的节目向海外送信等活动具有重要意义。在设备调试过程中，母机置于被告事务所内，为了使母机发挥功能，被告将电视天线端口通过分配器与母机相连、并提供电源和接入高速网络，因此可以认为被告是将其作为一个系统在事务所内进行着管理。调试完毕后，即使母机设置场所被转移，由于被告对母机的设置、维护以及运行环境的改善等，与将母机设置在被告事务所内的情况一样，属于管理行为的继续。据此应该认为，本案服务所提供的母机是处于被告的实质性管理支配下的，被告将这些母机以及为该服务所提供的环境作为系统进行着管理。同时，被告因此获得了初期注册费和租金等利益〔包括用户注册费用3000日元，每月支付的租赁费用8500日元（只租赁母机的话每个月6500日元），以及用户支付的其他费用2000日元〕。基于上述理由，东京地方裁判所认定复制行为主体是被告而不是直接利用者。

但是日本知识产权高等裁判所推翻了东京地方裁判所的这个判决。其主要理由是：被告对母机及附属设备的设置、管理，只不过是为母机发挥功能提供一种技术性前提的环境和条件，只是基于技术性、经济性理由而代替利用者进行的配备而已，不能以此认为被告实质性的管理、支配着本案的复制行为。关于被告对母、子机之间通信的管理以及被告对复制环境的配备行为，即使是利用者亲自对母机进行管理（即被告不被视为行为主体）时也会发生，因此将被告视为行为主体的理由不充分。被告获得的初期注册费和租金，是出租机器本身及进行维护管理所必要的对价，与是否提供录像等问题无关。即使被告收受了每月2000日元的其他费用，也没有足够证据证明该费用具有作为复制信息的对价的性质。因此，实质管理、支配母机的是用户而不是被告，被告提供的服务不过是使用户的合理使用行为更加有效率，因此复制行为的主体不是被告而是用户。

原告不服二审判决上告到日本最高裁判所。2011年，日本最高裁判所判决认为，"在提供能够获取电视节目的复制物的服务中，提供服务的人在自己的管理和支配下，将电视天线连结在具有复制接收带有节目内容的信号功能的复制机器上，并使该复制机器处于一旦接收到用户录制节目的指示就会自动复制电视节目的状态，在此情况下，即便实际发出录制节目指示的是该服务的利用者，解释论上也应当将服务提供者认定为复制行为的主体。换句话说，在判断谁是复制行为主体时，应当考虑复制的对象、方法、复制行为的参与内容和参与程度等诸多要素，进而判断谁在复制作品，方为适当。在上述情形中，服务提供者并不仅仅只是提供更易于复制的环境，而是更进一步在其管理、支配下，实施了接受播放节目等的信号并将其连结至复制机器上，该行为实际上是利用该复制机器复制播放节目等行为得以具体实现的枢纽行为；在复制时若非因服务提供者的上述各种行为，则即便是服务的利用者发出了录制节目的指示，也不可能复制该播放节目，因此足以认定服务提供者构成复制行为的主体。"据此，日本最高裁判所撤销了日本知识产权高等裁判所的二审判决，并发回其重审。日本东京知识产权法院按照日本最高裁判所的思路重审了此案，并认定服务提供者构成侵权。❶

二、日本学说界对相关行为的类型化

根据上述典型案例，日本学者对被规范评价为直接侵害著作权的行为进行了类型化。其中吉田克己教授和田村善之教授的分类最具有代表性。❷

田村善之教授将被规范评价为直接侵害著作权的行为类型化为以下三种形式。（1）对直接利用他人作品行为进行人为管理乃至支配的行为。上述猫眼俱乐部的行为属于这种类型。这种行为的主要特点是行为人虽不直接利用他人作品，但对直接利用他人作品的行为进行了管理乃至支配。（2）为直接利用他人作品提供利用手段的行为。上述選撮見録（よりどりみどり）案中被告的行为属于这种类型。这种行为的主要特点是行为人虽不直接利用他人作品，但为直接利用他人作品的行为提供了利用手段。（3）提供诱发利用他人作品行为系统的行为。上述ファイルローグ案、録画ネット案、まねきTV案、MYUTA案、ロクラク案等五个案件中被告的行为属于这种类型。这种行为的主要特点是行为人虽不直接利用他人作品，但为直接利用他人作品行为构筑和管理了一个复制系统。

吉田克己教授则将被规范评价为直接侵害著作权的行为类型化为以下三

---

❶ 日本最判平成 23.1.20 平成 21（受）788［ロクラク上告審］，日本知財高裁平成 24.1.31 平成 23 年（ネ）第 10011 号。

❷ 参见吉田克己. 著作権間接侵害と差止請求［M］//田村善之. 新世代知的財産権法政策学の創成. 东京：有斐閣，2008：253 - 308；田村善之. 著作権の間接侵害［M］//第二東京弁護士会知的財産権法研究会. 著作権法の新論点. 东京：商事法務，2008：259 - 306.

种。(1) 场所机会提供型的侵害行为。这种侵害行为是指由于为直接利用他人作品行为提供了场所和机会，结果导致在自己支配的领域内发生了著作权侵害行为。上述猫眼俱乐部案中被告的行为属于此种类型的间接侵害。此种侵害行为的特点是直接行为人的利用行为受场所机会提供者的支配。(2) 道具提供型的侵害行为。这种侵害行为是指提供侵害著作权的道具而发生的著作权侵害行为，上述通信卡拉 OK 案（ヒットワン）、選撮見録（よりどりみどり）案中被告的行为属于这种类型的侵害行为。(3) 系统提供型的侵害行为。这种侵害行为是指为直接复制行为构筑一个可以支配的复制系统并提供相应服务的行为，上述第 4 至第 8 个案件中被告的行为属于这种类型。此种侵害行为的特点是直接利用行为基本上构成著作权法上的限制与例外使用行为，但行为人对复制系统进行了支配。

三、卡拉 OK 法理

上述案件中的被告虽然并非直接实施日本著作权法控制的行为主体，但都被法院从法规范的角度评价为直接实施侵害著作权控制的行为主体，或被判决承担停止侵害的责任，或被判决承担赔偿损失的责任，或被判决同时承担停止侵害和赔偿损失的责任，为了从理论上解释没有直接利用他人作品的被告承担著作权侵害责任的依据，日本司法和学说界在上述案例的基础上，创造出了著名的卡拉 OK 法理。

卡拉 OK 法理又称为扩张直接利用他人作品行为主体的手法，最初是指将管理和支配直接利用他人作品行为的场所和机会提供者，规范评价为直接利用他人作品行为主体，后来是指将管理和支配复制他人作品的系统提供者规范评价为直接利用他人作品行为主体的法理。卡拉 OK 法理是日本学者根据上述日本最高裁判所对猫眼俱乐部案件所作判决总结出来的。❶ 根据这个法理的最初含义，被告提供场所和机会的行为如果具备以下两个要件，则尽管其没有直接利用他人作品，也应当从法律规范角度评价为直接利用他人作品的行为主体，

---

❶ 其实，在日本最高裁判所对猫眼俱乐部案件作出判决之前，早就有地方裁判所在类似案件中以管理支配性和利益性为由作出了相同判决，但由于是地方裁判所的判决，因此未能产生实质性影响。参见名古屋高判昭和 35. 4. 27 民集 11 卷 4 号 940 页 "中部観光事件"。大阪高判昭和 45. 4. 30 无体集 2 卷 1 号 252 页 "ナニワ観光事件"。东京地判昭和 54. 8. 31 无体集 11 卷 2 号 439 页 "ビートル・フィーバー事件"。

并认定其行为构成直接侵害著作权的行为。

1. 管理、支配性。即被告对直接利用他人作品的行为（该种行为属于权利限制和例外等合法行为还是侵害著作权的行为在所不问）进行了管理乃至支配，直接利用他人作品的行为人只不过充当了场所和机会提供者非法利用他人作品的手和脚，即工具。在猫眼俱乐部案件中，被告对顾客的管理和支配性表现在：卡拉OK店事先准备好了卡拉OK曲目，顾客在这个范围内选择歌唱的曲目；卡拉OK店的服务员劝诱顾客歌唱；卡拉OK店的服务员具体操作卡拉OK装置。

2. 利益性。即被告从直接利用他人作品的行为中获利。在猫眼俱乐部案件中，这种利益性表现在：被告将顾客的歌唱作为一种营业手段，以此酿造一种氛围，招徕喜欢此种氛围的顾客光顾，从而提高了营业利益。

日本最高裁判所作出上述判决后，对日本地方裁判所产生了深远影响。许多地方裁判所在此后的类似案件中（比如高松地判平成3.1.29 判夕753号217页"まはらじゃ事件"、大阪高判平成9.2.27 知裁集29卷1号213页"魅留来事件"、大阪地裁平6.4.12 判時1496号38页"大阪カラオケスナック刑事事件"、東京地裁平成10.9.9 知裁集30卷4号841页"我々のファウスト事件"），都通过管理支配性和利益性两个要件将并未直接利用他人作品的行为主体规范地评价为直接利用他人作品的行为主体。田村善之教授认为，上述卡拉OK法理的意义在于两个方面。一是明确肯定了著作权人可以对场所机会提供者行使差止请求权。二是即使直接利用者的行为构成著作权法上的限制与例外等合法行为，场所机会提供者的行为也构成著作权侵害。❶

然而，上述卡拉OK法理从诞生之日起就受到了诸多日本学者和法官的猛烈批判。批判首先来自当时亲自参与猫眼俱乐部案件审理的伊藤正己法官。伊藤正己法官认为，如果是卡拉OK店的陪唱人员或者服务员歌唱，将卡拉OK经营者作为直接利用主体是没有问题的，或者是陪唱人员和顾客一起歌唱，将陪唱人员和顾客的歌唱视为一体从而认定经营者为音乐作品的直接利用主体也是没有问题的。但在只有顾客单独歌唱的情况下，把经营者解释为音乐作品的直接利用主体不免显得有些勉强。理由在于，虽然经营者的行为对顾客存在一

---

❶ 田村善之. 著作権の間接侵害[M]//第二東京弁護士会知的財産権法研究会. 著作権法の新論点. 东京：商事法務，2008：266-267.

定程度的管理性和营利性，但顾客的歌唱行为并非基于雇佣、承包等契约关系或者基于对经营者承担的某种义务，完全是顾客自由、任意地利用音乐著作物的行为。伊藤正己法官认为，还是应该着眼于卡拉 OK 装置本身，认定在卡拉 OK 店内播放音乐伴奏带的行为构成演奏权侵害。❶ 简单地说，伊藤正己法官认为，虽然卡拉 OK 经营者对顾客的歌唱行为存在一定程度的管理，但还谈不上已经到了支配的程度，因此卡拉 OK 法理中的第一个要件不充足。伊藤正己法官的这种意见得到了一些日本学者的赞同。上野達弘教授认为，根据"手足论"，只有在具备雇佣契约等关系的前提下，对直接利用行为具有密切的支配关系或者隶属关系时，才能将直接利用行为主体评价为规范的利用行为主体。在直接利用行为人按照自己的自由意志任意从事利用行为的情况下，不能认为存在所谓的"手足关系"。上述的猫眼俱乐部案件中，顾客完全是按照自己的意思自由进行歌唱，和卡拉 OK 经营者之间并不存在支配和被支配的关系，因而不能将顾客的歌唱行为评价为卡拉 OK 经营者的歌唱行为。❷ 吉田克己教授也认为，卡拉 OK 法理的拟制色彩过强。❸

田村善之教授和吉田克己教授对卡拉 OK 法理中的利益性要件进行了批评。田村善之教授认为，不仅限于实际利用了作品的自然人，也应当承认能够决定演出内容或者演出行为的行为人，属于从事著作权侵害行为人，负有差止义务。剧团作为公开演出的举办者，当然也符合这种情形。在此情况下，无须收受营业上的利益这个要件。❹ 吉田克己教授则认为，卡拉 OK 法理通过手足论扩张直接利用他人作品的行为主体，并允许著作权人行使差止请求权的实质在于，将著作权侵害行为由原来的未经著作权人许可从事著作权法规定的作品利用行为，扩张解释为了损害著作权人经济利益的行为，因而必须严格划定侵害行为与非侵害行为之间的界限。由此，应该将卡拉 OK 法理规制的行为严格限定为将直接利用行为者作为"手足"而利用他人作品的行为，即支配直接利用他人作品行为的行为。吉田克己教授进一步认为，对直接利用行为是否具

---

❶ 参见日本最高裁对昭和 59 年（才）第 1204 号猫眼俱乐部事件判决书中伊藤正己法官的补充意见。

❷ 上野達弘. いわゆる"カラオケ法理"の再検討 [M] //紋谷暢男教授古稀記念論文集刊行会. 知的財産法と競争法の現代的展開. 东京：発明協会，2006：784－785.

❸ 吉田克己. 著作権間接侵害と差止請求 [M] //田村善之. 新世代知的財産権法政策学の創成. 东京：有斐閣，2008：259－260.

❹ 田村善之. 著作権法概説 [M]. 东京：有斐閣，2001：178.

有支配关系，可以通过是否存在雇佣契约、是否存在指挥命令关系、支配者是否决定利用他人作品的内容和方式等要素加以判断。一旦肯定了支配关系的存在，支配者就相当于刑法上所说的间接正犯，❶ 可以判断为规范的利用主体。如此一来，营利性也就不再属于支配行为成立的要件。❷

或许是因为学者们批评的缘故，日本有些地方裁判所在后来的一些判决中，逐渐缓和甚至抛弃了卡拉OK法理中的利益性要件。在有些案件中，被告即使没有获得直接利益，而只获得间接利益，日本裁判所也认为符合利益性要件。在有的案件中，被告甚至根本没有获得任何利益，日本裁判所也认定被告属于直接利用行为主体。在上述録画ネット案件中，东京地方裁判所和日本知识产权高等裁判所一致认为，被告构筑并管理了一个直接利用者可以录制原告电视节目的系统，因此为侵权复制行为的主体。在上述MYUTA案件中，东京地方裁判所认为，原告的文件格式转换装置以及相应服务在用户复制和在线传输被告享有著作权的音乐作品的过程中，发挥了支配性作用，因此为侵权复制和非法在线传输行为的主体。利益性要件缓和甚至抛弃的结果是，卡拉OK法理适用更为严厉。

日本最高裁判所在猫眼俱乐部案件中创造的卡拉OK法理在发展过程中，不但利益性要件发生了变化，而且管理和支配性要件也出现了一些变化，主要表现在，管理和支配的对象由猫眼俱乐部中的直接利用他人作品的行为，扩张到了为直接利用行为构筑的复制系统和相应服务。按照吉田克己教授的观点，被告管理支配的对象之所以发生了变化，一方面是因为直接利用者是否成为被告系统的利用者、成为被告系统利用者之后是否实际利用这个系统、如何利用这个系统，都是由直接利用者自由决定的，因而不能认为系统构筑者管理乃至支配的是利用者行为；另一方面则是因为被告对系统的利用设置了一定规则和限制。基于这两个因素，可以认为被告通过对复制系统和服务的管理、支配而

---

❶ 关于支配行为主体视为刑法中的间接正犯的观点，参见高部真规子. 著作権侵害の主体について [J]. ジュリスト, [年份不详]（1306）: 115. 间接正犯又可以称为间接实行犯，是指把他人作为工具利用的情况。利用者与被利用者不成立共同犯罪。间接正犯包括两种情况。（1）利用无责任能力人犯罪。例如，甲教唆15岁的乙盗窃，因为乙未到刑事责任年龄，与甲不构成共犯，甲属于实行犯，即正犯。（2）利用他人过失或不知情的行为犯罪。如甲医生欲杀害病人丙，将毒针交给不知情的护士乙。乙给丙注射后，致丙死亡。甲医生为间接实行犯，乙视为不知情的工具。

❷ 吉田克己. 著作権間接侵害と差止請求 [M] // 田村善之. 新世代知的財産法政策学の創成. 东京: 有斐閣, 2008: 296-297.

对直接利用者的利用行为进行了管理乃至支配。

按照吉田克己教授的观点,判断被告是否对直接利用者复制他人作品的系统进行了管理乃至支配,可以综合考虑以下几个要素:被告提供服务的性质,是否以引起著作权侵害行为作为唯一目的;是否为直接利用他人作品行为构筑和管理了一个有机系统;是否决定利用他人作品的内容;是否主导了直接利用他人作品的行为。如果回答都是肯定的,则被告构筑并管理乃至支配了一个利用他人作品的系统,具备管理支配性。同时,吉田克己教授还认为,对于这种系统管理支配型的侵害行为而言,还必须具备利益性,只有当被告通过管理支配一个利用他人作品的系统并获得了利益,著作权人才能行使差止请求权。[1]

四、卡拉 OK 法理的检讨

(一) 卡拉 OK 法理产生的原因

为什么日本会通过卡拉 OK 法理将非直接实施著作权控制的行为主体,从法规范角度评价为直接实施行为主体呢?归纳起来,主要存在以下三个方面的原因。

1. 和日本著作权法关于著作权侵害行为的立法模式相关。日本专利法第 101 条虽然明确规定了专利权间接侵害行为,但日本著作权法并没有像其专利法那样,明确规定著作权间接侵害行为。具体表现为,日本著作权法第 21 条到第 28 条采取限定列举方式列举了著作权人应该享有的复制权、上演权以及演奏权、上映权、公众送信权、展示权、口述权、发行权、转让权、出租权、翻译权以及改编权等专有权利。按照日本著作权法第 112 条第 1 款的规定,只有没有经过著作权人同意,擅自实施著作权人上述专有权利控制范围内的行为,才构成著作权侵害行为,著作权人或者邻接权人才可以请求停止侵害或者预防侵害。不但如此,日本著作权法第 113 条对视为著作权侵害的行为采取的也是限定列举的方式。这样一来,日本著作权法没有明确列举的为直接利用他人作品提供场所、工具、系统、服务的行为是否构成著作权侵害行为就成了一个问题。

---

[1] 吉田克己. 著作権間接侵害と差止請求 [M] //田村善之. 新世代知的財産権法政策学の創成. 东京:有斐閣,2008:296-298.

2. 和日本学者对教唆、帮助行为是否可以追究差止责任的理解有关。虽然我国民法学界和知识产权法学界区分直接侵权行为和间接侵害行为的观点不是主流，而且民法通则和民法总则采取的是以民事责任而不是请求权为中心的构造，因此在我国要追究教唆者、帮助者停止侵害的责任并不是什么问题。从法院判决看，只要判决教唆者、帮助者构成共同侵权行为，法院没有不同时判决教唆者、帮助者承担停止侵害责任的。但日本民法典关于共同侵权责任采取的是不同的构造。按照日本民法典第719条和第709条的规定，在教唆者、帮助者构成共同侵权行为的情况下，教唆者、帮助者应当承担连带赔偿责任，但是否应当承担差止责任并不明确。这种立法构造使得裁判官之间、学者之间在这个问题上的理解存在严重分歧。在著作权领域中，虽然有裁判所和学者认为可以通过类推解释的方法将教唆、帮助他人侵害著作权的行为解释为日本著作权法第112条第1款规定的行为，著作权人可以主张差止请求权，但更多的日本学者持反对意见，认为是否可以追究教唆者、帮助者的差止责任，理论和立法上都不明确，追究教唆者、帮助者差止责任的解释超出了法解释的范围，不适当扩大了著作权人差止请求权的范围，对他人的自由将造成过大妨碍。

3. 和追究非直接利用他人作品行为人侵害著作权责任的作用有关。追究非直接利用者的著作权侵害责任，可以达到三重效果。一是一网打尽。在直接利用他人作品行为人海量存在的情况下，由于成本和技术问题，著作权人难以对其一个一个加以捕捉，而如果能够追究场所、工具、系统、服务提供者的差止责任，则可以达到一网打尽、一劳永逸的效果。二是隐身衣的对策效果。在场所、工具、系统、服务等提供者利用不构成著作权侵害的利用作品行为获取利益的情况下，如果能够追究场所、工具、系统、服务等提供者的侵害责任，则可以揭开其利用他人合法行为达到自己非法目的行为上的隐身衣，从而发挥隐身衣的对策效果。三是钱袋子的效果。在因为成本和技术问题向单个利用者收取使用费事实上存在困难和单个利用者没有支付能力的情况下，著作权人将矛头指向场所、工具、系统、服务的提供者，很容易可以实现收费的经济目的。❶ 鉴于这三重作用，著作权人自然热衷于追究场所、工具、系统、服务提供者的著作权侵害责任。

---

❶ 奥邨弘司. 著作権の間接侵害—日米裁判例の動向と実務への影響、今後の課題—[J]. コピライト, 2009 (582): 5-6.

上述第1、2点是法律上的原因，第3点则是经济上的原因。两相比较可以发现，经济原因是决定性的。在当今数字化和网络化的时代，散布于汪洋大海的公众中的任何个人都有可能变成著作权人作品低成本甚至零成本的利用者，如果产业界再为其提供便捷的复制工具、系统和服务，则著作权人的利益将面临更加巨大的风险。在著作权人已经相对变成弱势群体，而著作权法关于著作权限制与例外的规定没有改变、著作权人追究公众中的个人责任不可能或者虽有可能但由于成本、技术等因素的限制极为困难的情况下，著作权人只有把矛头指向复制场所、工具、系统、服务的提供者而不是一般公众，以求一劳永逸地解决问题。一旦著作权人把矛头直接指向产业界而不是著作权人，博弈就由原来著作权人——产业界——公众三方演变成了著作权人——产业界两方，从而引发激烈的利益冲突。上述案件中的情况无不是这样。

（二）卡拉OK法理的检讨和意义

日本卡拉OK法理下场所等提供者承担的责任与美国判例法上所说的替代责任存在重大差别。❶ 替代责任的适用存在两个前提。一是对直接利用作品行为具有监督管理的权限和能力，二是从直接利用作品行为中获得经济利益。至于主观上是否认识到直接利用行为，并不是必需的要件。可见，替代责任适用的前提是直接利用作品行为人的行为构成著作权侵害行为。而根据卡拉OK法理，直接利用作品行为人的行为即使不构成著作权侵害行为，在具有管理乃至支配关系的前提下，甚至不需要利益性要件，管理乃至支配者也需要承担侵权责任，适用起来比美国的替代责任明显要严厉得多。

这样一来，日本卡拉OK法理及其变化，正如日本学者已经批判过的那样，虽然解决了场所、工具、系统、服务等提供者的著作权侵害主体资格问题，但基于管理性而不是支配性而将场所等提供者等视为规范的直接利用行为主体，存在拟制性过度的弊病，对于技术进步和产业发展非常不利。该法理允许著作权人行使差止请求权的结果，不但会阻碍技术进步和产业发达，而且会

---

❶ 日本所讲的间接侵害与美国所讲的间接侵害的区别有二。一是美国不管是帮助侵权、替代责任，还是诱发侵权，其构成都以直接利用行为构成著作权侵权行为为前提。二是在是否准许差止请求的问题上，在美国，差止属于衡平法上的救济，按照美国联邦最高人民法院对eBay案件的判决，需要考虑四个因素，因而裁判所完全可能判决间接侵害行为人承担差止责任。而日本属于立法上的原因，对于间接侵害者著作权人是否可以行使差止请求权则存在各种观点。

使公众享受不到技术进步带来的先进成果和便利。这正如同日本学者所说的，允许著作权人针对拟制而成的直接侵害行为行使差止请求权会带来一种"混获现象"，在打击违法行为的同时，也会将合法公众都网进渔网里。❶ 正因为这样，所以吉田克己教授才极力主张对于行为支配型的场所等提供者而言，只有在提供者对直接利用他人作品的行为起着支配作用，才能从法规范角度将其评价为侵害行为主体；对于系统支配型的系统等提供者而言，只有提供者对他人可以利用来复制他人作品的该系统起着支配作用，并且具有利益性时，才能从法规范角度评价为侵害行为主体。

卡拉 OK 法理虽然遭到了一些日本学者的批判，但对于著作权侵害事件频发的我国而言，至少在场所、工具、系统、服务等提供者对于直接利用作品行为（不管是合法利用行为还是非法利用行为）具有支配关系的情况下，将直接利用作品行为人视为其侵害他人著作权的手足或者工具，从而从法规范角度将其评价为侵害著作权的直接行为主体，对于打击著作权侵权行为，强化著作权保护，激励作品创作和传播，具有重要的借鉴意义。

五、立法论上的讨论：如何规制非直接利用作品者的行为

由于日本著作权法对非直接利用作品者的侵害行为及其法律责任缺少明确的法律规定，虽然日本裁判所在进行法律解释时总体上坚持比较谨慎的态度，但在一种创造判例心态的支配下，还是导致了相同案情的案件出现了截然相反的判决结果。这种司法结果不统一的情况，促使日本学者不得不去认真思考立法上应该如何解决非直接利用作品者侵害著作权的责任问题。

吉田克己教授认为，从立法论的角度而言，卡拉 OK 法理只应当适用于具有行为支配关系的案件，当行为人提供的是复制系统时，欲将其评价为利用行为主体，不但要求具备系统支配关系，而且要求具备利益性要件。❷ 田村善之教授认为，卡拉 OK 法理适用的主要范围还是应该限定在对直接利用行为具有人的支配关系的场合当中。如果具有人的支配关系，卡拉 OK 法理就只适用于以下情况：即只有那种根据自己意志决定是否从事违法行为的主体才应当被拟

---

❶ 奥邨弘司. 著作権の間接侵害―日米裁判例の動向と実務への影響、今後の課題―[J]. コピライト，2009（582）：6.

❷ 吉田克己. 著作権間接侵害と差止請求［M］//田村善之. 新世代知的財産権法政策学の創成. 东京：有斐閣，2008：297-298.

制为直接利用行为主体。这样，合法决定的行为就不会因为他人的参与而转化为违法行为。在没有人的支配关系的情况下，对于为直接利用行为者提供装置和服务的行为，就不应该采用卡拉 OK 法理，而应像大阪地方裁判所对上述第 2 个作出的判决那样，以直接利用著作权行为构成违法行为为前提，只对侵权专用品提供者允许著作权人行使差止请求权，或者稍微放宽一下，对于多机能型的装置当其唯一用来进行著作权侵害时也允许著作权人行使差止请求权。❶

日本文部科学省文化审议会著作权分科会法制问题小委员会也一直在检讨这个问题，并于 2006 年 1 月和 2007 年 7 月发表了两次报告。

2006 年 1 月发表的报告在分析了采用卡拉 OK 法理判决的一系列案件和对帮助者允许差止请求的一系列判决，以及欧盟、美国、英国的实际情况后，提出的基本主张是，应该像日本专利法第 101 条第 1 款和第 3 款那样，在日本著作权法中规定，生产侵害著作权专用品的行为视为著作权侵害行为。但究竟什么是侵害著作权的专用品，2006 年的报告并没有进一步的分析。

2007 年的报告则在批评卡拉 OK 法理适用的范围、可能差止请求的范围过于扩张的基础上，提出了四种解决方案。第一种方案是在日本著作权法第 112 条中明确规定，可以差止请求的范围不限于直接利用行为，对于直接利用行为以外的某些行为也允许著作权人行使差止请求权。第二种方案是，将非利用作品的侵害行为作为一般的行为类型，规定为日本著作权法第 113 条的视为侵害行为。第三种方案是，将非利用作品的侵害行为的具体类型作为日本著作权法第 113 条的视为侵害行为加以规定。第四种方案是，新设非利用作品的侵害行为的规定。2007 年的报告在分析了每种方案优缺点的基础上，认为比较理想的方案是上述第一种方案。在允许著作权人行使差止请求权的具体要件上，2007 年的报告也提出了四种方案。第一种方案是，通过管理支配性以及对侵权发生可能性的认识两个要件进行综合判断。第二种方案是，通过是否教唆或者帮助了与侵害结果之间具有相当因果关系的行为进行判断。第三种方案是，以是否存在共同支配、管理相当因果关系为标准进行判断。第四种方案是，以参与侵害行为的可能性和对参与行为的认识为标准进行判断。尽管如此，2007

---

❶ 田村善之. 著作権の間接侵害 [M] //第二東京弁護士会知的財産権法研究会. 著作権法の新論点. 东京：商事法務，2008：294-295.

年的报告和 2006 年的报告一样，没有得出最终结论。但从种种迹象看，日本要出台新的立法恐怕还需较长时日。

第四节 教唆、帮助侵权行为

一、共同侵权行为的一般原理

共同侵权行为是侵权行为的一种特殊形态，是指数人共同不法侵害他人权益的行为。关于共同侵权行为的成立，学说上存在客观说和主观说。客观说认为，只要是两人以上进行的侵害他人权益并导致产生同一损害结果的行为，即使行为人之间没有主观意思联络，也构成共同侵权行为。主观说则认为，共同侵权行为的成立，不但加害人之间客观上必须有共同的加害行为，而且对该加害行为，行为人主观上必须存在合谋或共同的认识，如果只是单纯的加害行为竞合，不构成共同侵权行为。

我国司法解释在人身权侵害上持客观说。2004 年最高人民法院发布的《关于审理人身损害赔偿案件适用法律若干问题的解释》第 3 条规定，"二人以上共同故意或者共同过失，或者虽无共同故意、共同过失，但其侵害行为直接结合发生同一损害后果的，构成共同侵权"。第 4 条规定，"二人以上共同实施危及他人人身安全的行为并造成损害后果，不能确定实际侵害行为人的，应当依照民法通则第一百三十条规定承担连带责任。共同危险行为人能够证明损害后果不是由其行为造成的不承担赔偿责任。"

共同侵权行为包括共同加害行为和共同危险行为。共同加害行为，是指两个或两个以上的行为人，基于共同故意或共同过失，或者虽无共同故意、共同过失，但其侵害行为直接结合发生同一损害结果，致使他人人身或财产遭受损害的行为。构成共同加害行为，必须具备下列要件。

1. 主体要件。加害主体必须为两人或两人以上。单一的行为主体不能构成共同侵权行为。加害主体可以是自然人，也可以是法人。

2. 行为要件。一般情况下，共同加害行为要求行为人之间存在共同故意或共同过失。但是，按照最高人民法院上述司法解释，即使行为人之间没有共同故意或者共同过失，但其加害行为直接结合发生同一损害后果的，也构成共同加害行为。

3. 结果要件。共同加害行为造成的损害结果是同一的。共同加害人的行为应该彼此联系,造成同一个损害后果。如果各个行为人的行为分别造成不同的损害后果,则不构成共同侵权行为。

4. 因果关系要件。共同加害行为是造成损害结果的共同原因。其中有的加害行为构成主要原因,有的构成次要原因;有的构成直接原因,有的构成间接原因。共同加害行为人在对受害人承担连带责任后,根据侵权原因的不同及行为对损害结果发生的作用大小,在其内部进行责任分配。

共同加害行为的行为人可以是共同实施侵权行为的人,如甲乙共同将丙打伤,也可以是其中一方是加害实施人,另一方是教唆、帮助者。教唆,是指通过语言或行为,怂恿、利诱他人实施侵权行为。教唆行为是加害行为发生的主要原因,教唆人主观上必定是故意的。帮助,是指通过提供工具、场所、服务或者其他条件,协助他人完成加害行为。帮助行为是侵权行为完成的辅助原因,可以是出于故意,也可以是基于过失。无论是教唆行为还是帮助行为,都构成共同加害行为,对于受害者而言,无所谓直接侵权与间接侵权之别。我国《侵权责任法》第8条规定,二人以上共同实施侵权行为,造成他人损害的,应当承担连带责任。第9条规定,教唆、帮助他人实施侵权行为的,应当与行为人承担连带责任。教唆、帮助无民事行为能力人、限制民事行为能力人实施侵权行为的,应当承担侵权责任;该无民事行为能力人、限制民事行为能力人的监护人未尽到监护责任的,应当承担相应的责任。最高人民法院关于民法通则的司法解释第148条也同样规定:教唆、帮助他人实施侵权行为的人,为共同侵权人,应当承担连带民事责任。教唆、帮助无民事行为能力人实施侵权行为的人,为侵权人,应当承担民事责任。教唆、帮助限制民事行为能力人实施侵权行为的人,为共同侵权人,应当承担主要民事责任。

二、美国法上的共同侵权行为:案例与原理

(一)帮助侵权行为

在1984年的Sony v. Universal City Studios案中,[1] 索尼生产销售具有复制

---

[1] Sony Corporation of America v. Universal City Studios, Inc. 464 U. S. 417 (1984).

广播电视节目功能的录放影机 Betamax，美国联邦地方法院认为，索尼公司无须为消费者利用 Betamax 录放影机的时间转移录制功能录制播放时不能收看的电视节目以供日后观看的行为负帮助侵权责任，但美国联邦第九巡回上诉法院撤销了地方法院判决，认为索尼公司对消费者的著作权侵权行为负有帮助侵权责任。美国联邦最高法院认为，根据"主要商品法则"，如果某一复制设备可被广泛用于合法且无可非议的目的，则销售该种复制设备与销售其他一般商品一样，不构成帮助侵权。事实上，只要该复制设备可用于大量非侵害著作权的用途，销售该复制设备就不会构成帮助侵权。本案中，由于 Universal City Studios 无权阻止其他著作权人就其电视节目允许消费者使用 Betamax 录放影机进行"时间转移"的录制行为，以及即使消费者未经著作权人授权而在家中使用 Betamax 录放影机进行"时间转移"的录制行为，仍然属于不构成著作权侵权的合理使用行为，因而消费者使用 Betamax 录放影机进行"时间转移"的录制行为符合"可用于大量非侵害著作权的用途"的标准，索尼公司将 Betamax 录放影机销售给一般大众的行为，对 Universal City Studios 的著作权并不构成帮助侵权行为。

在 2005 年的 MGM Studios, Inc. v. Grokster, Ltd. 案中，❶ 联邦第九巡回上诉法院将美国联邦最高法院对上述案件的判决规则解释为，商品销售者不会因为销售一项具有潜在著作权侵害用途的商品，就必须为商品使用者使用该商品侵害著作权的行为负担帮助侵权责任，除非该亦可用于大量非侵权使用的商品销售者实际知道特定的著作权侵害行为，却怠于采取应对措施。这种观点概括提炼出了认定帮助侵权行为的如下三个要件。一是商品本身具有正常商业用途，也可能具有潜在侵权用途。二是商品销售者知道其销售的商品被用于特定著作权侵权行为。三是未采取应对措施。同时具备这三个要件时，说明商品销售者具备过错，因而需要为特定的著作权侵权行为承担帮助侵权责任。

（二）教唆侵权行为

在 2005 年的 MGM Studios, Inc. v. Grokster, Ltd. 案中，❷ Grokster 和 StreamCast 在网络上提供一种可使电脑用户用于点对点分享电子档案的计算机程序下载，下载了该程序的电脑用户大多在未经著作权人授权的情况下，利用该

---

❶❷ MGM Studios, Inc. v. Grokster, Ltd. 545 U. S. 913（2005）。

程序分享 MGM Studios 公司拥有著作权的音乐作品和电影作品。证据显示，Grokster 和 StreamCast 知道使用者利用其计算机程序的主要目的，就是为了下载受著作权保护的作品，尽管由于这种点对点网络系统的分散式结构，其无法确切得知哪些作品被下载以及何时被下载。但是当使用者发送电子邮件向 Grokster 和 StreamCast 询问如何下载受著作权保护的作品时，Grokster 和 StreamCast 会因此得知使用者侵害著作权的行为，而且会回复邮件指导使用者如何下载受著作权保护的作品。不仅如此，证据还显示，Grokster 和 StreamCast 从开始免费提供文件共享计算机程序开始，就清楚表明该免费程序的目的，就是要让使用者下载受著作权保护的作品，并采取积极手段助长侵害著作权的行为。在臭名昭著的 Napster 网站因提供文件分享服务被著作权人控告帮助侵害著作权行为而被法院下令关闭网站之后，Grokster 和 StreamCast 就向大众宣传并推销自己是其替代者。Grokster 和 StreamCast 虽未向其程序使用者收费，但以销售广告版面营利，并将广告通过网络发送给计算机程序使用者，随着共享文件的计算机程序使用者人数增加，广告版面费也增加。也没有任何证据表明，Grokster 和 StreamCast 曾经试图从共享文件程序使用者所下载的档案中过滤掉受著作权保护的内容，或者以其他方式阻止共享文件程序使用者分享受著作权保护的作品。

针对上述事实和证据，美国联邦地方法院认为，尽管共享文件计算程序的使用者直接侵害了 MGM 公司的著作权，但 Grokster 和 StreamCast 不会因为免费提供其共享文件的计算机程序而导致著作权侵权责任。美国联邦第九巡回上诉法院认为，Grokster 和 StreamCast 的计算机程序可用于大量非侵权使用，而且因其分散式网络系统架构致使其无法实际得知特定的著作权侵害行为，也没有参与程序使用者侵害著作权的行为，程序使用者是自己搜索、下载、储存侵权作品，因此无须负担帮助侵权责任。同时，由于 Grokster 和 StreamCast 并不监视或者管控分享程序的使用，也未与程序使用者约定其有权或者有能力监管程序的使用，更没有管控著作权侵权行为的独立职责，所以也不负担代理侵权责任。

美国联邦最高法院认为，本案案情不同于索尼案，无法适用"主要商品原则"（当一项商品只具有侵权用途，而没有其他用途，而且其未授权的使用并没有合法公共利益时，则推定商品销售者有不法侵权意图），第九巡回上诉法院对"索尼免责避风港法则"进行了过度广义的解释。然而，根据判例发展出来的引诱侵权理论认为，如果商品销售者在销售商品时，以明示方式或者采取其他积极手段推销该商品的著作权侵权用途，从而可知其目的在于助长侵害著作权的行为时，则商品销售者须为第三人使用该商品侵害他人著作权的行为负担引诱侵权责任。本案中，Grokster 和 StreamCast 的行为符合引诱侵权的要件。其一，Grokster 和 StreamCast 以广告或者招募的方式传递引诱他人作出侵权行为的信息。StreamCast 在 Napster 兼容程序使用者的电脑屏幕上发送广告以促销其 OpenNap 程序，而该程序暗示是专门为取代 Napster 而设计的程序，目的是接收 Napster 被关闭后的客源。Grokster 则自设电子报，该电子报能够连结一些网站文章，这些文章宣传 Grokster 程序具有下载受著作权保护的热门音乐档案功能。任何人在网络上搜索 Napster 或者免费文档共享而连结到 Grokster 网站时，都能够得知 Grokster 可以提供与 Napster 相同的文件分享服务，给那些同样使用 Napster 程序下载受著作权保护的作品的侵权行为人。更为重要的是，Grokster 和 StreamCast 还以有问必答的方式，帮助其程序使用者搜索和发送受著作权保护的作品，此举明确传递了故意引诱他人作出侵害著作权行为的信息。其二，Grokster 和 StreamCast 都未试图研发过滤工具或者其他机制以减少使用其文件分享程序所造成的著作权侵害。其三，Grokster 和 StreamCast 都以销售广告并将广告发送给文件共享程序使用者来获利。其四，Grokster 和 StreamCast 文件共享程序的使用者实际上进行了大量著作权侵权行为。

美国法上的引诱侵权，相当于我国侵权责任法上所称的教唆侵权。美国联邦最高法院就 MGM Studios, Inc. v. Grokster, Ltd. 案作出的判决，对于认定什么情况下构成教唆侵害著作权，具有重要的借鉴意义。

三、日本法上的共同侵权行为：案例与原理

（一）典型案例

1. winny 案❶

本案虽是一个刑事案件，但对于了解日本最高裁判所如何认定侵害著作权的帮助侵权行为，具有十分重要的意义。

该案被告 X 开发了一款用于文件分享的 P2P 软件 winny，经过多次改良，

---

❶ 日本最判平成 23.12.19 刑集 65 卷 9 号 1380 页（平成 21（あ）1900 号）【winny 事件】。

在其网站上公开历经多次修改后的版本，并免费向公众提供。侵害著作权的两个正犯利用 winny 向公众传播受著作权保护的游戏软件，侵害日本著作权法第 23 条第 1 款规定的向公众传播权而构成侵害著作权罪。检察官认为，被告 X 向公众公开并提供最新版本的 winny 软件的行为，构成侵害著作权罪的帮助犯，并对其提起公诉。

一审京都地方裁判所判决认为，❶ 向外部提供价值中立技术的行为，是否具有帮助行为的违法性，应当视该技术在社会上实际利用情况及对该技术的认识，以及行为人提供帮助行为时的主观意思进行判断。就本案而言，X 应当对 winny 的实际利用情况有所认识，却容忍其被用于侵害他人著作权，因此构成侵害他人著作权的帮助犯，处 150 万日元罚金。二审大阪高等裁判所认为，❷ 在网络上提供价值中立软件的行为，构成帮助犯除了具备一审判决所说的认识与容忍要件之外，还须具备"软件提供者在网络上推荐并提供软件时，须有意使软件使用者将系争软件仅用于或者主要用于违法用途"的要件。本案中尚难认定 X 有意使 winny 仅用于或者主要用于著作权侵害之用途，因此不成立帮助犯，遂改判其无罪。

日本最高裁判所支持二审判决意见，但理由有所不同。日本最高裁判所的主要理由是，winny 属于价值中立软件，可用于合法用途，亦可用于侵害著作权的非法用途。究竟用于侵害著作权还是其他用途，需要使用者个人进行判断。本案中被告将开发中的软件在网络上向不特定多数人无偿公开并提供，并在听取使用者意见的同时继续进行开发的方式，一般认为具有合理性，并无特别之处。考虑到新开发的软件确实可能受到社会各界广泛关注与评价，而且软件开发也要求迅速，为了避免对于此类软件开发行为造成过度的寒蝉效应，系争软件仅具有被他人用于侵害著作权的通常可能，软件提供者对此可能也有所认识与容忍的情况下，而将系争软件公开并向他人提供，而后该软件被用于侵害他人著作权时，不应当据此直接认定提供软件的行为构成侵害著作权的帮助侵权行为。就此类软件的提供行为，必须存在高于通常可能的具体著作权侵害利用的实际情况，而且此一实际情况为软件提供者所认识、容忍，才能认定软件提供者构成帮助犯。具体而言，将既有合法用途亦有违法用途的软件公开、

---

❶ 京都地判平成 18 年 12 月 13 日（平成 16 年（わ）第 726 号）。
❷ 大阪高判平成 21 年 10 月 8 日（平成 19 年（う）第 461 号）。

提供行为，只有具备如下要件，才构成帮助侵权行为。一是软件提供者对他人利用该软件而即将实施的具体侵害著作权行为有所认识、容忍，但继续公开和提供该软件行为，而且实际发生了该著作权侵害行为。二是综合考量软件的性质、客观上的利用状况、提供方式等因素，足以认定存在高度盖然性，足以推断获得该软件的使用者当中，将有难谓例外的相当比例的使用者，将该软件用于侵害他人著作权，而且软件提供者对此种高度盖然性的情况也有认识、容忍，并继续公开或者提供该软件，事实上也有使用者使用该软件进行侵害著作权的行为。

就本案而言，被告X虽然是在存在相当范围的使用者会将涉案winny软件用于侵害著作权的高度盖然性情况下而公开并提供该软件，但并非对于他人即将实施的具体著作权侵害行为有所认识和容忍的情况下公开并提供该软件，且并无足够证据证明被告主观上对于此种高度盖然性确已认识并容忍（被告公开并提供winny软件时，在网站上呼吁勿将软件用于传播违法文件，并在开发讨论中进行相同呼吁的留言）。综上，日本最高裁判所参与庭审的法官以4∶1的比例认为，被告不具有侵害著作权罪的帮助故意，被告不成立帮助犯。

2. 晚吧G7案（ナイトパブG7）❶

本案原告是日本著作权管理协会，被告之一是向经营卡拉OK店的同案被告出租卡拉装置的ビデオメイツ有限责任公司。简要案情如下：被告ビデオメイツ有限责任公司主要在茨城县南部地区出租和销售卡拉OK装置。1991年，该公司与经营卡拉OK店的同案被告豊岛秀夫、豊岛美津枝签订了卡拉OK装置出租合同，出租卡拉OK装置给其经营卡拉OK店。在签订出租合同和交付卡拉OK装置时，该公司口头提示过豊岛秀夫、豊岛美津枝使用卡拉OK装置要和本案原告签订著作权使用许可合同，但并未进一步确认两人是否真正和本案原告签订了或者向原告申请过签订著作权使用许可合同。由于原告发现1999年3月与其签订卡拉OK音乐作品使用许可合同的卡拉OK店比例在全日本只有60.4%，而在本案所涉地域的茨城县仅有52%，原告认为这与卡拉OK出租业者出租卡拉OK装置有关，于是以侵害著作权为由，向水户地方裁判所提起诉讼，要求被告停止侵害和赔偿损失。被告认为，自己在和各个卡拉OK

---

❶ 水户地方裁判所平成9年（ワ）第106号卡拉OK租赁事件。東京高等裁判所平成11年（ネ）第2788号卡拉OK租赁事件。日本最高裁平成12年（受）第222号卡拉OK租赁事件。

经营店签订卡拉 OK 装置出租合同时，已经用口头或者书面方式提醒对方使用该装置之前要获得原告的著作权使用许可，已经尽到了合理的注意义务，除此之外不应当承担更高的注意义务。

一审水户地方裁判所和二审东京高等裁判所认为，作为卡拉 OK 装置的出租业者，只有在得知卡拉 OK 经营店没有获得原告著作权使用许可这个事实之后，才违反了注意义务，在这之前，不能认为其存在可以怀疑卡拉 OK 店没有和原告缔结著作权使用许可合同可能性的特别因素，因而判决被告卡拉 OK 出租业者与卡拉 OK 经营店的侵害行为构成共同不法行为，应该承担得知卡拉 OK 经营店没有获得原告著作权使用许可这个事实之后继续向其出租卡拉 OK 装置行为的损害赔偿责任。

日本最高裁判所虽然也认为卡拉 OK 装置出租业者构成共同侵权行为，应该承担损害赔偿责任，但其理由与两个地方裁判所的有所不同，即认为卡拉 OK 装置出租业者在向卡拉 OK 经营店交付装置时，不仅仅应该承担提示义务，而且应当承担确认卡拉 OK 经营店是否和原告签订或者申请签订著作权使用许可合同的义务。日本最高裁判所之所以做出这个判断，主要是基于以下几个因素的考虑。(1) 卡拉 OK 装置的危险性。通过卡拉 OK 装置播放的音乐作品大部分都是著作权的保护对象，在没有征得著作权人许可的情况下，使用这种装置的店铺经营者造成著作权侵害的可能性非常高。(2) 被侵害利益的重大性。著作权侵害是一种触犯刑法的犯罪行为。(3) 营利性。卡拉 OK 装置出租业者通过出租这种高度侵害著作权可能的装置而获取营业上的利益。(4) 预见可能性。使用卡拉 OK 装置的店铺经营者和著作权人缔结著作权使用许可合同的比例不高，是一个公知的事实。作为卡拉 OK 装置出租业者，在未能确认契约相对人（卡拉 OK 经营店）已经请求缔结或者已经签订了著作权使用授权契约的情况下，应该预见到发生侵害著作权的可能性。(5) 结果回避可能性。卡拉 OK 装置出租业者，在非常容易确定卡拉 OK 经营店是否和著作权人缔结了或者请求缔结著作权使用许可合同的情况下，并没有视情况采取防止著作权侵害行为措施。

（二）日本法上共同侵权行为一般法理

按照日本民法典第 719 条第 2 款的规定，教唆或者帮助不法行为人实施不法行为的，视为共同不法行为人，由此给他人造成损害的，承担连带责任。按照日本民法学界对该条文的一般解读，构成教唆性或者帮助性的共同侵权行为，一般需要具备以下几个要件：被教唆者或者被帮助者的行为构成侵权行为；教唆者或者帮助者实施了教唆或者帮助行为；教唆者或者帮助者主观上具备过错，明知或者应当知道被教唆者或者被帮助者实施侵权行为。

根据帮助侵权法理追究场所、工具、系统、服务提供者的责任，日本学者之间在两个问题上不存在分歧：一是按照日本民法典第719条和第709条的规定追究教唆者、帮助者的损害赔偿责任不存在任何问题。二是教唆、帮助侵权的成立以被教唆者、帮助者，即直接行为人利用作品行为构成侵权为前提，在直接利用作品行为构成著作权法上的限制与例外等合法行为时，教唆者、帮助者也不构成侵权。

但是，根据帮助侵权法理，能否追究教唆者、帮助者的差止责任，日本裁判例和学者之间则存在肯定说和否定说两种截然相反的观点。肯定说认为，在直接利用行为难以排除的情况下，考虑到被告提供的工具和直接侵害行为之间的密切关系等因素，可以将工具提供者类推解释为日本著作权法第112条第1款所说的"侵害著作权、著作邻接权者或者有侵害危险者"，从而准许权利人直接行使差止请求权。肯定说得到了吉田克己教授的支持。吉田克己教授总结裁判例，从中抽象出是否能够追究被告差止责任的两个判断要素，即差止的必要性和侵害行为的低保护性。差止的必要性是指如果被告不停止帮助行为的话，从社会的角度看，停止直接侵害行为没有可能性。在考虑差止的必要性时，被侵害利益的重大性也是需要考虑的一个因素。侵害行为的低保护性，是指被告非常容易停止销售等侵害行为、保护被告销售等侵害行为的必要性非常之低。吉田克己教授进一步认为，这两个要件，并不专门着眼于被侵害的利益，而是综合考量了原被告利益，从而决定是否应该追究教唆者、帮助者的差止责任。这种构造与民法上通过差止保护绝对权的构造不同。教唆者、帮助者虽然对著作权人利益构成损害，但是日本著作权法并不认为这是对著作权人利益的直接侵害，教唆者、帮助者的行为也并不是直接利用著作权的行为，以此为前提，在考虑是否追究教唆、帮助者的差止责任时，就必须以差止的必要性

和侵害行为的需要保护性为中心，进行综合判断。❶

也有学者从其他角度提出了赞成肯定说的理由。比如田中豊认为，著作权属于对著作物的独占支配权，为了确保著作权人的这种支配手段，应该维持著作权人排除妨碍对其著作物进行独占支配的行为的地位，因而著作权人差止请求的对象不应该限定为直接利用行为人，对于帮助者，至少也应该类推解释为侵害主体，允许著作权人行使差止请求。从实效性上看，在侵害行为继续的情况下，对于帮助者如果只能事后追究其损害赔偿责任，对于保护权利人明显是不利的。再者，从日本著作权法第112条第1款的规定看，作出上述理解也不存在文理上的问题。❷

否定说则认为原告不享有差止请求权，理由综合起来主要两点。一是根据日本著作权法第112条第1款的规定，只有形式上符合日本著作权法第21条至28条所列举的各种利用行为，权利人才能行使差止请求权，才能追究被告的差止责任。如果将差止的对象扩大到损害著作权人经济利益的行为，则超过了法律解释的限度，不适当地扩大了著作权人权利的范围。二是将基于著作权的差止请求权与民法上的物权差止请求权进行类比。物权差止请求的对象为侵害支配权的行为人，以此来看，基于著作权的差止请求权对象也应当理解为产生侵害行为者或者侵害危险者。田村善之教授认为，虽然按照日本民法典第719条和第709条的规定，帮助侵权法理在追究教唆者、帮助者的损害赔偿责任方面不存在任何问题，但能否根据这个法理追究教唆者、帮助者的差止责任，则是一个问题。❸ 法官高部真规子也以大致相同的理由支持否定说。❹

日本利用来解决工具等提供者侵害著作权责任的帮助侵权法理，❺ 虽然不是什么新的法理，但有两点值得注意。一是工具等提供者的注意义务问题。如何划定工具等提供者注意义务的界限，是决定工具等提供者主观上是否存在过

---

❶ 吉田克己. 著作権間接侵害と差止請求 [M] //田村善之. 新世代知的財産権法政策学の創成. 東京：有斐閣，2008：300-302.

❷ 参见田中富. 著作権侵害とこれに関与する者の責任 [J]. コピライト，2001（485）：2；田中豊. 著作権の間接侵害＝実効的司法救済の試み [J]. コピライト，2004（520）：7.

❸ 田村善之. 著作権の間接侵害 [M] //第二東京弁護士会知的財産権法研究会. 著作権法の新論点. 東京：商事法務，2008：260-261.

❹ 高部真規子. 著作権侵害の主体について [J]. ジュリスト，[年份不详]（1306）：126-128.

❺ 美国追究行为帮助侵权责任时，需要两个要件。一是帮助者认识到直接侵权行为，并对此作出重大帮助。二是重大帮助，不仅包括销售可能发生侵害行为机器的行为，而且包括销售诱发直接侵权行为机器的行为。因而诱发侵权只是帮助侵权的一种严厉形式。

错、是否构成帮助侵权的关键。日本裁判所在判断被告是否存在注意义务时，基本上综合考量了工具等本身的危险性、被侵害利益的重大性、被告是否从侵害行为中获利、被告预见侵害的可能性、被告回避侵害结果的可能性等因素。这种判断方法是值得我国某些采取过于简单的方法判断工具等提供者是否存在主观过错的法院深思。二是著作权人能否向工具等提供者行使差止请求权的问题。这个问题关系到工具等提供者自由行为的界线和公众的利益，因此并不是一个简单的问题。虽然日本某些裁判所采用类推解释的方法支持了著作权人行使差止请求权，但这种做法并没有得到日本学说上的有力支持。

由于立法构造的不同，在构成共同侵权的情况下，我国司法机关对共同侵权行为中的教唆者、帮助者一律判决承担停止侵害的民事责任的做法，值得检讨。

四、立法论上的问题：如何解决著作权领域中的教唆、帮助行为人的责任

根据上述有关共同侵权行为的基本规定和基本原理可知，未实施我国2010年《著作权法》第10条第1款第5项至第17项规定的行为，但教唆他人实施这些行为，或者以工具、场所、服务等条件帮助他人实施这些行为的，构成教唆、帮助侵权行为，与实施侵权行为人构成共同侵权行为，应当与实施侵权行为人一起承担连带民事责任。具体来说，可以按照下列思路解决著作权领域中教唆、帮助行为人的责任问题。

（一）实施行为构成侵害著作权行为的情形

1. 如果工具等提供者明知行为人将其提供的工具等用于实施侵害他人著作权的行为，仍然进行提供的，则其行为和实施者的行为一起，构成共同加害型的共同侵权行为，工具等提供者应当与实施行为人一起承担连带责任，权利人既可请求赔偿，也可请求停止侵害。

2. 工具等提供者提供工具时，主观上虽不明知行为人将其提供的工具等用于实施侵害著作权的特定行为，但具有过失时，其提供行为同样和实施者的行为一起，构成共同加害型的共同侵权行为。工具等提供者是否具有过失，可以通过以下两种方式进行判断。一是其提供的工具等具有唯一侵害著作权的用途时，推定工具等提供者具有主观过失。二是其提供的工具等具有多用途时，

如果工具等提供者通过介绍、说明等诱发手段引诱实施者利用该工具等实施侵权行为，同样推定工具等提供者具有主观过失。

(二) 实施行为不构成侵害著作权行为的情形

如果实施者的行为属于著作权法上的限制与例外行为，按照解释论，工具等提供者的行为不构成教唆、帮助侵害著作权的行为。这种情况下，必须寻求立法上的解决。具体方法有二：

1. 针对提供作用唯一型工具等的行为，由于利用者（利用者的行为可能构成侵权，也可能不构成侵权）大量存在，从权利人诉讼经济的角度考虑，可以通过立法作出特别规定，将其视为独立的著作权侵权行为。这样特别规定的好处在于，无须考察工具等提供者是否能够管理乃至支配行为人负有监管责任、是否从利用作品的行为中获得了利益，而只要考察该工具是否具有唯一的用于利用作品的作用就够了。相比前者，后者的判断要容易得多。

2. 针对提供多作用型工具的行为，为了平衡工具等提供者、著作权人、利用者之间的利益关系，可以规定某些复制器具等的生产者或者提供者负有向著作权人或者邻接权人支付适当补偿金的义务。

上述解决办法既严守了解释论和立法论之间的区别，遵循了知识产权法定原则，而且考虑了我国民法通则、民法总则以及侵权责任法的现有构造，较好地兼顾了产业界、权利人、社会公众三者之间的利益。

总之，工具等提供者侵害著作权的责任问题，应当放在共同侵权行为理论的框架内进行讨论，即使需要通过法律进行特别规定，也只能将具有唯一侵权作用的工具提供行为视为侵害著作权的侵权行为。一句话，解决教唆者、帮助者侵害著作权的责任时，没有必要照搬英美法系国家的间接侵权行为理论。

第五节　网络服务提供者侵害著作权的责任

网络服务提供者的法律责任问题是随复制和传播技术的数字化、网络化以及赋予著作权人信息网络传播权而出现的，既是著作权法学界研究的一个热点问题，也是一个难点问题。

一、网络服务提供者

（一）网络服务提供者分类

网络服务提供者，包括各种在信息网络空间中提供网络基础设施、接入服务、服务器空间、信息定位以及具体信息的所有网络服务者。其对应的英文名称为 Internet Service Provider，缩写为 ISP。信息网络，按照最高人民法院《关于审理侵害信息网络传播权民事纠纷案件适用法律若干问题的规定》第2条的解释，包括以计算机、电视机、固定电话机、移动电话机等电子设备为终端的计算机互联网、广播电视网、固定通信网、移动通信网等信息网络，以及向公众开放的局域网络。

从提供服务的不同环节和功能来看，可以把 ISP 分为以下四类：

1. IAP（Internet Access Provider），即网络连线服务提供者。比如中国电信、中国联通、中国移动、网通、珠江宽带、长城宽带、中海宽带，等等。

2. IPP（Internet Platform Provider），即网络平台服务提供者。包括搜索引擎服务提供者、链接服务提供者、储存空间服务提供者，等等。网络平台服务提供者具体提供搜索引擎、链接、网盘、电子公告板（BBS）、聊天室、邮件新闻组等服务。这类服务提供者，著名的包括百度、谷歌、搜狐，等等。

3. ICP（Internet Content Provider），即网络内容服务提供者。这类网络服务提供者主动提供各种具体的信息，包括国内外政治、经济、交通、旅游、文化、教育、生活娱乐及气候变化，等等。

要注意网络平台服务提供者和网络内容服务提供者的区别。由于网络内容服务提供者并不享受《信息网络传播权保护条例》规定的豁免，因此在有的诉讼中，原告往往指称被告属于内容服务提供者，以追究其实施侵权行为的责任。在科艺百代股份有限公司诉北京友播世纪信息技术有限公司侵犯录音制作者权纠纷案中，❶由于在被告的网页内容中，"常见问题解答"中有"YOBO 的音乐源文件、图片资料、歌手资料、歌词资料全部来源于用户上传"的内容，在"使用条款"中有"友播网是一个向广大用户提供上传空间和个性推荐的

---

❶ 北京市第二中级人民法院（2008）二中民初字第6621号民事判决书。

服务平台，本身不直接提供内容"的内容，在"版权声明"中有"友播网为网络平台服务提供者，对用户传输内容不做任何人工修改或编辑"的内容，公证书也记载，网站上部分歌曲点击后会弹出"目前没有提供视听内容"的对话框，法院据此认为，友播世纪公司只是属于向网络用户提供上传信息存储空间和音乐推荐的平台服务提供者，而不是内容服务提供者。

4. 综合服务提供者。集上述两种以上功能为一体的服务提供者。比如，美国在线。

（二）用户协议是否改变网络服务提供者的主体和行为性质

出于商业利益或者其他考虑，网络服务提供者常通过一揽子用户协议，将用户上传于其平台上的原创信息或者复制粘贴的信息的著作权等相关权益约定为其所有，然在发生著作权等侵权纠纷时，网络服务提供者又以其属于网络技术服务提供者、应当受《信息网络传播权保护条例》规定的安全港保护为由，进行免责甚至不侵权抗辩。这种情形下提出的需要探讨问题是，用户协议是否会改变网络服务提供者的主体和行为性质？

本书作者认为，不管网络服务提供者和其用户之间的协议内容如何，终归只是网络服务提供者和其用户之间的内部协议，对于著作权等权利主体而言，并不产生任何法律效力。网络服务提供者是作为内容服务提供者承担严格责任，还是作为网络技术服务提供者承担过错责任，并不取决于其主体性质，也不取决于其和用户之间的协议，而取决于其从事的具体行为。如网络服务提供者提供的是内容服务行为，不管用户协议是否约定相关信息权益归其所有，其承担的都应当是严格责任，用户协议不会改变其应当承担的责任性质。如网络服务提供者提供的是网络技术服务行为，不管用户协议是否约定相关信息权益归其所有，其承担的都应当是过错责任。在此情况下，网络服务提供者当然应当享受《信息网络传播保护条例》规定的安全港庇护。

由此可以导出的一个结论是，在认定网络服务提供者的著作权侵权责任时，应当聚焦于其具体从事的行为，而不是用户协议。

二、网络服务提供者侵害著作权责任的分类

我国理论界和司法界曾经有观点主张网络服务提供者应当承当无过错责任，但因无过错责任严重限制了网络服务提供者的行动自由，不利于信息产业

的发展,在存在海量信息的网络世界,让网络服务提供者承担此种责任不具有现实可行性。传统的过错责任再次焕发出生命力,成为平衡网络服务提供者行动自由和著作权人利益的一道杠杆。

(一) 网络内容服务提供者承担无过错责任

网络内容服务提供者和传统的出版社、杂志社、报刊一样,直接选择、编辑、上传作品等内容至网络上,因此和出版社、杂志社等行为主体一样,不管其主观上是否有过错,其行为可能构成侵害著作权人或者邻接权人信息网络传播权的行为。最高人民法院《关于审理侵害信息网络传播权民事纠纷案件适用法律若干问题的规定》第3条对此已经作出明确解释。该条第1款规定,网络用户、网络服务提供者未经许可,通过信息网络提供权利人享有信息网络传播权的作品、表演、录音录像制品,除了法律、行政法规另有规定外,人民法院应当认定其构成侵害信息网络传播权行为。可见,只要网络服务提供者的行为构成"通过信息网络提供作品"行为,不管其主观上是否有过错,其行为就构成侵害信息网络传播权行为,除非存在法律、行政法规规定的除外情形。

所谓提供,按照上述司法解释第3条第2款规定,是指通过上传到网络服务器、设置共享文件或者利用文件分享软件等方式,将作品、表演、录音录像制品置于信息网络中,使公众能够在其个人选定的时间和地点以下载、浏览或者其他方式获得的行为。第5条进一步规定,网络服务提供者以提供网页快照、缩略图等方式实质替代其他网络服务提供者向公众提供相关作品的,也构成提供行为。

(二) 网络技术服务提供者承担教唆或者帮助侵权的过错责任

网络技术服务提供者由于只提供自动接入、自动传输、信息储存空间、搜索、链接、文件分享技术等非内容服务,因而不能像网络内容服务提供者那样,承担无过错责任。否则,网络技术难以有生存空间,公众也难以享受到网络技术发展和进步带来的便利。对于网络技术服务提供者而言,只有其主观上明知或者应当知道某种行为构成侵害信息网络传播权行为,仍然进行教唆、帮助,其提供网络技术服务的行为才构成侵权,才应当承担停止侵害或者赔偿损失的责任。对于网络技术服务提供者而言,过错不仅仅是承担赔偿责任的要件,而且是其提供技术服务行为构成教唆、帮助侵权行为的要件。这一点与网络内容服务提供者完全不同。对于网络内容服务提供者而言,过错并不是其提供行为构成侵害信息网络传播权的要件,仅仅是承担损害赔偿责任的要件。

最高人民法院《关于审理侵害信息网络传播权民事纠纷案件适用法律若干问题的规定》第6条规定,原告有初步证据证明网络服务提供者提供了相关作品、表演、录音录像制品,但网络服务提供者能够证明其仅提供了网络服务,且无过错的,人民法院不应认定为构成侵权。也就是说,网络服务提供者如果仅提供网络技术服务并且主观上没有过错,其提供网络技术服务的行为,不构成侵害信息网络传播权的行为。在这种情况下,网络技术服务提供者也不应当承担赔偿责任。

当然,虽然网络服务提供者提供的仅仅是网络技术服务,但如果其主观上具有过错,则其行为可能构成侵害信息网络传播权的帮助行为或者教唆行为,依法应当承担帮助或者教唆侵权责任。上述司法解释第7条第2款规定,网络服务提供者以言语、推介技术支持、奖励积分等方式诱导、鼓励网络用户实施侵害信息网络传播权行为的,其行为构成教唆侵权行为。提供服务提供者明知或者应知网络用户利用网络服务侵害信息网络传播权,未采取删除、屏蔽、断开链接等必要措施,或者提供技术支持等帮助行为的,构成帮助侵权行为。

明知或者应知的对象,是特定侵权行为。但如网络服务提供者设计的商业模式明显吸引网络用户上传和下载侵权内容,则即使网络服务提供者明知或者应知的内容不是特定侵权行为,而仅仅是概括性的侵权行为,亦可认定网络服务提供者具有主观过错。

三、网络服务提供者承担教唆、帮助侵权责任主观过错的判断

(一)通知与删除简易程序:判断网络服务提供者主观过错的主要方法

为了简化认定网络服务提供者教唆、帮助他人实施侵权时主观过错的难度,我国2006年由国务院制定的《信息网络传播权保护条例》借鉴美国《千年数字版权法》(DMCA)的经验,规定了通知和删除简易程序。

1. 权利人通知及其法律效力。《信息网络传播权保护条例》第14条规定,对提供信息存储空间或者提供搜索、链接服务的网络服务提供者,权利人认为其服务所涉及的作品、表演、录音录像制品,侵犯自己的信息网络传播权或者被删除、改变了自己的权利管理电子信息的,可以向该网络服务提供者提交书面通知,要求网络服务提供者删除该作品、表演、录音录像制品,或者断开与

该作品、表演、录音录像制品的链接。如果网络服务提供者在合理期限内未采取删除、屏蔽、断开链接等措施的，则认定其主观上明知侵害信息网络传播权的行为。最高人民法院《关于审理侵害信息网络传播权民事纠纷案件适用法律若干问题的规定》第13条也作出了与此相同的司法解释。

权利人有效的通知书应当包含下列内容：

（1）权利人的姓名（名称）、联系方式和地址。由于姓名或者名称主要发挥识别权利人的作用，因此不一定必须是真实的姓名或者名称，在信息网络中使用的非真实姓名亦可。

但要注意的是，如果权利人不是亲自发出通知，而是由其被许可人等利害关系人发出通知，则被许可人等利害关系人必须向网络服务提供者提供证据证明其和权利人之间存在可以发出通知的委托关系，否则不能认为发出的通知属于有效通知，网络服务者没有删除涉嫌侵权材料或者断开与涉嫌侵权材料的链接的，不能否定其存在主观过错。

在武汉回归科技有限公司诉北京百度网讯科技有限公司等侵犯计算机软件著作权纠纷案一审中，[1] 虽然原告软件的代理总经销商中科蓝光公司向被告发出了指控其链接涉嫌侵害原告软件版权的口头通知，但因其与原告互为独立法人，在原告未举证证明中科蓝光向百度网讯、百度在线提交的口头通知系其委托发出、被告亦否认的情况下，不能认为被告没有断开有关链接就构成侵权，且原告本人向被告发出通知的时间只能通过被告收到法院转交的原告起诉状副本的时间加以确定。

原告虽未按被告公布的最直接、最经济的方式进行投诉，但如有证据证明原告通过电子邮件或者邮寄方式发送的通知确实到达了被告公布的或者曾经收到过侵权通知的邮件地址或者物理地址的，应当认定原告发出了有效通知。[2]

（2）要求删除或者断开链接的侵权作品、表演、录音录像制品的名称和网络地址。在涉嫌侵权作品、表演、录音录像制品数量众多的情况下，权利人可以只列出代表性作品、表演、录音录像制品的名称和网络地址。在某些情况下，即使权利人提交的通知未包含被诉侵权的作品、表演、录音录像制品的网络地址，但网络服务提供者根据该通知提供的信息对被诉侵权的作品、表演、

---

[1] 北京市海淀区（2007）海民初字第22956号民事判决书。
[2] 北京互联网法院（2018）京0491民初1号民事判决书。

录音录像制品能够足以准确定位的，也应当认定通知符合该要件。至于对被诉侵权的作品、表演、录音录像制品是否能够足以准确定位，应当考虑网络服务提供者提供的服务类型、权利人要求删除或者断开链接的文字作品或者表演、录音录像制品的文件类型以及作品、表演、录音录像制品的名称是否具有特定性等具体情况认定。❶

在科技日益发达的当今社会，权利人经常采用涉案作品的 MD5 值发出侵权通知并要求删除相关作品等。MD5 的全称是 Message – Digest Algorithm 5，相当于一个文件的 ID，具有唯一性，如该文件被修改过（如被嵌入病毒，木马等），其 MD5 值就会变化。引入 MD5 机制，在信息网络上传输数据时，可以将数据和密钥进行 hash 生成一个 MD5 校验值，附加在数据段的首部，对方收到数据时，可以将数据段重新用 hash 算法进行校验，若两个 MD5 的校验值相同，则表示数据在传输的过程中没有被篡改。

由于技术限制，同一版本作品的 MD5 值计算结果相同且唯一，权利人通过 MD5 值进行投诉，能够准确定位侵权作品，应属于有效通知。但同一作品不同版本的 MD5 值计算结果则不同，在权利人通过 MD5 值进行投诉时，网络服务提供者则不一定能够准确定位涉嫌侵权的作品。如果网络服务提供者能够证明权利人通过 MD5 投诉的作品和其涉嫌侵权的作品版本不同，则应当认定权利人的通知并不属于有效通知。

（3）构成侵权的初步证明材料。所谓初步证明材料，并不一定要达到具体诉讼过程中提交给法院的证据那样严格的程度，只要足以证明自己是涉嫌被侵害作品、表演、录音录像制品的权利人、用户未经过自己许可就足以满足这个条件。

但是，被告通过自身途径得到的网络用户承认自己侵害原告著作权的调解书，是否能够作为侵权初步证明材料，是一个问题。在武汉回归科技有限公司诉北京百度网讯科技有限公司等侵犯计算机软件著作权纠纷案中，原告本身并没有提交侵权初步证明材料，而是主张百度网讯、百度在线通过其在湖北省武汉市的代理商武汉百捷网络服务有限公司（以下简称"武汉百捷"）得到的其用户青岛博智网站承认侵害原告软件著作权的青岛中院（2007）青民三初字第 30 号民事调解书属于这里的侵权初步证明材料，但该份民事调解书并未载明青岛博智的侵权产

---

❶ 参见北京市高级人民法院 2010 年 5 月发布的《关于审理涉及网络环境下著作权纠纷案件如果问题的指导意见》第 28 条、第 29 条。

品名称，亦不能确认中科蓝光对于变量拷贝软件是否享有权利或享有何种权利，法院并未支持原告该调解书证明网络用户侵害了原告涉案软件版权的主张。❶

即使是已经生效的侵权判决书，也不能当然作为网络用户涉嫌侵害权利人信息网络传播权的初步证明，因为已经生效的侵权判决书仅能证明判决书作出之前已经发生的侵权事实，而不能证明正在发生的侵权事实。所谓侵权的初步证明材料，应当是正在发生的侵权的初步证明材料。

(4) 采取书面形式。权利人通知没有采取书面形式的，由于是否提供了侵权初步证明材料、权利人身份等不太容易确定，因此不能视为有效通知。

我国《信息网络传播权保护条例》第15条规定，网络服务提供者接到权利人的有效通知书后，应当立即删除涉嫌侵权的作品、表演、录音录像制品，或者断开与涉嫌侵权的作品、表演、录音录像制品的链接，并同时将通知书转送提供作品、表演、录音录像制品的服务对象；服务对象网络地址不明、无法转送的，应当将通知书的内容同时在信息网络上公告。如果网络服务提供者拒不删除有关材料，或者拒不断开有关链接，则由原来的不知道或者没有合理的理由应当知道转变为知道，即由原来的没有过错转变为有过错，其提供网络技术服务的行为构成教唆或者帮助侵权行为。

"立即删除"不能机械地理解为网络服务提供者接到权利人有效通知后，"即刻删除、马上删除"的意思。在涉嫌侵权作品、表演、录音录像制作数量庞大，特别是权利人采取MD5等需要技术知识确定涉案作品等的情况下，"立即"删除或者断开链接是不切合实际的。较为可取的做法是，在充分考虑涉案作品数量、通知是否采取涉案作品MD5值等因素基础上，要求网络服务提供者在接到权利人的有效通知后，"及时"采取删除、屏蔽、断开链接等必要措施，以便司法机关根据具体情况作出柔软解释。事实上，最高人民法院《关于审理侵害信息网络传播权民事纠纷案件适用法律若干问题的规定》第14条已经采取了这种柔软的态度。该条具体内容是，人民法院认定网络服务提供者采取的删除、屏蔽、断开链接等必要措施是否及时，应当根据权利人提交通知的形式，通知的准确程度，采取措施的难易程度，网络服务的性质，所涉作品、表演、录音录像制品的类型、知名度、数量等因素综合判断。

2. 反通知及其法律效力。《信息网络传播权保护条例》第16条规定，服

---

❶ 北京市海淀区（2007）海民初字第22956号民事判决书。

务对象接到网络服务提供者转送的通知书后，认为其提供的作品、表演、录音录像制品未侵犯他人权利的，可以向网络服务提供者提交书面说明，要求恢复被删除的作品、表演、录音录像制品，或者恢复与被断开的作品、表演、录音录像制品的链接。书面说明应当包含下列内容：服务对象的姓名（名称）、联系方式和地址；要求恢复的作品、表演、录音录像制品的名称和网络地址；不构成侵权的初步证明材料。

《信息网络传播权保护条例》第17条进一步规定，网络服务提供者接到服务对象的书面说明后，应当立即恢复被删除的作品、表演、录音录像制品，或者可以恢复与被断开的作品、表演、录音录像制品的链接，同时将服务对象的书面说明转送权利人。该条要求网络服务提供者接到服务对象的反通知后，立即采取恢复相关内容、恢复链接等必要措施，也过于僵硬，不符合实际需要，因此也改为"及时"较为妥当。

权利人不得再通知网络服务提供者删除该作品、表演、录音录像制品，或者断开与该作品、表演、录音录像制品的链接。

3. 权利人滥用通知的后果。权利人滥用通知致使网络服务提供者删除有关材料或者断开有关链接，并因此而导致网络服务提供者违反和其用户之间的合同的，究竟应当由谁承担责任？《信息网络传播权保护条例》第24条规定，因权利人的通知导致网络服务提供者错误删除作品、表演、录音录像制品，或者错误断开与作品、表演、录音录像制品的链接，给服务对象造成损失的，权利人应当承担赔偿责任。

可用下图表示上述关系：

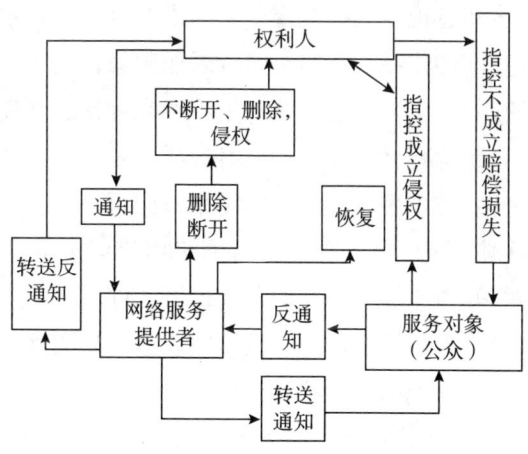

（二）认定网络服务提供者主观过错的其他方法

通知与删除简易程序简化了网络服务提供者主观过错的认定，对于司法机关来说，是最为经济的方法，但并不是唯一认定网络服务提供者是否存在主观过错的方法。《信息网络传播权保护条例》第 22 条规定，如果信息储存空间提供者有合理的理由应当知道服务对象提供的作品、表演、录音录像制品侵权，第 23 条规定，如果链接、搜索引擎服务提供者明知或者应知所链接的作品、表演、录音录像制品侵权的，应当承担共同侵权的责任。由此可见，即使权利人没有通知网络服务提供者，如果有其他证据证明网络服务提供者存在主观过错的，同样可以认定其提供网络技术的行为构成教唆或者帮助侵权行为。

在权利人没有发出通知的情况下，究竟如何认定网络服务提供者是否存在主观过错？根据最高人民法院《关于审理侵害信息网络传播权民事纠纷案件适用法律若干问题的规定》第 8 条至第 14 条的规定，应当坚持以下规则：

1. 已尽合理注意义务的规则。由于尚未有法律规定网络服务提供者必须对网络用户侵害信息网络传播权的行为负担主动审查的义务，因此不能当然地认为网络服务提供者没有对网络用户侵害信息网络传播权的行为主动进行审查就具有过错，否则将过度加大网络服务提供者的负担，而且由于存在海量信息问题，事实上要网络服务提供者审查其链接的每条信息、存在于其储存空间的每条信息是否侵害著作权或者邻接权，也不现实。强制要求网络服务提供者这样做，必将极大滞后信息的传播速度，无法适应信息化、网络化时代对信息产品消费的需要。

网络服务提供者超越现行法律规定，主动采取合理、有效的措施过滤链接或者储存于其信息空间的作品、表演、录音录像制品，仍然难以发现网络用户侵害信息网络传播权的，应当认定其主观上不存在过错，其提供网络技术服务的行为也不构成侵害信息网络传播权。只有这样，才能鼓励网络服务提供者尽可能地采取过滤等有效技术手段，监管网络用户侵害信息网络传播权的行为。

2. 综合判断规则。网络服务提供者对网络用户侵害信息网络传播权的行为是否明知或者应当知道，涉及网络服务提供者、网络用户、权利人三方的利益，因此进行判断时不能单纯考虑某个因素或者某几个因素，而应当综合各方面的因素，具体案件具体判断。这些因素包括：

（1）基于网络服务提供者提供服务的性质、方式及其引发侵权的可能性大小，应当具备的管理信息的能力。如果网络服务提供者提供的是营利性服务，而且该服务主要依赖网络用户侵权才能实现和营利，则网络服务提供者采取有效措施以避免网络用户侵害他人信息网络传播权的注意义务也就越高，其具备主观过错的可能性也就越大。

（2）传播的作品、表演、录音录像制品的类型、知名度以及侵权信息的明显程度。畅销小说、热播电影和电视剧，几乎与剧院放映同时进行网络传播的电影和电视剧，都是最容易被网络用户上传到 BBS 或者设置于共享文件中的，对此网络服务提供者负有更多的注意义务，对这些作品或者制品的网络传播具备主观过错的可能性也越高。

（3）网络服务提供者是否主动对作品、表演、录音录像制品进行了选择、编辑、修改、推荐，或者为涉案作品等设立专门的排行榜，或者将涉案作品等置于首页或者其他主要页面等能够为网络服务提供者明显感知的位置。如果回答是肯定的，则应推定网络服务提供者知道侵害信息网络传播权的行为，主观过错十分明显。这种情况下，必须区分网络服务提供者承担的是教唆、帮助侵权责任，还是实施侵害信息网络传播权的责任。

在果子电影有限公司诉北京时越网络技术有限公司侵犯涉案电影《海角七号》著作权纠纷案中，❶ 被告对可以播放涉案电影的被链接网站提供搜索、链接服务，但仅出现 6 个与涉案电影有关的搜索结果（即海角七号 01、海角七号 02、海角七号 03……海角七号 06）。该案中虽然被告辩称其提供的搜索和链接系被动搜索、链接服务，目前网络中虽然存在大量未经许可传播的内容，但同时亦有大量的正版内容合法传播，其作为搜索、链接服务提供者，尚无能力判断哪些内容系正版内容，哪些内容系盗版内容，因此其对于被链接网站的内容是否构成侵权既不明知亦不应知，主观上没有过错，但因为其搜索结果仅有名称完全相同的 6 个涉案电影，系主动对搜索结果进行人工编辑整理的结果，其提供的实为主动链接，其应当知晓所提供的涉案链接服务会涉及被控侵权内容。在被告有义务亦有能力对于哪些网站提供涉案影片的合法传播有所认知的基础上，其当然能够意识到被链接网站对于涉案电影的传播并未经著作权人的许可，但被告却仍然提供对于被链接网站的链接服务，其对于被链接网站的行为构成侵权主观上应当判断为应知，具备主观过错，构成帮助侵权。

---

❶ 北京市第一中级人民法院（2010）一中民初字第 11822 号民事判决书。

（4）网络服务提供者是否积极采取了预防侵权的合理措施。网络服务提供者对其链接、信息储存空间的作品、表演、录音录像制品未采取任何措施，或者虽采取了措施，但该措施明显不能发挥任何预防侵权的作用，则很可能因为放任网络用户侵权的不作为而具备主观过错。

（5）网络服务提供者是否设置便捷程序接收侵权通知并及时对侵权通知作出合理反应。如果网络服务提供者自行设置的投诉规则阻碍了权利人正常、及时有效的发送侵权通知，或者未设置便捷接收侵权通知的程序，使得侵权通知难以及时到达其手中，或者虽然接到侵权通知，但置之不理，则其主观上明知网络用户侵害信息网络传播权的可能性比较大。❶

（6）网络服务提供者是否针对同一网络用户的重复侵权行为采取了相应的合理措施。某些网络用户出于自己的偏好，经常重复、大量上传同一作者作品、同一歌手作品至某些分享空间，对此网络服务提供者如果不及时采取屏蔽、断开链接等措施或者注销该网络账号，说明其应当知道网络用户侵害信息网络传播权的可能性较大。

（7）网络服务提供者在提供网络服务时，是否对热播影视作品等以设置榜单、目录、索引、描述性段落、内容简介等方式进行推荐，公众是否可以在其网页上直接以下载、浏览或者其他方式获得。如果回答是肯定的，则可以认定网络服务提供者应当知道用户侵害信息网络传播权，主观上具备过错。

比如在果子电影有限公司诉北京风行在线技术有限公司侵犯《海角七号》著作权纠纷一案中，❷ 被告提供涉案电影的 P2P 文件搜索、下载以及播放服务，被告网页中显示有涉案影片的介绍，包括剧照、导演、主演、类型、首映时间、剧情等内容，播放器可以播放涉案影片，并显示涉案影片播放时长为 1 小时 3 分 38 秒。在电影制作者不大可能免费授权个人用户通过 P2P 软件传播其耗资巨大的电影作品，而现有技术条件又使得被告完全可以通过技术手段让其搜到的 P2P 文件不包括涉案电影全片，从而使上述影片介绍并不适用于涉案影片全片而仅仅是片花的情况下，被告仍然提供涉案影片的搜索、下载以及在线播放服务，其对 P2P 用户实施涉案电影的信息网络传播行为，主观上应当知道，因而具备主观过错，构成帮助侵权行为。

---

❶ 广州知识产权法院（2016）粤73民初1387号民事判决书。
❷ 北京市第一中级人民法院（2010）一中民初字第11821号民事判决书。

(8) 其他相关因素。

3. 网络服务提供者营利目的和主观过错的关系。不能因为网络服务提供者提供网络服务具有营利目的，就认定其为网络用户侵害信息网络传播权行为提供网络服务的行为具有主观过错。必须具体分析究竟是直接营利目的还是间接营利目的。一般来说，不能因为网络服务提供者提供网络服务收取一般性广告费、服务费就认定其对侵害信息网络传播权行为明知或者应知。即使网络服务提供者从网络用户提供的作品、表演、录音录像制品中直接获得经济利益，也不能就此直接地、当然地认定网络服务提供者对网络用户侵害信息网络传播权行为明知或者应当知道。

当然，在这种情况下，网络服务提供者对网络用户侵害信息网络传播权行为负有较高注意义务。如果网络服务提供者针对特定作品、表演、录音录像制品投放广告获得利益，或者获取与其传播的作品、表演、录音录像制品存在其他特定联系的经济利益，则应当认定其获得的利益为直接经济利益，没有其他相反证据的情况下，一般应当认定网络服务提供者对网络用户侵害信息网络传播权的行为应当知道，主观上具备过错。

比如，如有证据证明某广告主投放广告时，以网络服务提供者网页上能够点播徐峥主演的《泰囧》为前提，网络服务提供者为了获得该笔广告费用，对正在热播的《泰囧》设置榜单，而且其网页上能够直接浏览，就可以认定网络服务提供者明知网络用户侵害信息网络传播权的行为。

四、网络服务提供者的免责

（一）提供自动接入或者自动传输服务时的免责

自动接入或者自动传输服务属于基础性网络服务，系根据不特定类型服务对象指令自动提供技术服务。基础性网络服务本身一般不主动参与信息的处理，信息接入、传输由服务对象发起，由基础性网络服务的固有技术设置接收处理，服务对象可以进行任何互联网增值服务或者应用，其系被动处理传输信息。基础性网络服务提供者也不直接接触服务对象提供的信息，不具备审查、干预信息内容的能力和条件。从处理能力看，基础性网络服务无法对服务对象提供的信息内容进行具体处理，其处理的客体是作为整体的信息载体数据或者信息传输通道，而非细分到每一个具体信息项目的内容。从收费方式看，基础性网络服务收取的是技术服务费，与接入的具体信息内容没有直接关系。简言之，自动接入服务提供者、自动传输服务提供者仅仅提供信息网络传播所用的通道，一般情况下不能因为被动传输信息而被认定为主观上具有过错，从而对网络用户侵害信息网络传播权行为承担教唆、帮助侵权行为责任。

基于上述原因，我国《信息网络传播权保护条例》第14条规定，提供自动接入或自动传输服务的服务提供者不适用通知与删除规则。第20条进一步规定，网络服务提供者根据服务对象的指令提供网络自动接入服务，或者对服务对象提供的作品、表演、录音录像制品提供自动传输服务，并具备下列条件的，不承担赔偿责任。

1. 未选择并且未改变所传输的作品、表演、录音录像制品；

2. 向指定的服务对象提供该作品、表演、录音录像制品，并防止指定的服务对象以外的其他人获得。

上述规定来自美国DMCA第512条第（a）款规定。美国DMCA第512条第（a）款规定，符合下列要件时，接入服务提供者不承担金钱救济责任、禁令救济责任或者其他衡平救济责任：资料的传输是由服务提供者之外的人发起的或者按照其指示进行的；传输、路由资料、提供链接或者储存是通过自动的技术过程进行的，服务提供者没有对资料进行选择；除自动回应一个人的要求外，服务提供者未选择资料的接受者；系统或者网络上没有以预期接收人以外的任何人通常能够获得的方式保留中间或者临时储存过程中服务提供者制作的资料复制件，而且系统或者网络上以预期接收人通常可以获得的方式保留此种复制件未超出传输、录有或者提供链接所需的合理时间；资料在通过系统或者网络传输过程中，内容没有发生改变。

在佛山市顺德区孔雀廊娱乐唱片有限公司诉北京联丰通信技术有限公司、中国移动通信集团上海有限公司一案中，❶ 被告北京联丰公司通过被告上海移动公司的短信计费平台有偿向手机用户提供彩铃下载服务。但法院认为，中国移动上海公司为联丰公司提供网络信息传送的服务是技术性和被动的，具体为接受联丰公司发送的信息及向移动用户发送该信息提供基础性的技术连接服务。在现有技术条件下，中国移动上海公司提供该项服务时无法对其传送的信息进行遴选，客观上也无法对信息内容逐一审查，故中国移动上海公司在涉案

---

❶ 上海二中院（2009）沪二中民五（知）终字第4号民事判决书。

歌曲的网络传播中并无法律上的过错，在本案中不应当承担责任。

在杭州刀豆网络科技有限公司诉长沙百赞网络科技有限公司、深圳市腾讯计算机系统有限公司侵害信息网络传播权一案中，❶ 一审法院认为，微信小程序是腾讯公司对小程序开发者提供的架构与接入的基础性技术服务，不同于信息网络储存空间和搜索引擎服务。从技术上看小程序的内容均存在于开发者服务器，小程序只是通过开发者域名作为端口与开发者服务器进行通信，小程序平台技术上无法触及开发者内容，更谈不上精准删除开发者的侵权内容或者切断与侵权内容有关的网络服务，不应当承担开发小程序内容出现侵权时整体下架小程序的责任。

尽管《信息网络传播权保护条例》第 20 条给予自动接入、自动传输服务提供者相较于其他网络服务提供者较为优惠的免责待遇，第 14 条同时规定其不适用通知与删除规则，但并不能说任何情况下自动接入、自动传输服务提供者都不可能构成帮助侵权行为。

最高人民法院《关于审理侵害信息网络传播权民事纠纷案件适用法律若干问题的规定》第 7 条第 3 款规定，网络服务提供者明知或者应当知道网络用户利用网络服务侵害信息网络传播权，未采取删除、屏蔽、断开链接等必要措施，或者提供技术支持等帮助行为的，人民法院应当认定其构成帮助侵权行为。据此，如果接入、自动传输服务提供者拒不披露涉嫌侵权行为人的信息以便权利人提起诉讼，或者拒不停止向反复侵权行为人提供接入和传输服务，应当认定其主观上具有过错，其行为可构成帮助侵权行为。

最高人民法院的上述司法解释完全符合《侵权责任法》第 36 条的规范趣旨。从措辞上看，《侵权责任法》第 36 条并未将接入或者自动传输服务提供者明确排除在负有设立投诉机制义务的网络服务提供者范围之外，同时也未将网络服务提供者接到权利人通知后应当采取的"必要措施"限定为"删除、

---

❶ 杭州互联网法院（2018）浙 0192 民初 7184 号民事判决书。

屏蔽、断开链接"。❶ 这一方面说明，在特定情况下，接入、自动传输服务提供者仍然可以适用通知与删除规则；另一方面说明，根据所侵害权利的性质、侵权的具体情形和技术条件等因素综合判断，停止接入或者自动传输服务并非绝对不可采取的措施。《侵权责任法》第36条的规定虽然与《信息网络传播权保护条例》第14条、第20条规定不一致，但因《侵权责任法》是上位法，且通过时间晚于《信息网络传播权保护条例》，说明立法者无意对通知删除规则适用的网络服务提供者范围进行限定。结合《侵权责任法》和最高人民法院上述司法解释第7条第3款规定，反思上述微信小程序案一审判决结果，可以发现，该判决结果尽管值得肯定，但并不代表该案结论可以适用于反复侵权行为人或者以侵权为业者或者专用于侵权的小程序不设置任何接收处理机制的接入、自动传输服务提供者。

按照上述思路解读《侵权责任法》第36条和最高人民法院上述司法解释第7条第3款，与网络服务提供者避风港规则的起源国——美国的DMCA相关规定完全一致。美国DMCA第512条第（i）款为所有类型的网络服务提供者享受免责规定了如下共同条件：（1）服务提供者采纳及合理实施在适当情况下对反复侵权人终止服务的政策，并将此政策通知其用户和账户持有人；（2）兼容且不干涉版权人用以识别或保护有版权作品的标准技术措施。该共同条件的设立说明，即使是接入或者自动传输服务提供者，也应当为权利人设立某种便捷的接收侵权投诉机制，并负有将权利人投诉转送被投诉人以便被投诉人进行反通知和申辩的义务。接入或者自动传输服务提供者拒绝为权利人设立侵权投诉机制、拒绝转送通知和反通知，继续为反复侵权行为人提供接入或者自动传输服务的，不能免除侵害著作权的责任。在BMG诉Cox案判决中，❷ Cox公

---

❶ 在最高人民法院发布的第83号指导案例中，法院指出，浙江天猫网络有限公司作为电子商务网络服务平台的提供者，基于其公司对于发明专利侵权判断的主观能力、侵权投诉胜诉概率以及利益平衡等因素的考量，并不必然要求其在接受投诉后对被投诉商品立即采取删除和屏蔽措施，对被诉商品采取的必要措施应当秉承审慎、合理原则，以免损害被投诉人的合法权益。但是，将有效的投诉通知材料转达被投诉人并通知被投诉人申辩当属其应当采取的必要措施之一。否则权利人投诉行为将失去任何意义，权利人的维权行为也将难以实现。网络服务平台提供者应该保证有效投诉信息传递的顺畅，而不应成为投诉信息的黑洞。最高人民法院第83号指导案例：威海嘉易烤生活家电有限公司诉永康市金仕德工贸有限公司、浙江天猫网络有限公司侵害发明专利权纠纷案，浙江省高级人民法院（2015）浙知终字第186号。

❷ BMG Rightsmanagement (US) LLC, and Round Hillmusic LP v. COX Communications, Inc., and COXCOM, LLC, civil No. 1: 14 - cv -1611.

司没有以任何一贯或者有意义的方式实施终止反复侵权人服务的政策，被美国第四联邦巡回上诉法院认定构成著作权侵权行为，不能享受避风港待遇。

(二) 提供系统缓存服务时的免责

我国《信息网络传播权保护条例》第 21 条规定，网络服务提供者为提高网络传输效率，自动存储从其他网络服务提供者获得的作品、表演、录音录像制品，根据技术安排自动向服务对象提供，并具备下列条件的，不承担赔偿责任。

第一，未改变自动存储的作品、表演、录音录像制品；

第二，不影响提供作品、表演、录音录像制品的原网络服务提供者掌握服务对象获取该作品、表演、录音录像制品的情况；

第三，在原网络服务提供者修改、删除或者屏蔽该作品、表演、录音录像制品时，根据技术安排自动予以修改、删除或者屏蔽。

上述规定来自美国 DMCA 第 512 条第（b）款规定。该第（b）款规定的内容是，具备下列条件时，系统缓存服务提供者不承担金钱救济责任、禁令救济责任或者其他衡平救济责任：资料系由服务提供者以外的人在线上传的；资料系由上述之人经他人指令而通过网络或者系统传送给他人的；储存系为了向系统或者网络用户提供资料而自动进行的。

系统缓存应当发生在内容来源网站向终端用户进行信息传输的过程中。目前常见的搜索引擎提供的"网页快照"，系网络服务提供者截取网络传输过程中的信息并进行复制后再主动进行的传输，属于最高人民法院《关于审理侵害信息网络传播权民事纠纷案件适用法律若干问题的规定》第 5 条第 1 款所说的提供作品行为，如果不存在该第 5 条第 2 款规定的不侵权抗辩使用事由，网络服务提供者的行为构成侵害信息网络传播权的行为，不能享受第 21 条规定的免责待遇。

(三) 提供信息存储空间服务时的免责

我国《信息网络传播权保护条例》第 22 条规定，网络服务提供者为服务对象提供信息存储空间，供服务对象通过信息网络向公众提供作品、表演、录音录像制品，并具备下列条件的，不承担赔偿责任：

第一，明确标示该信息存储空间是为服务对象所提供，并公开网络服务提供者的名称、联系人、网络地址；

第二，未改变服务对象所提供的作品、表演、录音录像制品；

第三，不知道也没有合理的理由应当知道服务对象提供的作品、表演、录音录像制品侵权；

第四，未从服务对象提供作品、表演、录音录像制品中直接获得经济利益；

第五，在接到权利人的通知书后，根据本条例规定删除权利人认为侵权的作品、表演、录音录像制品。

上述规定来自美国 DMCA 第 512 条第（c）款规定。该第（c）款规定的具体内容是，在具备下列条件时，信息储存空间服务提供者对其储存空间中侵犯版权的行为，不承担金钱救济责任、禁令救济责任或者其他衡平救济责任：事实上不知道系统或者网络上的资料构成侵权或者对该资料的使用构成侵权；事实上不知道时也不知悉明确显示侵权活动的事实或者情形；在知道或者知悉后立即删除或断开与资料的链接；在服务提供者有权和有能力控制侵权行为时，并未从侵权行为中获取直接的经济利益；在收到储存空间中的资料涉嫌侵权的通知后，立即作出反应，删除或者断开与涉嫌侵权资料的链接，或者与涉嫌侵权行为之客体的资料的链接。

1. 视频分享网站的人工审查与免责。

按照原国家广电局和原信息产业部颁发的《互联网视听节目服务管理规定》第 2、7、8、16 条的规定，从事互联网视听节目服务必须取得《信息网络传播视听节目许可证》。取得许可证的前提是，网络服务提供者应当"有健全的节目安全传播管理制度"，其提供的（包括用户上载传播的）视听节目不得含有违反宪法、法律和损害社会公德的内容。据此，视频分享网站必须设置人工审查机制，以过滤含有违反宪法、法律和损害社会公德的内容。

然而，视频分享网站这种事先的人工审查义务并不同于报刊社、出版社对其选择、编辑作品的事先审查义务。视频分享网站中分享的内容系网络用户上传，视频分享网站没有决定权，它事先需要审查的并不是分享内容是否侵害著作权，而是分享内容是否违反宪法、法律和损害社会公德，是否属于反动、迷信、黄色等方面的内容。报刊社、出版社对发表或出版的内容有决定权，因此其不但负有审查所欲发表的内容是否违反宪法、法律或者社会公德，而且负有审查内容是否侵害著作权、邻接权的一般注意义务。

基于上述区别可知，视频分享网站仍然属于网络技术服务提供者，而不是内容服务提供者，而报刊社、出版社属于内容提供者。视频分享网站未尽事先人工审查义务的，并不导致其对储存空间中侵害信息网络传播权的内容当然地知道或者应当知道，其是否具有主观过错应当结合其他因素进行综合判断。即使判断出视频分享网站具有主观过错，只要视频分享网站没有改变作品内容，其承担的仍然是帮助侵权的责任。

2. 如何界定"未改变服务对象所提供的作品、表演、录音录像制品"。

按照《信息网络传播权保护条例》第 22 条规定，信息储存空间服务提供者免责的前提条件之一是，"未改变服务对象所提供的作品、表演、录音录像制品"。究竟何为"改变服务对象所提供的作品、表演、录音录像制品"？

一种观点认为，所谓改变服务对象所提供作品、表演、录音录像制品，是指在网络用户上传的内容中嵌入或者叠加网站标记，或者在网络用户接触作品之前或者之后播放广告的行为。比如，在尚网文化诉普信通案件中，❶ 法院就认为被告在播放未经权利人许可上传的视频《大话股神》时，在左上角叠加"爆米花"和"pomoho"标识，播放页面下方加入滚动广告的行为，构成改变权利人作品的行为。如此理解将使许多提供信息储存空间服务的网络服务提供者变为内容服务提供者，承担无过错侵权责任，危及信息储存空间服务提供者的生存。当然，这种理解也不符合第 22 条来源 DMCA 第 512 条第（a）款、第（b）款中"without modification to its content"即"改变作品内容"的原意。由此可见，第 22 条中的"未改变服务对象所提供的作品、表演、录音录像制品"是指没有改变作品、表演、录音录像制品的内容，而不是指嵌入广告、网站标记等行为。

由上也可以得出一个结论，第 22 条中的"未改变服务对象所提供的作品、表演、录音录像制品"，是认定信息储存空间服务提供者是否构成侵害信息网络传播权的一个要件，免除的也是信息储存空间服务提供者侵害信息网络传播权的责任，而不是作为网络用户侵害信息网络传播权帮助者的责任。

（四）提供搜索或者链接服务时的免责

我国《信息网络传播权保护条例》第 23 条规定，网络服务提供者为服务

---

❶ 北京一中院（2008）一中民字第 14058 号民事判决书。

对象提供搜索或者链接服务，在接到权利人的通知书后，根据本条例规定断开与侵权的作品、表演、录音录像制品的链接的，不承担赔偿责任；但是，明知或者应知所链接的作品、表演、录音录像制品侵权的，应当承担共同侵权责任。

上述条款来源于美国 DMCA 第 512 条第（d）款规定。该第（d）款的具体内容是，具备下列条件的，信息定位服务提供者不承担金钱救济责任、禁令救济责任或者其他衡平救济责任：事实上不知道该活动或者资料侵权；事实上不知道时也无理由知道侵权活动；在知道或者知悉后，迅速删除或者屏蔽该资料；在服务提供者有权利和能力控制此种行为的情况下，没有获得可直接归因于侵权行为的经济利益；在收到有效侵权通知后，立即删除或者断开与涉嫌侵权资料的链接。

司法实践中，对搜索的内容进行整理、分类、设置榜单者，一般可直接认定搜索或者链接服务提供者主观上具有过错。在"十一大唱片公司诉雅虎案"中，❶ 北京市高级人民法院认为，阿里巴巴公司对搜索的歌曲、音乐信息进行整理、分类，按歌曲风格、流行程度、歌手性别等标准制作不同的分类信息，并将这些分类信息以"搜索歌""搜索词"搜索框、"全部男歌手""全部女歌手""新歌飙升""影视金曲""欧美经典"等 18 个分类栏目以及"新歌飙升榜""热搜歌曲排行榜"等具体板块提供给用户。显然，阿里巴巴公司是按照自己的意志，在搜索、整理、分类的基础上，对相关的音乐信息按不同标准制作了相应的分类信息，作为专业性音乐网站，其应当知道也能够知道其搜索、链接的录音制品的合法性，却放任不管，主观上具有过错。

北京高院 2010 年 5 月发布的《关于审理涉及网络环境下著作权纠纷案件若干问题的指导意见（一）》（试行）第 20 条对此进行了总结："提供搜索、链接、P2P（点对点）等服务的网络服务提供者按照自己的意志，在搜集、整理、分类的基础上，对被诉侵权的作品、表演、录音录像制品制作相应的分类、列表，网络服务提供者知道或者有理由应当知道被诉侵权作品、表演、录音录像制品构成侵权的，可以认定其有过错。"

但是，网络服务提供者仅仅提供空白搜索框服务时（比如百度的空白搜索框服务），对其主观过错的判断则要持慎重态度，需要结合上述最高人民法

---

❶ 北京市高级人民法院（2007）高民终字第 1184 号民事判决书。

院《关于审理侵害信息网络传播权民事纠纷案件适用法律若干问题的规定》第 9 条、第 10 条的规定,考虑案件的具体情况加以认定。

第六节 侵害著作权纠纷案件的管辖和诉讼时效

一、侵害著作权纠纷案件的管辖

我国《民事诉讼法》第 28 条规定,因侵权行为提起的诉讼,由侵权行为地或者被告住所地人民法院管辖。侵权行为地,包括侵权行为实施地和侵权结果发生地。在知识产权案件中,侵权行为连续进行或者同一侵权行为带来多个侵权结果时,究竟如何确定侵权行为地是一个难题。为了正确确定著作权侵害案件的管辖法院,最高人民法院根据民事诉讼法规定的基本管辖原则,通过司法解释确定了著作权侵害案件的管辖原则。

(一)级别管辖

最高人民法院 2002 年发布的《关于审理著作权民事纠纷案件适用法律若干问题的解释》第 2 条规定,著作权民事纠纷案件,由中级以上人民法院管辖。各高级人民法院根据本辖区的实际情况,可以确定若干基层人民法院管辖第一审著作权民事纠纷案件。

(二)地域管辖

最高人民法院《关于审理著作权民事纠纷案件适用法律若干问题的解释》第 4 条规定,因侵犯著作权行为提起的民事诉讼,由著作权法第 47、48 条所规定侵权行为的实施地、侵权复制品储藏地或者查封扣押地、被告住所地人民法院管辖。

所谓侵权复制品储藏地,是指大量或者经常性储存、隐匿侵权复制品所在地。在侵权复制品储藏地,权利人可以起诉实施储存、保管、运输等行为的行为人,也可以起诉相关商品的经销商、制造商,或者同时起诉各行为人。

所谓侵权复制品查封扣押地,是指海关、版权、工商等行政机关依法查封、扣押侵权复制品所在地。不包括人民法院诉前查封、扣押侵权商品和侵权复制品的地点。

上述司法解释第5条进一步规定，对涉及不同侵权行为实施地的多个被告提起的共同诉讼，原告可以选择其中一个被告的侵权行为实施地人民法院管辖；仅对其中某一被告提起的诉讼，该被告侵权行为实施地的人民法院有管辖权。据此，只有进行共同诉讼的著作权侵权案件才能在同一个侵权行为实施地法院起诉，仅仅对某一侵权行为提供诉讼，只能在该行为实施地的法院起诉。比如，针对出版盗版书籍的出版社提起诉讼，权利人就只能在出版实施地法院提起诉讼，不能到销售该侵权复制品的销售地起诉。

可见，对侵害著作权纠纷案件，在上述情况下，不再依侵权结果发生地确定管辖法院。

（三）涉及信息网络著作权侵权纠纷案件的管辖

网络侵权无国界，而且扩散十分迅速，传统确定著作权侵权案件管辖的原则遇到了很大挑战。为此，最高人民法院2012年发布的《关于审理侵害信息网络传播权民事纠纷案件适用法律若干问题的规定》第15条规定，侵害信息网络传播权民事纠纷案件由侵权行为地或者被告住所地人民法院管辖。侵权行为地包括实施被诉侵权行为的网络服务器、计算机终端等设备所在地。侵权行为地和被告住所地均难以确定或者在境外的，原告发现侵权内容的计算机终端等设备所在地可以视为侵权行为地。

二、诉讼时效

侵害著作权的诉讼时效原则上遵从《民法通则》第135条所规定的普通诉讼时效，为2年，自权利人知道或者应当知道侵权行为之日起计算。但《民法总则》第188条规定，向人民法院请求保护民事权利的诉讼时效期间为3年。法律另有规定的，依照其规定。诉讼时效期间自权利人知道或者应当知道权利受到损害以及义务人之日起计算。法律另有规定的，依照其规定。但是自权利受到损害之日起超过20年的，人民法院不予保护；有特殊情况的，人民法院可以根据权利人的申请决定延长。

由于《民法通则》和《民法总则》关于诉讼时效的规定存在冲突，2018年7月《最高人民法院关于适用〈中华人民共和国民法总则〉诉讼时效制度若干问题的解释》第1条规定，民法总则施行后诉讼时效期间开始计算的，应当适用民法总则第 188 条关于 3 年诉讼时效期间的规定。当事人主张适用民法通则关于 2 年或者 1 年诉讼时效期间规定的，人民法院不予支持。第 2 条规定，民法总则施行之日，诉讼时效期间尚未满民法通则规定的 2 年或者 1 年，当事人主张适用民法总则关于 3 年诉讼时效期间规定的，人民法院应予支持。第 3 条规定，民法总则施行前，民法通则规定的 2 年或者 1 年诉讼时效期间已经届满，当事人主张适用民法总则关于 3 年诉讼时效期间规定的，人民法院不予支持。第 4 条规定，民法总则施行之日，中止时效的原因尚未消除的，应当适用民法总则关于诉讼时效中止的规定。第 5 条规定，本解释自 2018 年 7 月 23 日起施行。本解释施行后，案件尚在一审或者二审阶段的，适用本解释；本解释施行前已经终审，当事人申请再审或者按照审判监督程序决定再审的案件，不适用本解释。

但最高人民法院 2018 年 7 月发布的《关于适用〈中华人民共和国民法总则〉诉讼时效制度若干问题的解释》于 2018 年 7 月 23 日生效后，最高人民法院 2002 年发布的《关于审理著作权民事纠纷案件适用法律若干问题的解释》第 28 条关于侵害著作权的诉讼时效的变通规定，即"侵犯著作权的诉讼时效为 2 年，自著作权人知道或者应当知道侵权行为之日起计算。权利人超过 2 年起诉的，如果侵权行为在起诉时仍在继续，在该著作权保护期内，人民法院应当判决被告停止侵权行为；侵权赔偿数额应当自权利人向人民法院起诉之日向前推算 2 年计算"，并未被废止。由于《民法总则》位阶高于两个司法解释，两个司法解释位阶相同，根据位阶高的法律优先于位阶低的法律适用、基本法律优先于其他法律以及司法解释适用、新法优于旧法适用的原则，侵权著作权的诉讼时效应为 3 年。

2002 年司法解释第 28 条关于被告承担停止侵害的民事责任不受诉讼时效限制的规定，因为并未被废止，同时又与《民法总则》第 196 条第 1 项的规定"下列请求权不适用诉讼时效的规定：（一）请求停止侵害、排除妨碍、消除危险"一致，因此应当继续有效。

按照持续侵权行为理论，某个侵权行为一直处于持续状态时，相当于每时每刻都在产生新的侵权行为，该行为不可能经过诉讼时效。按照日本学者的解释，停止侵害之所以不适用诉讼时效的限制，是因为著作权人请求被告停止的是正在发生的侵权行为，以及将来可能发生的侵权行为，而不是已经发生的侵权行为。已经发生的侵权行为，因为已经发生过了，因此不存在行

为人停止侵害的问题。对于已经发生的侵害，只能请求侵权行为人赔偿损失。❶

民法总则第196条第1项和2002年司法解释第28条的上述规定，以及持续侵权行为理论关于持续侵权行为不适用诉讼时效的理论解释，虽较好保护了著作权人利益，但也将给侵权行为人造成过大的不利益，已经并正在造成著作权人放水养鱼再杀鱼的滥用著作权现象。考虑诉讼时效所包含的公共政策、著作权人和侵权行为人之间的利益适度平衡，权利人长期不起诉的，应当允许被控侵权行为人进行"权利懈怠抗辩"，以警醒故意躺在权利身上睡觉的著作权人，避免著作权人滥用著作权给侵权行为人造成过大的不利益。❷

第七节 原被告的确定

一、原告的确定

能够请求被告停止侵害和赔偿损失者，为著作权人。但出版社、获得独占使用许可的被许可方，也可以单独以自己的名义主张被告停止侵害和赔偿损失。独家被许可人，在著作权人不起诉的情况下，也可以单独以自己的名义起诉，要求被告停止侵害和赔偿损失。普通的被许可人，则只有在著作权人明确授权的情况下，才有权提取诉讼，主张被告停止侵害和赔偿损失。

除了上述情况下，身份不明作品的原件所有人，也可以自己名义主张被告停止侵害和赔偿损失。权利集体管理组织为了其会员的利益，也可以自己名义独立提出诉讼，主张被告停止侵害和赔偿损失。

二、被告的确定

（一）如何判断网络服务提供者属于适格被告

由于互联网的虚拟性，司法实践中，涉及侵害信息网络传播权的纠纷案件

---

❶ 田村善之. 著作権法概説（第2版）[M]. 东京：有斐閣，2001：296.
❷ 关于权利懈怠理论，可以参见李扬. 法政策学视点下的知识产权法 [M]. 北京：知识产权出版社，2017：138-166.

时，被告往往不容易确定。总体判断原则是，应当结合被告在工商管理部门的工商登记资料、在工信部门对网站进行登记备案的信息、域名注册信息以及被告网站主页下方标注的信息，进行判断。如果这方面的信息能够形成一个指向特定网站的证据链条，则可以认定相关网址就是被告。

在北京荣信达影视艺术有限公司与中国联通有限公司白城分公司侵犯著作权纠纷一案中，❶ 尽管网站 www.bc165.com 页面没有联通白城分公司的信息显示，联通白城分公司也据此否定其系 www.bc165.com 的所有者和经营者，但该网站的原始备案信息足以表明该网站系联通白城分公司所有和经营，法院不能因为被告不承认自己系 www.bc165.com 网站所有者和经营者就认定被告主体资格不适格。

在北京现代天空文化发展有限公司诉北京八乐数码科技有限公司侵犯著作权纠纷案中，❷ 被告也否认自己是 www.bala.com.cn 网站的所有者和经营者。但证据显示，域名登记备案资料表明域名（bala.com.cn）的登记者为北京八分音符数码科技有限公司，北京八乐数码科技有限公司系北京八分音符数码科技有限公司变更名称而来，加上八乐音乐网上的"服务协议"表明服务的提供方就是八乐数码公司，其服务地址和法定发表人地址为同一地址，因此被告难以否定其就是 www.bala.com.cn 网站的所有者和经营者。

（二）如何判断包含侵权复制品的产品生产者、销售者属于适格被告

一般情况下，包含侵害他人著作权复制品的产品生产者、销售者都应当承担侵权责任，包括停止侵害和赔偿损失的责任。但司法实践中，包含侵害他人著作权复制品的产品生产者往往以产品已经批发给销售者、所有权已经转移为由，否认自己属于侵害他人著作权的主体。在这种情况下，应该如何判断侵权行为的主体？侵权责任的承担又应当如何进行分配？

在北京太格印象网络技术有限公司诉广州高金技术产业集团有限公司等著作权侵权纠纷案中，❸ 原告发现维科牌 V929 型手机储存了其享有著作权的歌曲《香水有毒》，该手机生产商为广州高金公司和深圳维科公司，地区代理商为龙脉天地公司，零售商为九大洲公司及王府井分公司。本案中究竟谁是适格

---

❶ 北京市第二中级人民法（2008）二中民终字第 18125 号民事判决书。
❷ 北京市海淀区人民法院（2007）海民初字第 21289 号民事判决书。
❸ 北京市东城区人民法院（2007）东民初字第 06702 号民事判决书。

的被告？谁应当承担法律责任？

从民事诉讼"谁主张谁举证"的原则出发，原告应举证证明其享有的权利受到侵犯以及被谁侵犯两方面的事实。但证据表明，本案中的原告仅证明其权利受到侵犯，至于谁侵犯其权利，其并未有直接证据证明系被告广州高金公司和深圳维科公司所为。从客观角度分析，在涉案侵权手机的生产、销售环节中，生产商广州高金公司和深圳维科公司，地区代理商龙脉天地公司，零售商九大洲公司及王府井分公司均有实施存储涉案歌曲行为的可能。从消费者角度出发，原告对涉案手机在上述各环节的原始存储状态以及变化情况无法获知，要求其直接证明侵权主体势必会导致举证责任分配不公。而被告广州高金公司及深圳维科公司作为涉案手机的生产商，从其与代理商签订的合同，以及对零售商出具授权书等方面分析，其完全有能力对其产品在生产、销售等各环节的状态进行控制。据此，应当认为被告广州高金公司及深圳维科公司有义务对其产品发生侵权行为向作为消费者的权利主体予以澄清，反映到诉讼之中即需要提供足以推翻原告的证据，以证明其未实施侵权行为并尽到合理注意义务。在案件审理过程中，虽然龙脉天地公司认可存储涉案歌曲系其所为，但作为与生产商深圳维科公司具有长期业务关系和有经济利害关系的主体，当其陈述意见明显有利于生产商时，该意见的可信度当然减弱，而且就该事实生产商没有其他证据佐证。同时，维科手机销售实行的是地区代理制，这是品牌商品销售的通常模式。此种销售模式下，生产商为促进产品销售和保障销售秩序，都会确定某一区域由某家公司享有独家代理权，并对跨区域销售做出严格限制。河北省廊坊市与北京市分属不同销售区域，但原告在两地购买的维科牌 V959 型手机内置存储卡中存储歌曲的顺序和内容一致，虽然据此并不能直接得出侵权行为实施主体系生产商的结论，但该事实显然否定了作为维科牌手机北京地区独家代理商——龙脉天地公司之陈述内容。故在现有证据条件下难以排除广州高金公司和深圳维科公司实施侵权行为的可能。

关于谁应对侵权行为后果承担责任的问题，法院认为，从现代通信设备技术发展趋势来看，手机已经从单纯的通信终端产品，逐渐演变为以通信为主，兼有移动存储、多媒体播放等非通信功能的集合体。这种非传统功能强大与否对手机消费的导向作用日益明显。这既是技术发展的结果，也是消费者需求多样化的必然趋势。本案中，被告广州高金公司和深圳维科公司在其生产的涉案手机中附带存储卡，目的也是从顺应消费需求出发，吸引消费者，从而努力提高市场占有率，实现更大的收益。这种增加产品附属价值的经营方式虽与法不悖，但生产商在据此获利的前提下，相应控制义务亦应随之加重。虽然深圳维科公司与龙脉天地公司之间约定款到后发货，九大洲公司也要从龙脉天地公司付款提货，手机产品所有权也会随之相应转移，但生产商与代理商、零售商之间并非简单的供销关系，还存在生产商的控制和授权等关系，如代理商需要完成最低月销售量、保证总销售量目标等，零售商的销售授权要由生产商出具等，因此生产商对产品在销售环节发生侵权行为，仍负有警示和监督的责任。因原告主张被告广州高金公司和深圳维科公司生产的手机侵权，而被告广州高金公司和深圳维科公司并未举证证明其已经对存在权利瑕疵的产品履行了前述义务，故应对此侵权行为承担停止侵权、赔偿损失的责任。

被告九大洲公司和王府井分公司是否应当承担赔偿责任的问题，法院认为，两被告作为侵权商品的销售者，有义务证明涉案商品来源的合法性。根据现有证据，龙脉天地公司作为维科牌 V929 型手机在北京地区的销售代理商，授权被告九大洲公司销售该款手机，被告九大洲公司及其分支机构王府井分公司在审查相应无线电发射设备型号核准证及电信设备进网许可证后，依该授权对外销售涉案手机，不存在过错。至于原告以被告九大洲公司未提供购货合同及发票等否认进货渠道合法的主张，法院认为购货合同和发票是证明进货渠道合法的一种方式，但不是唯一方式。被告九大洲公司和王府井分公司通过其他方式证明其货物来源合法，原告没有提供足以否认上述证据的反驳证据，原告要求被告九大洲公司及王府井分公司承担赔偿责任的主张，难以被支持，因而仅应承担停止销售侵权产品的责任。

第八节　法律责任

从《著作权法》第 47 条、第 48 条规定可以看出，我国对于侵害著作权的救济，采取的是以民事责任为中心的构造，而不是以请求权为中心的构造。这种规定与已经生效的《民法总则》第 196 条的规定冲突，也与著作权作为一种排他权的性质不符。这亟待在立法上进行调整。

一、民事责任

因侵害他人著作权,行为人应当承担民事责任,包括停止侵害(含排除侵害危险)、消除影响、赔礼道歉、赔偿损失等。

(一)停止侵害、排除侵害危险

我国2010年《著作权法》第47条、第48条以及相关司法解释等都只规定了停止侵害的责任,并没有规定排除侵害危险的责任,但《民法通则》第134条第1款第3项、《民法总则》第179条第1款第3项规定了消除危险责任,因而可解释为包括排除侵害危险的责任。

1. 概说。著作权是一种排他权,排他权受到侵害时,权利人可以请求行为人停止侵害或者排除侵害危险。由于行使请求权的依据是著作权的排他性,因此权利人行使停止侵害请求或者排除侵害危险请求时,无须侵权行为人主观上具有故意或者过失的过错。权利人包括作者、其他著作权人、出版者、表演者、广播组织、录音录像制作者。

行为人停止侵害、停止侵害危险,是可能继续发生的侵害行为或者侵害危险行为。已经发生的侵害危险,权利人无法再请求行为人停止侵害或者侵害危险,只能请求行为人进行损害赔偿。比如,非法复制权利人享有复制权的书籍,侵害权利人复制权,因复制行为已经完成,权利人不能针对已经完成的复制行为再行请求停止侵害。但因已经完成的复制件存在发行可能,所以权利人可以基于发行权请求行为人不要发行书籍复制件。如果有证据表明行为人存在继续复制书籍的可能,则权利人还可以请求行为人不得继续复制该书籍。

2. 停止侵害或者侵害危险的行为人。2010年《著作权法》并未明确"侵权行为人"的范围,理解上可能发生歧义。至少应该包括:

物理利用行为人。即实际从事著作权法规定权利控制行为的行为人;

规范利用行为人。虽未实际从事著作权法规定权利控制的行为,但从法规范角度应当评价为利用行为主体的行为人。具体包括:按照手足论,基于雇佣契约关系对他人实际利用行为具有支配关系的行为人,比如演艺团体让其演员未经许可演唱他人歌曲,该演艺团体即为表演行为主体;按照卡拉OK法理,对实际利用行为或者利用系统发挥管理乃至支配作用、具有营业上利益的行为人。

3. 教唆行为人、帮助行为人。

(二) 采取其他必要措施

为了确保停止侵害、排除侵害危险的效果，侵权行为人还应当承担废弃侵权结果物、废弃侵害工具、提供担保等方面的责任。

侵权结果物，即侵害著作权产生的物，包括非法复制件、非法演绎品等。

侵权工具，即专门用于侵害著作权的机械、器具等。

(三) 损害赔偿

因为故意或者过失侵害他人权利或者受法律保护的利益者，对因此而产生的损害负赔偿责任。

1. 损害赔偿是否包括精神损害赔偿。

虽说现代社会财产有人格化、人格有财产化趋向，且著作权包含著作财产利益和著作人格利益，但在知识产权侵权案件中，请求精神损害赔偿的案件并不多见，即使请求，也常不被支持。一般认为，只有当财产权具有特别的主观价值，而且加害行为导致被侵害人产生了显著精神痛苦，以财产权受侵害而产生了精神痛苦并由此提出精神抚慰金，该抚慰金才会被支持。❶ 在著作财产权受侵害的案件中，一般也难以认为著作财产权上附着了特别的精神利益，以此为由请求精神损害赔偿，也不应当被支持。

但也有难以预料到的因著作财产权被恶意侵害而招致著作权人精神愤怒的情况存在，在此情况下不支持权利人的精神抚慰金请求，则有疑问。比如在日本东京高等裁判所 1985 年二审的"レオナール・フジタ絵画複製二審"案中，因被告无视原告明确拒绝刊载其作品要求，结果导致日本绘画界已故画家レオナール・フジタ无法被评为世界级画家，原告感情受到明显伤害，且因本案诉讼，原告不得不赴日本法庭出庭，并因此承受巨大精神负担，被告被判赔偿原告 80 万日本的精神抚慰金。

但著作人格权受侵害的场合，权利人的名誉或者声望因侵害行为而受毁损的情况则不鲜见。比如，未经许可发表他人的自传体作品，以低劣化、庸俗化

---

❶ 四宫和夫. 不法行為 [M]. 东京：青林書院，1985：540 - 542.

手段使用他人作品（比如将严肃认真的小说装扮成黄色小说出版发行、将著名摄影家或者画家的作品悬挂在公共厕所里等），在侵害他人发表权、保护作品完整权等著作人格权的同时，还会造成权利人精神上的伤害。在此等情况下，不支持权利人精神损害赔偿请求，恐难充分保护权利人利益。

从法源上看，我国《民法通则》《民法总则》《侵权责任法》《著作权法》第47条、第48条和最高人民法院2001年发布的《关于确定民事侵权精神损害赔偿若干问题的解释》，并未规定由于侵害著作权不能请求精神损害赔偿。《民法通则》第5条规定，公民、法人的合法权益受法律保护，任何组织和个人都不得侵犯。《民法总则》第3条规定，民事主体的人身权利、财产权利以及其他合法权益受法律保护，任何组织或者个人不得侵犯。《侵权责任法》第2条规定，侵害民事权益，应当依照本法承担侵权责任。本法所称民事权益，包括生命权、健康权、姓名权、名誉权、荣誉权、肖像权、隐私权、婚姻自由权、监护权、所有权、用益物权、担保物权、著作权、专利权、商标专用权、发现权、股权、继承权等人身、财产权益。民则通则、民法总则和侵权责任法所说的"权益"可以理解为包括精神权益，从而成为著作权人请求精神损害赔偿的依据。

2001年《最高人民法院关于精神损害赔偿的司法解释》第1条第1款虽然限定列举规定自然人只有在生命权、健康权、身体权、姓名权、肖像权、名誉权、荣誉权、人格尊严权、人身自由权受到侵害的情况下，才能请求精神损害赔偿，但第2款同时弹性规定，违反社会公共利益、社会公德侵害他人隐私或者其他人格利益，受害人以侵权为由向人民法院起诉请求赔偿精神损害的，人民法院应当依法予以受理。这款中的"其他人格利益"也可以广义上解释为包括著作人格利益，亦可成为著作权人请求由于著作人格权受到侵害引发的精神损害赔偿的依据。

此外，从《著作权法》第47、48条的规定来看，并未限定"赔偿损失"民事责任中"损失"的范围，可理解为包括"财产损失"和"精神损失"在内的所有损失，也可成为著作权人主张精神损害赔偿的依据。

2. 损害额的计算方法及其适用。

著作权损害不同于典型的所有权损害。比如，自行车遭受破坏因而所有权被侵害的情况下，其所有物被毁损，所有权人不能再使用其所有物，也不能再从中获得收益。可见，所有权被侵害，仅指其客体被破坏而产生的积极损害。

与所有权遭受损害不同，著作权遭受损害的场合，仅指未经著作权人许可，利用其作品等，作为无体物的作品本身不会遭受毁损，也不会因侵权行为人的行为，著作权人自己的作品无法再行利用。著作权人遭受的损害，更多表现为由于侵权行为的存在，著作权人利用作品的机会可能因此而减少（比如，由于盗版 CD 的销售，著作权人的正版 CD 销售量减少，甚至由于价格差异无法销售出去）。简言之，著作权因为被侵权，著作权人遭受的损害，多为消极损害。

是故，著作权人在行使损害赔偿请求权，应当证明没有侵害行为时其可以获得的利益，亦即逸失利益。然而，逸失利益的证明往往极为困难。比如，盗版 CD 销售之后，权利人的正版 CD 销量减少，然而权利人正版 CD 销量减少的原因究竟什么，并不一定就是盗版 CD 的销售。换句话说，正版 CD 销售减少与侵害行为之间并不一定存在因果关系。这样一来，权利人要证明由于侵权行为而遭受的逸失利益并非易事。

为此，《著作权法》第 49 条和最高人民法院 2002 年《关于审理著作权民事纠纷案件适用法律若干问题的解释》设定了几种容易算定著作权人由于侵权行为遭受的损害额的方法。

（1）基于销售量的推定（权利人实际损失推定方法）

2010 年《著作权法》第 49 条第 1 款规定，侵犯著作权或者与著作权有关的权利的，侵权人应当按照权利人的实际损失给予赔偿。最高人民法院 2002 年《关于审理著作权民事纠纷案件适用法律若干问题的解释》第 24 条规定以著作权人因侵权遭受的复制品发行减少量为基础推定其损失。即：

权利人实际损失＝权利人因侵权所造成复制品发行减少量或者侵权复制品销售量×权利人发行该复制品单位利润。发行减少量难以确定的，按照复制品市场销售量确定。

运用基于销售量推定权利人实际损失的方法，需要注意以下三点。

其一，该方法以权利人实际复制和销售其作品为前提。如果权利人没有实际复制和销售其作品，该方法无法适用。理由是，权利人没有实际复制和销售其作品时，其作品是否能够出版、出版后是否能够销售、销售多少，都无法确定。

其二，在计算权利人因侵权所造成复制品发行减少量或者侵权行为人的发行量时，应当考量侵权行为人营业努力、权利人经营管理不善、因替代品的出现、消费者消费取向变化等因素，适当扣除一定数量。这些因素都具有不确定性，因此依赖于法官根据案件具体情况进行自由裁量。

其三，在计算侵权复制品的销售量时，应当从侵权复制品销售数量中扣除权利人没有能力销售的数量。扣除的实际数量，可以综合考量权利人的生产能力、销售能力等因素确定。权利人的生产、销售能力，可以综合考虑其机械、厂房、工人、纳税记录、广告投放量、销售渠道、销售地域、以往生产销售记录等因素确定，也可以考虑侵权行为人是否拥有特殊销售渠道等因素。

大陆法系民法中的损害赔偿普遍采用填平原则，我国民法也不例外。填平原则以弥补权利人损失为主，不允许权利人从侵权行为中获取本不属于自己的利益，否则构成不当得利。据此，侵权复制品销售数量虽然庞大，但如果是权利人没有能力生产销售的，则应当从侵权复制品销售数量中予以扣除。

除了上述实际损失外，侵权行为人还应当赔偿权利人为了制止侵权行为支付的调查费、取证费等合理开支，以及合法合理的律师费。调查费、取证费必须是为了制止侵权行为不得不支出的费用，与案件无关的费用不得计算在内。合法的律师费，应当根据当事人的诉讼请求和案件具体情况，参照国家司法部门规定的律师收费标准进行确定。此外，一般公民代理私下收取费用的，按照最高人民法院上述司法解释，权利人不得主张侵权行为人予以赔偿。

（2）基于侵权所得的推定（侵权人获利推定方法）

侵权行为人因为侵权行为获利时，该获利额，推定为权利人因被侵权遭受的损害额。因为侵权行为获得的利益，并非指侵权行为人获得的利益的全部，而仅指从侵权行为中获得的利益部分。因而，盗版 CD 中只有一首或者几首歌曲侵害了权利人的作品时，侵权人因为侵权获得的利益，仅指与被非法利用的权利人歌曲质量相当的部分，而非销售该盗版 CD 的全部利益。

侵权人获得的利益，也不容易计算。理论上存在粗利益说、纯利益说和限定利益说。粗利益，即销售收入减去销售成本。纯利益，即销售收入减去销售成本、其他销售费用和一般管理费用。限定利益，即销售收入减去变动成本。❶

---

❶ 田村善之. 著作権法概説（第 2 版）[M]. 东京：有斐閣，2004：325；中山信弘. 著作権法 [M]. 东京：有斐閣，2007：496.

我国理论和司法实践较为普遍采用纯利益说，而在日本，限定利益说越来越受到重视。

将侵权人侵权所得推定为权利人损失额，权利人也可以要求侵权人赔偿为了制止侵权行为而支付的调查费、取证费等合理开支，以及合法合理的律师费。

（3）法定赔偿。《著作权法》第 49 条第 2 款规定，权利人的实际损失或者侵权人的违法所得不能确定的，由人民法院根据侵权行为的情节，判决给予 50 万元以下的赔偿。侵权行为的情节包括侵权行为的性质、后果等情节。此外，法院还应当考虑作品的类型、作品的知名度、作者的知名度、作品使用时间的长短等因素。

法定赔偿标准显得过于机械，不足以应对千变万化的个案需要。有些案件中，权利人的损失可能远远不止 50 万，但法定赔偿标准最高只有 50 万，明显对权利人不公平。从立法论的角度看，辅之以许可使用费标准和酌定标准更加能够适应现实的需要。

按照法定赔偿标准计算损害额时，权利人是否应当承担证明其存在损失的举证责任？一种观点认为，著作权法之所以创设法定赔偿标准，就是考虑到实践中许多权利人无法证明自己存在损失的情况，为了减轻权利人的证明负担，如果再要求权利人举证证明存在损失，则该标准没有适用的空间。此种观点虽然意在减轻权利人负担，但理解不符合著作权法规定。按照著作权法第 49 条的规定，只有当权利人实际损失或者侵权人的违法所得不能确定时，才能由法院根据法定赔偿标准确定损害赔偿额。该条的立法本意应该是：权利人存在实际损失但权利人无法举证证明到底存在多少实际损失，侵权人存在违法所得但权利人无法举证证明到底存在多少违法所得时，才不得不由法院根据侵权情节判决 50 万元以下赔偿。

如果上述解读正确的话，权利人至少应当举证证明自己存在损失，或者侵权行为人存在违法所得。如果权利人只是证明存在侵权行为，但根本不能举出证据证明自己存在损失，或者侵权行为存在违法所得时，则说明其不存在任何损失，因而也就没有法定赔偿标准适用的余地。这样理解可以避免实践中法定赔偿标准被权利人滥用、逃避举证责任、加重法院审判负担、对被告过分不利的现象。

实际损失标准、侵权所得标准、法定赔偿标准是否存在适用的先后顺序？

不应当存在。主要理由有二。理由之一是，如果存在适用的先后顺序，权利人只有先证明实际损失和侵权人侵权所得无法确定之后，才能再主张法定赔偿，法院也只有先确定实际损失和侵权所得两个标准无法适用之后，再适用法定赔偿标准，这样一来，不但会极大增加权利人的举证责任，而且会极大增加法院的审理负担。理由之二是，著作权法之所以规定这么几个计算赔偿额的标准，就是为了便利权利人，让权利人选择最方便于自己的方法计算自己遭受的损害额。如果实际损失标准、侵权所得标准、法定赔偿标准存在适用的先后顺序，著作权法的这个立法目的就将落空。

司法实践中，许可使用费也经常被推定为权利人因侵权遭受的损害额。许可使用费，是任何情况下侵权行为人应当承担的最低支付义务。许可使用费的数额，可综合考虑作品的类型、作品的知名度、作者的知名度、作品使用时间的长短、历史上可比较的许可使用费等因素确定。如权利人因侵权遭受的损失超过许可使用费，可再行请求赔偿。

3. 特殊情形下损害额的计算。

（1）侵害部分只占作品一部分时的赔偿额计算。除考虑上述三个方法外，还应当考虑侵权部分所占具体数量和质量。比如在一本300页的书中抄袭他人文章50页，该书发行10000册，版税为10%，书的定价为30元。赔偿额 = $30 \times 10000 \times 10\% \times 50/300 = 5000$ 元。但是，如果对购买者而言，该50页是极为重要的文字，没有该50页本书就没有任何价值时，则应当按照全额赔偿。赔偿额应当为 $30 \times 10000 \times 10\% = 3$ 万元。被侵权的50页价值究竟有多大，可根据具体情节确定。

（2）权利人为复数时的赔偿额，包括同时侵害原著作权和演绎作品著作权、共有著作权、其他权利人为复数等情况。和上述情况一样，在考虑上述三个方法的同时，应当按照被侵权部分在侵权行为人作品中的数量和质量，即贡献大小确定具体赔偿数额。

（3）侵权人为复数时的赔偿。在复数行为人参与侵权的情况下，按照共同侵权行为处理，每个侵权行为人承担连带全额赔偿责任。

4. 惩罚性赔偿问题。

《著作权法（修订草案送审稿）》第76条第2款规定，对于两次以上故意侵犯著作权或者相关权的，人民法院可以根据前款计算的赔偿数额的2至3倍确定赔偿数额。知识产权法学界通常将此种赔偿称为惩罚性赔偿。著作权侵权损害赔偿的计算本来就具有不确定性，根据现有侵权损害赔偿标准推定出来的结果可能已经远远超出权利人正常情况下利用权利所能获得的收益，本身已经很可能带有很大惩罚性了，再在此基础上要求侵权行为人赔偿 2 至 3 倍的金额，相当于惩罚中的惩罚，对侵权行为人似乎过于严厉，反而不利于促进作品的利用。在侵害著作权行为人对于同一个侵权行为不仅仅应当承担民事责任和刑事责任，而且应当承担行政责任的情况下，规定惩罚性赔偿对于权利人而言，也很可能是一句空话。现实生活中，很多侵权行为人被罚款、罚金后，已经是一无所有，再让其承担 2 至 3 倍的惩罚性赔偿金，无异于雪上加霜。考虑到目前中国的知识产权文化环境，本书作者认为，目前暂不适宜吸纳即使西方也只有极少数国家著作权法才规定的惩罚性赔偿制度。

但从长远看，如果能够废除行政罚款，则可以考虑建立 1 到 3 倍的惩罚性赔偿制度，以维持权利人创作、调查取证和维权的激励。

（四）不当得利

按照民法中普遍适用的过错赔偿原则，如果侵权行为人证明自己既无侵权故意，也无侵权过失，则无须承担损害赔偿责任。但是，按照我国《民法通则》第 92 条的规定，没有合法根据，取得不当利益，造成他人损失的，应当将取得的不当利益返还受损失的人（《民法总则》第 122 条，"因他人没有法律根据，取得不当利益，受损失的人有权请求其返还不当利益"）。据此，著作权人仍然可以请求无过错的行为人返还不当得利。

由此，按照 2010 年《著作权法》第 53 条，即使复制品的出版者、制作者能够证明其出版、制作有合法授权的，复制品的发行者或者电影作品或者以类似摄制电影的方法创作的作品、计算机软件、录音录像制品的复制品的出租者能够证明其发行、出租的复制品有合法来源，不应当承担损害赔偿责任，相关权利人亦可请求行为人返还不当得利。

不过，在著作权侵害案件中，被告推翻其既不存在故意也不存在过失的情况是非常罕见的，因此绝大多数情况下著作权人无须提起不当得利返还之诉。但是，在那些对侵权赔偿之债和不当得利之债分别规定了不同诉讼时效的国家，请求返还不当得利依旧具有实际意义。比如，在日本，按照其民法典第 724 条的规定，从知道权利被侵害以及加害人之日起 3 年内（或者从侵权行为发生之日起 20 年内），未请求侵权损害赔偿的，该权利因时效而消灭。而根据其民法典第167条第1款规定,不当得利返还请求权的消灭时效为10年。由于不当得利返还请求权的消灭时效长于请求侵权损害赔偿的消灭时效,因此在请求侵权损害赔偿消灭时效经过后,权利人仍然可以针对侵权行为人提起不当得利返还之诉。❶

与着眼于著作权人因被侵权丧失了多少利益的损害赔偿不同,不当得利之债注重的是行为人没有法律根据利用权利人作品究竟获得了多少本应该由权利人获得的利益,因此权利人能够请求行为人返还的数额,应当仅指行为人未经许可利用作品获得的利益。行为人获得的利益,除了利用权利人的作品、表演、制品之外,还依赖于行为人的投资和劳动,因而行为人返还给著作权人的利益,应当从行为人获得的总利益中扣除这些因素带来的利益。

然而,要计算出哪些利益属于利用著作权人作品获得的利益,哪些属于行为人投资和劳动获得的利益,并非一件容易的事情。从日本著作权司法实践来看,就不得不参考许可他人利用作品时应当获得的许可使用费来确定不当得利返还的数额。❷

(五) 恢复原状、赔礼道歉

1. 恢复原状。从《著作权法》第47条、第48条,《民法总则》第179条,《侵权责任法》第15条看,发生著作权侵害行为后,权利人存在请求侵权行为人恢复原状的可能性。

日本著作权法第115条规定,在作者人格权和表演者人格权受侵害的场合,作者或者表演者作为替代损害赔偿的措施,或者在请求损害赔偿的同时,亦可请求侵权行为人采取恢复名誉等适当措施。具体来说,作者或者表演者可以请求采取确保其作者或者表演者身份、改正或者其他恢复其名誉或者声望的适当措施。确保作者或者表演者身份的措施,指姓名表示权受侵害的场合,恢复作者或者表演者姓名的措施。改正或者其他恢复名誉或者声望的措施,指赔礼道歉或者改正广告。措施是否适当,根据案件具体情况判断。在"驹込大観音事件"中,被告被判负有将观音佛头部恢复原状以及通知观音铜像所有

---

❶ 名古屋高判平成16年3月4日判时1870号123页,社交舞蹈教室事件。该控诉审中,法院虽然认为本案提起诉讼3年以前X基于不法行为对Y的损害赔偿请求权,由于三年消灭时效经过消灭,但支持了权利人3年以前7年内的不当得利返还请求。

❷ 田村善之. 著作権法概説(第2版)[M]. 东京:有斐閣,2001:357-358.

人铜像真正的作者的义务。❶

2. 赔礼道歉。著作财产权是纯粹的财产权，受到侵害不会引起权利人精神损害，因此权利人一般不得针对侵权行为人行使赔礼道歉请求权。著作人格权虽未脱离一般人格权范畴，但与一般人格权终究存在不同，是随作品产生而产生的人格权，与作品不可分离，著作人格权受到侵害不一定引发权利人精神损害，一般情况下权利人也不得针对侵权行为人行使赔礼道歉请求权。日本著作权法第 115 条明确规定，只有著作人格权受到侵害的场合，才有请求名誉恢复措施的前提，著作权财产权受侵害的场合，没有适用名誉恢复措施的可能性。但有的日本学者对日本著作权法第 115 条的这个规定提出了批判，认为著作权人的演绎权受侵害而信用受毁损，或者因著作人格权侵害不成立但著作财产权侵害成立而业务上的信用受毁损的场合，仍存在以侵害著作权为由请求名誉、信用恢复措施的必要性。❷

在东京地方裁判所 1984 年裁判的一个侵害绘画复制权的案件中，原告以被告未经许可复制其享有复制权的绘画作品感情利益受到伤害为由，要求被告书面赔礼道歉。东京地方裁判所认为，民法典第 723 条规定的名誉，是指社会对人的品行、德行、名声、信用等人格价值的客观评价，也就是社会名誉，社会名誉以外的法益的侵害，原告金钱赔偿以外的损害填补请求，不应当得到支持，因而驳回原告请求权。❸

尽管在日本，刊登广告赔礼道歉被认为并不损害伦理意思和良心自由，并不违反宪法第 19 条保障的良心自由，但从实证研究看，在有关 89 件案件中，请求赔礼道歉被支持的仅有 9 件，不被支持的 10 件，从一开始未提出请求的达 70 件。❹

著作权人格权受到侵害确实引发了权利人名誉或者声望等损害，权利人所能行使的，也只限于与恢复名誉或者声望相当的合理措施。比如，姓名表示权受侵害的场合，请求侵权行为人通知美术作品所有人真正作者姓名、通过公告方式在发表文章的报刊杂志上刊登真正作者姓名、书籍再版时为真正作者署名。

---

❶ 东京第判平成 21 年 5 月 28 日判例集未登载（平 19（ワ）第 23883 号）【驹込大観音事件】.
❷ 半田正夫，松田政行. 著作権法コンメンタール（3）［M］. 东京：勁草書房，2009：509–513.
❸ 東京地判昭和 59.8.31 無体集 16 巻 2 号 547 頁「レオナール・フジタ映画複一審」.
❹ 花作文雄. 詳解著作権法（第三版）［M］. 东京：ぎょうせい，2005：497.

此外，日本大阪地方裁判所认为，无特别情形，非作者的著作权人一般也不得请求被告采取名誉恢复措施。❶

(六) 出版者、制作者、发行者、出租者的举证责任

我国2010年《著作权法》第53条规定，复制品的出版者、制作者不能证明其出版、制作有合法授权的，复制品的发行者或者电影作品或者以类似摄制电影的方法创作的作品、计算机软件、录音录像制品的复制品的出租者不能证明其发行、出租的复制品有合法来源的，应当承担法律责任。

该条规定虽然存在立法用语含混不清的问题，但核心在于规定出版者、制作者、发行者、出租者的举证责任。按照该条规定，复制品的出版者、制作者如果不能证明其出版、制作有合法授权，发行者、出租者如果不能证明其发行或者出租的复制品有合法来源，则应当承担侵权责任，包括停止出版、制作、发行、出租等侵害行为和赔偿损失的责任。但该条并不意味着，出版者、制作者证明了其出版、制作有合法授权，发行者、出租者证明了其发行、出租的复制品有合法来源，其行为就不构成侵权。这种情况下只是说明其主观上没有过错，不承担赔偿责任，但行为依旧在著作权各支分权控制范围内，因未经权利人许可，因此依旧构成侵权行为。

对出版者、制作者、发行者、出租者的举证责任进行特别规定，有利于打击涉及出版、制作、发行、出租等涉及中间环节的侵权行为。

(七) 诉前行为保全和财产保全

根据《民事诉讼法》第101条规定（利害关系人因情况紧急，不立即申请保全将会使其合法权益受到难以弥补的损害的，可以在提起诉讼或者申请仲裁前向被保全财产所在地、被申请人住所地或者对案件有管辖权的人民法院申请采取保全措施。申请人应当提供担保，不提供担保的，裁定驳回申请。人民法院接受申请后，必须在48小时内作出裁定；裁定采取保全措施的，应当立即开始执行。申请人在人民法院采取保全措施后三十日内不依法提起诉讼或者申请仲裁的，人民法院应当解除保全）。为了切实保护著作权人的权益，避免损失的进一步扩大，保证诉讼的顺利进行，《著作权法》第50条规定了诉前

---

❶ 大阪地判昭和51.4.27 無体集8卷1号130頁「パリ一市と鳥瞰図」。

行为保全和财产保全制度（著作权人或者与著作权有关的权利人有证据证明他人正在实施或者即将实施侵犯其权利的行为，如不及时制止将会使其合法权益受到难以弥补的损害的，可以在起诉前向人民法院申请采取责令停止有关行为和财产保全的措施）。结合《民事诉讼法》第 101 条的规定，申请诉前行为保全和财产保全应当具备以下几个要件。

1. 著作权人或者与著作权有关的权利人有证据证明他人正在实施或者即将实施侵犯其权利的行为。比如正在印刷侵权复制品、正将侵权复制品运往火车站托运、正在信息网络上向公众提供其热播影视作品，等等。

2. 情况紧急。诉前行为保全相当于未先判，对被申请人影响重大，因此条件相对严格。按照最高人民法院 2018 年 11 月发布、2019 年 1 月 1 日起施行的《关于审查知识产权纠纷行为保全案件适用法律若干问题的规定》第 6 条规定，有下列情况之一，不立即采取行为保全措施即足以损害申请人利益的，应当认定属于《民事诉讼法》第 101 条规定的"情况紧急"：申请人的商业秘密即将被非法披露；❶ 申请人的发表权、隐私权等人身权利即将受到侵害；诉争的知识产权即将被非法处分；申请人的知识产权在展销会等时效性较强的场合正在或者即将受到侵害；时效性较强的热播节目正在或者即将受到侵害；其他需要立即采取行为保全措施的情况。

3. 难以弥补的损害。如不及时制止正在实施或者即将实施的侵权行为，权利人的合法权益将受到难以弥补的损害。按照上述行为保全司法解释第 10 条规定，有下列情形之一的，应当认定属于民事诉讼法第一百零一条规定的"难以弥补的损害"：被申请人的行为将会侵害申请人享有的商誉或者发表权、

---

❶ 在美国礼来公司等与黄某某侵害商业秘密纠纷诉中行为保全案中，被申请人黄某某从礼来（中国）研发公司的服务器上下载了 48 个申请人所拥有的文件（其中 21 个为核心机密商业文件）并私自存储。2013 年 2 月，被申请人签署同意函，承认下载了公司保密文件，并承诺删除，但后来拒绝履行，致使申请人的商业秘密处于随时可能因被申请人披露、使用或者许可他人使用而处于被外泄的危险境地，对申请人造成无法弥补的损害。上海市第一中级人民法院经审查认为，申请人的申请符合法律规定，故裁定禁止被申请人黄某某披露、使用或允许他人使用申请人美国礼来公司、礼来（中国）研发有限公司主张作为商业秘密保护的 21 个文件。(2013) 沪一中民五（知）初字第 119 号民事判决书。

隐私权等人身性质的权利且造成无法挽回的损害；❶ 被申请人的行为将会导致侵权行为难以控制且显著增加申请人损害；被申请人的侵害行为将会导致申请人的相关市场份额明显减少；对申请人造成其他难以弥补的损害。比如，非法发表、出版、发行他人作品导致作品无法回收，破解技术措施、删除权利管理电子信息将导致大规模的复制作品。

除了最高人民法院关于行为保全的司法解释虽然例示了"难以弥补的损害"情形，但在观念上，对于知识产权人合法权益因侵权行为遭受到的难以弥补的损害，也需要正确看待。通常认为，能够用金钱弥补的损害就不是难以弥补的损害。然而，知识产权侵权不同于一般民事侵权，基于知识产权客体的非物质性，知识产权因被侵权遭受的损害一般表现为消极的损害，而消极的损害难以精准的量化和计算。这从一定程度上说明，一旦发生了知识产权侵权行为，知识产权人的合法权益即面临遭受难以弥补损害的后果，权利人申请诉前行为保全也就具备了合理性。强调难以弥补损害要件在决定是否颁发诉前禁令中的作用本身没有问题，但如何根据知识产权的特点，柔软解释"难以弥补的损害"，是值得思考的。对"难以弥补的损害"进行柔软解释，对于加强知识产权司法保护力度，真正实现知识产权司法保护的主导作用，意义重大。

要注意的是，诉前行为保全不同于诉中行为保全。诉前行为保全一般是在法院未对诉争案件实体问题进行听证的情况下裁定的，因此强调情况紧急性和难以弥补的损害。诉中行为保全则一般是在法院对事实和法律问题经过严格听证后作出的裁定，因此更加需要强调原告胜诉的可能性而相对淡化难以弥补的损害这个要件的作用。在上海映脉文化传播有限公司诉体娱（北京）文化传媒股份有限公司等不正当竞争纠纷案中，北京市海淀区法院（2017）京 0108 民初第 14964 号判决已经认定体娱公司在全体育网上展示、提供下载和对外销售 2017 年中超联赛赛事摄影作品系违反《反不正当竞争法》第二条的行为，尽管该判决尚未生效，但体娱公司在本案二审中被判决认定构成不正当竞争的可能性仍较大，原告映脉公司提出的要求体娱公司立即停止在全体育网上展示、提供下载和对外销售 2018 年中超联赛赛事摄影作品的诉中禁令请求，被

---

❶ 在杨季康申请责令停止拍卖钱钟书书信手稿案中，中贸圣佳公司在涉案钱钟书书信手稿的权利人杨季康明确表示不同意公开书信手稿的情况下，即将实施公开预展、公开拍卖的行为构成对著作权人发表权的侵犯，被法院认为如不及时制止，将给权利人造成难以弥补的损害。(2013) 二中保字第 9727 号 (2013) 二中保字第 9727 号民事判决书。

法院支持。❶

从程序上看，申请诉前禁止令和财产保全必须遵守《民事诉讼法》第93条至第96条和第99条的规定。第93条规定，利害关系人因情况紧急，不立即申请财产保全将会使其合法权益受到难以弥补的损害的，可以在起诉前向人民法院申请采取财产保全措施。申请人应当提供担保，不提供担保的，驳回申请。人民法院接受申请后，必须在48小时内作出裁定；裁定采取财产保全措施的，应当立即开始执行。申请人在人民法院采取保全措施后15日内不起诉的，人民法院应当解除财产保全。第94条规定，财产保全限于请求的范围，或者与本案有关的财物。财产保全采取查封、扣押、冻结或者法律规定的其他方法。人民法院冻结财产后，应当立即通知被冻结财产的人。财产已被查封、冻结的，不得重复查封、冻结。第95条规定，被申请人提供担保的，人民法院应当解除财产保全。第96条规定，申请有错误的，申请人应赔偿被申请人因财产保全所遭受的损失。第99条规定，当事人对财产保全或者先予执行的裁定不服的，可以申请复议一次。复议期间不停止裁定的执行。

（八）证据保全

为了保护证据，保证诉讼的顺利进行，《著作权法》第51条规定了证据保全制度。按照该条规定，申请证据保全应当符合以下要件：第一，目的是制止侵权行为。第二，证据可能灭失或者以后难以取得。第三，申请人为著作权人或者与著作权有关的权利人。第四，应当在起诉前向人民法院提出。第五，人民法院在接受申请后，必须在48小时内作出裁定。裁定采取保全措施的，应当立即开始执行。第六，人民法院可以责令申请人提供担保，申请人不提供担保的，驳回申请。第七，申请人在人民法院采取保全措施后15日内不起诉的，人民法院应当解除保全措施。

（九）民事制裁

《著作权法》第52条规定，人民法院审理案件，对于侵犯著作权或者与著作权有关的权利的，可以没收违法所得、侵权复制品以及进行违法活动的财物。最高人民法院2002年《关于审理著作权民事纠纷案件适用法律若干问题

---

❶ 北京海淀区人民法院（2017）京0108民初14964号民事判决书。

的解释》第 29 条规定：对侵犯《著作权法》第 47 条规定的侵权行为，人民法院根据当事人的请求除追究行为人民事责任外，还可以依据《民法通则》第 134 条第 3 款的规定给予民事制裁，罚款数额可以参照《著作权法实施条例》的有关规定确定。但著作权行政管理部门对相同的侵权行为已经给予行政处罚的，人民法院不再予以民事制裁。

二、行政责任

（一）行政责任的种类

属于《著作权法》第 48 条所列举的八种侵权行为之一，并且损害社会公共利益的，应当承担行政责任，包括责令停止侵权行为，没收违法所得，没收、销毁侵权复制品，没收主要用于制作侵权复制品的材料、工具、设备等。罚款的数额，按照《著作权法实施条例》第 36 条的规定，为非法经营额 3 倍以下罚款。非法经营额难以计算的，为 10 万元以下罚款。

（二）民事责任、行政责任、刑事责任适用的先后顺序

同一侵权行为，同时应当承担民事责任、行政责任、刑事责任的，考虑到侵权行为人的经济状况，以及首先救济受侵害的著作权人而不是国家的需要，应当先由侵权行为人承担民事赔偿责任之后，再考虑让其承担行政罚款和刑事罚金责任的可能性。事实上，对此我国《侵权责任法》第 4 条已有如下明确规定：侵权人因同一行为应当承担行政责任或者刑事责任的，不影响依法承担侵权责任。因同一行为应当承担侵权责任和行政责任、刑事责任，侵权人的财产不足以支付的，先承担侵权责任。

为什么要采取上述责任承担顺序？理由是，如果先由侵权行为人承担行政责任或者刑事责任，考虑到其实际能力，著作权人即使提出损害赔偿，也极有可能是一无所获。现实的情况是，由于行政保护的主动性，刑事保护取证能力的优越性，著作权人发现侵权行为后，往往首先选择通过行政途径或者是刑事途径保护著作权，待拿到相关行政处罚决定或者刑事判决书后，再以此作为证据提出民事赔偿要求。此时，侵权行为人可能已经一无所有，无力再承担民事赔偿责任，权利人拿到的往往只是一纸无法执行的判决。

从民事责任、行政责任、刑事责任并存的角度看,当今那种加大罚款力度❶以强化著作权行政保护的做法,实质是国与民争利,无视著作权的私权属性,对权利人来说具有很大欺骗性。

为了实现民事赔偿责任优先,一是在三审合一审判模式下,应推行民事附带刑事诉讼的制度,而且具体审理过程中,应当实行先民后刑制度,先审理是否构成民事侵权,被告是否应当承担民事赔偿责任,只有在被告承担了民事责任之后,再视被告的经济状况考虑刑事罚金的可能性。这急需上调著作权一审刑事案件的管辖级别,使其与著作权一审民事案件的管辖级别保持一致。二是必须探讨尽快废除2010年《著作权法》中行政责任形式的可能性。只要行政责任不废除,就难以破除国与民争利的局面,著作权人的权利就难以真正得到保障。

(三)行政执法权问题

2010年《著作权法》第48条虽规定针对侵害公共利益的侵害著作权或者邻接权的行为,著作权行政管理部门可以责令停止侵权行为,没收违法所得,没收、销售侵权复制品,并可以处以罚款,直至没收主要用于制作侵权复制品的材料、工具、设备等,但并没有赋予著作权行政管理部门其他执法权。

然而,《著作权法(修改草案送审稿)》第79条却像《商标法》和《专利法》一样,赋予了著作权行政管理部门如下执法权:

著作权行政管理部门对涉嫌侵权和违法行为进行查处时,可以询问有关当事人,调查与涉嫌侵权和违法行为有关的情况;对当事人涉嫌侵权和违法行为的场所和物品实施现场检查;查阅、复制与涉嫌侵权和违法行为有关的合同、发票账簿以及其他有关资料;对于涉嫌侵权和违法行为的场所和物品,可以查封或者扣押。

之所以赋予知识产权行政管理机关如此强大的执法权,按照目前流行的说法,是为了适应中国特色的需要,加大知识产权保护力度,节省知识产权人的维权成本。赋予行政管理机关强大的执法权表明上似乎加大了知识产权保护力度,但在行政责任、刑事责任与民事责任并存的中国现行知识产权法体系下,

---

❶ 《著作权法(修订草案送审稿)》第77条已经大大强化了行政罚款力度:"……非法经营额五万元以上的,可处非法经营额、非法一倍以上五倍以下的罚款,没有非法经营额的、非法经营额难以计算或者非法经营额五万元以下的,可处二十五万元以下的罚款;……"

真正获利的是国家，而不是权利人。所谓节省权利人维权成本的说法更值得商榷。且不说权利人为了通过行政途径维权付出的灰色成本，考虑到行政处罚决定都必须经过司法审查以及司法独立判断的规则，权利人该付出的调查、取证费以及律师费用、时间成本照样还得付出，节省成本的说法无异于一句空话。考虑到著作权的私权本质，特别经济体制深化改革和法治国家建设的大背景，进一步扩大行政执法权的做法，值得深刻反思。

三、刑事责任

（一）侵犯著作权罪

侵犯著作权罪，是指以营利为目的，未经著作权人或者邻接权人许可，复制发行其作品，出版他人享有专有出版权的图书，复制发行其制作的录音录像制品，制作并出售假冒他人署名的美术作品，违法所得数额较大或者有其他严重情节的行为。按照《刑法》第 217 条的规定，以营利为目的，有下列侵犯著作权情形之一，违法所得数额较大或者有其他严重情节的，处 3 年以下有期徒刑或者拘役，并处或者单处罚金；违法所得数额巨大或者有其他特别严重情节的，处 3 年以上 7 年以下有期徒刑，并处罚金：

未经著作权人许可，复制发行其文字作品、音乐、电影、电视、录像作品、计算机软件及其他作品的；出版他人享有专有出版权的图书的；未经录音录像制作者许可，复制发行其制作的录音录像的；制作、出售假冒他人署名的美术作品的。

据此，侵犯著作权罪具备以下犯罪构成。

1. 犯罪主体。本罪主体为一般主体，单位和个人均可构成本罪主体。单位可以法人或者非法人单位，可以是国家机关或者非国家机关。

2. 犯罪主观方面。本罪主观方面为故意，而且具有营利目的。过失侵犯著作权、邻接权的行为，不构成本罪。不具有营利目的侵犯著作权、邻接权的行为，也不构成本罪。

按照 2004 年最高人民法院、最高人民检察院《关于办理侵犯知识产权刑事案件具体应用法律若干问题的解释》第 11 条第 1 款规定，以刊登收费广告等方式直接或者间接收取费用的情形，属于刑法第 217 条规定的"以营利为目的"。

2011年最高人民法院、最高人民检察院、公安部印发的《关于办理侵犯知识产权刑事案件适用法律若干问题的意见》的通知第10条进一步规定，除销售外，具有下列情形之一的，可以认定为"以营利为目的"：以在他人作品中刊登收费广告、捆绑第三方作品等方式直接或者间接收取费用的；通过信息网络传播他人作品，或者利用他人上传的侵权作品，在网站或者网页上提供刊登收费广告服务，直接或者间接收取费用的；以会员制方式通过信息网络传播他人作品，收取会员注册费或者其他费用的；其他利用他人作品牟利的情形。

3. 犯罪客体。本罪犯罪客体为著作权、邻接权。犯罪对象则为特定作品、图书、录音录像制品。

4. 犯罪客观方面。本罪犯罪客观方面表现为，未经著作权人、邻接权人许可，以营利为目的，复制发行其文字作品、音乐、电影、电视、录像作品、计算机软件及其他作品的；出版他人享有专有出版权的图书的；未经录音录像制作者许可，复制发行其制作的录音录像的；制作、出售假冒他人署名的美术作品，违法所得数额较大或者有其他严重情节的行为。理解本罪犯罪客观方面，应当注意以下几点。

（1）"未经许可"。按照2004年最高人民法院、最高人民检察院《关于办理侵犯知识产权刑事案件具体应用法律若干问题的解释》第11条第2款规定，刑法第217条规定的"未经著作权人许可"，是指没有得到著作权人授权或者伪造、涂改著作权人授权许可文件或者超出授权许可范围的情形。

2011年最高人民法院、最高人民检察院、公安部印发的《关于办理侵犯知识产权刑事案件适用法律若干问题的意见》的通知第11条进一步规定，"未经著作权人许可"一般应当依据著作权人或者其授权的代理人、著作权集体管理组织、国家著作权行政管理部门指定的著作权认证机构出具的涉案作品版权认证文书，或者证明出版者、复制发行者伪造、涂改授权许可文件或者超出授权许可范围的证据，结合其他证据综合予以认定。在涉案作品种类众多且权利人分散的案件中，上述证据确实难以一一取得，但有证据证明涉案复制品系非法出版、复制发行的，且出版者、复制发行者不能提供获得著作权人许可的相关证明材料的，可以认定为"未经著作权人许可"。但是，有证据证明权利人放弃权利、涉案作品的著作权不受我国著作权法保护，或者著作权保护期限已经届满的除外。

（2）"复制发行"。按照2004年最高人民法院、最高人民检察院《关于办理侵犯知识产权刑事案件具体应用法律若干问题的解释》第 11 条第 3 款规定，通过信息网络向公众传播他人文字作品、音乐、电影、电视、录像作品、计算机软件及其他作品的行为，应当视为《刑法》第 217 条规定的复制发行。

按照 2007 年最高人民法院、最高人民检察院《关于办理侵犯知识产权刑事案件具体应用法律若干问题的解释（二）》第 2 条规定，《刑法》第 217 条侵犯著作权罪中的"复制发行"，包括复制、发行或者既复制又发行的行为。侵权产品的持有人通过广告、征订等方式推销侵权产品的，属于《刑法》第 217 条规定的发行。非法出版、复制、发行他人作品，侵害著作权构成犯罪的，按照侵犯著作权罪定罪处罚。

2011 年最高人民法院、最高人民检察院、公安部印发的《关于办理侵犯知识产权刑事案件适用法律若干问题的意见》的通知第 12 条进一步规定，"发行"，包括总发行、批发、零售、通过信息网络传播以及出租、展销等活动。非法出版、复制、发行他人作品，侵犯著作权构成犯罪的，按照侵犯著作权罪定罪处罚，不认定为非法经营罪等其他犯罪。

然而，本书作者认为，《刑法》第 217 条规定的"复制发行"，应当是指复制并发行，而不是指复制或者发行。单纯复制而不发行的行为，不会实质性危害著作权或者邻接权人利益，最多构成民事上一般的侵害危险行为。如果只是单纯的发行行为，则可按照《刑法》第 218 条规定的"销售侵权复制品罪"处理，因为发行行为就是销售行为。如此，行为人复制并发行作品或者录音录像制品的，应按照侵害著作权罪处理，未复制但发行侵权复制品的，则应按照销售侵权复制品罪处理。

同时上述司法解释将通过信息网络传播他人作品等行为视为复制发行，属于类推解释，违背罪行法定原则。在著作权法中，复制发行是指作品有形载体的复制发行，即提供作品的行为。而通过信息网络向公众传播作品或者制品的，公众并不能获得有形复制件，仅属于向公众提示作品的行为。

（3）违法所得数额较大、巨大或者具有其他严重情节。2004 年最高人民法院、最高人民检察院《关于办理侵犯知识产权刑事案件具体应用法律若干问题的解释》第 5 条的规定，以营利为目的，实施刑法第 217 条所列侵犯著作权行为之一，违法所得数额在 3 万元以上的，属于违法所得数额较大。具有下列情形之一的，属于有其他严重情节：非法经营数额在 5 万元以上的；其他严重情节的情形。以营利为目的，实施刑法第 217 条所列侵犯著作权行为之一，违法所得数额在 15 万元以上的，属于违法所得数额巨大。具有下列情形之一的，属于有其他特别严重情节：非法经营数额在 25 万元以上的；其他特别严重情节的情形。

按照 2007 年最高人民法院、最高人民检察院《关于办理侵犯知识产权刑事案件具体应用法律若干问题的解释（二）》第 1 条规定，以营利为目的，未经著作权人许可，复制发行其文字作品、音乐、电影、电视、录像作品、计算机软件及其他作品，复制品数量合计在五百张（份）以上的，属于刑法第二百一十七条规定的"有其他严重情节"；复制品数量在二千五百张（份）以上的，属于刑法第二百一十七条规定的"有其他特别严重情节"。

按照 2011 年最高人民法院、最高人民检察院、公安部印发的《关于办理侵犯知识产权刑事案件适用法律若干问题的意见》的通知第 13 条规定，以营利为目的，未经著作权人许可，通过信息网络向公众传播他人文字作品、音乐、电影、电视、美术、摄影、录像作品、录音录像制品、计算机软件及其他作品，具有下列情形之一的，属于《刑法》第 217 条规定的"其他严重情节"：非法经营数额在 5 万元以上的；传播他人作品的数量合计在 500 件（部）以上的；传播他人作品的实际被点击数达到 5 万次以上的；以会员制方式传播他人作品，注册会员达到 1000 人以上的；数额或者数量虽未达到第 1 项至第 4 项规定标准，但分别达到其中两项以上标准一半以上的；其他严重情节的情形。实施前款规定的行为，数额或者数量达到前款第 1 项至第 5 项规定标准 5 倍以上的，属于《刑法》第 217 条规定的"其他特别严重情节"。

按照 2004 年最高人民法院、最高人民检察院《关于办理侵犯知识产权刑事案件具体应用法律若干问题的解释》第 12 条的规定，非法经营数额，是指行为人在实施侵犯知识产权行为过程中，制造、储存、运输、销售侵权产品的价值。已销售的侵权产品的价值，按照实际销售的价格计算。制造、储存、运输和未销售的侵权产品的价值，按照标价或者已经查清的侵权产品的实际销售平均价格计算。侵权产品没有标价或者无法查清其实际销售价格的，按照被侵权产品的市场中间价格计算。多次实施侵犯知识产权行为，未经行政处理或者刑事处罚的，非法经营数额、违法所得数额或者销售金额累计计算。

(二) 销售侵权复制品罪

是指以营利为目的,销售明知是《刑法》第217条规定的侵权复制品,违法所得数额巨大的行为。《刑法》第218条规定,以营利为目的,销售明知是本法第217条规定的侵权复制品,违法所得数额巨大的,处3年以下有期徒刑或者拘役,并处或者单处罚金。据此,该犯罪的犯罪构成如下。

1. 犯罪主体。为一般主体,单位和个人均可构成本罪主体。单位可以法人或者非法人单位,可以是国家机关或者非国家机关。

2. 犯罪主观方面。为故意,而且具有营利目的。过失销售侵权复制品,或者主观上虽属故意但没有营利目的的,不构成本罪。

3. 本罪客体。为著作权或者邻接权,犯罪对象为作品或者制品的复制品。

4. 本罪客观方面。为销售侵权复制品,违法所得数额巨大的行为。按照2004年最高人民法院、最高人民检察院《关于办理侵犯知识产权刑事案件具体应用法律若干问题的解释》第6条的规定,以营利为目的,销售侵权复制品,违法所得数额在10万元以上的,属于违法所得数额巨大。

(三) 数罪并罚、单位犯罪、共犯

1. 数罪并罚。按照2004年最高人民法院、最高人民检察院《关于办理侵犯知识产权刑事案件具体应用法律若干问题的解释》第14条,实施刑法第217条规定的侵犯著作权犯罪,又销售该侵权复制品,构成犯罪的,应当依照刑法第217条的规定,以侵犯著作权罪定罪处罚,而不是实行数罪并罚。实施刑法第217条规定的侵犯著作权犯罪,又销售明知是他人的侵权复制品,构成犯罪的,应当实行数罪并罚。

2. 单位犯罪。按照2004年最高人民法院、最高人民检察院《关于办理侵犯知识产权刑事案件具体应用法律若干问题的解释》第15条的规定,单位实施上述犯罪的,按照本解释规定的相应个人犯罪的定罪量刑标准的3倍定罪量刑。

3. 共犯。按照2004年最高人民法院、最高人民检察院《关于办理侵犯知识产权刑事案件具体应用法律若干问题的解释》第16条,明知他人实施侵犯知识产权犯罪,而为其提供贷款、资金、账号、发票、证明、许可证件,或者提供生产、经营场所或者运输、储存、代理进出口等便利条件、帮助的,以侵犯知识产权犯罪的共犯论处。2011年最高人民法院、最高人民检察院、公安部印发的《〈关于办理侵犯知识产权刑事案件适用法律若干问题的意见〉的通知》第15条进一步规定，明知他人实施侵犯知识产权犯罪，而为其提供生产、制造侵权产品的主要原材料、辅助材料、半成品、包装材料、机械设备、标签标识、生产技术、配方等帮助，或者提供互联网接入、服务器托管、网络存储空间、通讯传输通道、代收费、费用结算等服务的，以侵犯知识产权犯罪的共犯论处。

（四）关于多次实施侵犯知识产权行为累计计算数额问题

2011年最高人民法院、最高人民检察院、公安部印发的《〈关于办理侵犯知识产权刑事案件适用法律若干问题的意见〉的通知》第14条规定，依照最高人民法院、最高人民检察院《关于办理侵犯知识产权刑事案件具体应用法律若干问题的解释》第12条第2款的规定，多次实施侵犯知识产权行为，未经行政处理或者刑事处罚的，非法经营数额、违法所得数额或者销售金额累计计算。

2年内多次实施侵犯知识产权违法行为，未经行政处理，累计数额构成犯罪的，应当依法定罪处罚。实施侵犯知识产权犯罪行为的追诉期限，适用刑法的有关规定，不受前述2年的限制。

第九节 著作权人举证责任的缓和

由于著作权客体非物质性特点，著作权侵权诉讼中，证明侵权行为是否成立、因侵权行为给著作权人造成损害的证据往往掌控在被控侵权行为人手中，著作权人无法获得，因而造成权利人举证困难的局面。如何减轻著作权人的举证责任，及时认定侵权行为和确定侵权损害数额，是一个值得探讨的问题。

我国《商标法》第63条第2款已经规定了文书提出命令制度（人民法院为确定赔偿数额，在权利人已经尽力举证，而与侵权行为相关的账簿、资料主要由侵权人掌握的情况下，可以责令侵权人提供与侵权行为相关的账簿、资料；侵权人不提供或者提供虚假的账簿、资料的，人民法院可以参考权利人的主张和提供的证据判定赔偿数额）。《著作权法（修订草案送审稿）》第76条第 4 款也就文书提出命令制度作出如下规定："人民法院为确定赔偿数额，在权利人已经尽力举证，而与侵权行为相关的账簿、资料主要由侵权人掌握的情况下，可以责令侵权人提供与侵权行为相关的账簿、资料；侵权人不提供或者提供虚假的账簿、资料的，人民法院可以根据权利人的主张判定侵权赔偿数额。"但因我国文书提出命令制度起步较晚，商标法和著作权法修订草案送审稿规定又相对简单，下面结合日本法的规定，进一步阐述究竟应当如何缓和权利人的举证责任负担。

一、被控侵权行为人对其行为具体样态的明示义务

知识产权侵权诉讼中，知识产权人在主张损害赔偿前，需要证明被告存在侵害行为，在被告否认该侵害行为的情况下，必须举证证明存在该侵害行为。在日本特许法❶等知识产权法导入被控侵权行为人对其行为具体样态的明示义务之前，关于被控侵权行为人否认权利人侵害行为主张的方法，虽然《日本民事诉讼规则》第 79 条第 3 款已经规定了被告必须附加理由陈述与对手方事实主张完全相反的具体事实进行争辩的积极否认制度，但并没有明确规定被告在侵权诉讼中对其侵权行为具体样态的明示义务。

在知识产权侵权诉讼中，侵权产品和侵权方法往往具有技术性，用肉眼难以分辨，而且有些情况下权利人非常不容易获得侵权产品，更无从掌握被告使用的侵权方法，❷ 因而常导致难以确定具体侵权行为的问题。在侵权行为人单纯否认知识产权人指控的侵权行为的情况下，经常出现侵权产品、侵权方法、侵权行为确定耗费时间长和诉讼延迟的问题。相反，在侵权行为人否认知识产权人指控的侵权样态的情况下，如果让侵权行为人说明其自己行为的具体情况，积极参与确定侵权行为，不但可以顺利确定侵权产品、侵权方法，尽快确定诉讼争点，而且可以促进审判的效率化。为此，日本 1999 年修改其特许法新增第 104 条之 2，在《民事诉讼规则》第 79 条第 3 款规定的积极否认原则基础上设立特则，导入被告应当明确说明其行为具体情况的义务，除非被告存在可以不加明示的合理理由。实用新案法第 30 条、意匠法第 41 条、商标法第 39 条随后准用特许法该条规定，2003 年日本通过修订反不正当竞争法在第 6

---

❶ 日本专利法采取发明专利法、实用新型专利法、外观设计专利法分别立法模式，特许法即发明专利法，实用新案法即实用新型专利法，意匠法即外观设计专利法。

❷ 中山信弘，小泉直直樹. 新注解特許法（下）[M]. 东京：青林书院，2011：1799.

条采用该制度，日本 2003 年修订著作权法时新增第 114 条之 2 亦规定了该制度。

所谓行为具体样态的明示义务，是指在知识产权侵权诉讼中，如果被控侵权行为人否认知识产权人指控的侵权行为、侵权产品或者侵权方法，则应当详细说明其行为、产品或者方法的具体情况，除非存在可以不加详细说明的合理理由。所谓合理理由，一般是指被控侵权行为人的行为具体样态中包含了商业秘密。

比如，在著作权侵权诉讼中，如果被控侵权行为人否认著作权人指控的侵害发表权、复制权、向公众送信权、上映权、演绎权行为，则不仅应说明其实施的具体行为和受著作权控制的发表、复制、向公众送信、上映、演绎等行为的区别，而且应当详细说明其发表、复制、向公众送信、上映、演绎的作品和著作权人的作品有什么不同。比如，在专利权侵权诉讼中，原告指控被告实施的处理方法包括 A－B－C－D，被告抗辩说自己实施的处理方法不是 A－B－C－D，这不过是单纯的否认。被告抗辩说自己并不拥有实施处理方法 A－B－C－D 的必要机械设备，则是积极否认。更进一步，被告主张自己实施的处理方法是不同于专利方法的 A－B－C－E，则属于对自己行为具体样态的明示。❶ 换句话说就是，如果被控侵权行为人否认专利权人指控的专利侵权产品或者生产产品的专利侵权方法，就应当详细说明其产品或者生产产品的方法是什么，有什么技术特征，和受专利权控制的技术特征有什么不同，从而方便法院尽快确定诉讼争点。

作为被控侵权人明示其行为具体样态的前提，权利人在侵权诉讼中，应当按照社会一般认知水准能够区别以及能够和其权利范围进行对比判断的基本要求，确定其主张权利的客体。❷

侵权行为人违反行为具体样态明示义务是否产生不利后果？对此，日本民事诉讼规则第 79 条第 3 款没有规定。按照日本学者理解，虽然被告拒绝详细说明其行为的具体情况，但按照论辩主义原则，原告对其所主张的侵权事实，依旧不能就此免除举证责任，仍然必须举证证明被告侵权行为及其侵权产品或者方法的具体样态。但是，在自由心证主义制度下，被告违反行为具体样态明

---

❶ 参见三木浩一. 特許権侵害訴訟における当事者の情報収集手段の拡張 [J]. ジュリスト, 1999 (1162): 57.

❷ 日本特許庁. 工業所有権逐条解説（第 20 版）[M]. 东京：発明推進協会, 2017: 331-332.

示义务,很可能导致被控行为人未尽明示义务的具体行为样态被法院推定为真实的不利后果。❶

日本知识产权法规定的被告对其具体的制度虽无不利法律后果作为侵权行为人自觉履行的保障,但司法实践中由于侵权行为不履行这一义务会实质性地影响法官自由心证,因而可以,解决了权利人难以进入侵权行为人场所进行调查取证等难题,有利于法院尽快确定当事人双方的诉讼焦点。不过从比较法角度看,日本这一民事诉讼活动的特则,对减轻我国知识产权侵权诉讼活动中权利人的举证责任并无实质性的参考价值。理由是,我国专利法、著作权法、商标法等知识产权法中虽未像日本特许法等知识产权法一样,专门规定侵权行为人对其行为具体样态的明示义务,但根据我国《民事诉讼法》第 64 条(当事人对自己提出的主张,有责任提供证据)、第 65 条(当事人对自己提出的主张应当及时提供证据)规定的证据规则可知,知识产权侵权诉讼过程中被诉侵权行为人在准备证据反驳权利人主张的过程中,实际上也不得不通过证据对其行为具体样态进行详细说明,否则难以有力反驳权利人的主张及其事实。

二、文书提出命令

(一) 概况

所谓文书提出命令,是指在知识产权侵权诉讼中,法院可以根据当事人的申请,命令对方当事人提出有助于证明侵权行为或者计算因侵权行为造成的损害的必要文件。但是,文书持有者有拒绝提出的正当理由时,不在此限。文书,不仅指书面文件,还包括记载有能够证明侵权行为和侵权损害额的计算机、USB 等现代记录媒介。

日本最早于 1959 年制定的特许法第 105 条规定文书提出命令制度,但根据当时的制度,当事人根据提出的对象只限于计算侵权损害额的必要文

---

❶ 参见三宅省三,塩崎勤,小林秀之. 新民事訴訟法大系:理論と実務(第二卷)[M]. 东京:青林書院,1997:65;半田正夫,松田政行. 著作権法コメント著作権法(第 2 版):第 3 卷[M]. 东京:勁草書房,2015:555;小野昌延,松村信夫. 不正競争防止法概説(第 2 版)[M]. 东京:青林書院,2015:638-639;参见日本特許庁. 工業所有権逐条解説(第 20 版)[M]. 东京:発明推進協会,2017:332.

书。1999年日本修改特许法时，作为其民事诉讼法第220条规定的文书提出义务的特则，将文书提出命令的对象扩大到用于证明侵权行为的必要文书范围。随后实用新案法第30条、意匠法第41条、商标法第39条分别准用特许法这一制度。2003年日本修订反不正当竞争法时在第7条中采用该制度，日本著作权法经过1996年、2000年、2004年三次修改，最终于第114条之3完整规定了这一制度。

（二）文书提出命令的对象

按照规定，文书提出命令的对象，只限于对证明侵权行为和侵权行为造成的损害具有必要性的文书。文书对证明侵权行为是否具有必要性，申请人应当加以说明，以防止申请人滥用该制度。虽然在市场上购买到了涉嫌侵权的产品，但侵权产品的结构、组成成分即使通过反向工程也无法确定，唯有借助被告掌握的文书才能最后确定其是否侵权时，该文书对于证明侵权行为而言就具有必要性。对证明侵权损害额具有必要性的文书，是指缺少这些文书，侵权损害额难以被证明。具备这种必要性的文书包括，记载销售数量、销售单价、销售总价款、利润率、侵权成本等信息的文书。

（三）文书提出命令申请人

文书提出命令的申请人，既包括原告，也包括被告。比如，被告出示了对自己不利的证据的情况下，作为对抗手段，也可以请求法院发布命令，请求原告提出掌握的文件。[1] 但按照日本民事诉讼法第223条第1款规定，知识产权侵权诉讼中的文书提出命令与民事诉讼法上普通的文书提出命令不同的是，无论原告还是被告，都不能请求法院命令第三人提出文书。[2]

（四）文书提出命令的申请手续

文书提出命令的申请手续，按照日本民事诉讼法第221条第1款和民事诉讼规则第140条第1款的规定，应当以记载了下列事项的书面形式提出：

1. 文书的表示，包括文书种类、名称、制作者等特定事项。文书种类

---

[1] 半田正夫，松田政行．著作権法コメント著作権法（第2版）：第3卷［M］．东京：勁草書房，2015：558．

[2] 金井重彦，鈴木將文，松嶋隆弘．商標法コメント［DB］．LexisNexis，2015：630．

和范围没有限制,包括会计账簿、税务报表、顾客名单等各种纸质件、磁盘、CD、DVD、USB等各种现代记录媒介。由于文书掌握在被控侵权行为人手中,在难以全部记载这些事项的情况下,对文书提出命令申请者不宜过于苛刻。实务中,只要请求书记载的是"与侵权产品销售有关的所有文书"即可。有助于确定侵权行为的文书,包括表示被告产品构造的设计图、目录、使用说明书等,显示被告制造方法的底单、制造记录书、制造指示图等。有助于确定损害额的文书包括记载了生产量、销售量、销售单价、销售总收入、生产成本、利润率等关键信息的文书。

2. 文书的趣旨,即文书记载内容的概要。

3. 文书持有人。

4. 待证事实。

5. 请求申请文书提出的原因。

(五) 文书提出命令的例外

文书提出命令的除外。按照日本特许法等知识产权法的规定,文书提出命令的被申请人存在正当理由的,可以不提出文书。所谓正当理由,一种观点认为,并非单纯指该文书中记载的事项包括商业秘密,而应当衡量开示该文书将对文书持有者造成的不利益和不提出该文书给申请人造成的不利益之后,进行综合判断,否则文书提出命令制度将形同虚设。❶另一种观点认为,即使发布秘密保持命令也难以避免会给文书持有者造成不利益时,才能认为属于不开示文书的正当理由。❷据此观点,拒绝开示文书的正当理由就变得非常狭窄,应当开示的文书范围相应扩大了。

是否存在正当理由,由法院依据文书持有者的申请进行判断。法院在判断是否存在文书持有者所说的正当理由时,必要情况下可以命令文书持有者出示该文书。为了保护文书持有者的商业秘密,日本知识产权法设计了只有法官才能阅览文书的不公开审理程序(incamera)。但是,不公开审理程序中被申请人提示的文书,由于未经过证据审查,法院不能将该文书记载的内

---

❶ 工業所有権審議会. 特許法等の改正に関する答申 [EB/OL]. (1998–12–14). http://www.meti.go.jp/report/whitepaper/council27.html.

❷ 牧野秋利,飯村敏明,三村量一,等. 知的財産法理論と実務(第2卷)[M]. 名古屋:新日本法規出版社,2007:84.

容作为证据使用。❶ 在不公开审理程序中，法官根据开示的文书确认被告产品或者方法与原告主张明显不同时，不管是否存在文书提出命令请求，都必须驳回原告请求，认定不存在提出的必要性。

根据日本特许法等的规定，虽然包含文书持有者商业秘密的文书任何人都不能请求开示，但为了在证明侵害行为容易化和保护商业秘密之间取得平衡，法院认为需要就是否存在开示包含文书持有者商业秘密的文书的正当理由听取对方当事人意见时，根据自由裁量权，也可以决定在不公开审理程序中，命令文书持有者向对方当事人、诉讼代理人或者辅助人开示其持有的文书。由于存在秘密保持命令，日本特许法等允许对方当事人、诉讼代理人或者辅助人阅读、摘抄，甚至复制包含对手方商业秘密的文书。

（六）文书提出命令的效果

拒绝按照法院命令提出文书的后果。在日本，文书提出命令和行为具体样态明示义务一样，没有执行力，但按照日本民事诉讼法第 224 条第 1 款和第 3 款的规定，文书提出命令的接受者拒绝按照文书提出命令提出文书的，法院可以自由裁量决定，认定对方当事人就该文书记载提出的主张真实，以及在具体主张文书内容本身极为困难以及根据其他证据证明待证事实极为困难的情况下，认定该文书待证事实的真实性。按照日本民事诉讼法第 224 条第 2 款的规定，以妨碍对方使用为目的毁灭所持文书的，后果相同。比如，原告主张被告至少销售了 30 台侵权机械，请求法院发布被告提出收货管理表等文书的命令，被告没有正当理由拒绝的情况下，法院即可推定原告主张被告 30 台的销售数量的事实真实。❷

要注意的是，尽管被申请人不遵从文书提出命令提出相关文书，但在原告主张的被告销售侵权产品的数量与侵权产品的流通状况和被告的具体营业状况反差太大的情况下，法院只能推定原告部分主张的真实性。❸

由最高人民法院《关于适用中华人民共和国民事诉讼法的解释》第 112 条规定（书证在对方当事人控制之下的，承担举证证明责任的当事人可以在

---

❶ 半田正夫，松田政行. 著作権法コメント著作权法（第 2 版）：第 3 卷 ［M］. 东京：劲草書房，2015：563.
❷ 知财高判平 21.1.28 判时 2045 号 134 页。
❸ 东京高判平 14.1.31 判时 1815 号 123 页。

举证期限届满前书面申请人民法院责令对方当事人提交。申请理由成立的，人民法院应当责令对方当事人提交，因提交书证所产生的费用，由申请人负担。对方当事人无正当理由拒不提交的，人民法院可以认定申请人所主张的书证内容为真实）可知，我国也规定了文书提出命令制度（我国学界和实务界多将之称为举证妨碍制度），而且从该司法解释第 112 条的规定看，文书提出命令的对象和效果与日本没有什么差别，都包括证明侵权行为和侵权损害额两方面的文书，对方当事人无正当理由拒不提供或者提供虚假文书的，法院可以推定需要依赖文书证明的侵害赔偿额等待证事实为真实。但与日本文书提出命令制度相比，我国这一制度被运用到我国知识产权侵权诉讼中时，文书提出的效果不但未得到强化，反而被极大限缩了。这突出表现在《商标法》第 63 条第 2 款的如下规定上面：

  人民法院为确定赔偿数额，在权利人已经尽力举证，而与侵权行为相关的账簿、资料主要由侵权人掌握的情况下，可以责令侵权人提供与侵权行为相关的账簿、资料；侵权人不提供或者提供虚假的账簿、资料的，人民法院可以参考权利人的主张和提供的证据判定赔偿数额。

  按照该规定，侵权人不提供或者提供虚假文书的，人民法院仍需参考权利人提供的证据判定赔偿数额。文书提出命令制度虽不免除权利人的举证责任，但目的就是考虑到证明损害额的关键账簿、资料等掌握在侵权行为人手中，权利人在无法获得这些证据的情况下提供的证据难以证明因被侵权而遭受的具体损害额，为了减轻权利人证明负担而建立的。《商标法》第 63 条第 2 款规定法院在判定损害额时仍需参考权利人提供的证据判定赔偿数额的做法，实务中往往导致法院主要参考权利人提供的证据判定损害赔偿数额，这显然违背该制度创设的趣旨，增加权利人的证明责任，减损了文书提出命令制度对侵权行为人的威力。与此不同，日本司法实务中的做法是，被告无正当理由拒不提供必要文书的，只要不出现原告主张的被告销售侵权产品的数量与侵权产品的流通状况和被告的具体营业状况反差极大而只能推定原告部分主张真实性的情况，就全部推定原告需要文书证明的主张的真实性。❶ 换句话说就是，关于损害赔偿，原告要求赔偿多少法院就判赔多少。

  非常遗憾的是，国务院法制办 2015 年 12 月 2 日公布的《专利法修订草

---

❶ 东京高判平 14.1.31 判时 1815 号 123 页。

案（送审稿）》第 68 条第 3 款作出了和《商标法》第 63 条第 2 款完全一样的残缺规定（人民法院认定侵犯专利权行为成立后，为确定赔偿数额，在权利人已经尽力举证，而与侵权行为相关的账簿、资料主要由侵权人掌握的情况下，可以责令侵权人提供与侵权行为相关的账簿、资料；侵权人不提供或者提供虚假的账簿、资料的，人民法院可以参考权利人的主张和提供的证据判定赔偿数额）。值得肯定的是，2014 年 6 月 6 日国务院法制办公室公布的《著作权法（修订草案送审稿）》第 76 条第 4 款作出了基本符合该制度目的的如下规定：人民法院为确定赔偿数额，在权利人已经尽力举证，而与侵权行为相关的账簿、资料主要由侵权人掌握的情况下，可以责令侵权人提供与侵权行为相关的账簿、资料；侵权人不提供或者提供虚假的账簿、资料的，人民法院可以根据权利人的主张判定侵权赔偿数额。与日本同类制度不同的是，按照我国《著作权法（修订草案送审稿）》的这一规定，文书提出者只限于被告，不包括原告，而且并非权利人申请法院发布命令强制被告提交，而是由法院直接责令被告提交。比较而言，采取由法院直接责令被告提交的方式，免除了权利人的申请手续，节约了权利人的时间等成本，似乎更为可取。同时将提交文书的对象限定为被告，更加符合只有被告掌握的账簿、资料才真正有利于计算损害赔偿额的实际情况。

三、损害计算鉴定制度

文书提出制度虽减轻了知识产权人在侵权诉讼中的举证责任，缓解了知识产权人举证难的局面，但该制度在运行过程中也可能出现以下三个方面的问题。一是为了计算损害额而由文书持有者提出的文书量非常庞大，非经理、会计等专门家，法官难以准确而快速理解文书内容。二是提出的文书往往包含缩略语，以及计算机管理账簿中打印出来的数据，文书持有者不加说明，法官难以理解其含义。三是虽然法院可以活用当事人照会制度（日本民事诉讼法第 163 条）和鉴定人发问制度（民事诉讼规则第 133 条），但当事人不予回应的话，法官对文书的内容依旧难以理解。为了解决这些问题，并且活用具有经理、会计等知识的专家的特长，准确计算因侵权行为造成的损害，1999 年日本修改特许法时同时在第 105 条之 2 设计了损害计算鉴定制度，实用新案法第 30 条，意匠法第 41 条，商标法第 39 条随后准用特许法第 105 条之 2 规定的这一制度，2003 年日本通过修订反不正当竞争法在第 8

条采用该制度，2000 年日本修改著作权法增加第 114 条之 3（现行著作权法第 114 条之 4）也规定了这一制度。

按照损害计算鉴定制度，在知识产权侵权诉讼中，根据当事人申请，法院命令专家对计算侵权行为造成的损害具有必要性的事项进行鉴定时，对方当事人必须向鉴定人说明该鉴定所需要的销售量、销售单价、销售总收入、利润率、制作侵权品的直接成本等必要事项。❶ 关于鉴定的依据，并不限于当事人按照文书提出命令提出的资料，还包括当事人任意提出的其他资料。关于鉴定人的选任，按照日本民事诉讼法第 213 条规定，由法院在具有经理、会计等专门知识且持中立立场的公认会计师、大学教授等当中指定。实务中，日本法院通常从日本公认会计师协会推荐名录中记载的候选人中，结合考虑被告业种和规模等因素确定。法院在指定时，通常会考虑鉴定人和当事人之间是否具有利害关系。

与文书提出制度不同的是，当事人的说明义务并无法院的参与，因而日本知识产权法并未专门设置当事人不履行说明义务时的制裁措施。实践中的做法是，鉴定人在提供给法院的书面鉴定意见中，对此事项及其对鉴定结论的影响加以说明，从而最终对法官的自由心证产生重要影响。

由于鉴定结论只是民事诉讼证据的一种，因此法院并不受鉴定结果的约束。实务中虽然法院一般按照鉴定结果认定损害额，但也有扣除一部分费用后再基于鉴定结果认定损害额的案例。❷

根据我国《民事诉讼法》第 76 条规定（当事人可以就查明事实的专门性问题向人民法院申请鉴定。当事人申请鉴定的，由双方当事人协商确定具备资格的鉴定人；协商不成的，由人民法院指定。当事人未申请鉴定，人民法院对专门性问题认为需要鉴定的，应当委托具备资格的鉴定人进行鉴定。鉴定人有权了解进行鉴定所需要的案件材料，必要时可以询问当事人、证人。鉴定人应当提出书面鉴定意见，在鉴定书上签名或者盖章）可知，在我国知识产权侵权诉讼中，知识产权人也可就侵权损害额向法院申请鉴定，在鉴定过程中，鉴定人也有权就相关事项向当事人询问。但与日本损害计算鉴定制度存在重大不同的是，在我国，鉴定对象都是原被告为了诉辩需要从有利于自身角度出发提

---

❶ 中山信弘，小泉直树. 新注解特许法（下）[M]. 东京：青林书院，2011：1213.
❷ 东京地判平 19.12.25 判时 2014 号 127 页。

出的资料,而日本刚好相反,鉴定对象是当事人(主要是被告)按照文书提出命令必须提交出来的资料。由于拒绝按照文书提出命令提出确定侵权行为以及侵权损害额的文书存在非常不利于自身的后果,司法实务中当事人不得不尽可能提供真实、完整、全面的文书,相比我国司法鉴定制度,日本的损害计算鉴定制度基本确保了损害额鉴定结果的准确性和可靠性。

四、合理损害额的推定

虽然日本专利法、商标法、著作权法等都规定了知识产权人因侵权遭受的损失的推定方法,即将侵权人因侵权所得推定为知识产权人因侵权遭受的损失,但因知识产权客体的非物质性以及被告经济活动的复杂性,实践中也常常出现如下特别情况:侵权行为发生后,知识产权人的产品价格不降反升;难以精确估算知识产权对侵权产品销售的贡献率;某些地域中的侵权产品销售量能够证明,其他更多地域中的侵权品销售数量无法证明。为此,日本1999年修订特许法时吸收1996年大修后的民事诉讼法第248条规定的合理损害额推定制度,增加第105条之3规定了合理损害额的推定制度。日本实用新案法第30条、意匠法第41条、商标法第39条随后准用特许法这一规定。日本2003年修改反不正当竞争法在第9条规定了该制度,日本2000年修改著作权法增加著作权法第114条之4(现行著作权法第114条之5)规定了该制度。日本知识产权法的这种规定相当于德国民事诉讼法第287条规定的"关于损害额计算的自由心证主义"。

按照规定,在知识产权侵权诉讼中,法院认定已经产生了损害,但用于确定损害额的必要事实由于其性质所限证明起来极为困难时,可以根据当事人双方口头辩论及证据调查结果,确定一个合理的损害额。损害,既包括用于调查侵权等的积极财产损害,也包括由于侵权品的存在,权利人产品价格下滑、销售量降低等导致的逸失利益,以及为了恢复销售量额外追加的广告费用、律师费、精神损害等。❶ 是否发生了损害,原告仍然需要负担证明责任。用于确定损害额的必要事实由于其性质证明极为困难,是指即使按照文书提出制度,也无法获得证明损害额的必要事实。

---

❶ 半田正夫,松田政行. 著作権法コメント著作権法(第2版):第3卷[M]. 东京:勁草書房,2015:572.

我国与日本合理损害额推定制度相当的是法定赔偿制度（《专利法》第65条第2款规定的法定赔偿为1万元以上100万元以下。《商标法》第63条第3款规定的法定赔偿为300万元以下。《著作权法》第49条第2款规定的法定赔偿为50万元以下）。之所以说该制度与日本合理损害额推定制度相当，是因为在法定赔偿限定范围内，在权利人损失、侵权人所得都无法确定的情况下，法官也可行使自由裁量权，根据当事人双方的辩论和证据调查结果，判定一个合理的赔偿数额。但我国法定赔偿制度与日本合理损害额推定制度存在两点重大差别。一是我国法定赔偿制度存在上限规定，专利法规定的法定赔偿甚至有下限规定，而日本的合理损害额推定制度并不存在上下限规定，我国法官在确定合理赔偿数额时，典型属于在笼子里跳舞。在穷尽所有手段都无法确定侵权损害额的情况下，需要根据个案具体情况，由法官行使自由裁量权对损害赔偿额进行具体推定，数额上完全可能超出50万、100万、300万元的上限，因而法律不宜规定上限。两相比较可以看出，日本的合理损害额推定制度更加契合个案推定损害赔偿额的需要。二是我国的法定赔偿制度中的上下限因专利权、著作权、商标权不同而有所不同，而日本的合理损害额推定制度并不存在上下限规定，而是统一适用于专利法、商标法、著作权法、反不正当竞争法等所有知识产权法领域。专利权、商标权、著作权价值虽有差别，但仍需在个案中进行判定。有些著作权、专利权的价值完全可能超过300万，有些商标权的价值完全可能超过300万元，将侵害著作权的法定赔偿数额限定为50万元、侵害专利权的法定赔偿数额限定为100万元，将侵害商标权的法定赔偿数额限定为300万元，确是出自立法者过于随意、毫无根据的发想。比较而言，日本的合理损害额推定制度不因知识产权不同而设置不同的推定标准，亦无上下限制，更加适合在个案中根据知识产权市场价值推定损害赔偿额的需要。

五、秘密保持命令

秘密保持命令是与文书提出命令制度配套的制度，目的在于惩治非法泄密者或者使用者，保护依照法院命令提出文书的持有者保有的商业秘密，消除包含商业秘密的文书持有者的担忧，确保文书提出制度的顺畅运行。日本2004年修改特许法时增加第105条之4导入该制度，日本实用新案法第30条、意匠法第41条、商标法第39条随后准用特许法之一条款而分别采纳这一制度。日本2004年修改反不正当竞争法于第10条规定了该制度，日本2004年修改著作权法增加第 114 条之 6 规定了这一制度。

按照规定，在知识产权侵权诉讼中，当事人保有的商业秘密，具备下述情形之一时，根据当事人的申请，法院可以命令当事人、诉讼代理人、辅助人不得将其用于诉讼以外的目的，或者向受秘密保持命令制约以外的人开示。但是，当事人提出申请之前，对方当事人、诉讼代理人、辅助人等秘密保持命令的接受者通过阅读文书、证据调查或者开示以外的方法获得或者保有该商业秘密的，不在此限。

（1）商业秘密被用于诉讼之外的目的；（2）或者向受秘密保持命令制约者之外的人进行开示，基于该商业秘密的当事人的事业活动将因此遭受不利影响，为了防止该情况发生，有必要限制该商业秘密的使用或者开示。

秘密保持命令的保护对象。只限于以下商业秘密：已经提出或者应当提出的文书中记载的当事人保有的商业秘密，或者已经审查或者应当审查的证据中包含的当事人保有的商业秘密。

秘密保持命令的申请和送达。申请秘密保持命令，应当向法院提出记载有如下事项的书面申请。（1）秘密保持命令的接受者。（2）能够清楚确定受秘密保持令保护的商业秘密的事实。（3）商业秘密包含在所提出的文书或者相关证据中的事实，以及用于诉讼之外的目的或者向秘密保持命令接受者之外的人开示，事业活动可能遭受不利影响的事实。

法院发出秘密保持命令书后，必须将决定书送达秘密保持命令接受者，秘密保持命令自送达接受者时，开始生效，持续到秘密保持命令被依法撤销时为止。对驳回秘密保持命令的裁决，可以即时提出上诉。秘密保持命令可以根据当事人申请取消。

违反秘密保持命令的后果。根据 2005 年修改新增的日本特许法第 200 条之 2、日本著作权法第 122 之 2、日本商标法第 81 条之 2，违反秘密保持命令的行为构成独立的秘密保持命令违反罪，属于行为犯。对行为人单处或者并处 5 年以下徒刑或者 500 万日元以下罚金。法人犯此罪者，处 3 亿日元以下罚金。该罪属于亲告罪，非告诉不得提起公诉，而且适用于在日本国外犯此罪者。此外，按照日本反不正当竞争法规定，违反秘密保持命令使用和开示商业秘密的，还必须负担侵害商业秘密的差止义务❶和损害赔偿义务。

相比日本为了减轻知识产权人在侵权诉讼中举证责任采取的组合拳制度，我国最为欠缺的就是秘密保持命令制度。没有秘密保持命令制度，记载有商业秘密的文书持有者因担心商业秘密被泄露或者被使用于诉讼之外的目的从而丧失竞争优势，拒绝提出相关必要文书就有了正当理由。在以商业秘密为正当理由拒绝提供对于确定侵权行为和侵权损害额具有必要性的文书的情况下，文书提出命令制度必将形同虚设。在我国虽可以反不正当竞争法和刑法为依据，分别追究泄露者和非法使用者侵害商业秘密的民事责任和刑事责任，但相比日本将违反秘密保持命令本身规定为独立的犯罪，且性质上属于行为犯，对个人犯此罪者苛以 5 年以下有期徒刑或者并处 500 万日元以下罚金，对法人犯此罪者苛以 3 亿日元以下罚金，威慑力要弱得多。

第十节　著作权侵权警告

实践中，著作权人发现行为人涉嫌侵害其著作权时，在正式向法院起诉前，通常会向侵权嫌疑人发出侵权警告，以迫使其停止"侵害"或者"赔偿损失"。在很多情况下，侵权警告已经成为著作权人打击竞争对手的一种手段。但侵权警告在著作权法上究竟属于什么性质，在著作权人滥用侵权警告扰乱他人的正常营业行为时究竟应该如何处理，我国 2010 年《著作权法》和相关司法解释都没有明确，因此有必要加以研究。

一、侵权警告的法律性质

知识产权人发现行为人的行为存在侵害其知识产权的危险，或者行为人存在实施侵害其知识产权的行为时，可以向行为人行使请求权，请求行为人去除侵害危险、侵害行为，以及赔偿损失。从目的上看，权利人发出侵权警告在于迫使侵权行为人停止侵害危险或者侵害行为，或者是赔偿损失，因此侵权警告

---

❶ 日本反不正当竞争法、专利法、著作权法、商标法上所说的差止义务，包括停止侵害行为义务、废弃侵权产品义务、废弃侵权工具义务。

性质上应该属于行使知识产权请求权的行为,是常见的私力救济方式。❶

二、正当侵权警告的要件:最高人民法院观点

由于行使知识产权请求权属于知识产权人单方面的行为,行为人的行为是否存在侵害知识产权的危险行为、是否构成侵害行为,在没有正式进入司法诉讼程序前,都是知识产权人单方面的判断,因此知识产权人在行使请求权时,往往存在滥用的危险。侵权警告即是如此。现实中,侵权警告很多情况下已经演化为知识产权人打击竞争对手的一种策略性手段。为了平衡知识产权人、行为人和社会公众之间的利益,有必要在正当的侵权警告(正当行使知识产权请求权的行为)和非正当的侵权警告(滥用知识产权请求权的行为)之间画一道界线。

何为正当的侵权警告?在石家庄双环汽车公司诉本田技研株式会社确认不侵害专利权、损害赔偿上诉案判决中,❷ 最高人民法院从发送侵权警告函的合法性、与公平竞争的关系以及市场交易者的商业风险等多角度,对认定知识产权侵权警告行为究竟是正当维权行为,还是属于不正当竞争行为进行了详细分析,一定程度上统一了裁判尺度,具有标杆意义。最高人民法院认为,"权利人发送侵权警告维护自身合法权益是其行使民事权利的应有之义,但行使权利应当在合理的范围内。在采取维护权利行为的同时,也要注重对公平竞争秩序的维护,避免滥用侵权警告,打压竞争对手合法权益。""判断侵权警告是正当的维权行为,还是打压竞争对手的不正当竞争行为,应当根据发送侵权警告的具体情况来认定,以警告内容的充分性、确定侵权的明确性为重点。"具体而言,最高人民法院认为,正当的侵权警告应该具备下列条件。

1. 以具体侵权事实为依据。权利人发送侵权警告必须以确定的具体侵权事实为依据,在发送侵权警告时应当对所警告的行为构成侵权善尽审慎注意义务,对所涉侵权的具体事实进行充分考量和论证后进行。

2. 警告函内容具体明确。侵权警告的内容不应空泛和笼统,对于权利人的身份、所主张的权利的有效性、权利的保护范围以及其他据以判断被警告行为涉嫌构成侵权的必要信息应当予以披露。

---

❶ 李扬,张旗. 私力救济抗辩初探 [J]. 中山大学学报(哲学社会科学版),2019 (1):146 - 157.

❷ 最高人民法院(2014)民三终字第 7 号民事判决书。

关于权利人的审慎注意义务，最高人民法院注意区分了因侵权警告发送对象不同而导致的权利人审慎注意义务程度的不同。最高人民法院认为，制造者作为侵权的源头，通常是权利人进行侵权警告的主要对象，权利人希望被警告的制造者停止侵权行为或与其进行协商以获得授权，制造者往往会选择与权利人正面协商、沟通的方式解决纠纷。权利人发送侵权警告的对象还可能包括产品的销售商、进口商，或者发明或实用新型产品的使用者等，这些人作为制造者的交易相对方，往往也是权利人争夺的目标客户群。由于他们通常对是否侵权的判断认知能力相对较弱，对所涉侵权的具体情况知之较少，与制造者不同，他们的避险意识较强，更易受到侵权警告的影响，可能会选择将所涉产品下架、退货等停止被警告行为，拒绝对制造者的商品进行交易。因此，向这些主体进行警告的行为容易直接导致制造商无法销售，影响所涉产品的竞争交易秩序。

侵权警告不同于法院对诉前行为保全的裁定，所涉侵权行为并不会因侵权警告行为而当然停止，被警告者是否停止所涉侵权行为由其自行决定，尤其是对销售商而言，侵权警告的内容对其能否作出合理判断、自行承担由此导致的商业风险更为关键。因此，向这些主体发送侵权警告时，对确定被警告行为构成侵权而产生的注意义务要高于向制造者发送侵权警告的情形，其警告所涉信息应当详细、充分，如披露请求保护的权利的范围、涉嫌侵权的具体信息以及其他与认定侵权和停止侵权相关的必要信息。否则，易导致交易方面对内容不明确的警告内容，为避免自身涉及警告信所称的后果，停止进行交易，影响公平竞争的交易秩序。

最高人民法院在本案判决中同时指出，"权利人维权的方式是否适当并非以被警告行为是否侵权的结论为判断依据，而是以权利人维权的方式是否正当，是否有违公平的竞争秩序，是否存在打击竞争对手作为衡量的标准。由于侵权认定的专业性和复杂性，不能过高要求权利人对其警告行为构成侵权的确定性程度，否则会妨碍侵权警告制度的正常效用和有悖此类制度的初衷。在权利人发送侵权警告行为得当，不存在过错时，即使最终被警告的行为不构成侵权，也可能不属于滥用权利，无须对竞争者的损失进行赔偿。"

总结最高人民法院在上述判决中的观点可以发现，权利人发送的侵权警告是否正当，关键取决于两个因素。一是权利人是否拥有有效权利，二是警告内容（包括侵权行为人、侵权行为、侵权产品、侵权理由等）是否明确具体。

满足这两个因素的侵权警告，为有效的正当的侵权警告，即使给被警告人造成了一定损失，权利人也无须承担赔偿责任。

三、被警告行为人针对侵权警告的对策

在权利人的侵权警告符合最高人民法院在上述案件中所明确的真实要素的情况下，权利人发送侵权警告的行为属于正当行使知识产权请求权的行为。涉嫌侵权的行为人在接到权利人的有效侵权警告后，有如下几种对策。

1. 主动停止侵权警告中明确指明的侵权行为。

2. 向法院提起不侵权确认之诉。关于不侵权的确认之诉，自2002年最高人民法院作出《关于苏州龙宝生物工程实业公司与苏州朗力福保健品有限公司请求确认不侵犯专利权纠纷案的批复》之后，❶ 在专利法领域中已经被广泛使用。根据这个批复的精神，收到权利人发出侵权警告的行为人，如果认为自己确实不存在侵害权利人合法权益的事实，可以提起不侵权确认之诉。

3. 对权利人的侵权警告置之不理。但这可能要冒被权利人提起侵权诉讼的风险。

4. 在权利人的侵权警告给自己造成损害的情况下，提起损害赔偿诉讼。

被警告行为人究竟选择何种对策，应在评估侵权风险等基础上决定。

四、权利人滥用侵权警告的法律后果

权利人的侵权警告如果缺少上述要件，则其警告为滥用知识产权请求权。如果权利人在侵权警告基础上进一步对被警告人提起侵权诉讼，则被警告的人可以援引民法通则或者民法总则民事权利不得滥用原则进行不侵权抗辩。在权利人滥用侵权警告给被警告的行为造成损害的情况下，被警告人还可以请求权

---

❶ 最高人民法院（2001）民三他字第4号批复。该批复的具体内容为："依据《中华人民共和国民事诉讼法》第一百零八条和第一百一十一条的规定，对于符合条件的起诉人民法院应当受理。本案中，由于被告朗力福公司向销售原告龙宝公司产品的商家发函称原告的产品涉嫌侵权，导致经销商停止销售原告的产品，使得原告的利益受到了损害，原告与本案有直接的利害关系；原告在起诉中，有明确的被告；有具体的诉讼请求和事实、理由；属于人民法院受理民事诉讼的范围和受诉人民法院管辖，因此，人民法院对本案应予以受理。

本案中，原告向人民法院提起诉讼的目的，只是针对被告发函指控其侵权的行为而请求法院确认自己不侵权，并不主张被告的行为侵权并追究其侵权责任。以'请求确认不侵犯专利权纠纷'作为案由，更能直接地反映当事人争议的本质，体现当事人的请求与法院裁判事项的核心内容。"

利人进行赔偿。

实务中，权利人滥用知识产权请求权发出侵权警告的行为，可能构成商业毁谤行为和其他不正当竞争行为。

《反不正当竞争法》第 14 条规定，经营者不得捏造、散布虚伪事实，损害竞争对手的商业信誉、商品声誉。据此，权利人为了打击竞争对手，针对竞争对手本人特别是其上下游企业，发出不符合上述要件的侵权警告，并且给被警告人的商业信誉、商品声誉造成了损害情况下，其侵权警告不但不构成正当侵权警告，反而会构成商业毁谤行为。

如果权利人只针对竞争对手本人发出没有明确权利基础的侵权警告，不存在散布行为，由于虚伪事实没有公开扩散，对竞争对手的商业信誉、商品声誉不构成毁谤，但其行为又确实扰乱了竞争对手的正常生产经营活动，使竞争对手停止营业或者放弃了营业计划，并因此而遭受经济损失，虽然反不正当竞争法规定的商业毁谤无法适用，但被警告的人可以《反不正当竞争法》第 2 条第 1 款规定的一般条款或者《侵权责任法》的有关规定为请求权依据，请求权利人停止侵害行为和赔偿损失。

第十章
技术措施和权利管理电子信息的特别保护及其限制

第一节 技术措施特别保护及其限制

一、技术措施的含义、分类和特别保护的由来

复制和传播技术信息化和网络化时代，复制和传播变得低成本、高质量、高速度，并且理论上人人都可成为复制和传播主体，极大增加了著作权保护的难度，传统侵权责任和公力救济已经不足以充分保护著作权人利益，于是作为著作权私力救济手段的技术措施应运而生，并于1996年得到世界知识产权组织两个重要公约即WCT第11条和WPPT第18条的确认。此后，美国、日本、澳大利亚、欧盟等纷纷通过国内立法实施了WCT和WPPT的规定。我国于2001年修改著作权法，亦在第47条中增加了技术措施的特别保护，国务院2006年颁布的《信息网络传播权保护条例》则对技术措施的特别保护及其限制做出了较为详尽的规定。

按照《信息网络传播权保护条例》第26条规定，技术措施是指"用于防止、限制未经权利人许可浏览、欣赏作品、表演、录音录像制品的或者通过信息网络向公众提供作品、表演、录音录像制品的有效技术、装置或者部件。"其中"用于防止、限制未经权利人许可浏览、欣赏作品、表演、录音录像的有效技术、装置或者部件"大体属于控制接触作品、表演、录音录像制品的技术措施。比如，口令加密技术、控制使用页码数量的技术，就是典型的控制接触作品、表演、录音录像制品的技术措施。"用于防止、限制未经权利人许可通过信息网络向公众提供作品、表演、录音录像制品的有效技术、装置或者

部件"大体属于控制使用作品、表演、录音录像制品的技术措施。比如，计算机程序中的防拷贝措施、图像失真技术、保证支付报酬的措施，就是这一类技术措施。

二、技术措施特别保护的性质

按照著作权法基本原理，著作权仅仅保护文学、艺术和学科领域内思想或者情感的独创性表达，并不保护思想本身，也不保护与独创性表达无关的技术。著作权法对技术措施的保护是一种特别保护，破解、规避技术措施的行为或者提供破解、规避技术措施手段或者工具的行为，尽管可能为侵害著作权或者邻接权提供了条件，但行为本身并不侵害著作权和邻接权，行为人承担的也不是侵害著作权和邻接权的法律责任，而是一种特别法律责任。这大概是我国2010年《著作权法》在第10条第1款列举著作权人享有的各项权利时，并没有为著作权人创设一项"技术措施权"的原因。

事实上，WCT和WPPT的规定，已经清楚地表明，对技术措施和权利管理电子信息的保护，不同于对著作权和邻接权的保护。按照WCT第11条、第12条和WPPT第18条、第19条规定，保护技术措施和权利管理电子信息是成员国的义务。与此不同，WCT第8条和WPPT第10条、第14条规定的，分别是著作权人享有的向公众传播权和表演者、录音制作者享有的提供已录制表演的权利、提供录音的权利。

关于技术措施的特别保护与著作权保护的不同，美国联邦巡回上诉法院在2004年的"Chamberlain Group"案中清楚地表明，数字化时代的版权法并没有为著作权人创设新的权利，美国版权法第1201条第1款和第2款关于反规避技术措施的规定，只不过为著作权人追击行为人责任提供了法律上的诉因。按照数字化时代的版权法的本文，规避技术措施并非侵害著作权的行为。第1201条第3款第1项规定，本条的任何规定，不影响权利、救济、限制和著作权侵权抗辩，包括合理使用。防止未经授权而规避的义务，仅仅是创设一个新的诉因，被告因此可能承担法律上的责任。❶

德国著作权法第四部分"对著作权与邻接权的共同规定"第一章的标题"保护的补充性规定"，以及该章第95a条的规定，日本著作权法则根本未规定

---

❶ Chamberlain Group, Inc. v. Skylink Techs., Inc., 381 F. 3d. 1178 (Fed. Cir. 2004).

技术措施的特别保护而仅在其不正当竞争防止法第2条第1款第11项将破坏、规避技术措施的行为以及交易行为作为不正当竞争行为加以规制，也都清楚说明，破坏、规避技术措施的行为本身并非侵害著作权的行为，不应当承担侵害著作权的责任。

遗憾的是，尽管我国2010年《著作权法》第10条第1款没有为著作权人创设"技术措施权"，我国2010年《著作权法》第48条却将故意避开或者破解、技术措施的行为，规定为侵害著作权的行为。这是对世界知识产权组织《版权公约》和《表演与录音公约》规定的重大误解。

三、技术措施特别保护的内容

关于技术措施特别保护的具体内容，WCT第11条（缔约各方应规定适当的法律保护和有效的法律补救办法，制止规避由作者为行使本条约或者《伯尔尼公约》所规定的权利而使用的、对就其作品进行未经该有关作者许可或者未由法律准许的行为加以约束的有效技术措施）和WPPT第18条（缔约各方应规定适当的法律保护和有效的法律补救办法，制止规避由表演者为行使本条约所规定的权利而使用的、对就其表演或者录音制品进行未经该有关表演者或者录音制品制作者许可或者未由法律准许的行为加以约束的有效技术措施）只要求缔约国禁止破解技术措施的行为，并不要求各缔约国禁止提供用于破解、规避技术措施的工具或者服务。但因WCT和WPPT规定的只是各成员国的最低保护义务，故而美国、德国、日本（通过不正当竞争防止法）也禁止提供主要用于破解、规避技术措施的产品或者服务。

我国2010年《著作权法》第48条第6项只禁止未经许可故意避开或者破坏技术措施的行为，并不禁止提供主要用于避开或者破解技术措施的装置或者部件以及技术服务的行为。但《信息网络传播权保护条例》第4条为保护信息网络传播权，将禁止的对象扩大到了后者。该第4条规定，为了保护信息网络传播权，权利人可以采取技术措施。任何组织或者个人不得故意避开或者破解技术措施，不得故意制造、进口或者向公众提供主要用于避开或者破解技术措施的装置或者部件，不得故意为他人避开或者破解技术措施提供技术服务。但是，法律、行政法规规定可以避开的除外。

规避技术措施的行为，为规避技术措施提供技术或者服务的行为，均属于独立的违法行为，不管行为人规避技术措施或者提供规避技术的技术或者服务后，实际上是否有人实施侵害权利人的著作权或者邻接权的行为，均不影响规避技术措施行为或者为规避技术措施行为提供技术或者服务行为的违法性质。

(一) 禁止故意避开或者破解技术措施的行为

德国著作权法第 95a 条第 1 款、美国版权法第 1201 条第 1 款第 1 项、我国 2010 年著作权法第 48 条第 6 项、我国《信息网络传播权保护条例》第 4 条第 2 款，都禁止规避有效保护作品的技术措施的行为。

规避技术措施，是指对作品进行解码、解密或者用其他方法避开、越过、瘫痪、去除、取消或者损毁技术措施。

有效技术措施，分为有效控制利用作品等的技术措施和有效控制接触作品等的技术措施。有效控制利用作品等的技术措施，是指在正常运行过程中，能够阻止、限制或者限定利用著作权人作品的技术措施。有效控制接触作品等的技术措施，是指在正常操作过程中，必须在著作权人的授权下应用信息或处理过程才能接触作品的技术措施。

规避著作权人保护作品等的技术措施的行为，以行为人主观上明知属于著作权人采取的保护作品等的技术措施，但仍然加以规避为限。因为客观技术原因或者疏忽大意规避技术措施的，不承担法律责任。规避有效技术措施的行为，因为以具备技术知识为前提，一般而言行为人主观上都是故意的。

(二) 禁止故意提供规避技术措施的技术或者服务

《信息网络传播权保护条例》第 4 条第 2 款规定，不得故意制造、进口或者向公众提供主要用于避开或者破解技术措施的装置或者部件，不得故意为他人避开或者破解技术措施提供技术服务。

所谓主要用于避开或者破解技术措施的装置或者部件，是指除了用于避开或者破解著作权人保护作品等技术措施外，没有其他实质性的商业用途。比如，专门破解正版软件的解密软件，除了用于解密正版软件外，不存在其他实质性商业用途，属于被禁止的技术措施。

德国著作权法第 95a 条第 3 款规定，当装置、产品、组成部分及服务符合下列条件之一时，禁止对装置、产品及组成部分的制造、进口、发行、销售、出租，与销售或者出租相关的广告及服务于工商业目的的占有及禁止提供服务：

属于以规避有效技术措施为目的的促销、广告或者市场推销的标的；除规避有效技术措施之外仅具有有限的经济目的或收益；主要为可以或者更容易地规避有效技术措施而被设计、制作、改造或提供。

美国版权法第1201条第2款也禁止提供用于规避他人技术措施的技术等。具体内容为：任何人不得制造、进口、向公众推销、提供或者运行任何技术、产品、服务、设备、零件或者部件，如果其（1）设计、生产的主要目的是规避技术措施所提供的保护，而且该技术措施是为了有效保护版权人依据本卷就作品或者其一部分所享有的权利；（2）除了规避技术措施所提供的保护，只有有限的商业意义或者用途，而且该技术措施是为了有效保护版权人依据本卷就作品或者其一部分所享有的权利；（3）由某人或在某人之授意下上市，并且知道可用于规避技术措施所提供的保护，而且该技术措施是为了有效保护版权人依据本卷就作品或者其一部分所享有的权利。

在美国纽约南区地方法院2000年2月判决的"Universal City Studios, Inc. v. Shawn Reimerdes"案中，原告对录制于DVD中的电影作品采取了一种叫"内容错乱系统"（Content Scramble System，CSS）的控制技术，以防止非法复制。根据该技术，除非在含有解密钥匙的DVD机或者计算机驱动器中，否则不能观看DVD盘中的电影。1999年10月，挪威一名少年开发除了可以解开CSS系统的DeCSS软件，并被在网络上免费提供，该软件出现后，本案被告亦在其网站上提供，并鼓励用户下载，甚至提出"打败美国电影协会"的口号。对于被告行为是否符合美国版权法第1201条第2款规定的第（3）个要件，即主观故意要件，但从被告鼓励用户下载并且提出"打败美国电影协会"的口号看，其明显故意提供了明知用于破解原告技术措施的软件，应当被禁止。[1]

四、技术措施特别保护的限制

技术措施是著作权人和邻接权人对其著作权进行数字化管理的基本手段，技术措施和开封许可合同的结合应用，极大强化了著作权和邻接权的保护强度和效果。为了确保著作权法规定的限制和例外不被技术措施的特别保护所吞噬，平衡著作权人利益和社会公共利益之间的关系，但凡规定了技术措施特别

---

[1] Universal City Studios, Inc. v. Shawn Reimerdes, 111 F. Supp 2d 294 (S.D.N.Y. 2000).

保护的国家和地区，同时规定了技术措施特别保护的限制。

德国著作权法第95a条第4款规定，国家机关为保护公共安全或者刑事还之目的的职权与权力，不受第1款、第3款禁止规定的影响。第95b条第1款规定，只要权利人根据本法使用了技术措施，就有义务根据下列规定向合法访问作品或者保护客体的受益人提供可使用的必要手段，以使下列规定能在必要范围内得以适用：第45条（出于司法与公共安全目的对著作权的限制）；第45a条（出于残障人士特别利益需要对著作权的限制）；第46条（为课堂、学校或者教学使用的汇编需要对著作权的限制），但教堂使用除外；第47条（为学校广播节目需要对著作权的限制）；第52条a条（为教学和研究目的的网络传播对著作权的限制）；第53条（为私人使用或者其他自用目的对著作权的限制）；第55条（因为广播组织需要对著作权的限制）。并且著作权人的上述义务不得以约定加以排除，否则无效。

中国台湾"著作权法"第80条之二第3款规定，著作权人采取的禁止或者限制他人擅自进入著作之防盗拷措施，以及未经合法授权不得制造、输入、提供公众使用的防盗拷措施或为公众提供服务，对于下列情形不得适用：为维护"国家"安全者；"中央"或者地方机关所为者；档案保存机构、教育机构或者供公众使用之图书馆，为评估是否取得资料所为者；为保护未成年人者；为电脑或网路进行完全测试者；为进行加密研究者；为进行还原工程者；其他经主管机关所定情形。

美国版权法第1201条也规定了以下例外。

（1）执法、情报及其他政府行为。对技术措施的保护，并不禁止任何由政府官员、特工或者雇员，或者依据与上述政府部门间的合同而行为的人所依法从事的调查、保护、信息安全或者情报行为。信息安全，是指为了识别和处理政府计算机、计算机系统和计算机网络存在的隐患所实施的行为。

（2）反向工程。合法获得计算机程序副本的使用权的人，可以规避有效控制获得该程序某一特殊部分的技术措施，如其目的只是为了识别和分析那些为实现独立编写的计算机程序同其他程序之间相互兼容所必需的、此前并未被从事规避的人所掌握的程序元素。

（3）加密研究。为了识别和分析运用于版权作品的加密技术的缺陷及弱点所必要的活动，假如从事此类活动旨在提升加密技术领域中的知识水准或者有助于开发加密产品，个人在善意加密研究过程中可以规避运用于已发表作品的复制品、录音制品、表演、展出上的技术措施。但以此人合法获得已经发表的作品的加密复制品、录音制品、表演或者展出为限,其该行为系加密研究所必需,实施规避行为之前此人为获得授权已尽了合理努力,也不构成侵权或者其他违法行为。

(4) 安全测试。为了进行安全测试,即经计算机、计算机系统或者计算机网络的所有权人或者运行人授权而接入该计算机、计算机系统或者计算机网络,目的仅为善意测试、检查或者消除安全漏洞或者隐患,可以规避有关的技术措施。

我国《信息网络传播权保护条例》第 12 条也规定了对技术措施特别保护的限制。按该条规定,属于下列情形的,可以避开技术措施,但不得向他人提供避开技术措施的技术、装置或者部件,不得侵犯权利人依法享有的其他权利:为学校课堂教学或者科学研究,通过信息网络向少数教学、科研人员提供已发表的作品、表演、录音录像制品,而该作品、表演、录音录像制品只能通过信息网络获取;不以营利为目的,通过信息网络以盲人能够感知的独特方式向盲人提供已经发表的文字作品,而该作品只能通过信息网络获取;国家机关依照行政、司法程序执行公务;在信息网络上对计算机及其系统或者网络的安全性能进行测试。

上述限制可能存在以下两个问题。一是只针对著作权人的信息网络传播权,但权利人采取技术措施保护的著作权,并不限于信息网络传播权。二是不但未能像德国著作权法那样,在作品利用者缺乏规避技术措施的能力的情况下,采取技术措施的权利人有义务保证利用者能够利用法律规定的权利限制与例外中的作品,反而明确禁止故意制造、进口或者向公众提供主要用于避开或者破解技术措施的装置或者部件,故意为他人避开或者破解技术措施提供技术服务的行为。这样一来,著作权法规定的著作权限制与例外的情形,对公众而言,极有可能形同虚设,著作权人和社会公众之间原有的利益平衡格局将因此被打破。

如何解决技术措施特别保护以及技术措施和开封许可合同的结合而形成的版权数字管理对著作权限制和例外制度造成的冲击、确保公众的利益,是信息化时代著作权法领域中需要研究的一个重要课题。

五、侵害技术措施特别保护的法律责任

按照我国 2010 年《著作权法》第 48 条的规定,未经著作权人或者与著作

权有关的权利人许可，故意避开或者破坏权利人为其作品、录音录像制品等采取的保护著作权或者与著作权有关的权利的技术措施的，应当根据情况，承担停止侵害、消除影响、赔礼道歉、赔偿损失等民事责任；同时损害公共利益的，可以由著作权行政管理部门责令停止侵权行为，没收违法所得，没收、销毁侵权复制品，并可处以罚款；情节严重的，著作权行政管理部门还可以没收用于制作侵权复制品的材料、工具、设备等；构成犯罪的，依法追究刑事责任。《信息网络传播权保护条例》第19条则进一步规定，故意制造、进口或者向他人提供主要用于避开、破坏技术措施的装置或者部件，或者故意为他人避开或者破坏技术措施提供技术服务的，由著作权行政管理部门予以警告，没收违法所得，没收主要用于避开、破坏技术措施的装置或者部件；情节严重的，可以没收主要用于提供网络服务的计算机等设备，并可处以10万元以下的罚款；构成犯罪的，依法追究刑事责任。

尽管如此，观念上必须明确的是，不论是违反我国2010年《著作权法》第48条规定的故意避开或者破坏技术措施的行为，还是违反《信息网络传播权保护条例》第19条的行为，除非是构成教唆或者帮助侵害著作权因而应当承担共同侵害著作权的责任，行为人承担的并不是侵害著作权的责任，而是违反著作权法规定应当承担的特别法律责任。

对此，德国著作权法第108b条和第111a做了明确规定。按照第108b的规定，出于使自己利用受技术措施保护的作品等，违法侵害技术措施及为保障权利所必要的信息，且导致著作权或者邻接权受侵害，或者存在被侵害可能，或者使侵害行为变得更为容易，或者掩饰侵害行为的，处1年以下自由刑或者罚金，如行为在工商业范围内实施行为的，则处3年以下自由刑或者罚金。按照第111a条规定，违反第95a条规定存在提供规避技术装置等行为的，构成行政违法行为，最高可处50000欧元罚款。

美国版权法第1203条也对规避技术措施的违法行为（violation）也作了明确规定。按照该条规定，行为人违反第1201条（技术措施）和第1202条（权利管理信息）规定，受害者可提起"违法"的民事诉讼，并按照版权法第506条规定，请求禁令救济、损害赔偿和律师费。法院认为必要时，可以下达临时禁令和永久禁令，在诉讼中扣押相关设备或者产品，下令改装或者销毁相关产品或者设备。损害赔偿包括实际损害赔偿和法定赔偿，反复违法者还可判3倍惩罚性赔偿。根据规定，行为人每一次规避技术措施的，法院可判处200

美元以上 2500 美元以下法定赔偿。

关于刑事部分，根据美国版权法第 1204 条规定，在 5 年诉讼时效内，对于故意规避技术措施的，如其目的是为了获得商业利益或者私人经济利益，且是初犯，可处 50 万美金以下罚金或者 5 年以下监禁，或者二者并处。如果是再犯，则处 100 万美元以下罚金或者 10 年以下监禁，或者二者并处。

我国 2010 年《著作权法》将避开或者破坏技术措施的行为与侵害其他著作权的行为放在一起，规定行为人应当承担侵害著作权责任，并不妥当。

第二节　权利管理电子信息特别保护及其限制

一、权利管理电子信息的含义、性质和特别保护的由来

正如有的学者所言，著作权管理信息并非数字化和网络技术的特有产物，在传统印刷物版权页上的作者、出版者、出版日期和销售价格等信息，已经可被视为著作权管理信息。❶ 但以数字化形式出现的著作权管理信息，即权利管理电子信息则和权利管理技术措施一样，是伴随作品的数字化以及传播的网络化出现的新事物。

权利管理电子信息的特别保护最早也见于 1996 年世界知识产权组织的 WCT 和 WPPT 两个公约，并为两个公约成员国国内法所实施。按照 WCT 第 12 条第 2 款规定，著作权权利管理信息，是指识别作品、作品的作者、对作品拥有任何权利的所有人的信息，或者有关作品使用的条款和条件的信息，和代表此种信息的任何数字或代码，各该信息均附着于作品的每件复制品上或者在作品向公众进行传播时出现。按照 WPPT 第 19 条第 1 款规定，表演和录音制品权利管理信息，是指识别表演者、表演者的表演、录音制品制作者、录音制品、对表演或者录音制品拥有任何权利的所有人的信息，或有关使用表演或者录音制品的条款和条件的信息，和代表此种信息的任何数字或者代码，各该项信息均附着于录制的表演或者录音制品的每件复制品上或者在录制的表演或者录音制品向公众提供时出现。

---

❶ 李明德. 美国知识产权法（第 2 版）[M]. 北京：法律出版社，2014：426.

德国著作权法第 95c 条第 2 款规定了如下权利管理信息：用以识别作品或者其他受保护对象及作者或者任何其他权利所有人的电子信息，关于作品或受保护对象的使用方式与条件的信息以及用以表达这些信息的数字与编码。日本著作权法第 2 条第 1 款第 21 项、美国版权法第 1202 条也作出了类似规定。在"我想对你说"短视频著作权纠纷案中，原告采取的包含有"我想对你说"短视频制作者用户 ID 号的信息以及"抖音"信息的水印措施，仅表明了短视频制作者信息和传播者信息，不能发挥阻止对受保护的短视频进行信息网络传播等特定利用行为的作用；并非技术措施，而属权利管理电子信息。

权利管理电子信息在传统纸质版的作品或者制品上也存在，为什么 WCT 和 WPPT 要特别规定权利管理电子信息的保护？传统纸质版作品或者制品上的权利管理信息附着较为牢固，根据复制件数量一个一个删除或者更改非常不易，对删除或者更改权利管理信息后的作品或者制品进行大规模复制和传播也比较困难，不大可能给著作权人或者邻接权人造成巨大损害，而且著作权法规定的署名权足以规制传统删除或者更加作者署名的行为。与传统纸质版作品或者制品上的权利管理信息不同，以数字化方式表现的权利管理信息对权利人实现其财产权意义更加重大，却非常容易被删除或者更改，被删除或者更改权利管理信息后的作品、表演或者制品复制和传播技术非常先进，成本非常低廉，范围不受限制，对这些行为如不加以禁止，著作权人或者邻接权人将遭受巨大损失。

从性质上看，权利管理电子信息中除了表明制作者、表演者、录音制作者身份信息的姓名可能涉及署名权之外，其他管理电子信息并不属于著作人格权、表演者人格权以及著作财产权、邻接权的范畴，所以著作权法对权利管理电子信息的保护也只能理解为一种特别保护，删除、更改权利管理电子信息的行为，除了可能侵害署名权之外，都不是侵害著作权或者著作邻接权的行为，而是一种违反著作权法规定的特别违法行为，行为人承担的也不是侵害著作权或者邻接权的法律责任，而是违反著作权法规定的特别法律责任。我国 2010 年《著作权法》第 10 条第 1 款没有为著作权人或者邻接权人创设一种"权利管理电子信息权"，应当说也清楚表明了立法者的判断。

遗憾的是，我国 2010 年《著作权法》第 48 条第 7 项将删除、更改权利管理电子信息的行为规定为侵害著作权和邻接权的行为，也是对 WCT 和 WPPT 规定的重大误解。

不过，日本著作权法第 113 条第 3 项出于保护著作权和邻接权实效性的目的，将故意删除、改变权利管理电子信息，以及明知属于被删除、改变了权利管理电子信息的作品等，而发行、为发行而进口、持有、向公众传播或者进行使其处于可能向公众传播状态的行为，视为侵害著作权或者邻接权的行为。

二、权利管理电子信息特别保护的内容

WCT 第 12 条第 1 款规定，著作权管理电子信息的特别保护包括如下内容：

制止任何人明知或就民事补救而言有合理根据知道其行为会诱使、促成、便利或者包庇对本公约或者《伯尔尼公约》所涵盖的任何权利的侵犯而故意从事以下行为：未经许可去除或者改变任何权利管理的电子信息；未经许可发行、为发行目的进口、广播或向公众传播明知已被未经许可去除或者改变权利管理电子信息的作品或者作品的复制品。

WPPT 第 19 条第 1 款规定，表演和录音制品权利管理电子信息特别保护包括以下内容：

制止任何人明知或就民事补救而言有合理根据知道其行为会诱使、促成、便利或者包庇对本公约或者《伯尔尼公约》所涵盖的任何权利的侵犯而故意从事以下行为：未经许可去除或者改变任何权利管理的电子信息；未经许可发行、为发行目的进口、广播或向公众传播明知已被未经许可去除或者改变权利管理电子信息的表演、录制的表演或者录音制品的复制品。

可见，WCT、WPPT 对权利管理电子信息的特别保护具有两个特征。一是仅仅禁止明知会导致侵害著作权或者邻接权的结果而故意删除或者更改权利管理电子信息的行为，以及对删除、更改了权利管理电子信息的作品、制品、表演故意进行发行、进口、广播或向公众传播的行为。过失行为不受禁止。这种规定契合了数字化权利管理信息非常容易因为技术等原因被修改或删除的特点。二是不但禁止明知会导致侵害著作权或者邻接权而故意删除或者更改权利管理电子信息行为本身，而且禁止发行、进口、广播、向公众传播明知被删除或者更改了权利管理电子信息的作品、表演、录音制品的行为。

德国著作权法第 95c 条第 1 款和第 3 款、美国版权法第 1202 条、日本著作权法第 113 条第 3 项作出了与上述两个公约大体相同的规定。

我国 2010 年《著作权法》第 48 条第 7 项仅禁止故意删除或者改变权利管

理电子信息的行为（"未经著作权人或者与著作权有关的权利人许可，故意删除或者改变作品、录音录像制品等权利管理电子信息的"），但《信息网络传播权保护条例》第5条将权利管理电子信息特别保护的范围扩大到了禁止通过信息网络向公众提供明知或者应知未经权利人许可被删除或者改变权利管理电子信息的作品、表演、录音录像制品的范围，从而与两个公约基本保持了一致。

三、权利管理电子信息特别保护的限制

权利管理电子信息特别保护也不是绝对的。日本著作权法第113条第3项规定，由于技术限制原因伴随储存或者传播方式改变而发生的删除或者改变行为，按照作品或者表演等的使用目的和方法不得不进行的删除或者改变，不视为侵害著作权或者邻接权的行为。中国台湾"著作权法"第80条之一规定，著作权人所为之权利管理电子资讯，不得移除或者变更。但有下列情形之一的，不在此限：因行为时之技术限制，非移除或者变更著作权利管理电子资讯即不能合法利用该著作；录制或者传输系统转换时，其转换技术上必要之移除或者变更。美国版权法第1202条也针对删除或者改变权利管理电子信息、传播删除或者改变了权利管理电子信息的作品的行为，规定了一些例外。比如由于技术原因，在作品传播过程中不能标明权利管理信息的行为，或者改变了权利管理电子信息的行为，或者由于行为人疏忽大意而删除、改变了权利管理电子信息的行为，不承担法律责任。

我国《信息网络传播权保护条例》第5条也规定，由于技术上的原因无法避免删除或者改变权利管理电子信息的，不承担违法责任。

四、侵害权利管理电子信息特别保护的法律责任

按照我国2010年《著作权法》第48条的规定，未经著作权人或者与著作权有关的权利人许可，故意删除或者改变作品、录音录像制品等的权利管理电子信息的，应当根据情况，承担停止侵害、消除影响、赔礼道歉、赔偿损失等民事责任；同时损害公共利益的，可以由著作权行政管理部门责令停止侵权行为，没收违法所得，没收、销毁侵权复制品，并可处以罚款；情节严重的，著作权行政管理部门还可以没收用于制作侵权复制品的材料、工具、设备等；构成犯罪的，依法追究刑事责任。

也必须明确的是，违反我国 2010 年《著作权法》第 48 条规定，故意删除或者改变作品、录音录像制品等的权利管理电子信息的行为，除非是构成教唆或者帮助侵害著作权应当承担共同侵害著作权的责任外，并不是侵害著作权的行为，行为人承担的也不是侵害著作权的责任，而是违反著作权法规定的特别法律责任。因此我国 2010 年《著作权法》将删除或者改变权利管理电子信息的行为与侵害著作权的行为放在一起，规定行为人应当承担侵害著作权的责任，也非常不妥当。

第十一章
著作权集体管理

第一节 概说

一、著作权集体管理的产生

著作权和邻接权的客体没有物理上的限制，一旦公开，人人都可以自由利用，虽然著作权法为权利人创设了排除他人利用行为的权利，但因利用行为人遍布于人海当中，权利人很难发现利用行为人，即使发现了，由于利用者人数众多，不管是通过诉讼还是协商，权利行使成本也非常巨大。在数字化和网络化时代，权利人单打独斗面临的上述问题则更为严重。在此背景下，一种减少权利人的维权成本，加快权利行使效率，方便利用者利用作品、表演和录音录像制品的权利行使机制，即著作权集体管理制度应运而生。

世界上第一家著作权集体管理组织法国戏剧作家和作曲家协会 1777 年成立于法国。受作曲家 Paul Henrion、Victor Parizot 和作词家 Bourget 到巴黎一家咖啡馆喝咖啡时发现咖啡馆播放其音乐作品招揽生意因而拒付咖啡款引发的纠纷案件的影响，法国于 1850 年又成立了专门集中管理音乐作品表演权的音乐作者著作权集体管理组织。其后该制度逐渐扩及并风行于欧美发达国家以及日本和中国台湾。

我国直到 1992 年才成立第一家著作权集体管理组织，即中国音乐著作权协会。2005 年成立了中国音像著作权集体管理协会、2008 年成立了中国文字著作权协会。

二、著作权集体管理组织的性质和设立条件

著作权集体管理组织，是指为权利人的利益依法设立，根据权利人授权、对权利人的著作权或者与著作权有关的权利进行集体管理的社会团体。各国著作权法都规定，著作权集体管理组织为公益性社团，不得有营利目的。比如日本著作权法第 104 条之 3 在规定私人录音录像补偿金管理团体的设立条件时，明确要求"不以营利为目的。"西班牙著作权法第 132 条第 2 款规定"上款（著作权集体管理）组织不得具有营利目的。"德国音乐著作权集体管理组织章程第 2 条规定"本社团旨在保护作者，并且在本章程范围内管理其权利。本社团之建立为公益性，并且不以营利为目的。"我国 2010 年《著作权法》第 8 条第 2 款也明确规定"著作权集体管理组织是非营利性组织。"

著作权集体管理组织的设立需要具备一定条件，以保证其履行职责，便利国家监督。日本著作权法第 104 条之 3 规定，成立管理私人录音录像补偿金的集体管理组织需要具备下列要件：属于一般社团法人；有足够数量具有代表性的权利人；不以营利为目的；成员可以自由加入或者退出，有平等的决议权和选举权；具有完成权利人补偿金业务的足够能力。

我国《著作权集体管理条例》第 7 条规定，成立著作权集体组织必须具备下列要件：由依法享有著作权或者与著作权有关的权利的中国公民、法人或者其他组织，发起设立；发起设立著作权集体管理组织的权利人不少于 50 人；不与已经依法登记的著作权集体管理组织的业务范围交叉、重合；能在全国范围代表相关权利人的利益；有著作权集体管理组织的章程草案、使用费收取标准草案和向权利人转付使用费的办法草案。

申请设立著作权集体管理组织，应当遵循一定的程序。按照我国《著作权集体管理条例》第 9 条至第 12 条的规定，申请设立著作权集体管理组织，应当向国务院著作权管理部门提交证明符合上述第 7 条规定的条件的材料。国务院著作权管理部门应当自收到材料之日起 60 日内，作出批准或者不予批准的决定。批准的，发给著作权集体管理许可证；不予批准的，应当说明理由。申请人应当自国务院著作权管理部门发给著作权集体管理许可证之日起 30 日内，依照有关社会团体登记管理的行政法规到国务院民政部门办理登记手续。依法登记的著作权集体管理组织，应当自国务院民政部门发给登记证书之日起 30 日内，将其登记证书副本报国务院著作权管理部门备案；国务院著作权管

理部门应当将报备的登记证书副本以及著作权集体管理组织章程、使用费收取标准、使用费转付办法予以公告。著作权集体管理组织设立分支机构，应当经国务院著作权管理部门批准，并依照有关社会团体登记管理的行政法规到国务院民政部门办理登记手续。经依法登记的，应当将分支机构的登记证书副本报国务院著作权管理部门备案，由国务院著作权管理部门予以公告。

第二节 我国现有著作权集体管理组织及其职能

一、中国音乐著作权协会

该协会成立于1992年12月，是我国最早成立的著作权集体管理组织，由国家版权局和中国音乐家协会共同发起设立，是到目前为止我国唯一一家音乐著作权集体管理组织，是专门维护作曲者、作词者和其他音乐著作权人合法权益的非营利性机构。协会总部设在北京，下设会员部、作品资料部、表演权许可业务部、复制权许可业务部、广播权许可业务部、法律部、信息宣传部、分配与技术部、财务与总务部等9个职能部门。

根据中国音乐著作权协会章程第8条的规定，其管理业务范围包括：为集体管理的目的进行音乐作品的登记和有关信息的收集；就本协会管理的音乐作品的使用与使用者签订合同；就本协会管理的音乐作品的使用向使用者发放许可证；就本协会管理的音乐作品的使用向使用者收取使用费；向音乐著作权人分配报酬；为集体管理的目的与音乐作品的使用者协商使用费的标准；对侵犯本协会管理的音乐著作权的行为向著作权行政管理部门申请行政处罚或提起法律诉讼及仲裁等；促进中国大陆地区音乐作品在中国大陆地区以外受到保护以及外国（地区）音乐作品在中国大陆地区受到保护，并为此目的与外国（地区）同类机构签订相互代理协议；发展与音乐作品使用者合作关系，促进音乐著作权保护水平的不断提高，并积极向国家立法机关和著作权行政管理部门提出建议；增进音乐著作权人对著作权保护的了解，为音乐著作权人提供有关的咨询和法律服务；促进音乐创作条件的改善并为此目的开展与音乐著作权人有关的奖励和福利项目；开展其他与协会宗旨一致的活动。

中国音乐著作权协会管理的音乐作品的权利，按照其章程第9条规定，包括：

（1）表演权。包括使用音乐作品进行公开表演的权利；使用音乐作品制作广播电视节目的权利；

（2）广播权。即使用音乐作品进行公开广播的权利；

（3）复制和发行权。即使用音乐作品制作、复制、发行录音录像制品的权利；以摄制电影或者类似摄制电影的方法将音乐作品固定在载体上的权利；

（4）信息网络传播权。即以信息网络传播的方式向公众提供音乐作品的权利；

（5）其他适合集体管理的对音乐作品的使用。

二、中国音像著作权集体管理协会

经国家版权局批准于2005年成立，是我国唯一的音像著作权集体管理组织。依法对音像节目的著作权以及与著作权有关的权利实施集体管理。秘书处是其常设日程办事机构，下设会员资料部、法律许可部、财务分配部、办公室、卡拉OK运营部。

中国音像著作权集体管理协会的管理范围包括：依法与会员签订音像著作权集体管理合同；根据会员的授权以及相关法律法规，与音像节目的使用者签订使用合同，收取使用费；将收取的音像著作权使用费向会员分配；就侵犯本会管理的音像节目著作权的行为，向著作权行政管理部门申请行政处罚或提起法律诉讼及仲裁等；为促进中国音像节目著作权在海外的权利受到保护，以及海外音像节目在中国内地的权利受到保护，与海外同类组织签订相互代表协议；为权利人和使用者提供有关的业务咨询和法律服务，并向国家立法机关和著作权行政管理部门提出相关建议。以促进我国音像著作权保护水平的提高，规范市场行为；加强与音像节目权利人和使用者的联系，发布音像节目和有关音像著作权集体管理的信息；开展有关的奖励、研讨、交流活动；开展其他与本会宗旨一致的活动。

管理的权利种类包括：音像节目表演权；音像节目放映权；音像节目广播权；音像节目出租权；音像节目信息网络传播权；音像节目复制、发行权；其他适合集体管理的音像节目著作权和与著作权有关的权利。

三、中国文字著作权协会

2008年10月由中国作家协会等单位发起成立，是我国唯一的文字作品著作权集体管理机构。下设办公室、财务部、会员部、许可与法律部、收转分配部等机构。

中国文字著作权协会管理的业务范围包括：为集体管理的目的，进行文字作品的登记和相关信息的收集；集中管理本协会会员文字作品的著作权，维护其和著作权相关的合法权利；就本协会管理的会员文字作品的使用，与使用者签订许可使用合同、发放使用许可证并收取使用费；向文字作品著作权人分配作品使用报酬；根据《著作权集体管理条例》第四十七条的规定，代为收转非本会会员文字作品的使用费；对侵犯本协会管理的文字作品著作权的行为，依法采取维权行动，提请著作权行政管理部门做出行政处罚或提起相应的法律诉讼；与国外的著作权集体管理机构签订相互代表协议；开展文字著作权保护的调查研究工作，了解国内外文字著作权保护的动态和发展，向国家立法机关和著作权行政管理机关提出著作权保护的建议；增进文字作品著作权人和使用者对著作权保护的认识和尊重，为社会提供关于文字著作权的咨询和法律服务；开展著作权保护和著作权集体管理方面的宣传、推广和培训工作；开展其他与协会宗旨一致的活动。

中国文字著作权协会管理的文字作品及其权利包括：报纸、期刊、图书、电子出版物和数字化制作等各种传媒使用的文字作品；通过信息网络传播方式使用的文字作品；通过广播方式使用的文字作品；以汇编方式使用的文字作品；以机械表演或现场表演方式使用的文字作品；以法定的其他许可方式使用的文字作品；其他适合集体管理的对文字作品的使用；为集体管理目的，对未加入协会的文字著作权人，本协会也为其向使用者收取法定许可情形下的使用费并向其分配。

第三节　著作权集体管理组织和著作权人的关系

一、著作权集体管理组织和著作权人的关系

世界上存在两种做法。一是信托契约关系。即由著作权人将著作权委托给著作权集体管理协会，由著作权集体管理协会按照著作权人意愿并以自己的名义，为著作权人的利益进行著作权管理。二是委托契约关系。即委托人委托受

托人作为代表或者代理人授予作品等的使用许可,并相应进行著作权等管理。目前,日本著作权与邻接权管理事务法第 2 条明确规定了这两种契约关系。此种立法模式较为灵活,既可以应对全体著作权人利益的一般需要,也可以应对个别权利人利益的特别需要。究竟采取哪种模式,著作权人和著作权集体管理组织可以通过合同约定。

我国 2010 年《著作权法》第 8 条规定,著作权人和与著作权有关的权利人可以授权著作权集体管理组织行使著作权或者与著作权有关的权利。著作权集体管理组织被授权后,可以以自己的名义为著作权人和与著作权有关的权利人主张权利,并可以作为当事人进行涉及著作权或者与著作权有关的权利的诉讼、仲裁活动。从条文上看,我国目前对著作权集体管理组织和著作权人之间的关系采取了单一的信托契约关系模式。所谓信托,是指委托人基于对受托人的信任,将其财产权委托给受托人,由受托人按委托人的意愿以自己的名义,为受益人的利益或特定目的,进行管理和处分的行为。

信托契约关系模式虽然较为集中而可能具有效率性,但过分单一而不适应管理组织和著作权人之间多样化关系之需要,故从长远看,似有必要借鉴日本的立法经验,将委托契约关系纳入著作权集体管理制度当中。当然,世界上有些国家的有些集体管理组织,比如美国广播音乐公司 BMI 只以代理形式为权利人利益进行管理。

二、授权著作权集体管理组织管理后,著作权人能否行使著作权

这是一个相当有争议的问题。在中国音乐著作权管理协会诉北京十月天文化传播公司侵害著作权纠纷案中,❶ 十月天文化传播公司于 2010 年在北京举办了"你必须幸福——郑钧 2010 年北京演唱会"。该演唱会上,郑钧演唱了已经委托给音著协管理、自己作词作曲的《天下没有不散的筵席》等 12 首歌曲。音著协认为十月天文化传播公司未经许可,也未支付报酬,侵害了其受托管理歌曲的表演权。这个案件一出,立即引起轰动,媒体亦多有报道。该案反映出的核心问题是,著作权人授权集体管理组织管理其作品之后,自己是否保留行使著作权的权利?

原告音著协以我国 2010 年《著作权集体管理条例》第 20 条规定"权利

---

❶ 北京市海淀区人民法院(2013)海民初字第 1195 号民事判决书。

人与著作权集体管理组织订立著作权集体管理合同后，不得在合同约定期限内自己行使或者许可他人行使合同约定的由著作权集体管理组织行使的权利"为依据，认为郑钧在将其音乐作品授权音著协管理之后，不得再行使这12首歌曲的表演权。但法院认为，音著协"成立的初衷系为便于著作权人行使权利和使用者使用作品，避免著作权人在行使权利的过程中难以控制其权利，方便著作权人对外授权和收取报酬，方便作品的使用者寻找著作权人，起到沟通著作权人与作品使用者的桥梁作用，以使著作权人最大范围地实现其权利并提高经营效率。因此，音著协系在著作权人以外的主体使用受托作品的情况下才发挥其核心职能，向使用者授权并收取使用费，而非著作权人使用本人作品、行使其自身权利时仍需经音著协许可并支付费用"。关于著作权集体管理组织的主要目的，德国学者雷炳德也认为，在于"以集体的形式就报酬问题进行谈判、实现谈判成果并且将收取来的报酬进行适当分配"。❶

本案还存在以下两个重要事实。一是音著协与郑钧1995年签订的著作权管理合同中并未排除郑钧在将其音乐作品授权音著协管理后，自己使用或者授权他人使用其音乐作品的权利。二是音著协与郑钧的合同签订于1995年，而我国《著作权集体管理条例》2004年才制定，2005年才生效。据此法院认为，我国《著作权集体管理条例》第20条并不适用于音著协与郑钧签订的合同，因此郑钧有权使用已经委托音著协管理的自己创作的音乐作品。既然郑钧有权使用这些音乐作品，他当然可以授权北京十月天文化传播公司使用这些作品，北京十月天文化传播公司使用这些作品没有过错，不侵害音著协对这些作品拥有的表演权。

就本案而言，法院的上述推理应该说是可以成立的。其一，于2005年生效的《著作权集体管理条例》并未就该条例是否具有溯及力作出任何规定，在此情况下，只能理解为郑钧与音著协签订的合同具有优先适用的效力。其二，之所以需要对著作权进行集体管理，完全是著作权市场机制失灵后的无奈选择。也就是说，如果著作权人能够自己管理自己的作品，完全不需要任何权威介入。本案中，既然郑钧能够找到市场交易机会，并且授权北京十月天文化传播公司使用其作品，说明市场机制正常发挥了作用，而且资源得到了有效配置，根本无须音著协插手。音著协强行干预的结果，一是将导致著作权人丧失

---

❶ 雷炳德. 著作权法 [M]. 张恩民, 译. 北京：法律出版社，2005：440.

黄金的市场盈利机会。二是著作权人从音著协获得的权利金，相比直接从使用者那里获得的权利金，由于音著协进行了提成，数量上反而减少了。

反思 2010 年《著作权集体管理条例》第 20 条的规定，实际上等同于迫使著作权人与著作权集体管理组织签订专属管理合同，这不但违背竞争法上的强迫交易限制规定，而且会造成许多想加入集体管理组织的权利人无法加入，也不符合国际上通行的只要符合有关集体管理组织章程规定的加入条件即可加入、集体管理组织不得拒绝的做法。

2010 年之前，中国台湾"著作权中介团体法"第 13 条的规定与我国 2010 年《著作权集体管理条例》第 20 条的规定相同，但因过分干预了权利人的市场，导致了权利人的极大不满，因而 2010 年废除了该规定。在中国台湾，虽然事实上现在权利人与著作权中介团体签证的管理合同为专属管理合同，但该合同已经是权利人自愿选择的结果，为合同自由的产物，与我国《著作权集体管理条例》第 20 条的强制性做法完全不同。

日本历史上也曾长期采取我国《著作权集体管理条例》第 20 条的做法，即使权利人自己使用已经委托给集体管理组织管理的权利，也必须向集体管理组织交付使用费。但因来自权利人等的批评，日本已经改变了这种做法。按照由 JASRAC 依据著作权等管理事业法的要求制定，并经过日本文化厅长官批准的格式条款著作权信托合同约款第 11 条 1 款第 1 项规定，在满足下列所有条件下，权利人可以自己使用委托给集体管理组织管理的作品：

1. 以促进该作品的利用为目的。

2. 在日本国内的使用。

3. 每次使用时，要按照规定的文书格式提前向主管部门进行申请。

4. 提交由该作品的所有相关权利人（包括音乐出版社）出具的规定格式的同意书。

5. 发行者或主办者为委托人本人（包括可被等同视为委托人本人的亲戚或个人事务所等）。

6. 展示作品未获得对价。但以下情况不被视为获得对价。（1）发行复制品（录音制品、出版制品、录像制品）时，与制作费用的实际支出相当的对价；（2）举办演奏会等时，与会场费用等的实际支出相当的对价。另外，交互传输的情况下委托人实施收费传输时，不属于"自己使用"，而是构成"自己管理"，因此不适用本认定标准。

7. 同一个使用行为，也涉及除自己作品之外的其他作品的情况下，对于该作品的使用有另外获得 JASRAC 的使用许可。❶

如此，若上述郑钧案发生在日本，北京十月天文化传播有限公司举办郑钧个人演唱会的行为可能无法被认定为合法的"自己使用"，北京十月天文化传播公司和郑钧个人都将构成侵害音著协管理曲目著作权的行为。

考虑到著作权集体管理组织产生的背景主要在于权利行使的效率性目的，以及著作权人个人行使权利的便利性，本书作者认为，日本上述做法较好地兼顾了这两个目的，可资我国借鉴。

三、延伸性集体管理问题

延伸性集体管理（extended collective license）即著作权集体管理组织依法对非会员的著作权进行的管理，1960 年为瑞典著作权法首创，其后被挪威、冰岛、丹麦、芬兰等北欧诸国著作权法所采纳。除北欧国家外，美日、其他欧盟诸国并没有采纳著作权延伸性集体管理制度。

我国是否应该建立著作权延伸性集体管理制度呢？

著作权延伸性集体管理制度的建立依赖于成熟、规范、透明、公正的著作权集体管理制度。北欧各国建立延伸性著作权集体管理制度与其已经建立了良性运行的著作权集体管理制度有关。然而，我国著作权集体管理制度建立时间从 1992 年中国音乐著作权协会开始计算，至今尚不到 30 年时间，存在收费程序不规范、不透明、不合法，外包的诸多收费公司在收费过程中存在违法行为，同时著作权集体管理协会的作品许可使用情况、使用费收取和转付情况、管理费提取情况均不透明、管理费比例过高等弊端。在市场方面尚难以最大效率化管理权利人作品或者制品，在法律方面尚不能成为各方利益公正化身的情况下，就贸然将著作权集体管理制度延伸至非会员权利人，将剥夺非会员权利人的选择自由以及最大效率化利用其著作权的市场机会，容易使非会员权利人产生强烈的被代表的逆反心理，使得该制度即使建立了也难以有效运行。本书作者认为，我国目前尚不具备建立著作权延伸性集体管理制度的社会基础和现实条件。

---

❶ 安藤和宏. よくわかる音楽著作権ビジネス—基礎編（第 4 版）[M]. 东京：リットーミュージック，2011：55.

有一种观点认为，对于孤儿作品、卡拉 OK 运营者而言，建立著作权延伸性集体管理有其必要。❶ 孤儿作品由于权利人不明，由著作权集体管理组织进行延伸性集体管理可以便利使用者使用作品或者制品。卡拉 OK 运营中，为了让消费者能够选择到自己喜欢歌唱的歌曲，卡拉 OK 运营者不得不提供海量的曲目供消费者选择。如果不采取著作权延伸性集体管理制度，卡拉 OK 运营者将无法生存。

这种观点值得商榷。北欧国家之所以建立著作权延伸性集体管理制度，是因为北欧国家著作权法中没有规定强制许可使用制度和法定许可使用制度，延伸性集体管理是作为强制许可和法定许可的替代品出现的。而我国 2010 年《著作权法》已经规定了较为广泛的法定许可制度，为了解决孤儿作品的利用问题和卡拉 OK 运营者使用海量作品的需要，完全可以通过事先交存使用费到指定机构的方法完善现有的法定许可制度加以实现，无须另起炉灶，再建立著作权延伸性集体管理制度。

第四节　著作权公司与非法的著作权集体管理

一、问题点

由于当前著作权组织存在管理不规范、不透明、不公正等问题，为了最大化经济利益，部分著作权人在将著作权授权给集体管理组织管理的同时，又将相同作品的著作权许可给某些著作权公司使用，并授权这些著作权公司可以自己名义提起维权诉讼。当然，也有部分非著作权集体管理组织会员如此行使其著作权。这种现象引发了两个值得研究的问题。一是著作权集体管理组织成员重复授权的行为性质。二是著作权公司的收费以及诉讼行为是否构成"非法集体管理"。下面分别加以探讨。

二、著作权集体管理组织成员重复授权的行为性质

按照我国 2010 年《著作权法》和现行《著作权集体管理条例》规定，著

---

❶ 王自强. 关于著作权人"被代表"问题的思考 [N]. 法制日报, 2012-04-17 (6).

作权集体管理组织和著作权人之间为信托契约关系，一旦著作权人将其著作权委托给集体管理组织，就由著作权集体管理组织按著作权人意愿以自己的名义，为著作权人利益，进行管理或者处分，在信托合同有效期限内，著作权人无权再行管理或者处分已经信托给集体管理组织管理的著作权。对此，《著作权集体管理条例》第20条作出了如下明确规定：权利人与著作权集体管理组织订立著作权集体管理合同后，不得在合同约定期限内自己行使或者许可他人行使合同约定的由著作权集体管理组织行使的权利。

由此，按照《信托法》第53条规定，❶ 未出现如下事由之一的情况下，著作权人就已经信托给著作权集体管理组织权利的著作权再行授权著作权公司或者他人行使，不但构成违约行为，而且构成侵害著作权集体管理组织管理的著作权行为：著作权集体管理合同规定的终止事由发生；著作权集体管理的存续违反集体管理目的；著作权集体管理目的已经实现或者不能实现；著作权人和著作权集体管理组织协商同意；著作权人按照著作权集体管理章程推出管理组织因而导致管理合同解除。

三、著作权公司与非法的著作权集体管理

（一）非法的著作权集体管理的判断标准

在作为著作权集体管理组织成员的著作权人已经和著作权集体管理组织签订著作权管理合同，却又将相同著作权授权著作权公司或者其他人行使，不但著作权人的授权行为构成侵害著作权集体管理组织管理的著作权行为，被授权的著作权公司或者其他人行使著作权的行为也构成侵害著作权集体管理组织管理的著作权行为，对此应无疑义。

但著作权公司按照著作权集体管理组织会员或者非会员的授权针对使用人收取费用或者提起诉讼的行为，是否构成非法的著作权集体管理，则值得研究。

首先要弄清楚的问题是，何谓非法的著作权集体管理。对于非法的著作权集体管理，可能会存在不同解读。但本书作者认为，由于我国目前关于著作

---

❶ 《信托法》第53条规定："有下列情形之一的，信托终止：（一）信托文件规定的终止事由发生；（二）信托的存续违反信托目的；（三）信托目的已经实现或者不能实现；（四）信托当事人协商同意；（五）信托被撤销；（六）信托被解除。"

集体管理的明确法律规范，只有国务院制定颁布的《著作权集体管理条例》，因此著作权集体管理是否合法的判断，只能以该条例为依据。

1. 从主体资质判断。

按照《著作权集体管理条例》第3条和第6条规定，只有依照本条例规定为权利人利益设立的著作权集体管理组织，才有资质根据权利人授权、对权利人的著作权或者与著作权有关的权利进行集体管理，其他任何组织和个人不得从事著作权集体管理活动。关于著作权集体管理组织的设立，《著作权集体管理条例》具体规定了以下要件和程序。

（1）应当由具有中国国籍的人发起设立。《著作权人集体管理条例》第7条第1款规定，依法享有著作权或者与著作权有关的权利的中国公民、法人或者其他组织，可以发起设立著作权集体管理组织。不享有著作权或者邻接权的中国人无权发起设立著作权集体管理组织，外国人、无国籍人，则不管是否享有著作权或者邻接权，都不能发起成立著作权集体管理组织。

（2）发起设立著作权集体管理组织的条件。《著作权人集体管理条例》第7条第2款规定，设立著作权集体管理组织，应当具备下列条件：发起设立著作权集体管理组织的权利人不少于50人；不与已经依法登记的著作权集体管理组织的业务范围交叉、重合；能在全国范围代表相关权利人的利益；有著作权集体管理组织的章程草案、使用费收取标准草案和向权利人转付使用费的办法草案。

（3）著作权集体管理组织的章程应当具备法定内容。《著作权人集体管理条例》第8条规定，著作权集体管理组织章程应当载明下列事项：名称、住所；设立宗旨；业务范围；组织机构及其职权；会员大会的最低人数；理事会的职责及理事会负责人的条件和产生、罢免的程序；管理费提取、使用办法；会员加入、退出著作权集体管理组织的条件、程序；章程的修改程序；著作权集体管理组织终止的条件、程序和终止后资产的处理。

（4）经过著作权行政主管机关批准。《著作权人集体管理条例》第9条规定，申请设立著作权集体管理组织，应当向国务院著作权管理部门提交证明符合本条例第七条规定的条件的材料。国务院著作权管理部门应当自收到材料之日起60日内，作出批准或者不予批准的决定。批准的，发给著作权集体管理许可证；不予批准的，应当说明理由。

（5）依法登记。《著作权人集体管理条例》第10条规定，申请人应当自国务院著作权管理部门发给著作权集体管理许可证之日起 30 日内，依照有关社会团体登记管理的行政法规到国务院民政部门办理登记手续。

(6) 备案和公告。《著作权人集体管理条例》第 11 条规定，依法登记的著作权集体管理组织，应当自国务院民政部门发给登记证书之日起 30 日内，将其登记证书副本报国务院著作权管理部门备案；国务院著作权管理部门应当将报备的登记证书副本以及著作权集体管理组织章程、使用费收取标准、使用费转付办法予以公告。

由此可见，从主体资质角度看，未经发起设立，不具备上述严格要件，未经上述法定程序成立的组织，至少具备了进行"非法的著作权集体管理"的主体资格要件。

2. 从行为特征判断。

然而，仅仅具有"非法的著作权集体管理"主体资格要件，还不能得出某组织从事的就是"非法的著作权集体管理"活动。换句话说，具备进行"非法的著作权集体管理"主体资格要件的组织，从事的还应当是"著作权集体管理"活动。

何谓"著作权集体管理"？《著作权集体管理条例》第 2 条规定，本条例所称著作权集体管理，是指著作权集体管理组织经权利人授权，集中行使权利人的有关权利并以自己的名义进行的下列活动：与使用者订立著作权或者与著作权有关的权利许可使用合同；向使用者收取使用费；向权利人转付使用费；进行涉及著作权或者与著作权有关的权利的诉讼、仲裁等。

结合上述两个角度可以得出如下结论：未经著作权人发起设立，不具备设立要件，未经严格法定程序成立的组织，尽管经过权利人授权，但如果以自己的名义与使用者订立许可使用合同，或者向使用者收取使用费，或者向权利人转付使用费，或者进行涉及著作权或者邻接权的诉讼、仲裁等维权活动，其所进行的这些行为，即为"非法的著作权集体管理"。

此外，依法成立的音著协、音集协、文著协等集体管理组织都有各自的管理业务范围，超出管理业务范围管理权利人权利的，亦属于非法的著作权集体管理。

(二) 非法的著作权集体管理的法律效果

1. 合法的著作权集体管理组织从事非法的著作权集体管理的法律效果。

依法成立的音著协、音集协、文著协等集体管理组织，超出管理业务范围进行著作权集体管理的，应当承担相应行政责任或民事责任。《著作权集体管理条例》第39条第2款规定，著作权集体管理组织超出业务范围管理权利人的权利的，由国务院著作权管理部门责令限期改正，其与使用者订立的许可使用合同无效；给权利人、使用者造成损害的，依法承担民事责任。

2. 非法的著作权集体管理组织从事著作权集体管理的法律效果。

（1）行政责任或者刑事责任。《著作权集体管理条例》第44条规定，擅自设立著作权集体管理组织或者分支机构，或者擅自从事著作权集体管理活动的，由国务院著作权管理部门或者民政部门依照职责分工予以取缔，没收违法所得；构成犯罪的，依法追究刑事责任。

（2）民事效果。未经权利人发起设立、不具备法定要件、未按照法定程序成立的非法的"著作权集体管理组织"与使用者签订的合同是否有效？《著作权集体管理条例》第39条第2款明确规定合法的著作权集体管理组织超出业务范围管理权利人权利，与使用者订立的许可使用合同无效，但并未明确规定"非法集体管理组织"与使用者签订的合同是否有效。该合同是否有效，需结合《民法总则》和《信托法》的相关规定进行解释。

《民法总则》第153条规定，违反法律、行政法规的强制性规定的民事法律行为无效，但是该强制性规定不导致该民事法律行为无效的除外。《信托法》第11条第4项规定，专以诉讼或者讨债为目的设立信托的，信托无效。据此，未经权利人发起设立、不具备法定要件、未按照法定程序成立的"著作权集体管理组织"与著作权人之间专以诉讼为目的设立的信托无效，其无取得实体著作权的依据，因而也无权以自己名义对外与使用者签订许可使用合同，更无权以自己名义针对侵权行为人行使停止侵害和赔偿损失等请求权。该等"著作权集体管理组织"以自己名义提起诉讼的，法院应当裁定驳回其起诉。

与上述情形不同，主体资质上虽属违反《著作权集体管理条例》第7至12条的强制性规定而成立的著作权集体管理组织，但如其与著作权人之间存在真实的实体著作权使用许可关系，则实体著作权使用许可权成为其行使停止侵害请求权和损害赔偿请求权的依据。在深圳市声影网络科技有限公司诉广州大歌星餐饮娱乐有限公司著作权侵权纠纷中，广东省高级人民法院知识产权庭经过审理认为，播种者公司与声影公司签订的《音像著作权授权合同》，从合同授权内容来看，其授权可分为两类。第一类为复制权等著作权实体权利的许可，其可以以自己的名义提起诉讼。第二类则约定了声影公司可以自己名义进行管理和收益，属于信托财产权，与著作权集体管理组织的管理活动在性质、内容方面无实质性差别。在此基础上，广东省高级人民法院最终认定第一类合同约定属于著作权实体许可关系，应予保护；声影公司不是著作权集体管理组织，不能依据第二类约定起诉。二审判决虽未对声影公司的权利予以分析和区分，但认定侵权成立的结论可以维持，遂驳回大歌星公司的再审申请。❶

第五节　著作权集体管理中的其他问题

一、著作权集体管理组织和使用者的关系

《著作权集体管理条例》第 23 条规定，著作权集体管理组织许可他人使用其管理的作品、录音录像制品等，应当与使用者以书面形式订立许可使用合同。著作权集体管理组织不得与使用者订立专有许可使用合同。使用者以合理的条件要求与著作权集体管理组织订立许可使用合同，著作权集体管理组织不得拒绝。许可使用合同的期限不得超过 2 年；合同期限届满可以续订。

第 24 条规定，著作权集体管理组织应当建立权利信息查询系统，供权利人和使用者查询。权利信息查询系统应当包括著作权集体管理组织管理的权利种类和作品、录音录像制品等的名称、权利人姓名或者名称、授权管理的期限。权利人和使用者对著作权集体管理组织管理的权利的信息进行咨询时，该组织应当予以答复。

二、著作权使用费的收取标准和转付

关于著作权使用费收取标准和转付办法，2010 年《著作权集体管理条例》第 13 条、第 14 规定，著作权集体管理组织应当根据下列因素制定使用费收取

---

❶ 广东省高级人民法院（2016）粤民申 6723 号民事判决书。

标准：使用作品、录音录像制品等的时间、方式和地域范围；权利的种类；订立许可使用合同和收取使用费工作的繁简程度。著作权集体管理组织应当根据权利人的作品或者录音录像制品等使用情况制定使用费转付办法。

管理条例第 25 条规定，除著作权法第 23 条、第 32 条第 2 款、第 39 条第 3 款、第 42 条第 2 款和第 43 条规定应当支付的使用费外，著作权集体管理组织应当根据国务院著作权管理部门公告的使用费收取标准，与使用者约定收取使用费的具体数额。第 26 条规定，两个或者两个以上著作权集体管理组织就同一使用方式向同一使用者收取使用费，可以事先协商确定由其中一个著作权集体管理组织统一收取。统一收取的使用费在有关著作权集体管理组织之间经协商分配。第 27 条规定，使用者向著作权集体管理组织支付使用费时，应当提供其使用的作品、录音录像制品等的名称、权利人姓名或者名称和使用的方式、数量、时间等有关使用情况；许可使用合同另有约定的除外。使用者提供的有关使用情况涉及该使用者商业秘密的，著作权集体管理组织负有保密义务。第 28 条规定，著作权集体管理组织可以从收取的使用费中提取一定比例作为管理费，用于维持其正常的业务活动。著作权集体管理组织提取管理费的比例应当随着使用费收入的增加而逐步降低。第 29 条规定，著作权集体管理组织收取的使用费，在提取管理费后，应当全部转付给权利人，不得挪作他用。著作权集体管理组织转付使用费，应当编制使用费转付记录。使用费转付记录应当载明使用费总额、管理费数额、权利人姓名或者名称、作品或者录音录像制品等的名称、有关使用情况、向各权利人转付使用费的具体数额等事项，并应当保存 10 年以上。

三、著作权集体管理与反垄断法的适用

由于权利保护效率性的要求，我国现行的著作权集体管理团体音著协、音集协、文著协在各自管理权利的范围内，从诞生之日起就处于独占地位。按照反垄断法的基本理念，处于独占地位本身并不必然违反反垄断法，只有滥用独占地位，排除或者限制竞争的行为，才涉及反垄断法的适用问题。

即使著作权集体管理组织没有正当理由，拒绝著作权人加入集体管理组织、拒绝进行著作权集体管理或者拒绝进行使用许可，给予著作权人、使用者差别待遇，虽可能有反垄断法的适用，但亦可通过民法上的强制缔约义务等加以规制。

著作权集体管理虽基于权利保护的效率性而创建和被提倡，但因管理不规范、不透明、不公正等因素的影响，该种制度在我国已经遭受来自权利人、使用者等相关利益者的诟病。不同著作权领域究竟是继续沿用一家管理团体独占管理的做法，还是适当引入竞争机制，让几家管理团体相互竞争，是未来值得密切关注和研究的课题。